개혁개방 이후 중국토지법제의 변천

이상욱

박영사

머리말

중국 정부가 개혁개방 정책을 표방하고, 사회주의 시장경제 체제를 실행함으로써 중국 사회는 급격하게 변화하기 시작하였으며, 그에 따른 법제의 정비는 필수적으로 수반되는 과제라고 하지 않을 수 없다. 중국법에 관심을 가지기 시작한 것은 1999년 경이다. 당시 중국에 계약법(中華人民共和國合同法)이 제정되었다는 사실을 알고 그 내용이 궁금하던 차에 2000년 1월부터 2월 말까지 겨울방학 동안 중국 天津에 있는 南開大學 法學院에서 연구할 수 있는 기회가 주어져 중국법과 가까워질 수 있는 계기가 되었다.

그 이후 중국을 자주 오갔고, 한동안 계약법의 내용을 분석하고 소개하는 연구가 주를 이루었지만, 2005년에 물권법(中華人民共和國物權法) 초안이 발표되면서 자연스럽게 관심이 물권법으로 향하였다. 특히 물권법에서는 개인의 사유재산권을 인정할 뿐만 아니라, 소유권의 유형을 국가소유권·집단소유권(集體所有權)·개인(私人)소유권의 이른바 3분법의 소유권 제도를 채택하고, 公有制라고 하는 중국 특유의 사회주의제도로부터, 용익물권으로서 지상권에 갈음하여 土地承包經營權·建設用地使用權·宅基地使用權 등으로 구분하여 규정하는 것도 매우 흥미로운 주제가 되었다. 이에 따라 중국의 소유권 제도와 토지사용권 등에 관련된 법제의 내용을 주된 연구의 대상으로 삼았으며, 그 영역이 토지관리법(中華人民共和國土地管理法)에까지 미치면서, 사회변화에 따른 법제의 제정과 개정이라는 변천상의 추이를 자세히 지켜보았다.

중국을 방문할 때마다 접하게 되는 중국의 변화하는 모습은 실로 충격적이었다. 2000년 1월 당시 南開大學에서 마련해준 외국인 숙소(專家樓)에서 매일 아침 마주하던 광경은 지금도 잊을 수 없다. 학교 내의 아파트에 거주하고 있는 교직원들의 가족들이 모두 자전거를 이용하여 각자의 직장으로 출근하는데, 수 천대의 자전거가 교문을 나서는 행렬은 실로 장관이었다. 그런데 이제 그 모습은 역사 속으로 퇴장한 듯하다. 우선 아파트가 매매 대상이 됨으로써 모두 학교 밖에서 거주하게 되었고, 무엇보다도 이제는 자전거가 아니라 자동차로 대체된 것이다. 이와 같은 사회변화의 추세는 도시와 농촌의 소득 격차를 초래하게 되었고, 농민이 대거 도시로 이주하게 됨으로써 사회적인 문제로까지 대두하게 되었다. 결국 중국 정부는 농업 및 농촌의 경제발전과 농촌사회의 조화와 안정을 추진하기 위하여 2002년 농촌토지도급법(中華人民共和國農村土地承包法)을 제정하기에 이른 것이다. 특히 2020년 민법전(中華人民共和國民法典)이 제정됨으로써, 그동안 적용되던 민사 관련 단행법은 폐지되고, 마침내 민법전이 새로운 법원으로 등장하였다. 중국의 민법전 제정은 중국 법제사상 하나의 변곡점이 될 것이다. 이와 같은 최근 중국의 민사법제의 큰 변화에 따라 그동안 수행하였던 연구를 정리할 필요성을 느끼고 이 책을 준비하였다.

이 책은 지난 20여 년 중국법에 관하여 발표한 논문 중, 토지법제와 관련된 내용을 중심으로 구성하였다. 특히 개혁개방 정책이 시행된 이후 중국의 토지에 관한 여러 가지 법 제도 역시 끊임없는 변혁을 맞고 있는 현실을 감안할 때, 토지법제의 변천사를 정리한다는 것은 상당한 의미가 있다고 본다. 따라서 이 책의 내용은 기존에 발표한 논문을 수정 보완하였지만, 중요한 내용으로서 미진하거나 부족한 부분은 이번 기회에 새로 집필하여 보완하였다. 이 책을 준비하면서 몇 가지 염려스러운 점은, 일부 중복되는 내용을 피할 수 없었다는 점과 논문을 발표할 당시의 시대적 상황과 시점을 반영하고 있으므로, 현재의 시각에서는 다소 어색한 부분도 있다는 점이다. 문맥상 필요하다고 생각한 부분은 대부분 각주로서 보완하였지만, 그 내용이 곧 토지법제의 변천사가 될 것이라는 점에서 독자 여러분의 양해를 바란다.

이 책의 주된 목적은 현재 시행 중인 중국의 토지법제를 소개하는 것이 아니라(물론 현재 시행 중인 법제에 관한 내용도 있지만) 개혁개방 이후 사회변화에 따라 추진된 토지법제의 변천상을 함께 추적한다는 점에 의미를 두고 있다. 이러한 작업은 특히 앞으로 북한이 개방정책을 실행할 경우에 토지법제의 변화를 가늠할 수 있는 하나의 단서가 될 수도 있다는 점에서 나름대로의 의미를 부여하고자 한다. 다만 현재 중국의 토지법제가 완성되었다고는 보지 않는다. 앞으로도 계속해서 토지법제는 수정·보완될 것이지만, 민법전이 제정된 현시점에서 한번 정리해 볼 필요는 있을 것이다.

이 책은 모두 4개의 장, 14편의 논문으로 구성되어 있는데, 제1장은 중요한 토지 관련 법제로서 土地管理法·農村土地承包法·物權法·民法典의 제정과 개정된 내용을 소개하고, 특히 비교법적인 측면에서 중국의 전통 법문화에 관한 논문을 첨부하였다. 제2장은 토지사용권에 관한 내용을 정리하였으며, 제3장은 물권법의 내용을 소개하면서, 민법전 물권편과 물권법의 상호 대조표를 첨부하여 이해의 편의를 도모하였다. 제4장은 결론에 갈음하여 정리한 내용이다.

그런데 이렇게 책을 내려고 하니 부족한 내용이 많은 듯하여 마음이 무겁지만, 민법전이 시행되는 현시점에서 정리할 필요가 있다는 점에 무게를 두고 미진한 부분은 앞으로 보완할 것을 기약한다. 그리고 본문의 내용에는 중국어 간체를 사용하지 않고 모두 번체를 사용하였다. 그 주된 이유는 이 책이 우리나라의 독자를 염두에 두고 준비한 것이므로 아직 간체에는 익숙하지 않을 수도 있다는 점에서 임의로 그렇게 결정하였다. 다만 참고문헌은 원문 그대로 간체를 사용하였다는 점도 양해를 구한다.

이제 이 책이 나오기까지 도움을 주신 많은 분들에게 감사의 마음을 전할 차례이다. 먼저 매년 해마다 서너 차례에 걸쳐 중국의 각종 학술대회에서 발표할 기회를 마련해 준 오랜 친구(老朋友) 中國人民大學의 楊立新 교수님에게 감사의 마음을 전한다. 중국에 갈 때마다 새로운 문헌을 소개받았고, 입법과정의 제반 분위기를 가장 정확하고 신속하게 알려 주었다. 또한 왕성한 연구와 집필력으로 만날 때마다 신간 서적이 나오곤 하였는데, 앞으로도 계속 건승하시기 바란다. 그리고 영남대학교 중어중문학과의 최환 교수님께도 감사의 말씀을 드린다. 중국 문헌의 이해가 어려울 때마다 도움을 요청하면 그 바쁜 와중에도 언제나 시원하게 문제를 해결해 주셨다. 역시 계속 건승하시기 바란다. 또한 中國北京師範大學 法學院의 趙曉舒 부교수도 많은 도움을 주고 있다. 대학원의 지도교수와 제자로 인연을 맺어 박사학위를 받고 중국으로 돌아간 후, 입법 내용 및 관련된 참고문헌을 충실하고 신속하게 전달해 주었다. 덕분에 늘 최근 문헌을 접할 수 있었다. 이미 중국의 신진학자로 급부상하고 있지만, 학문적으로 더욱 발전하기를 기원한다. 제자인 부산대학교 법학연구소 김중길 연구교수는 원고를 세심하게 읽고 수정할 부분을 지적해 주었다. 부지런한 성품이라 좋은 결실을 맺고, 학문적으로도 크게 발전하기를 기원한다. 그리고 박영사의 장규식 과장님은 필자의 게으름으로 자꾸만 지연되는 원고를 끈기 있게 기다려 주셨으며, 정수정 선생님은 편집 작업과 더불어 꼼꼼하게 교정을 보아 주셨다. 이 자리를 빌려 두 분께 감사의 말씀을 드린다.

부족한 내용이지만, 중국이 개혁개방 정책을 실행한 이후 토지 관련 법제가 어떻게 변천되었는지 그 윤곽이나마 살펴보고, 이를 계기로 앞으로 북한이 개방정책을 실행할 경우에 토지 법제가 어떻게 변할 것인지 가늠할 수 있는 데 조금이나마 도움이 되었으면 하는 바람으로 끝을 맺을까 한다.

2021년 4월

이 상 욱

차 례

제1장 토지법제의 정비

제2장 토지사용권

제3장 물권법

제4장 중국 토제법제의 현황과 과제

일러두기

다음은 본서의 논문들이 처음 게재된 곳이다.

제1장
[1] 중국의 전통 법문화와 세계의 법문화, 중국과 중국학, 제3호, 2005. 5.
[2] 중국 「토지관리법」의 최근 개정 동향, 토지법학 제35권 제2호, 2019. 12.
[3] 신규 집필
[4] 중국 물권법(초안)의 구성과 특징, 민법학의 현대적 양상 : 羅岩 徐民敎授停年紀念論文集, 법문사, 2006. 5.
[5] 신규 집필

제2장
[1] 중국의 토지 사용권, 토지법의 이론과 실무: 至嚴 李善永博士華甲紀念論文集, 법원사, 2006.
[2] 중국의 토지사용권과 「小産權房」의 법적 지위, 토지법학 제28권 제1호, 2012. 6.
[3] 중국 물권법(초안) 상의 토지사용권, 토지법학 제22권, 2006. 12.

제3장
[1] 중국 물권법상의 소유권 취득, 경희법학 제44권 제2호, 경희대학교 법학연구소, 2009. 9.
[2] 중국 물권법상의 소유권 제한, 재산법연구 제25권 제3호, 2009. 2.
[3] 중국 물권법상의 부동산 선의취득제도, 토지법학 제31권 제1호, 2015. 6.
[4] 중국 물권법상의 저당권, 토지법학 제24권 제1호, 2008. 6.
[5] 신규 집필

제4장
중국 토지법제의 현황과 과제, 토지법학 제34권 제2호, 2018. 12.

본 저서는 2016년 대한민국 교육부와 한국연구재단의 지원을 받아
수행된 연구임(NRF-S1A6A4A01017463).

제1장
토지법제의 정비

[1] 중국의 전통 법문화

武 樹 臣[1]

중국의 전통 법문화는 일찍이 세계의 법문화권에서 독자적인 유형을 형성한 것으로서 현재까지 특유한 양식과 정신에 의하여 세계 법문화의 미래를 예시하고 있다. 중국의 전통 법문화의 성과에 직면할 때, 우리는 항상 과거로부터의 영광과 왕성한 생명력에 감명을 받게 된다.

1. 중국의 전통 법문화의 과거로부터의 영광

비교법을 연구하는 학자들은 이제까지 세계의 법문화를 몇 개의 「法系」 또는 「法族」으로 분류하였다. 예컨대 일본의 법학자 穗積陳重(1856년–1926년)은 인도법족, 중국법족, 이슬람법족, 영국법족, 로마법족이라는 5대 법족설(후에 게르만법족, 프랑크법족을 추가함)을 주장하였다. 독일 법학자 코올러(Josef Kohler)와 벵거(Leopold Wenger)는 세계의 법계를 원시민족법, 동양민족법, 그리스·로마 민족법의 3종류로 분류하였다. 이 중에서 동양민족법은 다시 반문명 민족법과 문명 민족법으로 나누고, 중국은 문명 민족법으로 분류하였다. 미국의 위그모어(J.H.Wigmore)는 세계의 법계를 16종류로 분류하였다. 즉 이집트, 바빌론, 중국, 히브리, 인도, 그리스, 로마, 일본, 게르만, 슬라브, 이슬람, 해양, 대륙, 교회, 영미, 아일랜드가 여기에 해당한다.[2] 프랑스의 비교법학자 르네 다비드(René David)에 의하면,

---

1) 이 내용은 武樹臣 著 中國傳統法律文化鳥瞰, 大象出版社, 1997. 중 마지막 장을 번역한 것이다. 저자 武樹臣은 1949년 중국 北京市에서 출생하여 1982년 北京大學 法律學系를 졸업한 후, 1996년 北京大學 法學院에서 법학박사 학위를 취득하고, 1982년부터 北京大學 法律學系의 강사 부교수를 거쳐 교수로 근무하였으며, 北京市 第二中級人民法院 부원장을 역임한 후, 현재 中國 山東大學人文社科一級敎授로 활동하고 있다. 중국법률사상사를 전공하여 번역 소개한 위 저서 외에「中國傳統法律文化(北京大學出版社, 1994)」,「武樹臣法學文集(光明日報出版社, 1998)」,「中國傳統法律文化辭典(北京大學出版社, 1999)」 등이 있으며, 또한 백여 편의 학술 논문을 발표한, 중국법사학계의 대표적 학자 중의 일인이라고 할 수 있다.
2) 楊鴻烈, 中國法律在東亞諸國之影響, 商務印書館, 民國 26年 參照.

현대 세계에는 3가지 유형의 중요한 법체계가 있다. 로마-독일법(즉 대륙법), Common Law(즉 영미법), 및 소련 연방이나 동유럽 사회주의국가로 대표되는 사회주의법이다. 그밖에도 이슬람, 인도, 중국, 일본 및 아프리카 각국 등의 법도 있다고 한다.[3] 각국의 학자들은 모두 중국법의 존재가치를 경시하지 않고 있는데, 이는 중국법이 독특한 내용을 갖추고 있기 때문이다. 중국법계는 세계의 법문화 중에 그 나름대로의 지위를 차지하고 있으며 그것은 과거로부터의 영광이다.

저자의 생각으로는, 세계의 법문화를 분류할 때의 기준은 2가지이다. 그 하나는 법규범의 내용이 의거하는 기본정신이며, 다른 하나는 법규범의 창출을 실현하기 위한 입법절차이다. 이 두 가지의 기준은 각각 별도로 사용된다. 첫 번째 기준에 의하면, 세계의 법문화는 종교주의 법문화, 윤리주의 법문화, 현실주의 법문화 등 세 유형으로 구분될 수 있다. 두 번째 기준에 의하면, 판례법형, 성문법형, 혼합법형이라는 세 유형으로 분류할 수 있다.

중국의 전통 법문화는 위의 첫 번째 기준이나 두 번째 기준 어느 것에 의하더라도 반드시 세 유형 중의 한 유형에 속하게 된다. 중국의 전통 법문화가 존재했기 때문에 세계의 법문화는 더욱 다채로운 양상을 띠게 된 것이다.

세계를 망라하여 다른 유형의 법문화와 비교할 때 중국의 전통 법문화에는 다음과 같은 명백한 특징이 존재한다.

그 첫째는 기원이 빠르다는 점이다. 중국 전통 법문화의 기원은 지금으로부터 5천년 전의 黃帝時代까지 소급하여, 고대 이집트, 고대 바빌론, 고대 인도라고 하는 3대 고대문명보다 더욱 오래되었다. 李鐘聲 선생의 저서 「中華法系」에 의하면, 「중화법계의 기원은 지금으로부터 7천년 전까지 거슬러 올라가며, 현재 알려진 세계 고금의 여러 법계 중에서 역사가 가장 오래된 것이다.」[4] 그대로 따른다

---

3) 勒內.達維德著(漆竹生 譯), 當代主要法律體系, 上海譯文出版社, 1984.
   (원저: René David, Les Grands Systemes de Droit Contemporains, Dalloz, 1982. 역자)
4) 李鐘聲, 中華法系, 對北華欣文化事業中心(1985), 338-339면에 의하면, 「출토된 문물로 미루어 7천년 전부터 개시된 신석기시대에는 선인들이 도기에 태극 도안을 그리고 숫자나 부호 또는 도자기에 문자를 새긴 것이 명백하다. 또한 문헌에도 기록되어 있는 伏犧氏가 그린 八卦와 만든 문자(書契)와도 서로 조응하고 있다.」 「복희씨부터 신농씨에 걸친 연대에 대하여 근대의 역사학자 章嶔의 「中華通史」는 庖犧氏系의 17主, 1260년, 신농씨계의 8主 520년을 열거하고 있다. 어느 쪽도 黃帝보다 앞선다. 황제는 기원전 2689년에 개국하였으므로 그보다 더 나아가 연대를 소급하여 복희씨는 기원전 4500년, 즉 지금으로부터 6500년 전 무렵이 된다. 신석기시대의 출토 도자기에는 태극 도안

면 중국 전통 법문화의 기원은 전 세계에서 가장 앞선 것이 된다.

둘째는 역사가 길다는 점이다. 그 경력에 대하여 언급한다면, 중국의 전통 법문화는 탄생할 때부터 오늘에 이르기까지 그 고유한 정신과 양식은 세대에 따라 변화를 거쳤지만, 일찍이 중단된 일이 없다. 여타의 모든 법문화는 그 발생이 늦던가 또는 발생은 빠르지만 여러 가지 원인에 의하여 전통이 중단된 경우가 많다. 유일하게 중국의 전통 법문화만 수천 년에 걸쳐 그 맥이 계승되어 단절 없이 오늘까지 이르고 있을 뿐만 아니라, 더욱 활기가 넘치고 있는 것으로서, 이는 세계문화사상 극히 드물게 보이는 예이다.

셋째는 심오한 내용을 내포하고 있다는 점이다. 중국의 전통 법문화는 「人本」주의의 실천철학에 깊은 기초를 두고 「사람」과 「사람」의 생존을 큰 목적으로 설정한다. 또한 법률과 도덕은 표리일체의 것이고, 법률과 도덕은 일종의 수단에 불과한 것으로서, 그 목표는 「사람이 사람다운 연유」라는 조화의 경지에 도달하는 것으로 설정한다. 이점이 중국의 전통 법문화를 철학적 차원에서 神權法보다도 높은 곳에 두도록 할 뿐만 아니라, 사람들의 재산 관계 조정을 주요한 임무로 두는 근대법보다 높게 위치하며, 그로 인해 중화민족 특유의 지혜와 정신이 대범함을 과시하게 되는 것이다. 수천 년 동안의 실천을 통하여 중국 전통 법문화의 공대하고 심오한 哲理와 관념은 아주 옛날부터 중화민족의 체내에 주입되었다. 그리하여 고대 중화민족을 육성함과 더불어 현대의 중국인까지도 형상화하고 있는 것이다.

넷째는 수준이 높다는 점이다. 중국의 전통 법문화는 중화민족의 장기간에 걸친 실천의 결정이다. 그것은 상당히 빠른 시기에 상당히 철저하게 「神」의 속박에서 벗어나 인간의 주관적 능동성을 충분히 발휘하였기 때문에 법사상, 법규범, 法機構, 법기술 등 어떠한 영역에서도 세인이 경탄할 찬란한 성과를 얻었던 것이다. 그러한 성과는 오늘날의 법 실천에 있어서도 의연하게 배워야 할 커다란 의의를 가진다.

다섯째는 영향이 미치는 범위가 넓다는 점이다. 중국의 전통 법문화는 중국의 토지에 거주하고 있는 많은 민족을 훈도하고, 나아가 강력한 문화 메카니즘에 의하여 중화의 대가족을 응집하였을 뿐만 아니라 해외에도 널리 전파하였던 것이

과 陶文이 있지만, 이는 지금부터 7000년에서 6900년 전까지의 것에서 그다지 멀지 않다.」

다. 중국의 전통 법문화는 매우 오랜 시기부터 한국, 일본, 오키나와, 베트남 등 동남아시아 지역에 이식되었고, 그 결과 실질적인 의미에서 중국법 문화권을 형성하였다.[5] 또한 일종의 철학적 관념으로서 중국의 전통 법문화는 일찍이 계몽운동이나 혁명운동에 대하여 잠재적인 영향을 미친 경우가 있다. 중국의 文官制度는 한 때 서양인들에게 감명을 주어 그들이 다투어 모방하려고 하였다. 李鐘聲 선생이 표현한 것처럼 「중국의 전통 법문화는 고대의 동아시아 제국에 흡수되었으며, 또한 신흥의 서양 여러 나라에도 흡수되었던 것이다.」[6]

여섯째는 장래 예측의 사정거리가 길다는 점이다. 중국 전통 법문화의 기본적 특징인 「집단본위」와 「혼합법」은 어느 정도 인류의 법실천 활동의 합리적 가치 및 내재하는 법칙성을 구현하고 있다. 모든 개인은 모두 사회적으로 의미 있는 인간으로서 존재하며, 또한 모든 개인의 권리와 자유는 모두 사회 전체의 권리와 자유의 실현이라는 조건 하에서 비로소 실현할 수 있어야 한다. 이 때문에 사회 내지 인류 전체의 이익이 법실천 활동의 출발점과 종점이 되어야 하는 것이다. 중국 특유의 「혼합법」은 「성문법」과 「판례법」 양측의 장점을 동시에 수용하여 그 단점을 극복하게 되었다는 점에서 가장 과학적이고 합리적인 법실천 양식이다. 인류의 법실천 활동은 금후 반드시 자각적으로 중국의 전통 법문화가 수립한 이정표에 따라 계속 전진해 나갈 것이라고 예언할 수 있을 것이다.

2. 중국 전통 법문화의 세계적 의의

중국 전통 법문화 특유의 「성문법」과 「판례법」이 상호 결합한 「혼합법」의 양식은, 기지가 풍부한 중국인의 수천 년에 이르는 근면한 실천을 거쳐 어렵게 노력하여 획득한 귀중한 재산이며, 중국 전통 법문화의 영원한 영혼이다.

중국이 근대와 현대로의 노정을 시작한 이래, 중화민족은 여러 차례 천지를 진동하는 변혁을 체험하였으며, 사회의 면모는 나날이 새로운 변화를 맞이하였다. 그러나 중화민족은 결코 그러한 사실 때문에 자신의 우수한 전통을 망각하는 일이 없었다. 아래에서 살펴보기로 한다.

---

5) 楊鴻烈, 中國法律在東亞諸國之影響, 商務印書館, 民國 26년 참조.
6) 李鐘聲, 中華法系, 286면.

北洋軍閥政府가 통치하던 시기에는 청 말에 편찬된 법전을 계속해서 그대로 사용함과 동시에 大理院은 대량의 판례를 창출하여 적용하였다.

국민당이 통치하던 시기에는, 국민정부는 한편으로는 대량의 성문법전이나 법규를 제정하면서 다른 한편 그와 동시에 상당한 수의 판례를 창출하여 적용함으로써 성문법규에 주석을 달아 성문법을 보충하고 발전시켰다.

중화인민공화국 성립 후 십여 년간 중국 정부는 한편으로는 성문법전이나 단행법규를 제정하고 공포하였지만, 다른 한편 판례의 편찬에 주의를 기울여 중국 각 지역 사법재판의 기준으로 이용할 수 있도록 하였다. 근년에 들어 판례의 역할은 날로 사람들의 승인과 이해를 얻게 되었다. 우리는 긍지를 가지고 추진하고 있지만, 중국 전통 법문화에 고유한 「혼합법」 양식의 가치는 이미 국경을 초월하여 세계의 법문화 발전의 「지침」이 되고 있다.

오늘날 세계 법문화에는 하나의 새로운 동향이 나타나고 있다. 그것은 「성문법」 형태의 「대륙법계」가 지금 바야흐로 「판례법」 형태의 「영미법계」에 접근하고 있다는 점이다. 양자는 각각 전통적인 면모를 보유하면서도 바야흐로 「국지적인 변화」를 모색하고 있다. 바로 중국의 학자가 지적하고 있는 것처럼, 로마법계의 국가에서는 법률상 또는 이론적으로 판례는 아무런 「구속력」이 없고 法源의 하나라고 할 수 없지만, 실천적인 면에서는 판례가 「설득력」을 가지고 있다. 이러한 의미에서 본다면 판례는 法源의 하나라고 해도 무방할 것이다. 한편, 현재 Common law 법계의 국가에서는 제정법과 판례법은 두 가지의 중요한 법원으로 되어 있고, 전체로서의 법률의 발전은 양자의 상호 작용에 의하여 추진되고 있다.[7] 그리고 중국 국외의 비교법학자들도 이와 같은 동향에 충분한 주의를 기울이고 있다.

「브리태니커 백과사전(the Encyclopedia Britannica)」에 의하면, 영미법계의 국가에서는 「상당 부분의 Common law가 단행법규 속에, 나아가 법전에 규정되어 있다. 또한 프랑스나 독일 및 여타의 대륙법 국가에서는 일부의 법률은 조문의 형태로 규정되지 않고 법원의 손을 거쳐 서서히 창출되고 있다. 더구나 상당히 많은 법규나 법전의 조문은 이미 법원의 의견이나 해석에 의하여 은폐되고 있으며, 그 결과 그러한 조문은 실제상 법관이 제정하는 법에 지배되고 있다.

---

7) 沈宗靈, 比較法總論, 北京大學出版社, 1987, 145면, 261면.

…… 실제로 보통법재판소와 미국의 일부 법원에서는 서서히 신구 판례를 분류하는 기술을 개발하여, 이에 따라 판례의 도움을 요구하는 수요를 적절하게 감소시켜 사회생활의 안정성을 획득하고 있는 실정이다. 한편 대륙법 국가의 법원에서는 先例에 따라 사안을 처리하는 경향이 있다. 이는 단지 법률의 연속성과 사회의 안정성을 도모하고자 하기 위한 것만은 아니다. 각 지역의 법원이 모두 동일한 양상으로 이와 같이 한다면 시간과 노력을 절약할 수 있고, 판결할 때 각각의 문제에 대하여도 그 때마다 중복해서 새롭게 고찰하지 않아도 좋다고 생각하는 경향이 있기 때문이다.」[8]

미국 스탠포드 대학의 메리먼(John Henry Merryman) 교수는 다음과 같이 지적하고 있다. 「확실히 대륙법계는 고정 불변한 것이 아니라 끊임없는 변혁 속에 있다. …… 19세기 초기 이래 대륙법계는 극도로 법률절차의 혁명적 양식으로부터 이탈해 왔다. 보통법재판소의 법률 해석권 확대야말로 그 움직임이 시작하는 징후의 하나라고 할 수 있다. 또한 재판을 실행하는 과정에서 司法 判例를 공포하고 원용한 점은 한층 더 그 과정의 진행을 가속화시켰다. 나아가 행정행위의 합헌성을 심판하는 행정법원 또는 헌법재판소를 설립한 것이야말로 또 하나의 중요한 행보라고 할 것이다. 예컨대 프랑스의 경우와 같이 이러한 종류의 법원은 역사상 행정기관의 일부임에 불과하였다고 하더라도, 현재에는 그 외관상 또는 내용적인 면에서 모두 일반 법원과 아무런 차이가 없어지고 있는 것이다. 선례에 따른다는 원칙은 이론상으로는 아직 결코 승인되지 않고 있지만, 실제에 있어서 법원은 벌써부터 동일한 유형의 사건은 동일하게 처리한다는 방침을 견지하고 있으며, …… 오늘날에도 대륙법계 전체에서 재판의 역할은 점점 확대되어 가고 있는 것이다.」[9]

아일랜드 더블린(Dublin) 대학의 핸드(G. J. Hand) 교수와 영국 앵글리아(Anglia) 대학의 벤틀레이(D. J. Bentley) 교수는 「19세기에는 제정법은 점차적으로 영국법의 법원의 일종으로서 과거의 판례와 어깨를 나란히 하기 시작했다. 우

---

8) 不列顚百科全書, 제15판 제4권 191-192면. 「法學總論」項.
9) 約翰·亨利·梅利曼, 大陸法系, 中國語飜譯版, 西南政法學院外國法制史教學參考叢書, 165-166면.
  (원저: John Henry Merryman, The Civil Law Tradition : An Introduction to the Legal Systems of Western Europe and Latin America, Stanford University Press, 1969, 1st ed. 역자)

리가 이미 알고 있는 바로는 영국의 사법제도와 절차는 19세기에 개혁이 진행되었지만, 제정법이 촉진한 결과로서, 또한 제정법은 법률의 실질적인 내용에도 영향을 주었다. …… 과거 백여 년에 걸쳐서 제정법은 영국의 사법발전에 중요한 역할을 하였다. 또한 장래에 이 분야에서 중요한 작용을 할 것은 명백하다. 영국의 공법 분야에서도 제정법의 역할은 현저한 것이었다. 영국 지방정부의 전체적 조직은 19세기의 제정법을 근거로 개혁된 것이다. 동시에 우리들의 대부분 공공행정법은 모두 제정법이다」[10]라고 설명하고 있다.

영국의 변호사인 워커(Ronald Jack Walker)는 다음과 같이 지적하고 있다. 「19세기는 법전편찬과 사법재판을 성문화하는 시대가 도래할 것을 예고하였다. 그리고 이 시대에는 제정법은 주로 Common law의 발전 방향을 설정하기 위하여 이용되는 전적으로 부차적인 법원으로부터 일약 Common law와 형평법을 능가하는 일종의 중요한 법원으로 약진하게 되었다」.[11]

일본의 과거 東京帝國大學(현 東京大學)의 高柳賢三 교수에 의하면, 「영국에서는 독일의 경우와 반대로 밴덤이 합리주의적 입장에서 역사주의적인 판례법을 비판하였다. 그의 영향은 19세기부터 오늘에 이르기까지 판례법의 부분적 법전화를 야기하고 있다. …… 이른바 '법전화적 법률'이란 제정법뿐만 아니라 판례법까지도 함께 하나의 제정법 형태를 한 법률로 파악하는 것이다. 19세기 말부터 20세기에 걸쳐서 수많은 법률의 영역이 이러한 의미의 법전화 과정으로 나타나고 있다. …… 이러한 법전화적 법률에서도 가급적 그 내용은 현행 판례법에 의거하고, 다만 그것을 제정법화 하는데 머물고 있는 경향이 강하다. 그리고 법전화적 법률에 대하여 해석상 의문이 있을 때에는 ― 의문이 있을 때 한하여 ― 구 판례를 소급하여 적용하게 된다」.[12]

영국 Cambridge 대학의 비교법 학자인 졸로비츠(J. A. Jolowicz) 교수는 「오늘날에는 프랑스의 경우이든, 독일의 경우이든 법률의 광대한 영역이 사실상 모두 법원의 판결 성과라는 점을 어느 누구도 부정할 수 없다. 만약에 Common

---

10) 英國的判例法和制定法. 法學釋叢. 1985年 第1期.

11) R. J. 沃克, 英國法淵源, 中國語飜譯版, 西南政法學院外國法制史敎學參考叢書, 72면.
   (원저: Ronald Jack Walker, The English Legal System, Butterworth, 1980. 역자).

12) 高柳賢三, 英美法源理論, 中國語飜譯版, 西南政法學院外國法制史敎學參考叢書, 33면, 95면, 96면.
   (원저 : 高柳賢三, 英美法源理論(英美法講義 제1권), 제7판 有斐閣, 1953. 역자).

law 법학자 중의 누군가가 대륙법계에는 판례법이 존재하지 않는다고 생각하고 있다면, 판례를 대량으로 인용하고 있는 대륙법계 국가의 법학 교과서를 조금이라도 읽어보는 것이 좋다. 그 행위만으로도 자신이 커다란 실수를 하고 있다는 사실을 파악하게 될 것이다. …… 오늘날 법관은 스스로 타당하다고 생각하는 판례를 적용함으로써 타당하지 않다고 생각되는 판례의 출현을 방지하는 일련의 특권을 향유하고 있지만, 이 때문에 사람들은 점차적으로 법관은 자신이 제약을 받게되는 것을 바라보는 범위 내에서만 제약을 받게 된다고 생각하게 되었다. 만약에 이 점이 확실하다면, 이는 어떠한 Common law 국가에서 판례의 위력의 원천은 동일하게 법관의 권위에 있다는 사실보다는 오히려 법관의 이성에 있다는 것을 의미하고 있다. 대륙법과 Common law는 이 문제에 대하여 표면상으로는 처리 방법을 달리하고 있지만, 그 외관 하의 사정은 결국 그다지 큰 차이는 없다. …… 틀림없이 현재 Common law 국가와 대륙법 국가의 발전 방향은 이 두가지 유형의 법률체계에서의 법률가들의 사고 형태를 과거와 비교하여 한층 더 접근시키고 있다. 이와 같은 동향은 도처에서 어느 것이든 비교법 연구의 발전에 의하여 촉진되고 있다」[13]라고 설명하고 있다.

미국 일리노이 대학의 비교법 교수인 피터 케이(Peter Kaye)는 미국의 현재 법률제도는 순수한 판례법 체제도 아니지만, 법률이나 법전 편찬만으로 성립되고 있는 것도 아니고 오히려 일종의 혼합적 제도라고 하는 편이 타당하다고 주장한다.

독일 함부르크 대학의 츠바이게르트 교수(Konrad Zweigert)와 콘스탄츠 대학의 쾨츠(Hein Kötz) 교수는 다음과 같이 지적하고 있다. 「현재 몇 가지의 (혼합적인) 법체계가 존재하고 있지만, 그것을 어떠한 법계에 속하는지 정확하게 분류하기란 쉽지 않다. 예컨대 그리스, 미국의 루이지애나주, 캐나다의 퀘벡주, 스코틀랜드, 남아메리카, 이스라엘, 필리핀, 푸에르토리코, 중화인민공화국 기타 몇 가지의 법체계가 그러하다. 이 경우에 문제는 이들의 법이 양식상 가장 근접한 것이 어느 법계인가 하는 점이지만, 그 점을 명확하게 규명하기 위해서는 섬세한 검토가 필요하다. 사람들은 때로는 한 개의 법체계 중에 몇 가지의 분야에는 (모

---

13) J. A. 約洛維奇, 普通法和大陸法發展, 法學譯叢, 1983年 第1期.
   (원저: J. A. Jolowicz, Development of Common and Civil Law - the Contracts, Lloyd's Martime and Commercial Law Quarterly, Feb. 1982. pp.87-95. 역자).

법)의 각인이 구비되어 있지만, 반면에 다른 분야에는 또 다른 표지가 붙어 있다는 점을 발견한다. 이와 같은 정황 하에서는, 어떠한 법계 또는 그것과 별개의 법계 어느 쪽에라도 완전하게 귀속시키는 것은, 예컨대 가족법, 상속법, 상법이라고 하는 특정한 법률 영역에 관하여 분류하는 경우를 제외하고는, 불가능하다. 때로는 하나의 법률체계가 반드시 특정한 법계를 향하여 이행하는 과정에 있는 경우도 있다. 이와 같은 정황 하에서는 언제든지 법계의 변경이 완성되었는가가 때로는 커다란 문제가 되지만, 그 확실한 시점을 확정하는 것이 불가능할 수 있다. 요컨대 그러한 (혼합적인) 법계의 사례가 시사하고 있듯이 법률의 세계를 '系'나 '집단'으로 분류하는 것은 유효하지만, 상당히 개략적인 방법에 불과한 것이다.」14)

매우 유감스러운 점은 외국의 법학자는 대륙법계나 영미법계의 어느 쪽에도 귀속시킬 수 없는 「혼합적」인 법계가 존재하고 있다는 점을 인식하고 있으면서 두 개의 大法系라고 하는 선입관에 사로잡혀 「혼합적」인 법계가 바로 세계의 법문화 발전의 미래를 대표하고 있다는 점을 승인하지 않고, 또한 승인하려고 생각하지도 않고 있다. 혼합법이 세계의 법문화 발전의 미래를 시사하고 있다는 것은, 그것이 바로 세계 법문화의 충돌로부터 융합하는 방향으로 가기 위한 필연적인 귀결이기 때문이다. 그리고 이 법칙성을 중국의 전통 법문화는 일찍이 2천년 전에 이미 표명하였던 것이다.

우리는 중국의 법문화가, 전통 법문화든 근대나 현대의 법문화든, 어느 쪽이든 시종 그 특유한 법률 양식에 의하여 세계의 법문화 속에서 독특한 위치를 점하고 있다는 점을 긍지를 가지고 살펴보았다. 우리는 노력하여 중국 법문화의 역사적 유산을 발굴하고 그것을 한층 더 빛나게 함으로써 현대 중국의 법문화를 건설하는데 그 위력을 발휘하고, 세계의 법문화계에서 그 빛남을 다투게 하여 시대를 선도하여야 한다.

---

14) 法系式樣論, 法學譯叢, 1985年 第4期.

[2] 토지관리법(中華人民共和國土地管理法)

Ⅰ. 서

　2019년 8월 26일 제13기 全國人民代表大會(全國人代) 常務委員會 제12차 회의에서[1] 「中華人民共和國土地管理法」[2]의 개정안이 통과되었는데, 개정된 내용은 2020년 1월 1일부터 시행되고 있다.[3]

　1986년 6월 25일 제6기 全國人民代表大會 常務委員會 제16차 회의에서 통과된 토지관리법은 중국 정부가 개혁개방 정책을 표방한 후 토지에 관한 기본적인 종합 법률로서 제정되었으며,[4] 토지 관리와 관련된 행정법상의 법률관계 및 토지에 관한 민사법상의 권리 등을 규율하는 법으로서, 토지에 관한 행정규제를 비롯하여 사법상의 권리 보호에도 큰 역할을 담당하고 있다.[5] 1978년 개혁개방 정책이 실시된 이후 중국의 사회 경제체제는 크게 변화해 왔으며, 그 와중에 견고한 자산으로서의 토지에 관한 여러 가지 법제도는 중국에서 끊임없는 변혁을 맞고 있는 현실이다. 따라서 개혁개방 이래 중국 정부가 지난 40년 동안 추진하였던 토지 법률 개혁을 살펴보고 아울러 향후의 발전 방향을 가늠하는 것은 매우 중요한 과제가 되는 동시에 중국에서의 시장경제 및 민주적 법치질서의 확립 여부와도 밀접하게 관련된 중요한 문제라고 할 수 있다.[6]

　중국에서 그동안 시행되었던 토지 법제의 정비과정은 대체적으로 정책 주도 단계(1978년-1986년)에서 입법 활성화 단계(1986년-2004년)를 거쳐 헌법 개정 후의 단계(2004년-현재) 등 크게 3단계로 발전해 왔다.[7] 특히 2004년 「依法治國」을 국정의 기본 정책의 하나로 채택하고 사회주의 법치국가를 목표로 설정한 중국에

---

1) 全國人民代表大會는 중국 최고의 국가권력기관으로서(중국 헌법 제57조), 헌법 개정을 비롯하여 민사·형사 및 국가기관의 기본 법률을 제정하지만, 그 밖의 법률은 全國人民代表大會의 상설 기관인 常務委員會에서 제정한다(중국 헌법 제62조). 자세한 내용은 楊鳳春, 圖解當代中國政治, 重華書局(2011), 18-41면 참조.

2) 이하 「토지관리법」이라고 칭한다.

3) https://www.thepaper.cn/newsDetail_forward_4282008. 2019년 9월 5일 방문.

4) 耿卓, 《土地管理法》修正的宏觀審視與微觀設計, 社會科學 2018年 第8期, 86면.

5) 高聖平, 中國土地法制的現代化 - 以土地管理法的修改爲中心, 法律出版社(2014), 1면.

6) 沈開擧/鄭磊, 社會變遷與中國土地法制改革 : 回顧與前瞻, 公民與法 2009年 第10期, 7면.

7) 沈開擧/鄭磊, 위의 논문, 8면. 그 자세한 내용은 제4장 참조.

서는 토지관련 법률의 정비와 체계화도 중요한 의미를 갖게 된 것이다.[8]

　　중국의 토지 관련 법규는 재산권에 대한 권리 행사와 행정적인 관리 기능 및 토지 이용의 종합적인 조정이라는 3분야로 구성되어 있으며,[9] 무엇보다도 중국의 토지제도는 公有制라고 하는 중국 특유의 사회주의체제에 기반을 두고 있다(중국 헌법 제6조)는 점도 간과할 수 없다.[10] 즉, 중국은 사회주의 국가로서, 공유제 경제가 중국경제제도의 기초가 되며, 이러한 공유제의 경제체제는 전인민소유제 경제와 집단소유제 경제체제의 두 유형을 포괄하는 것이다.[11] 최근 단행된 토지관리법의 개정 내용에도 토지 공유제는 동요 없이 유지되고 있으며, 농민의 이익에 피해가 가지 않도록 보호하고, 엄격한 농지 보호제도를 채택하여 토지 이용에 있어서 절약적이고도 집약적인 제도를 유지하는 내용이 포함되어 있고, 특히 이 번 개정안은 그 동안 黨 중앙의 농촌토지제도 개혁 정책과 그 성공적인 경험을 바탕으로 입법화되었으며, 농촌의 「三塊地」[12] 개혁 차원에서도 창의적인 규정을 두고 있다고 한다.[13]

　　이에 1986년 토지관리법이 제정된 이후의 개정 과정과 그 배경을 살펴보고 (Ⅱ), 2019년 8월 26일 통과되어 2020년 1월 1일부터 시행되고 있는 토지관리법의 특징 및 그 주요 내용(Ⅲ)을 살펴보고자 한다.

---

8) 沈國明, 改革開放40年中國法治建設回顧與展望, 東方法學 2018年 第6期, 60-70면 참조.

9) 吳春岐, 中國土地法體系構建與制度創新研究, 經濟管理出版社(2012), 3면.

10) 高富平 主編, 土地法學, 高等教育出版社(2016), 80면.

11) 중국의 토지 공유제에 관한 자세한 내용은 조동제, 중국토지소유권의 법률제도에 관한 고찰, 동아법학, 44집(2009), 315-348면.

12) '三塊地'란 농촌 지역의 '농경지', '농촌집단경영성건설용지(農村集體經營性建設用地)', '택지(宅基地)' 등 3유형의 토지를 일컫는 것으로서, 각각 그 법적 성질도 다르고 용도도 다를 뿐만 아니라 처리 방법 등도 다르며, 각 토지의 법적 지위는 각종 정책과 법률에 따라 결정된다. https://zhidao.baidu.com/question/1694664999844589388.html. 2019년 11월 13일 방문.

13) https://www.thepaper.cn/newsDetail_forward_4282008. 2019년 9월 5일 방문.

Ⅱ. 토지관리법의 개정 과정과 배경

토지관리법은 「토지 관리를 강화하고 토지의 사회주의공유제를 수호하고, 토지 자원을 보호·개발하며, 토지를 합리적으로 이용하고 경작지를 확실하게 보호하며 사회주의 현대화 건설의 수요에 부응하기 위하여」 제정된 것이다(토지관리법 제정 당시의 제1조).[14] 그 후 중국에서 헌법이 개정되거나 관련 법률(中華人民共和國物權法 등)이 제정될 때마다 토지관리법도 그 내용에 부합하는 방향으로 개정작업이 추진되었다.

1986년 토지관리법이 제정된 후 그동안 토지관리법은 3차례의 개정을 거치게 된다.[15]

먼저 1988년 4월 12일 헌법이 개정되면서 「임대(出租)할 수 없다」는 규정을 삭제하고, 「토지사용권은 법률의 규정에 의하여 양도(轉讓)할 수 있다」는 규정을 삽입함으로써(헌법 수정안 제2조, 헌법 제10조 제4항), 이에 따라 그해 12월 29일 제7기 전국인민대표대회 상무위원회 제5차 회의에서 토지관리법 개정안이 통과되었던 것이다. 그 주요 내용은 헌법 수정안과 동일하게 임대 금지 규정을 삭제하고, 국유토지와 집단(集體)소유 토지사용권은 법률에 따라 양도할 수 있으며(토지관리법 제2조 제3항), 「국가는 법에 의하여 국유토지의 유상 사용제도를 실시한다(동법 제2조 제4항)」고 규정하였으며, 구체적인 내용은 국무원에서 규정하도록 하였다. 이처럼 국가의 국유토지 유상 사용제도를 도입하였으며, 농경지를 보호하고, 토지의 개발과 이용은 엄격하게 규범화하여 공공시설이나 공익사업으로 토지를 사용할 때의 행정절차를 세부적으로 강화하였으며, 불법적인 토지 이용에 대해서는 엄격한 법률책임을 부과하도록 하였다.

토지관리법의 2차 개정은 1998년에 단행되었다. 1993년 3월 29일 공포된 헌법수정안이 사회주의 시장경제 체제를 수립하고, 국가 계획경제의 속박을 해제하며, 국영기업의 개혁을 전면적으로 실시한다는 등의 내용을 규정함에 따라 1998년 8월 29일 제9기 전국인민대표대회 상무위원회 제4차 회의에서 토지관리법도

---

14) 제1조 내용은 그 후 1998년 토지관리법의 3차 개정에서, '사회주의 현대화 건설의 수요에 부응하기 위하여'라는 내용이 '사회경제의 지속 가능한 발전을 촉진하기 위하여'라고 변경되었으며, 또한 '헌법에 근거하여 이 법을 제정한다'는 내용이 추가되었다.

15) 高富平 主編, 앞의 책, 14-16면.

전면적으로 수정되어 종래 7개 장(제1장 총칙, 제2장 토지의 소유권과 사용권, 제3장 토지의 이용과 보호, 제4장 국가건설용지, 제5장 향진촌 건설용지, 제6장 법률책임, 제7장 부칙) 57개 조문에서, 8개 장 86개 조문으로 확대되었던 것이다.[16] 즉, 제1장 총칙(제1조-제7조), 제2장 토지의 소유권과 사용권(제8조-제16조), 제3장 토지이용의 총체적 계획(제17조-제30조), 제4장 경작지 보호(제31조-제42조), 제5장 건설용지(제43조-제65조), 제6장 감독 검사(제66조-제72조), 제7장 법적 책임(제73조-제84조), 제8장 부칙(제85조-제86조)으로 편제되었으며, 이 체제는 그대로 유지되어 오늘에 이르고 있다. 그 주된 내용을 소개하면 다음과 같다.

① 농업용 토지의 건설용지로의 전환을 엄격하게 제한하여 농경지를 보호하는 등, 국가는 사회적인 수요를 근거로 하여 토지의 사용 방향을 관리하고 유도함으로써 토지 용도에 따라 규제하는 제도를 확립한다. ② 토지를 농업용 토지와 건설용지 및 未利用地의 3유형으로 구분한다. ③ 3분된 토지의 용도를 기초로 하여 토지이용에 관한 총체적인 계획을 수립하고 토지 이용 관리를 실시한다. ④ 연도별로 토지 이용 계획을 수립하여 시행한다. ⑤ 농경지(耕地)의 非耕地로의 전향을 엄격하게 규제하며, 농지 점용에 대하여는 보상제도를 실시하는 등 농지를 보호하는 제도를 실행한다. ⑥ 농촌건설용지와 도시건설용지를 건설용지의 1장으로 통합하고, 건설용지로서 통일하여 규정한다. ⑦ 농업용 토지의 건설용지로의 전환을 엄격하게 규제하고, 법에 의한 허가를 받지 않고는 농지를 占用할 수 없으며, 이를 위반한 때에는 토지의 불법 점용이 된다. ⑧ 농업용 토지를 수용할 때에는 반드시 먼저 농업용 토지의 전용 허가를 받은 다음 수용절차를 거쳐야 하며, 국무원이나 성급 인민정부가 수용을 허가할 때에는 수용절차를 준수함과 동시에 피수용자의 이익을 보호하여야 한다. ⑨ 농민집단소유의 토지사용권은 양도할 수 없으며, 농업용 건설을 위하여 임대하거나 양도할 수 없다. 어떠한 단위나 개인이 건설하기 위하여 토지를 사용하고자 할 때에는 반드시 법에 의하여 국유 토지 사용을 신청하여야 한다.[17]

3차 개정[18]은 2004년도에 추진되었다. 1999년의 헌법수정안이 법에 의한 국

---

16) 당시 개정된 주요 내용에 대하여는 제4장 참조.
17) 高富平 主編, 앞의 책, 14-16면.
18) 중국 학자에 따라서는 1998년의 개정을 전면개정으로 정의하고, 2004년 8월의 개정을 제2차 개

가 통치 체제(依法治國)를 확립하고 공유제를 견지하며, 다양한 유형의 소유제도에 따른 경제공동발전을 모색하는 기본경제제도를 추진한다는 등의 내용을 채택하였고, 2004년의 헌법수정안에는 사유재산을 보호한다는 내용이 명확하게 규정되었으며, 징발(征用)과 수용(征收)제도를 과학적으로 규정하여야 한다고 규정함으로써, 이에 따라 2004년에 토지관리법도 소폭의 개정작업을 거치게 된다. 그 주된 내용은 「국가가 공공 이익을 위하여 필요한 때에는 토지를 수용하거나 징발할 수 있으며, 동시에 보상하여야 한다(동법 제2조 제4항)」는 규정과 토지관리법의 조문에 징발(征用)이라고 되어 있는 용어를 수용(征收)으로 바꾸는 것이었다.19)

그리고 2007년 물권법(中華人民共和國物權法)이 제정되면서 시장경제 체제 하의 국가와 집단 및 개인의 재산보호원칙이 확립되자, 토지관리법도 다시 개정할 필요성이 제기되었다. 특히 토지관리법상 「토지사용권」 개념의 정리와 조정이 필요하다는 지적도 제기되었다. 즉, 토지관리법에서 규정하고 있는 토지사용권은 농업용 토지사용권, 건설용지사용권 등의 권리와 채권적 성질의 토지사용권을 포괄하는 개념인데, 물권법 시행 이후부터는 토지사용권이란 토지도급(承包)경영권, 건설용지사용권, 宅基地使用權, 집단(集體)건설용지사용권, 채권적 성질의 토지사용권 등의 상위 개념으로서 권리를 총칭하는 개념으로 되었다는 것이다.20) 이에 따라 2008년부터 국토자원부가 토지관리법의 개정 작업을 추진하게 되는데, 2009년 완성된 개정안이 국무원에 보고되어 심의를 거치는 과정에서 논의가 심화되고 개혁정책이 가속화 되면서 토지관리법은 다시 더 보완하여야 할 필요성이 제기되었다. 그 후 2017년 5월 3일 국토자원부는 그동안 여러 차례의 개정작업을 거쳐 완성된 토지관리법 개정안(征求意見稿)을 발표하여 사회 각계각층의 의견을 구하는 공고를 하였다.21) 이에 따라 사회 각계각층 262명의 의견이 제출되었으며, 그동안 수합된 개정 의견 840여 건을 종합하여 2017년 7월 27일 국무원에 토지관리법 개정안을 보고하였으며, 국무원의 심의를 거친 개정안은 2018년 3월 21일 토지관리법 최종 개정안(第二次征求意見稿)으로서 공고되었다.22) 그리고 2019년 8월

정이라고 이해하는 견해도 있다. 高聖平, 앞의 책, 26면.

19) 高富平 主編, 앞의 책, 15면.

20) 高聖平, 앞의 책, 11면.

21) http://test.mlr.gov.cn/gk/tzgg/201707/t20170712_1992581.html.

22) http://illss.gdufs.edu.cn/info/1121/5900.htm.

26일 전국인민대표대회 상무위원회에서 토지관리법 개정안이 통과되었던 것이다.

Ⅲ. 최근 개정된 토지관리법의 특징과 주요 내용

1. 최근 개정된 토지관리법의 특징

이미 앞에서 언급하였지만, 사실 1986년 토지관리법이 제정된 이후 학계에서는 끊임없이 문제점을 지적하고 개정의 필요성을 강조해왔었다. 이를테면 앞에서 소개한 토지관리법 제1조는 국가가 토지의 행정 관리를 규율하기 위하여 규정한 내용으로서 불평등한 공법관계를 전제하고 있다는 비판을 비롯하여,[23] 토지의 관리 행정 측면만 중시하고 사법상의 권리행사를 경시하고 있다는 지적[24] 등 그동안 많은 비판과 지적이 있었다.[25]

이러한 견해를 모두 반영하지는 못한 듯하지만, 이번에 토지관리법이 개정된 배경으로서는 첫째, 현행 토지관리법은 중국 경제의 급속한 전환과 발전에 따른 수요를 충족시킬 수 없다는 점, 둘째, 현행 토지관리법은 농민의 토지에 대한 권리를 지나치게 제한하여 도시화 되는 과정에서 농민의 토지 재산에 대한 의식과 각성에 상충된다는 점이다. 끝으로 현행 토지관리법은 토지 이용 중심적이고 토지의 용도 관리 체계가 자연 환경 보호에 미흡하다는 점을 지적하고 있다.[26] 또한 토지관리법을 개정할 때 유념하여야 할 기본 사상으로서, 농민들이 더 많은 발전성과를 향유할 수 있도록 인민 중심주의를 견지하고, 시장 메커니즘이 자원 배치에서 결정적으로 작용하도록 하여 도시와 농촌의 융합 발전을 촉진하도록 하며, 정책과 법률관계를 명확하게 정리하여 토지 관리 체계의 현대화에 일조하도록 할 것과, 체계적인 규범을 유지하여 공법적 속성과 사법적 속성의 체계적인 협조를 구축하며, 토지관리법과 관련된 다른 법률과의 조화를 도모하여야 할 뿐만 아니라, 집단토지의 수용과 집단건설용지의 개혁 사이에 긴밀한 협조를 구축

---

23) 許乙川, 現行《土地管理法》的不足及修改完善思路, 法治研究 2013年 第6期, 109-110면.

24) 陳利根/張金明, 城鄕統籌一體化與土地法的協同滄新, 河北法學 第31卷 第9期(2013年 9月), 18면.

25) 楊靑貴, 《土地管理法》修改與集體土地所有權行使制度變革, 理論與改革, 2015年 6月, 176-179면; 高聖平, 앞의 책, 1-26면; 沈開擧 主編, 中國土地制度改革硏究, 法律出版社(2014), 58-93면 등 참조.

26) 成立/魏凌, 《土地管理法》修訂的背景, 問題與方向, 中國房地産, 天津出版總社(2019), 41-42면.

하여야 할 것 등을 강조하는 견해도 있다.[27]

이번에 개정된 토지관리법의 주요한 특징을 정리하면 다음과 같다.[28]

(1) 농촌집단경영성 건설용지의 시장 진입 허용

현행 토지관리법 제43조가 규정하고 있는 「어떠한 기관이나 개인이 건설을 위하여 토지 사용이 필요한 경우에는 반드시 법에 따라 국유 토지 사용을 신청하여야 한다」는 내용을 삭제함으로써 종래 농촌집단 건설용지의 시장 진입이 제한되었던 법률적 장애를 제거하였다. 이는 토지관리법의 중대한 혁신으로서 종래 집단건설용지는 직접적으로 시장에서 유통될 수 없다는 2원적 체제를 타파함으로써 도시와 농촌이 동시에 발전할 수 있는 제도적인 장치를 마련한 것으로 평가된다. 즉, 현행 토지관리법 제63조는 「농민집단소유의 토지사용권은 매각·양도하거나 비농업 건설용으로 임대하지 못한다」라고 규정하여 농촌건설용지사용권의 유통에 대하여는 엄격한 제한을 두어 사실상 농촌건설용지 사용권의 유통을 금지하였던 것이다.[29] 그렇지만 중국의 농촌토지제도의 개혁은 중대한 과제로서, 개혁 개방 정책에 따라 농촌토지 사용제도도 개혁을 맞게 되었으며, 특히 근래 대규모 농촌 인구의 도시로의 이전은 농촌의 건설용지를 유휴지로 방치하게 되는 결과를 초래하게 되었다는 점에서, 농촌토지의 시장 진입(農地入市) 문제는 중국 정부가 해결하여야 할 중대한 과제로 제기되었다.[30] 즉 농경지 이외의 농민집단소유의 토지 사용권은 매매에 의한 양도가 금지되어 있었고, 비농업건설 목적의 용도로 임대하거나 양도할 수도 없었으며, 오직 향·진·촌의 기업이 공공시설이나 공익사업 또는 농민 주택을 건설할 목적으로만 사용될 수 있을 뿐이었던 것이다. 따라서 중국의 농민집단은 자신들의 토지사용권을 직접 양도할 수 없고, 매물로서 토지

---

27) 耿卓, 앞의 논문, 91-92면.

28) https://www.thepaper.cn/newsDetail_forward_4282008. 2019년 9월 5일 방문. 토지관리법이 개정된 후 아직 중국에서는 관련 문헌이 발간되지 않고 있으므로, 중국 自然資源部가 발표한 내용을 정리하여 소개한다.

29) 농촌건설용지사용권의 유통에 관한 법제도에 대하여는 黃英, 農村土地流轉法律問題研究, 中國政法大學出版社(2015), 49-98면 ; 조동제, 중국농촌건설용지사용권의 유통제도의 새로운 사고, 중국법연구 제11집(2009), 131-158면 참조.

30) 侯銀萍, 新型城鎭化背景下用益物權研究, 法律出版社(2015), 63-65면.

시장에 내어 놓을 수도 없으며, 반드시 수용을 통하여서만 건설용지로 변경할 수 있었다. 이러한 사정으로 말미암아 농촌집단 토지 위에 적법절차를 거치지 않은 변칙적인 주택 개발 사업이 추진되어 음성적으로 유통되는 이른바 「小産權房」문제가 제기되기도 하였다.[31]

그런데 이번 개정에서 현행 토지관리법 제63조는 삭제되고 신설된 제63조 제1항에 의하면, 「토지 이용의 종합 계획과 도시 농촌계획은 공업·상업 등의 경영상의 용도로 확정되고, 법에 따라 등기된 집단경영성 건설용지는 토지소유권자가 분양·임대 등의 방식을 통하여 임의의 단위나 개인이 사용하도록 할 수 있다」라고 규정하고 있으며, 동법 제2항은 「전항에 규정한 집단경영성 건설용지의 분양·임대 등은 해당 집단경제 조직 구성원들의 촌민회의 3분의 2 이상 또는 3분의 2 이상의 촌민 대표들의 동의를 받아야 한다」라고 규정함으로써, 농촌집단 건설용지라도 토지이용 계획에 부합하고 법에 따라 등기되었으며, 집단 구성원 3분의 2 이상의 동의를 받은 상황이라면 양도나 임대 등의 방식을 통하여 다른 기관이나 개인이 직접 사용할 수 있도록 허용한 것이다. 이에 따라 농촌집단 건설용지를 취득한 토지 사용자는 그 후에 또 다시 양도하거나 상호 교환·저당권 설정[32] 등의 방식을 통하여 재차 양도를 진행할 수 있게 되었다. 이러한 개혁적인 조치에 따라 토지 유통이 급속히 증가하게 된다면 현재의 토지 시장에 충격을 줄 수 있다는 우려도 제기되고 있지만, 집단경영성 건설용지의 시장 진입은 토지 계획에 부합하여야 하는데, 그 계획은 반드시 공업이나 상업 등 경영성 용도에 부합하여야 한다는 점과 시장 진입은 반드시 법에 의하여 등기를 하게 되어 있고, 이는 매년 토지 이용 계획 중에 적절하게 안배하게 됨으로서 이로 인한 현재의 토지 시장에 대한 영향은 우려할 수준은 아니라고 한다.[33]

(2) 토지수용제도의 개혁

종래 중국에서는 토지수용제도의 문제점에 관하여 많은 지적과 비판이 제기되고 있었다. 그 주된 내용은 토지 수용의 명분이 되는 공공이익의 개념이 불분명

---

31) 자세한 내용은 제2장 [2] 참조.
32) 중국의 저당권제도에 대하여는 제3장 [4] 참조.
33) https://www.thepaper.cn/newsDetail_forward_4282008. 2019년 9월 5일 방문.

하다는 점과 토지 수용 절차상 야기되는 문제점 및 피수용자에 대한 정당한 보상의 기준이 충분하지 못하고 명확하지도 못하다는 점 등으로 요약될 수 있다.[34] 그런데 이번 토지관리법의 개정으로 토지수용제도의 위와 같은 문제점이 상당히 보완된 것으로 보인다.

먼저 중국 헌법과 현행 토지관리법 및 물권법에 의하면, 국가는 공공이익의 수요에 따라 토지를 수용할 수 있다고 규정하고 있는데(헌법 제10조 제2항, 토지관리법 제2조 제3항, 물권법 제42조), 종래 공공이익의 개념이 명확하게 규명되지 않고 있었다. 물권법을 비롯한 법률상으로도 공공이익에 관하여 어떠한 명문 규정도 두지 않고 있었으므로 공공이익이 무엇을 의미하는지, 즉 토지를 수용하기 위한 공공의 목적을 어떻게 확정할 것인지가 항상 논란이 되었던 것이다.[35] 그런데 이번 토지관리법 개정 작업에서 제45조를 신설하여 공공이익을 위한 농민집단소유 토지의 수용이 허용되는 경우를 구체적으로 열거함으로써 공공의 목적이라는 개념을 명확하게 규명하였다. 즉, 군사 및 외교상 토지가 필요한 경우, 정부에 의해 시행되는 에너지·교통·水利·통신·우편 등의 기초시설 구축에 토지가 필요한 경우, 정부에 의해 시행되는 과학기술·교육·문화·위생·체육·생태환경과 자원보호·재해방지·문화재보호·지역사회 종합서비스, 사회복지, 市政의 公務, 위로정착(優撫安置), 선열보호(英烈保護) 등 공공사업에 토지가 필요한 경우, 정부에 의해 시행되는 빈민 구제 목적의 이주나 보장성 주거 사업 건설에 토지가 필요한 경우, 토지 이용에 관한 종합계획이 책정된 城鎭의 건설용지 범위 내에서 省級 이상의 인민정부가 縣級 이상의 지방정부에 의하여 시행되는 개발 건설에 필요한 토지를 허용하는 경우, 법률에 공공의 이익을 위하여 농민 집단 소유의 토지를 수용할 수 있는 상황을 규정한 경우 등의 6개 사유를 구체적으로 적시하고 있다. 뿐만 아니라 토지 수용 절차도 보완하였다. 즉, 縣級 이상의 지방인민정부가 토지 수용을 신청할 때에는 토지 현장 조사와 사회 안전성 위험도의 평가를 실시하여

---

34) 高聖平, 앞의 책, 17-21면 ; 沈開擧 主編, 앞의 책, 224-312면 ; 吳春岐, 앞의 책, 225-260면; 沈開擧/鄭磊, 앞의 논문, 9-10면. 중국의 토지수용제도에 관한 한국 문헌으로서는 洪海林, 중국토지수용제도개혁에 따른 약간의 중대한 문제, 토지법학 제25권 제2호(2009), 233-235면; 박성률/배성호, 중국 토지수용제도의 현황과 개선 방안, 민사법의 이론과 실무 제21권 제4호(2018), 315-346면; 曾興華/조동제, 중국에서의 土地收用및 가옥철거에 관한 법적 문제 – 공공의 이익과 사유재산권 보장의 형평성 시각에서 –, 토지법학 제25권 제2호(2009), 181-203면 참조.

35) 沈開擧 主編, 앞의 책, 253면.

야 하고, 수용되는 토지 소재의 구성원들에게 수용 범위를 비롯하여 수용 목적과 보상 기준 등을 공고하여야 하며, 피수용 토지의 농촌집단 구성원이나 촌민위원회 및 이해관계인의 의견을 청취하여야 한다(개정 토지관리법 제47조). 따라서 이제 중국 정부가 토지를 수용할 때에는 토지 상황 조사와 관련 정보를 공시할 것이 요구되며, 피수용지 농민과 협의를 거쳐야 하고 필요한 경우에는 공청회를 거쳐 농민과 협의가 된 이후에야 수용절차를 진행할 수 있게 되었다. 또한 토지 수용 보상에 관한 규정을 신설하여(개정 토지관리법 제48조) 보상의 기본 원칙을 명확하게 규정하였다. 즉, 농업용 토지를 수용할 때 보상으로서 책정되는 토지 보상비는 그 토지의 원래의 용도와 토지 자원의 여건, 토지 가치의 산출액, 토지가 위치한 지역 및 토지의 수급관계 등을 고려하여 종합적으로 평가하여야 하며, 최소한 3년마다 조정하거나 재공시하도록 하였다. 또한 농지 수용시의 보상기준은 지상에 부착된 물건 및 농작물을 감안하여 책정하고, 피수용농지 농민의 주택에 대하여는 先補償後移轉이 원칙이며, 농촌 주민의 의사를 존중하여 택지를 조성하거나 안치 주택을 제공하고 관련 비용은 금전으로 공평하고 합리적으로 지급하도록 되어 있다. 아울러 현급 이상의 지방정부는 피수용 토지의 농민을 양로 등 사회보장체계에 포함시켜 보호하여야 한다. 이처럼 토지수용에 대하여는 토지보상비는 물론, 정착보조비, 지상부착물 등 3가지를 고려하여 보상비를 책정하고 피수용토지 농민의 주택 보상과 사회보장비를 추가함으로써 피수용토지 농민을 더욱 완벽하게 보호할 수 있게 되었다.

(3) 농촌주택용지(宅基地) 규정의 정비

농촌주택용지 사용권자(宅基地使用權人)는 법률에 따라 집단소유 토지에 대하여 점유하고 사용할 권리가 있으며, 해당 토지에 주택 및 부대시설을 건설할 권리가 있다(중국 물권법 제152조).[36] 중국은 농촌주택용지에 대하여 1가구 1주택의 기본 관리 제도를 시행하고 있는데, 일부 지역은 인구 증가로 인하여 주택용지가 부족한 경우가 발생하고 있는 실정이다. 이러한 여건을 감안하여 이번 토지관리법 개

---

36) 중국에서 농촌의 토지는 집단소유에 속하는 중국 특유의 소유권 제도에 기인하여 宅基地使用權은 농촌의 토지위에 농민이 주택을 건축할 수 있는 지상권의 한 유형으로 이해된다. 자세한 내용은 韓淸懷, 農村宅基地使用權制度研究, 中國政法大學出版社(2015), 107-177면; 제2장 [3] 참조.

정은 종래 1가구 1주택의 기초 위의 가구 거주 규정을 완화함으로써 농촌 주민의 거주권 실현을 보장하는 방안을 강구한 것이다. 즉, 1인당 토지가 협소하여 한 세대가 한 곳의 택지를 보유하는 지구를 보장할 수 없는 경우에는, 현급의 인민정부는 농촌 농민의 의사를 충분히 존중하는 차원에서 적절한 조치를 취하여야 하며, 성·자치구·직할시가 규정한 표준에 따라 농촌 농민이 세대마다 거처하는 곳이 있도록(戶有居所) 함으로써 농촌의 거주 조건과 환경을 개선할 수 있도록 보장하였다(개정 토지관리법 제62조).

또한 이번의 토지관리법 개정으로 도시로 이주하여 정착한 농촌 농민이 스스로 원하는 경우에는 농촌주택용지에 대한 대가를 받고 퇴출할 수 있게 되었다. 즉, 국가는 도시에 들어가 호적을 등재한 농촌 농민이 스스로 원할 경우에는 정당한 대가를 받고(有償) 농촌주택용지(宅基地)에서 퇴출하는 것을 허용하고, 농촌 집단조직 및 그 구성원이 유휴택지와 유휴주택의 이용을 활성화하는 것을 격려한다는 내용을 명문으로 규정한 것이다(개정 토지관리법 제62조). 사실 이제까지는 농촌의 농민이 도시로 이주할 경우, 사용하던 농촌의 택지사용권은 아무런 대가를 받지 못하고 그냥 포기할 수밖에 없는 실정이었다. 그런데 이제는 농민들이 정당한 택지사용권에 대한 일정한 대가를 받고 도시로 이주할 수 있도록 허용함으로써, 도시로 이주한 농민이 도시에서 주택을 구입할 경우의 자금난도 일부 해소할 수 있게 되었고, 국가는 유상으로 환수한 택지를 다시 그 지역 농민들에게 재분배함으로써 택지 이용을 효율적으로 활성화할 수 있게 한 것이다. 이는 반드시 농민이 스스로 원하는 경우에 유상이라는 전제하에 인정되는 것이며, 지방 정부에 의한 강압적인 퇴출은 결코 허용되지 않는다.

(4) 永久 기본농지의 보호와 확정

이번에 토지관리법을 개정하면서 조문 중의 「기본농지」를 전부 「영구기본농지」로 변경하였다. 이 개정은 단순한 문자의 수정이 아니라 이념적인 중대한 전환이며 기본농지의 영구적 보호에 대한 가치 이념을 구현한 것이라고 한다.[37] 2017년 중국공산당 중앙위원회는 농지는 중국의 가장 보배로운 자원이라고 강조한 바 있

---

37) https://www.thepaper.cn/newsDetail_forward_4282008. 2019년 9월 5일 방문.

으며, 이미 확정된 농지의 레드라인은 결코 넘을 수 없고, 이미 확정된 도시 주변의 영구기본농지는 임의로 점용하여 개발할 수 없다고 하여 위 두 가지 사항을 「전혀 불가능한 두 가지 사유(兩個決不能)」라고 단정하였으며, 제19차 중국공산당 전국대표대회 보고에서도 생태 경계선과 영구기본농지 및 도시개발경제 등 3가지의 규제 기준에 대한 계획 업무를 완성하여야 한다고 명확하게 문제 제기를 하였던 것이다. 이에 따라 이번에 개정된 토지관리법은 영구기본농지의 보호와 확정에 대하여 분명하게 규정을 두었다. 즉, 영구기본농지가 법에 따라 확정된 후에는 어떠한 기관이나 개인이 임의로 이를 점용하거나 용도를 변경할 수 없으며, 국가 에너지·교통·수리·군사시설 등의 중점 건설 계획의 부지 선정에서 확실하게 영구기본농지를 피하기 어려워 농업용지의 轉用이나 토지 수용에까지 미치게 될 경우에는 반드시 국무원의 비준을 거치도록 하였다(개정 토지관리법 제35조). 또한 현행 토지관리법에는 각 성, 자치구, 직할시가 확정한 기본농지는 당해 행정구역 내 경작지의 80% 이상을 차지하여야 한다고 규정하고 있지만(토지관리법 제34조 제2항), 이번 개정에서 구체적인 확정 비율은 국무원이 각 성·자치구·직할시의 실제 상황에 근거하여 확정할 수 있도록 함으로써(개정 토지관리법 제33조 제2항) 실체 관계와 더욱 부합할 수 있도록 하였다. 이와 같은 영구기본농지의 개념은 우리나라 농지법상의 농업진흥지역과 유사한 개념이라고 볼 수 있다. 우리나라 역시 농지를 효율적으로 이용하고 보전하기 위하여 시·도지사는 농업진흥지역을 지정하도록 되어 있고(농지법 제28조 제1항), 농업진흥구역으로 지정된 농지는 농업 생산 또는 농지 개량과 직접적으로 관련되지 않은 토지이용행위는 할 수 없게 되어 있다(농지법 제32조 제1항).

2. 최근 개정된 토지관리법의 주요 내용

이번에 개정된 토지관리법은 기본적인 체제는 변함없이 총 7장으로서 그대로 유지되고 있지만, 신설되거나 삭제된 내용이 상당히 많은 편이다. 그 구체적인 주요 내용을 소개하면 다음과 같다.

(1) 제1장 총칙(제1조-제8조)

현행 토지관리법 제1장 총칙은 제1조부터 제7조까지로 구성되어 있지만, 개정된 토지관리법은 제6조가 신설되어 제8조까지이다. 그중 제1조부터 제4조까지는 현행법과 동일하고, 개정된 부분은 제5조의 토지관리기구로서 종래 「국무원 토지행정주관부서」라고 규정한 것을 「국무원 자연자원주간부서」로 개정하였다. 또한 제6조를 신설하여 「국무원으로부터 수권을 받은 기관은 성, 자치구, 직할시 인민정부 및 국무원이 확정한 도시 인민정부의 토지 이용과 토지 관리 상황을 감독한다」라고 규정하였다. 이처럼 제6조가 신설됨으로써 현행 토지관리법 제6조는 제7조로, 제7조는 제8조로 변경되었다.

(2) 제2장 토지의 소유권과 사용권(제9조-제14조)

현행 토지관리법 제2장 토지의 소유권과 사용권은 제8조부터 제16조까지로 구성되어 있지만, 개정토지법은 제9조부터 제14조까지로 구성되어 있다. 제2장의 제9조와 제11조까지는 현행법과 동일하다. 그런데 제12조를 신설하여 「토지의 소유권과 사용권의 등기는 부동산등기에 관한 법률과 행정법규에 따라 시행한다(동조 제1항)」라고 규정하였으며, 이어서 「법에 따라 등기된 토지의 소유권과 사용권은 법률의 보호를 받으며, 어떠한 단위나 개인도 이를 침범하지 못한다」는 현행 토지관리법 제13조의 내용을 제12조 제2항으로 이전하였다. 현행 토지관리법 제12조에는 토지변경등기에 관한 내용으로서 「법에 따라 토지의 권리와 용도를 변경할 경우에는 토지변경등기 절차를 거쳐야 한다」고 규정되어 있는데 이는 삭제되었다. 또한 제13조를 신설하여 제1항에 「농민 집단 소유와 국가소유이면서 법의 의거해 농민이 집단으로 사용하는 농경지·林地·草地 및 기타 법의 의거해 농업에 사용되는 토지는 농촌 집단경제조직 내부의 가정도급방식(家庭承包方式)을 취하여 도급(承包)한다.[38] 가정도급방식을 취해서는 안 되는 황량한 산(荒山), 황량한 도랑(荒溝), 황량한 개펄(荒灘) 등은 입찰공고·경매·공개 협상 등의 방식으로 도급해서 재배업·임업·목축업·어업 생산을 할 수 있다. 가정도급 농경지의 도급

---

38) 중국 농민집단토지의 도급(承包)제도에 관하여는 조동제, 중국농촌토지수익분배의 분쟁 해결에 대한 법적 사고, 토지법학 제31권 제2호(2015), 157-178면; 김종우, 중국의 토지도급법제도에 관한 고찰, 중국법연구 제17집(2012), 77-120면 참조.

기간은 30년으로 하고 草地의 도급 기간은 30년에서 50년으로 하며, 林地의 도급 기간은 30년에서 70년으로 한다. 농경지의 도급 기간은 기간 만료 후 다시 30년을 연장할 수 있으며, 초지·임지의 도급 기간은 기간 만료 후 법의 따라 그에 상응하여 연장한다」고 규정하고, 제2항으로 「국가소유이면서 법에 의거해 농업에 사용되는 토지는 기관 혹은 개인이 도급 경영하여 재배업·임업·목축업·어업 생산을 할 수 있다」, 제3항에서는 「도급인과 수급인은 법의 따라 도급 계약을 맺어 쌍방의 권리와 의무를 약정한다. 도급으로 토지를 경영하는 기관과 개인은 도급 계약 약정에 따라 토지를 합리적으로 이용하고 보호할 의무가 있다」고 규정하고 있다. 그리고 현행법 제14조(농민집단토지도급경영권)와 제15조(국유토지도급경영권)는 삭제되었으며, 현행법 제16조는 개정 토지관리법 제14조로 이전되었다.

(3) 제3장 토지이용의 총체적 계획(제15조-제29조)

제3장 역시 현행법과 동일하게 「토지이용의 종합 계획」이라고 하여 제15조부터 제29조까지 규정하고 있다(현행법은 제17조-제30조). 현행법 제17조는 개정 토지관리법 제15조로 그대로 존재하고, 현행법 제18조는 개정 토지관리법 제16조로 이전되었다. 개정 토지관리법 제17조(현행법 제19조)는 일부가 개정되었는데, 토지이용의 총체적 계획은 다음의 원칙에 따라 편성한다는 내용에 이어 제1호로서 「국토의 공간 개발 보호 요구사항을 확실하게 이행하고, 토지용도를 엄격하게 통제한다」는 내용이 추가되었으며, 제2호에서도 기본농지를 「영구기본농지」라고 개칭하고, 제3호도 「토지의 이용율을 제고한다」는 현행법의 내용을 「토지의 절약적 집약적 이용 수준을 제고한다」라고 개정하였으며, 제4호로서 「도시와 농촌의 생산, 생활, 생태용지를 총괄적으로 배분하고, 농촌 산업과 기반시설 토지의 합리적인 수요를 충족시키며 도시와 농촌의 융합 발전을 촉진한다」는 내용이 신설되었으며, 제6호도 「경작지의 점용과 개발 및 재개간의 수량은 균형을 이루도록 하고, 질량은 적정하게 하여야 한다」라고 하여 「數量平衡, 質量相當」의 내용을 추가하였다. 이어서 현행법 제20조부터 제23조까지는 개정 토지관리법 제19조에서 제22조까지 그대로 존재하고, 현행법 제24조는 개정 토지관리법 제23조로서, 제2항의 내용 중에 「토지이용의 연간 계획은 본법 제63조에 규정된 집단경영성 건설용지를 합리적으로 배분하여 작성되어야 한다」는 부분이 추가되었다. 현행법 제25조

부터 제28조까지는 개정 토지관리법 제24조에서 제27조로서 그대로 유지되고, 현행법 제29조는 개정 토지관리법 제28조가 되어, 제2항에 토지소유자 또는 사용자가 관련 자료를 제공할 때에 자료를 은닉하거나 자료제공을 거부하거나 지연하여서는 안 된다는 기존의 내용에 부가하여 「부진정한 자료나 불완전한 자료를 제공하여서는 안 된다」는 내용을 추가하였고, 제3항에 각급 인민정부가 토지이용의 총체적 계획을 편성할 때 기초가 되는 토지 면적 통계를 작성하는 주관 부서로서, 현행법은 「토지행정 주관부서와 통계부서」라고 하였으나, 개정법에는 「통계기관과 자연자원 주관부서」로 변경하였다. 현행법 제30조는 개정 토지관리법 제29조로서 그대로 존재한다.

(4) 제4장 경작지(耕地) 보호(제30조-제43조)

현행법 제31조는 개정 토지관리법 제30조로, 제32조는 제31조로 이전되었을 뿐 그 내용은 변함이 없다. 현행법 제33조는 개정 토지관리법 제32조가 되는데, 그 내용은 일부 변경되어 제1항 「성·자치구·직할시 인민정부는 토지이용의 총체적 계획과 토지이용의 연도 계획을 엄격히 집행하여야 하며, 본 행정구역 내의 경작지 총량이 감소되지 않고 <u>품질이 저하되지 않도록</u> 확실하게 조치를 취해야 한다. 경작지 총량이 감소하면 국무원은 규정 기한 내에 감소한 경작지의 수량과 품질에 상당하는 경작지를 조직적으로 개간할 것을 명령한다. <u>경작지의 품질이 저하되면 국무원이 규정한 기한 내에 조직적으로 정비하도록 명령한다. 새로 개간하고 정비한 경작지는 국무원 자연자원 주관 부서와 농업 농촌 주관 부서가 회동하여 검수한다</u>(밑줄 부분이 새로 추가된 내용임)」라고 개정하였으며, 2항의 내용도 「각 성·직할시는 명확하게 토지의 예비 자원이 부족하여 건설 용지를 신규로 증설한 후 새로 개간한 경작지 수량이 점용하고 있는 경작지의 수량을 보상하기에 부족한 경우에는 국무원에 신고하여 당해 행정구역 내의 경작지 개간 수량의 감면 허가를 받아 다른 지역에서 <u>수량과 품질이 상당한 경작지를</u> 개간하여야 한다」고 하여 밑줄 친 부분을 추가하였다. 현행법 제34조는 개정 토지관리법 제33조로 되었는데, 제1항과 2항에서 규정하고 있는 기본농지를 모두 「영구」 기본농지로 하였으며, 제1호에 기본농지로서 현재 규정하고 있는 糧, 棉 油의 경작지 외에 「糖」을 추가하였고, 제2항도 「각 성, 자치구, 직할시가 확정한 기본농지는 당해 행정구역내 경작지의 80% 이상을 차지하여야 한다」는 내용에 이어 「구체적인 비율은 국무원이 각 성, 자치구, 직할시의 경작지 실제 상황에 근거하여 규정한다」는 내용을 추가하였다. 개정 토지관리법 제34조는 신설된 내용이다. 「영구기본농지의 확정은 鄕(鎭)으로 단위를 삼아 진행하며 縣級 인민정부의 자연자원 주관부서가 동급의 농업농촌 주관부서와 함께 조직적으로 실시한다. 영구기본농지는 토지에 적응하여야 하며 국가의 영구기본농지 데이터베이스에 올려 엄격하게 관리한다. 향(진) 인민정부는 영구기본농지의 위치·범위를 사회에 공고하고 아울러 보호표지를 설치하여야 한다」. 제35조 역시 신설된 내용으로서, 「영구기본농지는 법에 따라 확정된 후에는 어떠한 기관이나 개인이 독단적으로 점용하거나 그 용도를 변경할 수 없다. 국가 에너지·교통·수리·군사시설 등 중점 건설 계획의 부지 선정에서 확실하게 영구기본농지를 피하기 어려워 농업 용지의 轉用이나 토지 수용에까지 미치게 되면 반드시 국무원의 허가를 받아야 한다. 현급 토지이용의 총체적 계획·향(진) 토지이용의 총체적 계획 등을 독단적으로 조정하는 방식을 통하여 영구 기본농지의 농업용지 전용 또는 토지 수용의 심사 허가를 교묘하게 회피하는 행위를 금지한다」고 규정하였다. 현행법 제35조는 개정 토지관리법 제36조의 내용으로서, 토양개량과 토질제고 방안을 규정하고 있는데, 「輪作 休耕」이 추가되었으며, 현행법 제36조는 내용 그대로 개정 토지관리법 제37조가 되었다. 개정 토지관리법 제38조는 현행법 제37조 제3항 「경작지를 도급받아 경영하는 단위 또는 개인이 2년 연속 경작을 하지 않을 경우에는 도급을 준 단위에서 도급계약을 해지하고 도급 경작지를 회수하여야 한다」는 내용이 삭제되었을 뿐 그대로 유지되고 있다. 그 외 현행법 제37부터 제42조까지의 내용은 별다른 변화 없이 개정 토지관리법 제38조부터 제43조가 되었다.

(5) 제5장 建設用地(제44조-제66조)

　제5장은 이번 개정에서 가장 많은 내용의 변화가 있었다. 먼저 건설용지의 신청에 관하여 규정하고 있는 현행법 제43조는 전문이 삭제되었다. 개정 토지관리법 제44조는 현행법 제44의 내용 중, 제2항은 「영구기본농지를 건설용지로 전환하는 것은 국무원의 허가를 받아야 한다」는 내용으로 간략하게 변경되었고, 제3항도 「영구기본농지 이외의 농업용 토지를 건설용지로 전환할 때」라는 내용이 추

가되었으며, 제4항 역시 「본 조 제2항, 제3항의 규정 이외에 건설항목을 위하여 점용하는 토지가 농업용 토지여서 건설용지로 전환하여야 하는 경우에는 성, 자치구, 직할시 인민정부가 허가한다」는 내용을 「토지 이용의 종합적 계획이 확정된 도시와 농촌, 향진 정부 소재지 건설용지 규모 범위 내에서 영구기본농지 이외의 농업용 토지를 건설용지로 전환하여야 할 때에는 국무원 또는 국무원으로부터 권한을 수여받은 성, 자치구, 직할시의 인민정부가 허가한다」라고 변경되었다. 개정 토지관리법 제45조는 공공의 이익을 구체적으로 열거한 신설 조문이다. 「① 공공 이익의 수요를 위하여 아래 열거한 정황이 하나라도 있고, 농민 집단 소유의 토지를 수용할 필요가 확실히 있으면 법에 의거해 수용할 수 있다.

1. 군사와 외교상 토지가 필요한 경우

2. 정부에 의해 시행되는 에너지 · 교통 · 수리 · 통신 · 우편 등의 기초시설 구축에 토지가 필요한 경우

3. 정부에 의해 시행되는 과학기술 · 교육 · 문화 · 위생 · 체육 · 생태환경과 자원보호 · 재해방지 · 문화재보호 · 지역사회 종합서비스 · 사회복지 · 市政의 公務 · 위로정착 · 선열보호 등 공공사업에 토지가 필요한 경우

4. 정부에 의해 시행되는 빈민 구제 목적의 이주 · 보장성 주거 사업 건설에 토지가 필요한 경우

5. 토지이용에 관한 종합계획이 책정된 城鎭의 건설용지 범위 내에서 성급 이상의 지방정부가 현급 이상의 지방정부에 의하여 시행되는 대단지 개발 건설에 필요한 토지를 허용하는 경우

6. 법률은 공공이익의 수요를 위하여 농민 집단 소유의 토지를 수용할 수 있는 기타 상황을 규정한다.

② 위 조항에서 규정한 건설 활동은 국민 경제와 사회 발전 계획 · 토지이용 종합계획 · 도시 농촌 계획과 전문항목 계획에 부합하여야 한다. 제4호 · 제5호가 규정한 건설 활동은 또한 국민 경제와 사회 발전 연도 계획에 포함시켜야 한다. 제5호가 규정한 대단지 개발은 국무원 자연자원 주관 부서가 규정한 기준에 부합하여야 한다」.

현행법 제45조는 개정 토지관리법 제46조와 동일한데, 다만 국무원이 허가하

는 토지 수용으로서 영구기본농지와 영구기본농지 이외의 경작지로서 35헥타르를 초과하는 경우 및 기타 70헥타르를 초과하는 토지 이외의 토지를 수용할 때에는 성, 자치구, 직할시 인민정부에서 허가하고 국무원에 등록하게 되어 있는데, 국무원의 등록 부분을 삭제하였다. 개정 토지관리법 제47조는 현행법 제46조의 내용인데 대폭 수정되거나 신설되었다. 제2항 역시 신설된 내용으로서, 「현급 이상의 지방 인민정부가 토지 수용을 신청하려면 수용하려고 하는 토지의 현황을 조사하고 사회적 안정성과 위험을 평가하여야 한다. 또한 수용 범위·토지 현황·수용 목적·보상 기준·정착 방식과 사회보장 등을 수용하려는 토지가 소재하는 향(진) 과 촌·촌민 소그룹 범위 내에서 적어도 30일 동안 공고하고, 피수용지 농촌 집단 경제 조직 및 그 구성원·촌민위원회와 기타 이해관계자의 의견을 청취한다」 고 개정되었으며, 제3항 역시 「피수용지 농촌 집단 경제 조직의 다수 구성원이 피수용지의 보상 정착 방안이 법률·법규에 부합하지 않는다고 여기면, 현급 이상 지방 인민정부는 공청회를 개최하여야 하며, 법률·법규의 규정과 공청회 상황에 근거하여 방안을 수정하여야 한다」고 규정하고, 현행법 제2항은 제4항으로 되어 그 말미에 「현급 이상의 지방 인민정부는 관련 부서를 구성하여 관련 비용을 계산하고 실행하여 충분한 금액에 이르도록 보장하여야 하며, 수용하려는 토지의 소유권자·사용권자와 보상·정착 등에 대하여 협의하여야 한다. 개별적으로 협의 달성이 확실히 어려울 경우에는 토지 수용을 신청할 때 사실대로 설명하여야 한다」는 내용을 추가하였으며, 제5항도 「관련된 전항의 업무가 완료된 후에 현급 이상의 지방 인민정부는 토지 수용을 신청할 수 있다」는 내용이 신설되었다. 토지 수용의 보상에 관한 현행법 제47조와 제48조는 삭제되고 신설된 개정 토지관리법 제48조는 다음과 같다. 제48조, 「① 토지 수용은 응당 공평하고 합리적인 보상을 해주어야 하며, 피수용지 농민의 원래 생활수준이 저하되지 않도록 보장해야 하며 장기적인 생계도 보장해야 한다. ② 토지 수용은 법에 의거해 토지보상비·정착보조비 및 농촌 촌민 주택·기타 지상부착물과 덜 익은 농작물 등의 보상비용을 충분한 액수로 제때에 지불해야 하며 아울러 피수용지 농민의 사회보장비용도 안배해야 한다. ③ 농업용지 수용의 토지보상비·정착보조비의 표준은 성·자치구·직할시가 제정하고 공포한 구역 종합지가를 통해 확정한다. 구역 종합지가의 제정은 토지의 원래 용도·토지의 자원조건·토지 생산액·토지 위치·

토지 공급과 수요 관계 · 인구 및 경제사회 발전의 수준 등의 요인을 종합적으로 고려하며, 아울러 적어도 3년마다 조정하거나 새로 공포한다. ④ 농업용지 수용 이외의 기타 토지 · 지상부착물과 덜 익은 농작물 등의 보상 표준은 성 · 자치구 · 직할시가 제정한다. 그중의 농촌농민 주택에 대해서는 선보상 후이주 · 거주조건 개선의 원칙에 의해 농촌농민의 의사를 존중하여 택지(부지)에 집을 짓는 것을 다시 안배하고 정착할 주택 제공 혹은 금전 보상 등의 방식을 취하여 공평하고 합리적인 보상을 해 준다. 아울러 수용으로 이루어진 이주와 임시 정착 등의 비용에 대해서도 보상을 해 주고 농촌 농민의 거주 권리와 합법적 주택재산 권익을 보장한다. ⑤ 현급 이상의 지방인민정부는 피수용지 농민을 상응하는 양로 등 사회보장체계에 포함시켜야 한다. 피수용지 농민의 사회보장비용은 주로 조건에 부합하는 피수용지 농민의 양로보험 등 사회보험의 비용 납부 보조금으로 사용한다」.

현행법 제49조부터 제61조까지의 내용은 개정 토지관리법과 동일하다. 제62조는 농촌 주민은 1가구당 1택지만 소유할 수 있으며 그 주택용지의 면적은 당국이 정한 기준을 초과하지 못한다는 제1항에 이어 제2항, 제6항, 제7항이 신설되었고, 현행법 제2항은 제3항으로 되어 내용이 추가되었으며, 제5항에도 증여가 추가되었다. 즉 「② 1인당 토지가 협소하여 1가구가 한 곳의 택지를 보유하는 지역을 보장할 수 없으면, 현급 인민정부는 농촌 농민의 의사를 충분히 존중하는 기초위에 조치를 취하여 성 · 자치구 · 직할시가 규정한 기준에 따라 농촌 농민이 세대마다 거처하는 곳(戶有居所)을 실현하도록 보장할 수 있다. ③ 농촌 농민의 주택 건립은 향(진) 토지이용의 총체적 계획 · 촌락 계획에 부합하여야 하고, 영구 기본농지를 점용할 수 없으며, 가능한 한 원래의 주택용지와 마을 내 공터를 사용하여야 한다. 향(진) 토지이용의 총체적 계획 · 촌락계획의 편성은 주택용지를 총괄하고 합리적으로 안배하며 농촌 농민의 거주환경과 조건을 개선하여야 한다. ⑤ 농촌 농민이 주택을 매도하거나 임대하거나 증여한 후 택지를 다시 신청하면 허가하지 않는다. ⑥ 국가는 도시로 이주하여 호적을 등재한 농촌 농민이 법에 따라 자원하여 유상으로 택지에서 퇴거하는 것을 허용하고, 농촌 집단경제조직 및 그 구성원이 유휴 택지와 유휴 주택의 이용을 활성화하는 것을 격려한다. ⑦ 국무원 농업 주관 부서는 전국 농촌 택지 개혁 및 관리와 관련된 업무에 책임을 진다」. 제63조도 신설된 내용이다. 「① 토지이용의 총체적 계획과 도시농촌 계획이 공업·상업 등의 경영성 용도로 확정되고, 법에 따라 등기를 한 집단 경영성 건설용지는 토지 소유권자가 양도·임대 등의 방식을 통하여 기관 또는 개인이 사용하도록 교부할 수 있다. 이 경우 서면 계약을 체결하여야 하고, 토지의 경계 지점·면적·시공 기한·사용 기간·토지용도·계획 조건과 쌍방의 기타 권리와 의무를 기재하여야 한다. ② 위 조항의 집단 경영성 건설용지의 양도·임대 등은 본 집단경제조직 구성원인 촌민회의 3분의 2 이상의 성원 또는 3분의 2 이상의 촌민 대표의 동의를 받아야 한다. ③ 양도 등의 방식을 통하여 취득한 집단경영성 건설용지의 사용권은 양도·교환·출자·증여 또는 저당권을 설정할 수 있다. 다만 법률이나 행정법규에 별도의 규정을 두고 있거나 토지소유권자·토지 사용권자가 체결한 서면 계약에 별도로 약정한 경우에는 그에 따른다. ④ 집단 경영성 건설용지의 임대, 집단건설용지 사용권의 양도 및 그 최고 기간·양도·교환·출자·증여·저당 등은 동일한 유형의 용도인 국유건설용지를 참조하여 집행한다. 구체적인 방법은 국무원이 제정한다」. 제64조도 신설된 내용으로서, 「집단 건설용지의 사용자는 토지계획의 총체적 계획·도시농촌 계획이 확정한 용도에 따라 엄격하게 토지를 사용하여야 한다」라고 규정하고 있다. 현행법 제64조는 개정 토지관리법 제65조로 되었고, 현행법 제65조는 제66조로 되었는데, 제2항으로서 「집단경영성 건설용지의 사용권 환수는 양측이 서명한 서면계약에 따라 처리하며, 법률이나 행정법규에 별도의 규정이 있는 경우는 그에 따른다」는 내용이 추가되었다.

(6) 제6장 감독검사(제67조-제73조)

이번 개정 작업에서 제6장은 별다른 개정 없이 현행법의 내용이 그대로 유지되었다. 다만 제67조 2항이 신설되어 「현급 이상 인민정부 농업농촌 주관부서는 농촌택지관리 법률과 법규를 위반하는 행위에 대하여 감독검사를 실시하며, 자연자원 주관부서의 감독검사에 대하여는 본법의 규정을 적용한다」고 규정하고 있다. 그 외 현행법 제67조부터 제72조까지의 내용은 그대로 개정 토지관리법 제68조에서 제73조가 된다.

(7) 제7장 법률책임(제74조-제84조)

이 부분 역시 부분적으로 개정이 단행되고 대부분 현행법상의 규정이 그대로 존속한다. 즉, 현행법 제73조부터 제85조까지의 내용은 그대로 개정 토지관리법 제73조부터 85조가 되는데, 다만 현행법 제82조(법에 의한 토지변경 등기를 하지 않은 경우의 법적 책임)는 삭제되었다. 그리고 토지 수용 보상비를 불법으로 유용한 경우의 법적 책임에 관하여 규정하고 있는 현행법 제79조의 내용 중, 범죄를 구성하지 않는 경우에는 행정처분을 한다는 내용이 그냥「법에 따라 처분한다(依法給豫處分)」로 개정되었으며, 이 내용은 토지행정주관부서의 공직자가 직무태만이나 직권남용 등으로 인해 범죄를 구성하지 않는 경우의 법적 책임에 대하여도 동일하게 행정처분을 삭제하였다(제84조).

(8) 부칙(제85조-87조)

본법의 적용대상으로서 특별한 규정이 없으면「中外合資經營企業, 中外合作經營企業, 外資企業」이 토지를 사용할 때에는 본 법을 적용한다는 현행법 제85조의 내용은 간략하게 「외국인 투자기업(外商投資企業)」으로 개정되었다(개정 토지관리법 제85조). 또한 본 법 제18조에 의한 국토 공간계획수립에 앞서 법에 따라 승인된 토지 이용의 총체적 계획과 도시 농촌 계획은 계속적으로 수행된다(제86조)는 경과 규정을 두었다.

Ⅳ. 결

개혁개방 정책이 실시되면서 그에 따라 중국의 사회경제 체제는 급속하게 변화하고 있는데 이에 대응하여 토지 법제를 정비할 필요성이 대두된 중국에서는「토지 관리를 강화하고 토지의 사회주의 공유제를 수호하고, 토지 자원을 보호·개발하며, 토지를 합리적으로 이용하고 경작지를 확실하게 보호하며 사회주의 현대화 건설의 수요에 부응하기 위하여」1986년 토지관리법이 제정되었던 것이다. 그 후 사회 경제체제 변화의 추세에 부응하여 토지관리법도 개정 작업이 단행되었는데, 특히 1993년 사회주의 시장경제 체제를 수립하고, 국가 계획경제의 속박을 해제하며, 국영기업의 개혁을 전면적으로 실시한다는 등의 내용이 헌법 수정안에 포함됨으로써 1998년에 토지관리법도 전면적으로 수정되어 오늘에 이르고 있다.

그런데 2007년 중국의 물권법이 제정되면서 또 다시 토지관리법은 개정할 필요성이 제기되어 2008년부터 추진된 토지관리법의 개정 작업은 몇 차례의 수정 과정을 거쳐 드디어 2019년 8월 그 결실을 맺게 된 것이다.

이번에 개정된 토지관리법의 내용은 1998년도의 전면적인 개정에는 미치지 못하지만 상당히 많은 변화를 초래하고 있다. 주요한 내용을 정리하면 다음과 같다.

그 첫째는 종래 양도나 임대 등이 금지되었던 농촌집단 건설용지의 유통이 허용되었다는 점이다. 즉, 농촌집단 소유의 토지라도 토지이용 계획에 부합하고 법에 따라 등기되어 있으며, 집단 구성원 3분의 2 이상의 동의를 받게 되면 양도나 임대 등의 방식을 통하여 다른 기관이나 개인이 그 토지를 직접 사용할 수 있도록 허용한 것이다. 이는 토지 공유제를 취하고 있는 사회주의 중국으로서는 획기적인 변화라고 하지 않을 수 없다.

두 번째는 토지 수용에 대한 전폭적인 개정이다. 종래 문제가 되었던 공공이익의 개념을 명확하게 규정함으로써 토지 수용의 절차를 분명하게 정리하고, 피수용 농지의 농민을 보호하기 위한 조치로서 보상비의 내용을 다양화하였으며, 그 기준을 명확하게 제시하고 있다. 이 부분은 그동안 학계와 실무에서 끊임없이 지적되어 왔던 해묵은 과제라고 할 수 있는데, 이번 개정으로 어느 정도 해소된 것으로 보인다.

세 번째는 농촌주택용지에 관한 내용을 개선한 것이다. 즉, 이번의 토지관리법 개정으로 도시로 이주하여 정착하게 된 농촌의 농민이 원하는 경우에는 농촌주택용지에서 스스로 퇴거할 수 있도록 함으로써 농촌 주민의 거주권 실현을 보장할 수 있는 방안을 강구하였다.

네 번째는 영구기본농지 개념을 도입하여 토지관리법 조항 중의 「기본농지」를 전부 「영구기본농지」로 변경하였다는 점이다. 이 개정은 단순한 문자의 수정이 아니라 이념적인 중대한 전환이며 기본농지의 영구적 보호에 대한 가치 이념을 구현한 것이라고 평가할 수 있다.

다섯 번째로는 등기제도를 명문화하여 모든 토지의 소유권과 사용권의 등기는 부동산등기 규정에 관한 법률과 행정법규에 따라 시행한다는 규정을 신설한 것이다.

끝으로 토지관리부서를 국무원 자연자원 주관부서라고 분명하게 지정하였으며, 국무원으로부터 수권을 받은 기관은 토지의 이용과 토지관리 상황을 감독할 수 있게 함으로써 토지관리에 관한 정부의 감독 기능을 한층 강화한 것으로 보인다.

이러한 개정 작업의 결과 종래 행정 규제 중심의 토지관리법이 이제 私益 내지 私權을 보호하는 측면을 다소 강조하게 되었다고 볼 수 있다. 그렇지만 이번의 개정 작업으로서 중국의 토지법제가 완전히 정비되었다고는 볼 수 없다. 중국의 토지 관련 법제는 아직 미완성 단계에 있으며, 그 개정 작업은 여전히 진행형으로서 사회경제 체제의 변화에 따라 앞으로도 계속해서 변화할 것으로 보이기 때문이다.

[3] 농촌토지도급법(中華人民共和國農村土地承包法)

Ⅰ. 서

　농업 대국인 중국에서의 농지 문제는 모든 토지 문제의 기초라고 할 정도로 가장 근본적이고도 광범위한 과제로서, 쉽게 해결할 수 없는 경제적 · 사회적 난제 중의 하나라고 할 수 있다. 1949년 중화인민공화국이 수립된 후, 1950년에 공포 시행된 「토지개혁법(中華人民共和國土地改革法)」은 토지제도에 대한 규범화를 시행하여 농민의 소유권을 보장하는 계기가 되었다.[1] 즉 토지개혁법 제30조는 토지개혁을 완수한 후 인민정부는 토지소유권증을 교부하고, 모든 토지소유자는 자신의 토지에 대하여 자유로운 경영, 매매 및 임대할 권리를 인정한다는 내용을 규정하였던 것이다. 이로 인하여 당시 토지를 소유하지 않고 있거나 소규모 토지만 소유하고 있던 약 3억 명에 달하는 중국 농민들에게 토지가 분배되어 중국 농촌의 생활상태가 다소 개선되는 전기가 마련되었다.

　그런데 1950년 이후부터 소농가와 대규모 생산으로 인한 모순과 문제점이 야기되면서 이를 해결하기 위한 방안으로 농업합작화 운동이 빠르게 추진됨으로써 토지의 농민소유제는 점차적으로 집단적 소유제로의 전환으로 변화하게 되었다.[2] 이에 농지에 대한 농민의 소유권을 인정하는 제도에서 집단소유제가 형성되기까지의 정책적 과정을 간략하게 나마 살펴보고,[3] 2002년 8월에 공포된 농촌토지도급법(中華人民共和國農村土地承包法)의 내용을 소개하고자 한다.[4]

---

1) 사실 그 이전 1947년 9월 13일 '中國共産黨全國土地會議'를 통과하여 제정된 「中國土地法大綱」은 혁명 후의 토지개혁을 예고하는 성격을 가진 문서로서, 토지「소유권은 농가의 소유에 귀속한다(동 강령 제3조)」고 규정하고, 모든 地主의 토지 및 公有地는 農村部가 전체 인구에 따라 남녀노소를 불문하고 통일하여 평등하게 분배한다(동 강령 제6조)고 하여 균분화된 농민의 사유제를 확립하고 인구에 따라 균분하는 분배형식을 실현한 바 있다. 그 주된 내용은 ① 토지개혁의 실행, ② 몰수하거나 수용하는 토지의 범위를 모든 토지로 확대 ③ 토지재산분배의 원칙과 방법에 관한 것이었다. 小田美佐子, 中國土地使用權と所有權, 法律文化史(2002), 27면.
2) 1949년 이후 중국 농촌토지제도의 변천에 대하여는 김지용, 중국 농촌토지제도의 역사적 변천과 신 전개, 농업사연구 제3권 2호(2004.12), 17-36면 참조.
3) 陳小君, 文元春(譯), 中國農地法制變革と持續可能な發展, 比較法學 51卷 2號(2017), 266-268면에 비교적 간략하게 정리되어 있다.
4) '承包'를 직역하면 '수급'으로 되어 '農村土地承包法'은 '농촌토지수급법'으로 번역할 수 있겠지만, 법령명은 편의상 '농촌토지도급법'으로 번역하고 구체적인 내용에서는 '承包方'을 '수급인' 등으로 번역한다.

개혁개방 정책이 시행되기 이전 단계의 중국에서는 입법을 통한 법률적 규제가 아니라 중국 공산당이 채택한 정책적 문건에 의하여 토지 정책이 시행되고 추진되었다. 입법을 통한 토지 규제는 1986년 4월에 공포된 민법통칙(中華人民共和國民法通則)을 필두로 하여, 1986년 6월에 제정된 토지관리법(中華人民共和國土地管理法)과, 2002년 8월에 제정된 농촌토지도급법(中華人民共和國農村土地承包法)을 거쳐, 2007년 3월에 공포된 물권법(中華人民共和國物權法)이 시행되면서 점차적으로 체계화되었다. 특히 2007년 10월 1일부터 시행되었던 물권법 제3편 용익물권 제11장에 「土地承包經營權」에 대하여 규정하면서(제124조–제151조) 가족도급경영권(家族承包經營權)의 물권화를 확립하였는데, 이 부분은 물권법에 관한 장에서 자세히 살펴보기로 한다.

Ⅱ. 가족도급경영제(家庭承包經營制)의 확립

1951년 12월 중국 공산당 중앙위원회가 공포한 「농업생산상호합작에 대한 결의(關于農業生産互助合作的決議)」에 따라 전국 각지에서는 초급생산합작사를 시험적으로 경영하게 되었으며(여전히 토지의 농민 소유제는 유지되고 있었다), 1953년의 「農業生産合作社를 발전시키는 것에 관한 결의(關于發展農業生産合作社的決議)」를 거쳐, 1956년 채택된 「고급농업생산합작사시범규정(高級農業生産合作社示範章程)」에 의하여 합작화 운동이 고급 형태로 전환되었으며, 결국 토지의 농민 소유제도가 집단적 소유제로 전환되는 중대한 계기가 되었다.[5] 그 후 1958년 3월 중국 공산당이 채택한 「소규모 농업합작사를 적절하게 대규모의 농업합작회사로 통합시키는 것에 관한 의견(中共中央關于把小型的農業合作社適當地合併爲大社的意見)」에 따라 조건이 구비된 지방에서는 소규모의 농업합작회사를 대규모의 합작사로 통합하는 것을 장려하였으며, 이는 곧 人民公社化의 시발점이 되었다. 결국 1958년 8월 중국 공산당은 농촌에 인민공사를 수립하는 결의를 채택하여 규모의 거대화 및 정치조직(政)과 행정 및 경제조직(社)의 일체화를 의미하는 政社合一의 관리체계를 실행하게 되었으며, 같은 해 12월 「人民公社의 약간의 문제에 대한 결의(關于人民公社若干問題的決議)」를 공포하여 인민공사의 규범화를 확립하였다. 그리고 1959년부터

---

5) 자세한 내용은 高飛, 集體土地所有權主體制度聯句, 法律出版社(2012), 57–102면 참조.

1961년 사이에 전개된 대약진 운동(大躍進) 및 농업을 희생하고 공업을 발전시킨다는 당시 중국 공산당의 정책에 의하여 야기된 전국적인 식량 부족과 기근 현상을 거치면서 인민공사 체제는 더욱 강화되었고, 1962년 9월 「농촌인민공사업무조례(農村人民公社工作條例.修正草案)」를 공포하여, 人民公社의 기본적 회계단위는 농업생산의 자율성을 갖는 生産隊로 하고, 각 지방의 상황에 따라 인민공사 조직은 公社와 生産隊로 하거나, 公社와 행정적 업무를 수행하는 生産大隊 및 生産隊의 3級所有로 할 수 있도록 규정하였다(동 조례 제2조). 또한 生産隊의 노동력이 미치는 범위 내의 토지는 모두 생산대의 소유에 속하는 것으로 하고, 집단소유에 속하는 산림, 수면 및 초원은 개괄적으로 생산대의 소유에 귀속시키는 것이 비교적 유리한 경우에는 모두 생산대의 소유에 속하는 것으로 하였다(동 조례 제21조). 즉, 생산대를 기본적인 경영조직으로 하여 생산대의 범위에서 「공동노동·공동경영」이 실행되고, 주로 투입된 노동량을 기준으로 분배가 되었던 것이다.6) 이처럼 개혁·개방정책이 실행되기 이전 단계의 중국 농촌에서는 집단토지소유의 토지에 대하여 일률적으로 집단적 생산방법이 시행됨으로써 농촌토지에 대한 용익물권은 설정될 수 없었으며, 담보물권도 존재하지 않았던 것이다.7)

그런데 인민공사 체제의 폐단이 지적되고, 개혁개방 정책이 추진되면서 인민공사체제는 중대한 도전을 받게 되어 결국 해제되는 결과를 맞게 되며, 이에 갈음하여 가족생산도급제(家庭生産承包制)가 도입된다. 즉, 개혁개방 정책이 실행되기 이전부터 인민공사 체제의 폐단을 직시한 일부 지방에서는 여러 가지 형태의 개선 방안을 모색하였으며, 1978년 말 제11기 중국공산당 중앙위원회 제3차 전체회의가 개최되기 직전, 安徽省 鳳陽縣 小崗村의 18명 농민들이 가정도급경영을 시도한 것을 발단으로 농촌개혁의 서막을 열게 되었으며, 이를 계기로 농촌개혁 운동이 전국적으로 확산되었고 － 그 배경에는 당시 鄧小平의 가정단위도급제(包産到戶)를 인정하는 발표가 있었다 － 중앙정부도 정책상 지지를 함으로써 최종적으로 가족도급제(家庭承包制)로 발전하게 된 것이다.8) 1979년 9월 중국 공산당 제

---

6) 鄭芙蓉, 中國物權變動法制の構造と理論, 日本評論社(2014), 22면.
7) 尹田(俎見亮譯), 中國物權法における不動産物權公示の效力, 日中民法論壇, 早稻田大學出版部(2010), 170면.
8) 沈開擧/鄭磊, 社會變遷與中國土地法制改革：回顧與前瞻, 農民與法 2009年 第10期, 8면.

11기 중앙위원회 제4회 전체회의에서 채택된 「농업발전을 가속화시키는 데 약간의 문제에 대한 결정(關于加快農業發展若干問題的決定)」은 일부 지역에서의 가족생산도급제를 인정하게 되었고, 1983년 1월 공포된 「당면의 농촌경제정책에 대한 약간의 문제(當前農村經濟政策的若干問題)」에 따라 가족경영도급제가 정식으로 확립되었으며, 1985년에 들어서면서 政社分離가 추진되는 등 인민공사 체제는 해체되었다. 이처럼 1983년부터 가족도급경영제가 확립되면서 중국의 농지법제 개혁은 소유권과 사용권의 「兩權分離」정책 하에 집단소유(集體所有)에 속하는 농촌토지에 대하여 농민들에게 장기적으로 보장된 사용권을 부여하는 방향으로 정착된 것이다. 1984년 중앙공산당 1호 문건은 토지도급기간은 일반적으로 15년 이상이 되어야 함을 명확하게 규정하였으며, 1986년 초 중국 전역에서의 전면도급제(大包干) 농가는 99.6%를 초과하게 되었고, 결국 세대별 생산량 도급책임제(家庭聯産承包責任制)의 시행이 중국 농촌에 전면적으로 확립되었다.[9] 즉, 1955년에 土地集體化制度가 시행되면서 토지 소유제가 개인소유로부터 집단소유로 전환된 후 농민들은 토지소유권을 상실하게 되었으며, 그 후 70년대 말 80년대 초에 실행된 세대별 생산량 도급책임제는 그 현저한 특징적 요소로서 '集體所有, 分戶經營'으로 되어 토지의 소유권과 경영권이 분리되기 시작하였던 것이다.[10] 1991년 중국 공산당 제13기 중앙위원회 8차 전체회의에서 세대별 생산량 도급 위주의 책임제와 통일경영과 분산경영(統分)을 결합한 이중경영체제를 제기함으로써 중국 농촌 집단경제조직으로서의 기본제도가 장기적으로 안정될 수 있게 되었다. 또한 농촌토지의 첫 번째 도급기간이 만기가 되는 상황에 맞추어, 중국 정부는 1993년 11월, 「토지 도급관계의 안정과 농민의 투입 증가를 격려하고, 토지의 생산 효율성을 향상시키기 위하여, 기존의 경지 도급기 기간이 만기된 후 30년을 재연장한다. 황무지 개간, 林地 조성, 사막을 토지로 바꾸는 것 등 개발성 생산에 종사하는 경우는 도급 기간이 더욱 길어질 수 있다. 도급 경지의 빈번한 변동을 피하고, 경지 경영 규모의 끊임없는 세분화를 방지하기 위하여, 도급기간 내에 '노동력이 늘어도 경지를 늘리지 않고, 노동력이 줄어도 경지를 줄이지 않는다(增人不增地,减人不減地)'는 방법을 제창한다」는 내용을 발표하였다. 이후 1998년 중국 공산당 중앙위

---

9) 杜濤 主編, 中華人民共和國 農村土地承包法 解讀, 中國法制出版社(2017), 3면.
10) 夏紀森, 法治與自發秩序－以家庭聯産承包責任制爲例, 法理學 法史學, 2017. 12., 25면.

원회 제15기(15屆) 3차 전체회의(三中全會)에서 가정도급경영을 기초로 하고, 통일
경영과 분산경영을 결합한 이중경영체제의 장기적 안정화를 결정하였으며, 2008년
중국 공산당 중앙위원회 제17기 3차 전체회의는 현재의 토지 도급관계가 안정을 유
지하고 영구불변해야 한다고 결정하고 강조함으로써, 장기적인 안정과 영구불변으로
서의 토지도급관계로서 농촌기본경영제도를 견지하고, 농촌토지도급관계를 안정화하
려는 중국 정부의 방침을 확실하게 천명하였다.11)

　　이처럼 가정도급경영을 기초로 하여 (집단)통일경영과 (가정)분산경영을 결합
한 이중경영체제(双層經營體制)를 시행하는 것은 중국 개혁개방 역사상 중요한 상
징적인 조치이며, 중국 농촌개혁의 중대한 성과인 동시에 중국 헌법이 확립한 농
촌의 기본 경영제도라고 할 수 있다.12)

Ⅲ. 「農村土地承包法」의 체계와 구성

1. 입법 목적

(1) 제정 목적

　　2002년 8월 29일 제9기 전국인민대표대회 상무위원회 제29차 회의에서 통과
된 「농촌토지도급법(中華人民共和國農村土地承包法)」 제1조는 입법목적으로서, 「가정
도급경영을 기초로 (집단)통일경영과 (가정)분산경영을 결합(統分結合)한 이중경영체
제를 안정시키고 완비하며, 농민에게 장기간의 토지사용권을 부여하기 위하여, 농
촌토지 도급 당사자의 합법적 권익을 보호하기 위하여, 농업 및 농촌의 경제발전
과 농촌사회의 조화와 안정을 추진하기 위하여, 헌법에 근거하여 본법을 제정한
다」라고 규정하였다.

　　입법 당시 제1조가 규정하고 있는 입법 목적은 크게 3가지를 포괄하고 있다.

　　첫째는 가정도급경영을 기초로 통일경영과 분산경영을 결합한 이중경영체제를
안정시키고 완전하게 하는 것이다. 그 핵심은 가정도급관계를 안정시켜서 농민에
게 장기적으로 보장된 토지사용권을 부여하는 것이다.

---

11) 杜濤 主編, 앞의 책, 4면.
12) 杜濤 主編, 위의 책, 1면.

둘째, 농민에게 장기적으로 보장된 토지사용권을 부여하여 농촌토지 도급 당사자의 합법적 권익을 보호하는 것이다. 그 핵심은 법률에 따라 토지 도급계약 쌍방 당사자의 권리의무관계를 조정하고, 농촌토지 자원의 합리적인 유통을 보장하고 촉진하며, 농촌토지의 도급관계가 법률제도 하에서 합리적인 절차에 따라 처리되는 상태를 구현하는 것이다.

셋째, 농업발전을 촉진하고, 농촌의 안정화와 농민의 수입 증대를 보장하는 것이다.[13]

또한 이 법은 헌법에 근거를 두고 제정된 것이라고 하는데(동법 제1조), 중국 헌법 제8조는 「농촌의 집단(集體)경제조직은 가족도급경영(家庭承包經營)을 기초로 하고, 통일경영과 분산경영이 결합된(統分結合) 2중경영체제를 실행한다. 농촌에서의 생산, 공급 및 판매, 신용, 소비 등 각종 형식의 합작경제는 사회주의 노동군중집단소유제 경제이다. 농촌의 집단경제조직에 참가하는 노동자는 법률이 규정하는 범위 내에서 자경지(自留地), 자영림(自留山), 가정 부업을 경영하고, 자신의 가축(自留畜)을 사육할 권리를 가진다. (중략) 국가는 도시와 농촌의 집단경제조직의 합법적 권리와 이익을 보호하고, 집단경제발전을 격려하고, 지도 및 지원한다」고 규정하고 있다.

2002년에 제정된 농촌토지도급법이 시행된 이래 중국에서는 농촌의 기본경영제도가 안정적으로 유지되고, 농민에게 장기적으로 보장된 토지도급경영권을 부여하게 되었으며, 그에 따라 농민 수입이 증대됨으로써 농촌경제가 한층 건강하게 발전하게 되는 계기가 되었고, 농촌 사회의 조화와 안정화 추진에 중대한 작용을 한 것으로 평가된다.[14]

(2) 개정 목적

그 후 2018년 12월 29일 입법 목적을 규정한 제1조 내용은 일부 수정되었는데, 「농민에게 장기간의 토지사용권을 부여하기 위하여」의 내용은 삭제되고, 「가정도급경영의 기초를 공고히 하고('穩定'을 '鞏固'로 개정함) … (중략) 농촌토지 도급

---

13) 中國法制出版社, 農村土地承包法 新解讀(2017), 1-2면.
14) 杜濤 主編, 앞의 책, 1-2면.

관계의 안정과 영구불변을 유지하기 위하여(추가됨) … (중략) 농촌의 경제발전과 농촌사회의 조화로운 안정을 촉진하기 위하여('和諧'가 추가됨)」라는 내용으로 대체되었다. 이러한 2018년 개정 당시의 상황을 고려하여 입법 목적을 정리하면 다음과 같다.[15]

① 가정도급경영을 기초로 하고, 통일경영과 분산경영을 결합한 이중경영체제를 공고히 하고 완전하게 함.

가정도급경영을 근간으로 하여, 통일경영과 분산경영이라는 이중경영체제를 시행하는 것은 중국 헌법이 확립한 중국 농촌집단경영조직의 기본제도로서, 가정도급경영을 기초로 하고, 통일과 분산의 이중경영체제를 장기적으로 안정시키고 완전하게 정비한다는 과업은 농촌에 대한 중국 공산당의 기본정책이다. 가정도급경영의 실행은 농민의 생산 욕구를 자극하게 되어 농촌의 생산력이 크게 향상되었고, 이로 말미암아 중국의 농업 발전과 농촌경제의 번영을 실현할 수 있게 되었으며, 농민이 농업생산경영의 독립적인 주체로서 역할을 할 수 있게 된 것이다. 이처럼 가정도급경영의 시행이 농가의 생산 및 이익 창출과 밀접하게 연관됨으로써 농민들이 장기적인 안목에서 안정적으로 토지를 관리할 수 있게 되었고, 적극적으로 토양을 개선하고 농경지 수리시설을 건설하는 등 토지를 효과적으로 이용하게 되어 결국 중국 농업의 지속적인 발전을 촉진하는 중요한 계기가 되었다. 농민의 가정도급경영을 통한 분산경영 이외에 집단통일경영 역시 농업 생산의 촉진에 필요한 제도로서, 농경지 주변의 공공시설 건설과 생산물의 유통 등의 업무는 개별 농가에서 해결할 수 없는 한계가 있고, 특히 농업의 신기술 보급이나 농업진흥에 관한 새로운 지식과 관련 정보의 제공 등은 집단의 통일경영을 통해서만 가능한 것이다. 농촌 집단경제조직은 농업의 기반시설을 구축하고 토지 자원을 개발할 뿐만 아니라 다양한 형태의 조직을 통하여 농산물의 생산과 가공 및 유통 등의 업무를 긴밀하게 연계함으로써 생산 업무를 생산 전 과정의 업무로 발전시키게 되고, 이로 말미암아 농가의 분산된 소규모 경영과 시장을 중국 농업의 시장화·전문화·현대화로의 발전을 촉진할 수 있었다. 이처럼 가정도급경영을 기

---

15) 杜濤 主編, 위의 책, 14-19면.

반으로 하여 통일경영과 분산경영의 이중경영체제는 중국 농촌과 농업생산의 근본적인 특색에 부합하는 것으로서, 광범위한 적응성과 왕성한 생산력을 지니고 있으므로 반드시 장기적으로 견지해야 하는 정책과제가 된 것이다.

② 농촌토지 도급관계의 안정과 영구불변을 유지함.

농촌토지 도급경영을 공고하게 하는 핵심은 토지도급관계를 안정시키는 것인데, 이는 장기적이고도 합리적인 도급기간의 보장과 직결되는 과제이다. 이 문제는 농촌토지 도급관계의 당사자인 집단경제조직이나 촌민위원회(發包方: 도급인)와 토지의 수급인(承包方) 지위에 있는 당해 집단경제조직의 구성원인 농민 사이의 약정에 의존할 것이 아니라 토지도급관계가 장기적으로 안정될 수 있으면서 당사자 雙方의 합법적인 권익을 보호할 수 있는 제도적인 장치가 마련됨으로써 해결될 수 있다. 농촌토지도급법의 입법 목적 중 하나가 농촌토지 도급관계의 안정과 영구불변을 유지하여 농민들에게 장기적이고 안정된 도급경영권을 부여하는 것이므로, 토지의 도급기간을 장기적으로 보장하여 「농경지의 도급기간은 30년으로 한다. 草地의 도급기간은 30년 내지 50년으로 한다. 임야(林地)의 도급기간은 30년 내지 70년으로 한다(동법 제20조)」고 규정하였던 것이다. 그 후 중국 공산당 제19차 전국대표대회 보고에서 토지도급관계의 안정과 영구불변을 유지하고, 두 번째 토지도급기간을 다시 30년 연장한다고 밝혔으며, 이에 따라 위 제20조의 내용에 「농경지의 도급기간은 도급 기간 만료 후 다시 30년을 연장하며, 초지와 임야의 도급기간도 기간 종료 후 전항에 규정한 기간에 상응하여 연장한다(개정법 제21조 제2항)」는 내용이 추가되었다. 이어서 농가(農戶)에 도급토지의 사용권을 부여한 것인데, 농촌토지는 집단소유에 속하며(동법 제4조. 농촌토지 도급 후에도 토지 소유권의 성질은 변하지 않는다), 토지소유권으로부터 분리된 토지사용권은 물권적 성질을 지니고 있으므로 법적 권리로서 법률에 따른 철회나 조정 이외에는 그 누구도 토지의 도급경영권을 침해할 수 없고(동법 제8조), 도급 당사자 雙方의 약정에 의하여 계약을 임의로 변경하거나 해제할 수도 없는 것이다(동법 제15조). 도급계약이 성립되면 곧바로 효력이 발생하고, 그에 따라 수급인(承包方)은 토지도급경영권을 취득하게 되며(동법 제23조), 국가는 농경지와 임야 및 초지 등에 대한 통일된 등기 제도를 실시하여 등기기관은 수급인에게 토지도급경영권증(土地承包經營權證)

등의 증서를 교부하며, 아울러 등기부에 등재함으로써 토지도급경영권을 확인할 수 있도록 규정을 신설하였다(동법 제24조). 또한 국가기관의 관련 공무원은 직권을 이용하여 농촌토지 도급에 간섭하거나 도급계약을 변경·해제할 수 없으며(동법 제65조), 토지경영권자의 합법적인 권익은 어떠한 조직이나 개인이 침해할 수 없으며 보호된다고 규정하였다(동법 제10조). 이와 같은 규정을 통하여 농가에 안정된 토지사용권을 부여하였으며, 농촌토지 도급관계의 안정과 영구불변을 유지할 수 있게 된 것이다.

③ 농촌토지 도급경영 당사자의 합법적인 권익을 보호함.

이미 앞에서도 언급하였지만, 농촌토지도급법은 토지 도급경영 당사자의 권리 및 토지 도급경영 당사자의 권리 침해에 대한 법률적 책임을 명확히 규정함으로써 농촌토지 도급경영 당사자의 합법적인 권익을 보호한다. 집단경제조직이나 촌민위원회는 도급인(發包方)으로서 집단소유 또는 국가소유이지만 법에 의하여 집단이 사용하고 있는 농촌의 토지를 수급인(承包方)이 도급계약에 따라 합리적으로 토지를 이용하고 보호하는지 감독할 권한이 있으며, 수급인이 토지나 농업 자원을 훼손하는 행위를 하면 이를 저지할 수 있다(동법 제14조). 반면에 도급인은 임의로 토지도급경영권의 계약 내용을 변경하거나 도급계약 자체를 해제할 수 없고, 수급인의 생산경영 자주권을 존중하여 수급인이 법률에 따라 정상적인 생산경영활동을 진행하는데 간섭할 수 없으며, 생산기술 등의 정보를 제공할 의무를 부담한다(동법 제15조). 수급인은 수급 토지에 대한 사용·수익의 권리를 향유하며, 자주적으로 생산경영을 조직하고 제품을 처리할 권리가 있다(동법 제17조 제1호). 뿐만 아니라 이번에 신설된 내용으로서 토지도급경영권을 교환(互換)하거나 양도(轉讓)할 수 있는 권리가 인정되며(동법 제17조 제2호), 토지경영권의 유통(流轉)도 허용되는데(동법 동조 제3호 신설) 토지경영권이 유통되어도 도급인과 수급인 사이의 관계는 변하지 않는다(동법 제44조 개정).

이번 개정안의 또 다른 특징은 중국 공산당 중앙위원회의 「삼권분리(三權分置)」 정책에 의하여 토지경영권자의 권리를 추가·신설한 것이다(동법 제45조-47조 신설).[16] 토지경영권자는 계약에서 약정된 기간 내에는 농촌토지를 점유할 권리가 있으며, 자주적으로 농업생산경영을 하여 수익을 취득할 수 있다(동법 제37조 신설). 또한 수급인은 도급인에게 등록(備案)하고 수급지(承包地)의 토지경영권을 금융기관에 담보로 제공하여 융자를 받을 수 있으며, 토지경영권이 양도된 경우에 그 양수인도 양도인(수급인)의 서면 동의를 받아 도급인에게 등록한 후 금융기관에 토지경영권을 담보로 제공하고 융자를 받을 수 있다. 이 경우 담보물권은 융자담보계약의 효력이 발생한 때 그 효력이 발생하며, 그 담보물권의 등기는 대항요건으로서 등기하지 않으면 제3자에게 대항하지 못하고, 담보물권이 실행되면 담보물권자는 토지경영권에 대하여 우선변제권이 인정된다(동법 제47조 신설).

④ 농업 · 농촌 경제발전과 농촌사회의 조화와 안정을 촉진함.

가정도급경영을 기초로 하고 통일경영과 분산경영의 이중경영체제를 공고히 하고 완비하는 것은 농촌경제의 지속적이고 안정적인 발전과 연관되는 과제이다. 농촌토지도급법은 농민과 토지 관계를 합리적으로 규제하여 농촌의 기본경영제도가 동요되지 않고 토지도급관계가 안정적이고도 영구불변 유지될 수 있도록 보장하기 위하여 제정된 법이다. 이에 따라 농민들에게 토지에 관한 안정적이고도 영구적인 제반 권리를 부여함으로써, 농촌의 현대화를 달성할 수 있고 농촌사회의 조화와 안정을 유지할 수 있으며, 나아가 중국의 경제발전에도 도움이 될 것이다.

2. 체계와 구성

2003년 3월 1일 시행될 당시의 농촌토지도급법은 총 5장 65조로서, 제1장 총칙(제1조-제11조), 제2장 가정도급(家庭承包. 제12조-제43조), 제3장 기타방식의 도급(제44조-제50조), 제4장 분쟁 해결과 법적 책임(제51조-61조), 제5장 부칙(제62조-제65조)으로 구성되어 있었다. 제2장은 5개의 節로 되어 있는데, 제1절 도급인(發包方)과 수급인(承包方)의 권리의무(제12조-제17조), 제2절 도급의 원칙과 절차(제18조-제19조), 제3절 도급기간과 도급계약(제14조-제25조), 제4절 토지도급경영권의 보호(제26조-제31조), 제5절 토지도급경영권의 유통(流轉. 제32조-제43조)에 관한 내용을 담고 있다. 위 법의 핵심적 내용은 ① 농민의 토지도급경영권(農民土

---

16) 토지도급경영권과 토지경영권의 관계에 대하여는 陳志/李子贡/陳大鵬, 중국의 농촌토지도급권과 토지경영권 속성에 관한 연구, 국제거래와법, 제26권(2019), 47-74 참조.

地承包經營權)을 확실하게 보호한다. ② 수급토지(承包地) 농민의 합법적 권익을 효과적으로 보호한다. ③ 농촌토지 도급경영권(承包經營權)의 질서 있는 유통을 규범화한다는 것으로 요약할 수 있다.[17] 그런데 2018년 12월 29일 제13기 전국인민대표대회 상무위원회 제7차 회의를 통과하여 2019년 1월 1일부터 시행되고 있는 위 법의 개정안에 의하면, 제2장은 다음과 같이 그 내용이 변경되었다. 제4절 「토지도급경영권의 보호」는 「토지도급경영권의 보호와 교환(互換) 양도(轉讓)」로 개정되었으며(제27조-제35조), 제5절 「토지도급경영권의 유통」은 「토지경영권」으로(제36조-제47조) 변경되었다. 이와 같은 개정 내용의 중심에는 제1장 총칙 제9조에 새롭게 규정된 「삼권분리(三權分置)」제도(집단토지소유권 · 토지도급권 · 토지경영권의 3권 분리)가 있는 바, 그 자세한 내용은 항을 바꾸어 살펴보도록 한다.

Ⅳ. 「農村土地承包法」의 최근 개정 내용

1. 개정 배경

앞에서 언급하였지만 2018년 12월 29일 제13기 전국인민대표대회 상무위원회 제7차 회의에서 「농촌토지도급법의 수정에 관한 결정(關于修改〈中華人民共和國農村土地承包法〉的決定)」이 통과되었다. 아래에서는 이 수정안이 통과되기까지의 정책적 변화 과정과 법제 정비 과정을 살펴보기로 한다.

(1) 농촌토지제도의 정책 변화

중국 정부는 농촌 기본경영제도를 안정화하고 완전하게 정착시키며, 농촌 집단토지제도의 개혁을 더욱 깊은 단계로 진행시키기 위하여 일련의 정책을 제시하게 된다. 2013년 중국 공산당 제18기 중앙위원회 제3차 전체회의에서 통과된 「몇몇 중대한 문제의 전면적 심화 개혁에 관한 중국 공산당 중앙위원회의 결정(中共中央關于全面深化改革若干重大問題的決定)」은 새로운 형태의 농업경영 시스템 구축을 독려하고 있다. 즉, 가정경영을 농업의 기본적인 토대로 유지하면서, 가정경영과 집단경영, 합작경영, 기업경영 등이 공동으로 발전할 수 있는 농업경영방식을 새롭

---

17) 中國法制出版社, 앞의 책, 1면.

게 모색함으로써 농촌토지의 집단소유권(集體所有權)을 견지하면서 농민의 토지도급경영권(土地承包經營權)을 법으로 보장할 수 있는 방안을 추진하였던 것이다.[18] 이에 따라 농촌토지 도급관계의 안정화와 영구불변을 보장하며, 엄격한 경지 보호제도를 완전하게 실행한다는 전제하에, 농민에게 수급지(承包地)의 점유·사용·수익·유통 및 도급경영권의 저당과 담보 권한을 부여함으로써 농민이 도급경영권을 활용하여 농업산업화 경영을 발전시킬 수 있게 되었다. 즉, 도급경영권이 공개시장에서 유통될 수 있도록 하여 다양한 형태와 규모의 경영이 추진될 수 있는 계기를 마련하게 된 것이다.

그 구체적인 과정을 살펴보면, 2014년 중국 공산당 중앙위원회 1호 문건인 「농촌개혁의 전면적인 심화와 농업현대화의 가속 추진에 관한 중국 공산당 중앙위원회, 국무원의 약간의 의견(中共中央,國務院關于全面深化農村改革加快推進農業現代化的若干意見)」을 제출하여 농촌토지 도급관계의 안정화와 영구불변을 유지하며, 엄격한 경지 보호제도를 견지하고 완비한다는 전제하에, 농민에게 수급지의 점유·사용·수익·유통 및 도급경영권의 저당과 담보 권한을 부여하도록 하였다. 농촌토지의 집단소유권을 기반으로 하되, 농가의 수급권(承包權)을 안정시키고 토지경영권을 활성화하며, 수급토지(承包土地)의 경영권을 금융기관에 담보로 제공하여 저당권을 설정할 수 있게 함으로써 토지도급경영권으로 융자를 받을 수 있도록 허용한 것이다. 2014년 7월에는 「호적제도 개혁의 진일보한 추진에 관한 국무원의 의견(國務院關于進一步推進戶籍制度改革的意見)」을 발표하여, 토지도급경영권과 택지사용권은 법률이 농가에 부여한 용익물권이며, 집단수익분배권은 집단경제조직 구성원으로서 농민이 당연히 향유하는 합법적인 재산권임을 천명하였다. 나아가 법률과 사적자치의 원칙 및 有償原則에 따라, 농업 이동 인구가 질서 있게 토지도급경영권을 유통할 수 있도록 인도하며, 도시로 이주한 농가의 농민이 보상을 받고(有償) '三權'으로부터 벗어날 수 있는지(退出)의 여부는 농민의 의사를 존중한다는 전제하에 시범적으로 시행을 전개하도록 하였다. 당시로써는 토지도급경영권·택지사용권·집단수익분배권을 포기하거나 그로부터 퇴출되는 것이 농민의 도시로의 진입 조건이 될 수 없었던 것이다.

---

18) 이하 내용은 위의 책, 4-9면.

2014년 11월 발표된「농촌토지경영권의 체계적 유통에 의한 농업의 적정 규모의 경영발전 유도에 관한 중국 공산당 중앙위원회 사무국, 국무원 사무국의 의견(中共中央辦公廳, 國務院辦公廳關于引導農村土地經營權有序流轉發展農業適度規模經營的意見)」은 중국의 공업화 · 정보화 · 도시화와 농촌 현대화가 급속히 추진되고 있으며, 농촌노동력의 도시로의 대거 이동 및 농업 기술 수준의 향상과 농가 도급토지 경영권의 유통이 가속화되고 있는 현실을 적시하고 이에 따라 적절한 규모의 경영이 필연적인 추세가 되었음을 인정하면서 다음 사항을 실천하고 증명한다고 하였다. 즉, 토지의 유통과 적정 규모의 경영은 현대농업을 발전시키기 위하여 반드시 거쳐야 하는 과정으로서, 토지 자원 분배의 최적화와 노동생산율의 제고에도 유리한 것이며, 식량의 안전과 주요 농산품 공급 보장에도 유리할 뿐만 아니라, 농업기술의 보급 운용과 농업 효율 증진 및 농민 수입 증대의 촉진에도 도움이 되므로 많은 인구에 비하여 적은 토지 현상 및 빈부격차가 심한 현 농촌의 상황을 감안할 때 이를 적극적으로 추진해야 한다는 것이다. 농촌토지의 집단소유제를 견지하면서 소유권 · 도급권 · 경영권의 삼권분리를 실현하여 토지경영권이 절차에 따라 유통될 수 있도록 하며, 가정경영의 기본적인 지위를 유지하고, 새로운 형태의 경영 주체를 적극적으로 육성하여 다양한 형식의 적절한 규모 경영을 발전시킴으로써 농촌의 기본 경영제도를 더욱 공고히 하고 완전하게 한다는 것이다.

2015년 중국 공산당 중앙위원회 1호 문건인「개혁의 창의력을 강화하고 농업현대화건설에 박차를 가하는 것에 관한 중국 공산당 중앙위원회, 국무원의 약간의 의견(中共中央,國務院關于加大改革創新力度加快農業現代化建設的若干意見)」에 의하면, 농촌토지 도급 관련 법률의 개정을 독려하고, 현재의 토지도급관계를 유지하여 안정되고 영구불변의 구체적인 실현을 명확하게 하며, 농촌토지의 집단소유권 · 농가도급권 · 토지경영권 사이의 권리관계를 규명하고, 농촌 부녀자의 토지 수급권익(承包權益)을 보장한다고 규정하였다.

또한 2015년 중국 공산당 제18기 중앙위원회 제5차 전체회의에서 통과된「국민경제와 사회발전의 제13차 5개년 계획의 제정에 관한 중국 공산당 중앙위원회의 건의(中共中央關于制定國民經濟和社會發展第十三个五年規劃的建議)」는 농촌토지의 도급관계를 안정화시키고, 토지소유권 · 도급권 · 경영권의 분리 방안을 정비함으로써, 법에 의거하여 토지경영권이 적법절차를 거쳐 유통될 수 되도록 추진하며, 새로운 형태의 농업경영 주체의 정책체계를 구축하고 육성한다고 밝혔다. 같은 해 11월 중국 공산당 중앙위원회 사무국(辦公廳)과 국무원 사무국이 배포한 「농촌개혁을 심화하는 종합적 시행 방안(深化農村改革綜合性實施方案)」에 의하면, 토지 집단소유제와 가정도급경영의 관계를 정확하게 파악하여 기존의 농촌토지 도급관계의 안정과 영구불변을 견지하고, 집단소유권을 확정하며, 농가의 도급권을 안정시키고, 토지경영권을 활성화시키는 「삼권분리(三權分置)」를 실행한다고 밝혔다. 이에 따라 관련 법률을 조속히 개정하여, 농촌토지 도급관계의 안정과 영구불변 유지될 수 있는 중대한 정책을 확정하고, 두 번째 도급기간 만료 후 농경지의 연장 도급방법과 새로운 도급기간 등에 대하여 적절한 시기에 구체적인 방안을 제출하도록 하였던 것이다. 2016년 중국공산당 중앙위원회 1호 문건 「새로운 이념의 발전을 실현하고 농업 현대화를 가속화하여 보통사람도 부유하게 사는 사회(小康社會)[19] 건설의 목표에 관한 중국 공산당 중앙위원회와 국무원의 약간의 의견(中共中央, 國務院關于落實發展新理念加快農業現代化實現全面小康目標的若干意見)」은, 농촌토지 도급관계를 안정화시키고, 집단소유권을 확실하게 하며, 농가 도급권을 안정화시키고, 토지경영권을 활성화시켜서 「삼권분리」 정책을 완비하고, 농촌토지 도급관계의 영구불변하는 구체적인 규정을 명확히 할 것을 천명하였다. 또한 같은 해에 발표된 「농촌토지 소유권, 도급권, 경영권의 분리 조치의 완비에 관한 중공 중앙위원회 사무국과 국무원 사무국의 의견(中共中央辦公廳, 國務院辦公廳關于完善農村土地所有權承包權經營權分置辦法的意見)」은 현 단계에서 농촌토지제도 개혁을 심화하고, 토지 도급권을 유보하면서 토지경영권을 양도하는 농민들의 의사에 부응하여, 토지도급경영권을 도급권과 경영권으로 구분하고, 소유권과 도급권과 경영권(이하 '삼권'이

---

19) 小康社會는 의식주 문제가 해결된 비교적 안락한 생활 수준, 즉 경제적으로 어느 정도 여유로운 생활을 누리는 먹고 살만한 사회(a comparatively comfortable standard of living)를 의미한다. 장공자, 중국의 사회구조변화와 여성 : 소강사회건설과 여성의 정치 사회참여, 국제지역연구 제9권 제2호(2005.6), 413면. 小康社會는 덩샤오핑(鄧小平)이 1970년대 말 1980년대 초 중국 경제사회 발전 청사진을 제시하면서 내놓은 전략적 구상으로서, 2002년에 江澤民은 2020년까지 1인당 국민 소득 6,000달러에 이르는 사회건설을 목표로 제시하면서 이 용어를 사용한 바 있다. 2021년 2월 25일 중국 시진핑(习近平) 총서기는 베이징에서 개최된 전국 빈곤퇴치 총결산 표창대회에서 중국의 빈곤퇴치 공방전이 전면적인 승리를 거두었다고 선언하였다. 빈곤퇴치 목표가 종료되면, 「三農(농민, 농업, 농촌문제)」 사업의 중심이 전환될 것이며, 농촌 진흥을 전면적으로 추진할 것이라고 한다. http://www.gov.cn/xinwen/2021-02/25/content_5588879.htm

라고 함)의 분리 병행을 실행하며, 농업의 현대화를 전격적으로 추진하는 것은 세대별 생산량 연동 도급책임제(家庭聯産承包責任制) 이후 농촌 개혁의 또 하나의 중대한 제도적 혁신이라고 하였다. 「삼권분리(三權分置)」는 농촌 기본경영제도를 완성하는 것으로서, 생산 관계가 생산력 발전에 적응해야 하는 객관적 규율에 부합하고, 농촌의 기본적인 경영제도의 지속적인 활력을 넘치게 하며, 토지 재산권의 관계를 밝히는 데 유리하여 농민집단과 토지를 수급받은 농가 및 경영 주체의 권익을 더욱 보호하게 된다고 하였다. 그뿐만 아니라 토지 자원의 합리적 이용에도 유리하고, 새로운 형태의 농업경영체계를 구축함으로써 다양한 형태로서 적정 규모의 경영을 발전시키며, 토지생산율과 노동생산성 및 자원이용을 극대화하게 되어 현대 농업발전을 촉진한다는 것이다.

2018년 중앙공산당 중앙위원회 1호 문건인 「농촌 진흥전략의 실시에 관한 중국 공산당 중앙위원회와 국무원의 의견(中共中央, 國務院關于實施鄕村振興戰略的意見)」은 농촌 기본경영제도의 공고화와 완비를 제시하고 있다. 농촌토지 도급관계의 안정과 영구불변 정책을 확정하고, 두 번째 토지 도급기간이 종료된 후 30년 정책을 재연장하여 지속가능하게 함으로써 농민들의 불안을 해소한다는 것이다. 또한 토지도급경영권의 권리를 확정하게 되는 등기증서를 발급하도록 하는 제도를 정비하여 토지정보를 공유할 수 있게 하며, 농촌 도급지의 「삼권분리」 제도를 완성하여 법률로서 집단토지소유권과 농가 수급권을 보호한다는 전제 하에 토지경영권을 평등하게 보호하도록 하였다. 따라서 농촌 도급토지경영권은 법에 의거하여 금융기관에 융자 담보를 받거나 주주가 되어 농업산업화경영에 종사할 수 있게 된 것이다.

(2) 토지 도급법제의 점진적 정비

농촌토지 도급관계를 안정적으로 운영하고 농민에게 충분히 보장된 토지권리를 부여하는 것은 중국의 광대한 농민의 생존 및 발전과 직결되는 과제이며, 농업의 지속적인 발전과 농촌경제의 번영 및 농촌사회의 안정(농민·농업·농촌의 「三農」 문제)과도 깊은 관련이 있으며, 이러한 당면 과제는 관련된 법률제도가 정비됨으로써 합리적으로 해결될 수 있는 문제이다.

중국의 토지 도급제도에 관한 입법 과정은 아직 발전 단계에 있는 것으로 보인다. 1979년 소집된 중국 공산당 제11기 중앙위원회 제3차 전체회의는 입법 작업이 전국인민대표대회 및 상임위원회의 중요한 의사 일정임을 명시하였고, 개혁개방과 사회경제발전의 실제 상황을 고려하여 민사법 분야로서 1986년 4월 12일 민법통칙(中華人民共和國民法通則)이 제정되어 1987년 1월 1일부터 시행되었다. 그 중요한 내용으로서는 처음으로 민사 관련 법률에 토지도급경영권이 법률의 보호를 받는다는 내용을 규정한 것이다. 즉, 민법통칙 제5장 민사권리 제1절 재산소유권 및 재산소유권과 관련된 재산권(제71조-제83조) 가운데 제80조(土地使用權和土地承包經營權) 제2항에 「공민과 집단은 법에 의하여 집단이 소유하거나 또는 국가가 소유하면서 집단이 사용하는 토지의 도급경영권은 법률의 보호를 받는다. 도급 당사자 쌍방의 권리와 의무는 법률에 따라 도급계약으로 정한다」라고 규정하였다.[20] 토지란 집단소유에 속하거나 국가소유이지만 집단이 사용하는 것으로서, 토지 외에도 삼림, 초원, 황무지, 갯벌, 수면 등도 포함된다.[21] 1986년 6월 25일 제정된 토지관리법(中華人民共和國土地管理法)에서도 토지도급경영권은 도급계약의 약정된 내용에 따라 권리와 의무가 인정되는 것으로(동법 제14조) 규정하였다. 이와 같은 법률규정으로서 도급 당사자 사이의 권리 의무관계를 규범화했다는 성과는 있지만, 계약에 의한 구속력이 비교적 높지 않았기 때문에 그로 인하여 도급경영권이 침해될 수 있는 문제를 근본적으로 해결할 수는 없었다.

1993년 중국 공산당 제14기 중앙위원회 제3차 전체회의에서 사회주의 시장경제체제를 수립한다는 결정을 함으로써, 이후 전국인민대표대회 및 전국인민대표대회 상무위원회의 입법 작업은 사회주의 시장경제체제라는 과제를 전제로 하여 진행하게 된다. 1998년 중국 공산당 제15기 중앙위원회 제3차 전체회의는 농촌토지 도급관계의 장기적 안정을 확보하는 법률을 조속히 제정하여 농민에게 장기적으로 보장되는 토지사용권을 부여하며, 토지도급경영권에 관한 입법을 위해 지도방침을 제시하였다. 이에 따라 1999년 3월 15일 제9기 전국인민대표대회 제2차 회의에서 통과된 헌법개정안(中華人民共和國憲法修正案) 제15조는 헌법 제8조의 내용을 「농촌 집단경제조직은 가정도급경영이 기초가 되고, 통일경영과 분산경영이 결합된(統分結合) 이중경영체제(雙層經營體制)를 실행한다」고 개정하였다. 나아가 2001년 6월 제9

---

20) 2020년 5월 28일 민법전(中華人民共和國民法典)이 제정되어 2021년 1월 1일부터 시행되면서 民法通則은 폐지되었다(중국 민법 제1260조).

21) 「민법통칙의 집행에 관한 최고인민법원의 몇몇 문제에 관한 의견(最高人民法院關于貫徹執行〈中華人民共和國民法通則〉若干問題的意見)」 제95조.

기 전국인민대표대회 상무위원회 제22차 회의에서 농촌토지도급법(農村土地承包法) 초안이 심의되었으며, 2002년 8월 29일 제9기 전국인민대표대회 상무위원회 제29차 회의에서 농촌토지도급법이 통과되었던 것이다. 그런데 농촌토지도급법상의 일련의 규정은 토지도급경영권의 물권화로서의 시도를 하고 있지만, 아직 「용익물권」이라는 개념을 명확하게 사용하지는 않았으며, 결국 이 과제는 물권법 제정으로 이어지게 된다.

2002년 12월 제9기 전국인민대표대회 상무위원회 제31차 회의에서 민법 초안의 물권법편에 대한 심의를 진행하였고, 제9기 전국인민대표대회 상무위원회는 물권법 초안에 대하여 여섯 차례의 심의를 거쳤으며, 2007년 3월 16일 제10기 전국인민대표대회 제5차 회의를 통과함으로써 물권법(中華人民共和國物權法)이 제정되었다. 2007년 1월 1일부터 시행되었던 물권법 용익물권편(제3편) 제11장을 「토지도급경영권」으로 하여 이를 물권의 중요한 권리로 설정함으로써 토지도급경영권의 용익물권적 성질을 명확하게 하였다. 따라서 농민은 용익물권자로서 토지를 점유·사용·수익할 수 있게 됨으로써 토지도급경영권을 농가의 재산권으로 행사할 수 있게 되었다.

2002년 제정된 농촌토지도급법은 농촌의 기본경영제도를 안정시키고, 농민에게 장기적으로 보장되는 토지도급경영권을 부여함으로써, 농민의 수입을 증대시키게 되었으며, 농업과 농촌경제의 건강한 발전을 유도하게 되어 농촌사회의 조화와 안정을 촉진하는 데에 중대한 기능을 한 것으로 평가된다.

그 후 2015년 농촌토지도급법의 개정이 제12기 전국인민대표대회 상무위원회의 입법계획에 포함된 이래, 전국인민대표대회 농업·농촌위원회가 주도하여 법안을 수정하는 과정에서, 중국의 31개 성, 자치구, 직할시와 국무원 등 관련 부서와 전문가들의 의견을 수렴하였으며, 2017년 10월 전국인민대표대회 농업·농촌위원회는 제12기 전국인민대표대회 상무위원회 제30차 회의에서 농촌토지도급법 개정안 초안의 심의를 제청하였고, 2018년 10월 제13기 전국인민대표대회 상무위원회 제6차 회의에서 재차 심의하였다. 그동안 林業局과 草原局 등 관련 부서와도 의견을 교환하고 공동연구를 수행하였으며, 각계 각층의 의견을 수렴하여 개정안이 완성되었던 것이다. 그리고 2018년 12월 29일 제13기 전국인민대표대회 상무위원회 제7차회의에서 「농촌토지도급법 개정에 관한 결정(關于修改〈中華人民共和國農村土地

承包法)的決定)」이 통과됨으로써 2019년 1월 1일부터 시행되고 있다.[22]

2. 농지의 삼권분리(三權分置)

2018년 12월 29일 전국인민대표대회 상무위원회를 통과한 농촌토지도급법의 개정안의 주요한 내용은 종래 농지에 설정되었던 집단토지소유권과 농가도급경영권의 두 개의 권리에서 도급경영권을 다시 분리하여 집단소유권·농가도급권·경영권이라는 3개의 권리로 분리(三權分置)하였다는 점이다. 아래에서는 그 입법 배경과 구체적인 내용을 살펴보기로 한다.

(1) 도입 배경[23]

① 농촌의 생산경영 방식의 변화

중국 농촌은 가정도급경영을 기초로 하여 일괄적으로 2중 경영체제를 시행하고 있으며, 농가와 집단경제조직이 토지 도급계약을 체결하여 효력이 발생하면 수급인이 토지도급경영권을 취득하게 된다. 토지도급경영권은 일종의 용익물권이다. 농촌토지는 국유 또는 집단소유에 속하므로 토지에 대한 소유권이 없는 농민은 도급계약을 체결하여 토지에 대한 도급경영권을 취득함으로써 농촌토지에 대한 점유·사용·수익의 권리를 향유하게 된다. 즉, 농민은 토지 수급인(承包方)으로서 토지도급경영권을 취득한 후에 그 토지를 점유하고 이용하는 농업생산 경영 활동으로 인한 수익을 획득하게 되는 것이다.

개혁개방 정책이 시행된 이후 농촌의 농업경영 방식은 집단통일경영에서 가족 단위 농업생산 도급경영(家庭聯産承包經營)체제로 전환되었다. 즉, 원래 公社, 鄕, 村 등의 집단을 단위로 하여 일괄적으로 생산경영에 가담했던 방식에서 가정을

---

22) 삼권분리 정책이 입법화되기까지 학계의 논의에 대하여는 孫憲忠, 推進農地三權分置經營模式的立法研究, 中國社會科學 2016年 第7期 : 耿卓, 農地三權分置改革中土地經營權的法理反思與制度回應, 法學家 2017年 第5期; 宋志紅, 三權分置下農地流轉權利體系重構研究, 中國法學 2018年 第4期 : 高聖平, 農村土地承包法修改後的承包地法權配置, 法學研究 2019年 第5期 : 丁文, 論土地承包權與土地承包經營權的分離, 中國法學 2015年 第3期 : 蔡立東/姜楠, 承包權與經營權分置的法構造, 法學研究 2015年 第3期 : 陳小君, 文元春 譯, 中國における農地「三權」分置政策の發展および農業社會への影響, 早稻田法學 95卷 1號(2019), 403-425면 등 참조.

23) 이하 내용은 杜濤 主編, 앞의 책, 50-57면.

단위로 하여 농업 생산을 진행하는 방식으로 전환되었던 것으로서, 경영 단위가 큰 단위에서 작은 단위로 축소된 것이다. 일반적으로 토지를 도급받은 농가의 가정 구성원이 그 도급받은 토지에서 곡식이나 작물 또는 수목을 재배하거나, 가축을 사육하는 등 농업 생산경영 활동에 직접 종사하였다.

개혁개방 초기에는 가정 도급경영을 시행하는 농가는 반드시 도급받은 농지를 직접 경영하고, 그 토지를 임대(出租)하여 타인이 경영하도록 하는 것은 금지되었다. 그런데 개혁개방이 심화되고 산업화·도시화가 진행되면서 국민 경제에서 농업이 차지하는 비중은 감소하게 되었고, 도시로 이주하여 공업이나 서비스업에 종사하는 농민들이 점차 늘어나면서 이들은 농업 생산경영에 직접 종사하지 않게 되었다. 2017년 당시 도시로 이주하여 취업한 농촌 인구는 약 2억 8천 7백만 명 정도로서, 常住人口의 도시화 비율은 58.52%에 달하고, 戶籍人口의 도시화 비율은 42.35%에 이른다고 한다. 이 과정에서 토지를 도급받은 수급인의 생산경영 방식이 변화하기 시작하여 토지를 직접 경영하지 않고 하도급(轉包)[24], 교환(互換)[25], 지분투자(入股)[26] 등의 새로운 경영 방식이 나타나게 되었다. 중국 정부의 정책도 규제를 완화하는 추세로 전환되어 임대와 하도급을 금지했던 초기의 정책에서 이제 입법을 통해 이를 인정하게 된 것이다. 1984년 1월 1일, 중국 공산당 중앙위원회는 「1984년 농촌 업무에 관한 통지(關于一九八四年農村工作的通知)」를 통하여 토지가 경작 가능한 인력으로 집중되는 것을 장려하면서, 토지를 도급받은 농가가 도급기간 내에 경작할 여력이 없거나 다른 업종으로 전환하게 되면 도급받은 토지를 하도급(轉包)할 수 있다고 밝혔다. 그렇지만 수급지(承包地)의 임대는 명확하게 금지하였다. 1993년 11월 14일 중국 공산당 제14기 제3차 전체회의에서 통과된 「사회주의 시장경제체제의 문제점에 관한 중국 공산당 중앙위원회의 결정(中共中央關于建立社會主義市場經濟體制若干問題的決定)」에 의하면, 토지사용권을 유상으로 양도(轉讓)[27]하는 것을 허용하고, 의사자치의 원칙(自願原則)에 따라 하도급, 출

---

24) 轉包란 일정한 기간 동일한 집단경제조직 내의 다른 농가에 토지도급경영권을 하도급하는 유형으로서, 수급인과 도급인인 집단경제조직 사이의 권리의무관계는 존속되므로 하수급인이 수급인에게 이행하면, 수급인은 원래의 도급인에게 계약 내용을 이행하게 된다.

25) 互換은 동일한 집단경제조직 내의 농가 사이에 토지도급경영권을 교환하는 유형이다.

26) 入股는 농가가 토지도급경영권을 農民專業合作社 또는 기업에 출자하여 토지 면적에 따른 배당금을 분배받는 유형이다.

자 등 다양한 방식을 통하여 적절한 규모의 경영을 발전시킬 수 있게 되었다. 1998년 10월 14일 중국 공산당의 제15기 제3차 전체회의에서 통과된 「농업과 농촌 업무의 중대한 문제에 관한 중국 공산당 중앙위원회의 결정(中共中央關于農業和農村工作若干重大問題的決定)」은 의사자치의 원칙과 有償原則을 견지하여 관련 법에 따라 토지사용권의 합리적인 이전을 진행하도록 하였다. 그 후 2002년 제정된 농촌토지도급법(農村土地承包法)은 토지도급경영권의 이전 방식으로서 하도급(轉包), 임대(出租), 교환(互換), 유통(流轉), 지분투자(入股) 등을 인정함으로써(개정 전의 법 제32조)[28], 수급인의 다양한 경영 방식을 확실하게 보장하였던 것이다.

② 삼권분리 개혁

중국의 산업화·정보화·도시화 및 농업의 현대화와 농촌 노동력의 도시로의 대거 이주, 농업 기술 장비의 지속적인 발전 등에 따라 농가 도급 토지의 경영권 거래는 가속화되었다. 즉, 적지 않은 농가에서 도급받은 토지를 직접 경영할 수 없거나 경영을 원하지 않게 되었고, 이에 반하여 다른 투자자들은 현대농업을 발전시키고자 농업생산 경영에 대거 참여하면서 대규모로 사용할 수 있는 농촌토지가 필요하게 된 것이다. 이러한 추세에 따라 도급받은 토지를 다양한 형태로 타인에게 이전하여 경영하도록 하는 편법이 등장하게 되면서 농촌토지의 도급 주체와 경영 주체의 분리 현상이 발생하게 되었다. 2017년 말 당시 전체 또는 일부의 토지(경영권)를 이전한 농가는 7000만 호 이상으로서, 그 면적은 가정 도급 토지 총 면적의 37%에 이른다고 한다. 이와 함께 많은 가정 농장, 農民專業合作社, 농업경영 기업 등 새로운 형태의 경영 주체가 대거 출현하게 됨으로써, 토지 거래와 적정 규모 경영은 현대 농업발전에 필수적인 요인으로 작용하게 되었다. 그런데 실제 현장에서는 토지경영권을 거래하는 당사자 쌍방 모두에게 적지 않은 어려움이 발생하게 된다. 도급받은 토지의 수급인은 장기적으로 타인에게 권리를 이전하여 경영함으로써 토지도급경영권을 상실하게 될 것을 우려하여 토지를 경

---

27) 轉讓은 안정적인 비농업 소득이 있는 농가가 집단경제조직 또는 촌민위원회의 동의를 받아 토지도급경영권을 다른 경제 주체에게 양도하는 유형이다.

28) 2018년 개정으로 위 제32조 규정은 삭제되고, 토지 경영권의 임대, 하도급, 지분투자 및 기타 방식의 이전이라는 내용으로 변경되었다(동법 제36조).

영하지 않고 그냥 놀리면서도 경영권을 이전하는 것을 원하지 않게 되는 상황이
발생하게 된 것이다. 그뿐만 아니라 농업 생산경영은 투자 규모가 크고 이익을
환수하는 주기는 장기적으로 되지만, 투자 효과가 발생하기까지는 상당한 기간이
요구되기 때문에 경영권을 양수받은 실질적인 경영인은 수급인이 계약을 임의로
해지하고 장기적인 투자를 하지 않을 것을 우려하게 되면서, 이 또한 농업의 대
규모 경영을 제약하는 요인으로 작용하게 된 것이다.

　　이와 같은 현실을 고려하여 중국 정부는 「삼권분리(三權分置)」라는 개혁을 시도
하게 된다. 2013년의 中央農村工作會議는 토지 도급권을 유지하면서 토지 경영권
을 양도하고자 하는 농민의 의사에 따라 농민의 토지도급경영권을 도급권과 경영
권으로 분리하여 경영권만 이전할 수 있도록 경영권의 양도를 허용하는 것이야말
로 중국 농촌 개혁의 또 하나의 중대한 혁신이라고 지적하였다. 2014년 중국 공
산당 중앙위원회 1호 문건인 「중국 공산당 중앙위원회, 국무원의 농촌 개혁의 전
면적 심화와 농업 현대화의 가속 추진에 관한 의견(中共中央,國務院關于全面深化農
村改革加快推進農業現代化的若干意見)」은 농촌토지 집단소유권을 근간으로 하면서 농
가의 도급권을 안정시키고 토지경영권은 활성화하도록 하였다. 이어서 2014년 11
월 「중국 공상당 중앙위원회 사무국, 국무원 사무국의 농촌토지 경영권의 체계적
인 양도를 통한 농업의 적정 규모 경영 발전에 관한 의견(中共中央辦公廳,國務院辦
公廳關于引導農村土地經營權有序流轉發展農業適度規模經營的意見)」에서는 　농촌토지의
집단소유권을 유지하면서 농가 도급권을 안정화시키고 토지 경영권의 양도를 허
용하도록 하며, 가정도급경영을 기초로 하여 가정경영, 집단경영, 합작경영, 기업
경영 등 다양한 경영 방식이 공동으로 발전할 수 있도록 하여야 한다고 하였다.
그뿐만 아니라 토지를 도급받은 농가가 하도급, 임대, 교환 및 지분투자 등의 방
식을 통하여 수급지(承包地)를 양도할 수 있도록 장려하고, 토지 양도 과정에서
집단소유권과 농가 도급권 및 토지 경영권의 상호 권리 기능과 구체적인 실현 방
안을 모색한다고 발표하였다. 2015년 11월 중국 공산당 중앙위원회 사무국, 국무
원 사무국이 발표한 「농촌 개혁의 종합적 실시방안의 심화(深化农村改革综合性实施
方案)」에서는 농촌토지제도 개혁 심화의 기본 방향이 「집단소유권 실행, 농가 도급
권의 안정, 토지경영권의 양도제한 해제」라고 밝혔는데, 집단소유권 실행이란 「농
민 집단소유의 부동산과 동산은 그 집단 구성원의 집단소유에 속한다」는 법률규

정(당시 물권법 제59조)의 준수를 의미하며, 집단 구성원으로서 농민의 권리를 확정하고 집단토지 재산권의 귀속을 분명히 하여 집단 재산권의 주체를 명확히 하는 것이다. 농가 도급권의 안정이란 법에 따라 공정하게 집단토지의 도급경영권이 해당 집단조직의 각 농가에게 이행될 수 있도록 하는 것이며, 토지경영권의 양도 제한 해제란 토지를 도급받은 농가가 토지를 경영할 의사와 능력이 있는 자에게 토지경영권을 임의로 양도하여 다양한 형태의 적정 규모 경영을 발전시키는 것을 의미한다. 2016년 10월 「중국 공산당 중앙위원회 사무국, 국무원 사무국의 농촌토지 소유권 도급권 경영권 분할 방법 완비에 관한 의견(中共中央辦公廳, 國務院辦公廳 關於完善農村土地所有權承包權經營權分置辦法的意見)」에서는 개혁개방 초기 농촌에서 가족 단위 농업생산 도급 경영제를 시행하여 토지 소유권과 도급경영권을 분리시켜 소유권은 집단에 귀속시키고 도급경영권은 농가에 귀속시키면서 수많은 농민의 적극성을 극대화시키고 농민들의 생활고를 효과적으로 해결하면서 농촌개혁이 큰 성과를 거두었다고 밝히면서, 현 단계의 농촌토지 제도 개혁 심화는 토지 도급권을 유지하면서 토지 경영권을 이전하고자 하는 농민들의 의향을 반영하여 토지 도급경영권을 도급권과 경영권으로 분리하여 소유권, 도급권, 경영권 '삼권'의 분리 시행을 추진하며 농업현대화를 적극적으로 추진하는 것이 가족 단위 도급 책임제를 잇는 농촌개혁의 또 하나의 중대한 제도적 혁신이라고 지적하였다.

중국 공산당 중앙위원회와 국무원이 제시한 「삼권분리」 문건에 따르면, 「삼권」은 집단소유권 · 농가 도급권 · 토지 경영권을 지칭하며, 삼권을 분리 실행함으로써 집단소유권이 유지되면서 농가 도급권의 안정화 및 토지 경영권의 활성화를 도모하고, 삼권이 각각 그 기능을 발휘함으로써 전체적인 효율성이 향상되고 단계적으로 명확하며 구조적으로 합리적이고도 평등하게 보호받을 수 있는 체제가 구축될 수 있다는 것이다. 이처럼 삼권분리는 토지 자원의 합리적인 이용을 촉진하고, 새로운 형태의 농업 경영 체계를 구축하게 되며, 다양한 형태의 적정 규모 경영의 발전을 촉진하게 되어 토지의 생산성과 노동력의 효율성 및 자원 이용률의 제고 등 현대농업의 발전에 큰 도움이 된다는 것이다. 2018년 중앙위원회 1호 문건 「중국 공산당 중앙위원회, 국무원의 농촌 진흥 전략적 실시에 관한 의견(中共中央、國務院關于實施鄉村振興戰略的意見)」은 농촌 도급 토지의 「삼권분리」 제도를 완비하고, 집단소유권과 농가 도급권을 전제로 토지 경영권을 평등하게 보호할 것을 제시하였다. 2018년에 단행된 농촌토지도급법 개정의 중요한 임무 중 하나는 법제 상으로 「삼권분리」를 명백하게 규정하여 법률상으로 토지 경영권의 법적 지위를 확정함으로써 농촌의 기본경영제도를 정비하고 농촌 진흥을 법적으로 보장하는 것이다. 즉, 토지경영권과 토지도급경영권은 종속관계에 있으며, 토지경영권은 제 3의 주체를 대상으로 하는 권리이고, 토지경영권의 법적 효력은 도급권을 승계하는 것이다.[29]

(2) 구체적인 내용

앞에서도 지적하였지만, 「삼권분리」 개혁의 핵심은 가정 도급을 받은 도급 농가의 경영 방식이 농가 직접 경영에서 경영권 이전을 통한 타인의 경영으로 전환됨으로써 토지도급경영권과 토지 경영권을 분리하였다는 점이다. 「삼권분리」는 농촌토지경영 방식의 개혁 과정에서 두 차례에 걸쳐 시행되었던 「2권」분리의 결과이다. 1차 「2권」분리는 농가가 가정 도급 방식을 통해 집단토지 소유권으로부터 토지도급경영권을 분리하여 집단 통일 경영에서 수급 가정 경영으로의 전환을 실현한 것이고, 2차 「2권」분리는 토지 수급인이 임대, 하도급, 지분투자 등의 방식을 통하여 도급 토지를 타인에게 경영하도록 하는 것으로서, 토지 수급경영권에서 토지경영권을 분리하여 토지 수급인의 직접 경영에서 타인에게 경영을 맡기는 방식으로 전환한 것이다. 따라서 위 조항에 의하면 도급 수급인이 도급을 받은 후 토지 수급경영권(承包經營權)을 보유하면서 직접 경영할 수도 있고, 토지 수급권을 유지한 채 수급받은 토지의 경영권을 이전하여 타인이 경영하게 할 수도 있다. 그 구체적인 내용을 정리하면 다음과 같다.

① 토지의 수급인은 토지 수급경영권을 보유함.

1차 「2권」분리 후 토지 수급인은 집단토지 소유권 중에서 토지 수급경영권을 분리하여 획득하였으며, 토지 수급경영권은 일종의 용익물권이다. 따라서 토지 수급인이 보유한 토지 경영권의 내용으로서는, 도급받은 토지의 직접적인 지배권과

---

29) 陣思/葉劍平/薛白/姚睿, 農地"三權分置"産權解構及政策優化建議, 中國土地法學 第34卷 第10期 (2020. 10), 44면.

배타적인 점유권을 향유하고, 토지 경영권을 거래할 수 있으며, 도급받은 토지가 적법한 절차를 거쳐 수용(徵收)[30]되거나 징발(徵用) 또는 占用될 때에는 그에 상응하는 보상을 받게 된다. 그런데 수급지의 삼권분리 하에서 집단토지가 수용될 경우에는 복잡한 문제가 발생하게 된다. 토지 수급경영권과 등기된 토지 경영권은 당연히 수용의 목적이 되지만, 등기되지 않은 토지경영권은 확인이 어렵다. 따라서 토지 수급경영권자와 등기를 경료한 토지 경영권자는 피수용인으로서 정당한 보상을 받을 수 있는 지위에 있지만, 등기하지 않은 토지경영권자는 수용의 이해관계인에 불과하여 토지 보상비 등의 분배에서 불이익을 받을 수 있다는 것이다.[31] 도급기간 내에는 도급인(發包方)은 도급된 토지를 정리하는 등의 행위를 할 수 없고, 토지를 회수할 수도 없으며, 자연재해로 토지가 심각하게 훼손되는 등의 특수한 상황에는 개별적으로 정리하며 이 역시 법적 절차에 따라 진행되어야 한다.

② 토지 수급인은 자신이 직접 토지를 경영함.

도급 수급인이 토지 수급경영권이라는 용익물권을 취득하는 가장 큰 목적은 해당 토지를 점유하고 사용하여 농업 생산경영을 진행하는 것이며, 이는 법이 토지 수급경영권이라는 용익물권에 부여한 근본적인 가치와 목적이고, 농촌토지의 주된 경영 방식이다.

③ 토지 수급인(承包方)은 토지 수급권(承包權)을 보유한 채 토지경영권을 타인에게 양도할 수 있음.

이번의 농촌토지도급법 개정은 중앙위원회 문건이 규정한 토지경영권을 법적 권리로 전환하는 것으로서, 법리상 토지 수급경영권 보유자가 토지 경영권을 타인에게 양도하여도 그 토지 수급경영권에는 아무런 변화가 없다. 이는 집단토지소유권에 속하는 토지에 토지 수급경영권을 설정한 후에도 집단토지소유권의 성질이 변하지 않은 것과 동일한 이치다. 따라서 토지 경영권을 이전받은 양수인이 토지경영권을 취득한 후에도 수급인이 보유하고 있던 토지 수급경영권의 법적 성

---

30) 수용과 징발에 대한 자세한 내용은 제3장 [2] 소유권의 제한 참조.
31) 管洪彦, "三權分置"下集體土地征收的法權結構和改革思路, 中國不動産法研究 2020年 第1輯(總第21輯), 101-117면.

질은 변함이 없으며, 다만 토지 수급경영권을 행사하는 방식이 토지 수급인의 직접적인 행사에서 간접적인 행사로 전환될 뿐이다. 종래 토지 수급인은 토지경영권을 이전하여 도급받은 토지를 실제 경영하는 양수인에게 양도하면, 그때부터 자신의 토지 수급경영권이 보장되지 못할 것을 우려하거나, 토지경영권 양도 계약기간이나 도급기간이 종료된 후에 토지 수급경영권을 계속 보유할 수 있을지 우려하는 경우가 많았다. 농가의 이러한 우려를 불식시키기 위하여 농촌토지도급법 제9조는 수급인이 토지경영권을 양도한 후에도 토지 수급권은 여전히 유지된다는 내용을 특별히 규정한 것이다. 이번 농촌토지도급법의 개정은 경영권 양도의 법률적 성질을 수정한 것으로서, 토지 수급경영권은 양도 대상에 포함되지 않고 토지경영권의 이전으로 제한되며, 경영권의 양도는 하도급(轉包)이나 임대 또는 지분 참여 등의 방식으로 제한되므로 교환(互換)과 轉讓은 포함되지 않지만, 토지 수급경영권은 여전히 집단 경제 조직 내부의 교환이나 轉讓이 가능하다.

토지경영권의 법적 성질에 대하여는 물권설, 채권설, 2원설 등 학계의 논란이 있다. 특히 농촌토지도급법 제41조는 토지경영권의 유통기한이 5년 이상인 경우에는 토지경영권을 등기할 수 있고, 등기하지 않으면 제3자에게 대항할 수 없다고 규정하고 있으며, 민법전 제341조 역시 동일한 내용을 규정하고 있으므로 운영 기간을 5년 이상으로 정한 경우에는 토지경영권의 법적 성질을 물권이라고 할 수 있지만, 5년 이하로 약정한 때에는 임차권으로 될 수 있으므로 토지경영권의 법적 성질은 모호하다는 비판을 받고 있다.[32]

④ 토지경영권의 양수인은 토지경영권을 보유함.

토지 수급인이 임대(하도급), 지분투자 또는 기타 방식으로 토지경영권을 이전하게 되면 양수인은 토지경영권을 취득하게 된다. 토지 경영인은 계약 기간 내에 농촌토지를 점유하고 직접 농업 생산경영을 통하여 수익을 취득할 권리가 있다. 즉, 거래된 토지를 이용하여 농업 생산경영에 종사하고 그에 상응하는 수익을 취득할 권리가 있으며, 수급인의 동의를 받아 법이 인정하는 범위 내에서 토질을 개선하고 토지의 생산력을 높일 수 있을 뿐만 아니라, 부대시설도 건축할 수 있

---

32) 郭志京, 民法典視野下土地經營權的形性機制與體系結構, 法學家 2020年 第6期, 27-29면 ; 陳耀東 /高一丹, 土地經營權的民法表達, 天津法學 2020年 第3期(總第143期), 6-7면 ;

으며, 계약에 따라 합리적인 보상을 받을 수 있다. 또한 수급인의 서면 동의와 해당 집단 경제조직의 동의를 받으면, 토지 경영인은 토지경영권을 재양도(再流轉)하거나 토지 경영권을 금융기관에 담보로 제공하여 융자도 받을 수 있다.[33]

　　이처럼 농촌토지의 삼권분리 정책이 시행된 후, 최근 택지사용권(宅基地使用權)에 대하여도 소유권, 자격권, 사용권의 삼권분리를 실현하여 집단소유권제를 견지하면서 농가의 택지 자격권과 농민의 주택 재산권을 보장할 필요가 있다는 주장이 제기되고 있다.[34]

---

33) 토지경영권의 법적 성질에 대하여 이론상 채권론, 용익물권론 등의 논란이 될 수 있으며, 민법(제339조-제341조)과 농촌토지도급법과의 관계를 어떻게 정립할 것인지 그 체계화가 시급한 과제라고 한다. 郭志京, 民法典視野下土地經營權的形成機制與體系結構, 民商法學 2021年 第4期, 25-36면.

34) 韓松, 宅基地立法政策與宅基地使用權制度改革, 民商法學 2020年 第3期, 5-24면.

[4] 물권법(中華人民共和國物權法)

Ⅰ. 서

2005년 중국에서는 「物權法(中華人民共和國物權法)」 초안이 심의 중이었는데, 그동안 중국에서는 물권법이란 명칭을 가진 법이 존재하지 않았다. 민법전도 제정되지 않았으므로 「민법전」「물권편」이란 명칭 하의 법규도 존재하지 않으며, 계약법(中華人民共和國 合同法)처럼 독립된 법으로서의 물권법도 존재하지 않았다. 물권에 관한 내용은 단편적인 법으로서 여기저기에 산재해 있을 뿐이다.

그렇다고 중국에서 물권법에 관한 연구가 전혀 진행되고 있지 않았던 것은 아니다. 물권법에 관한 교과서류는 물론, 중요한 쟁점이 되고 있는 논점별로도 심도 있는 연구가 진행되어 그 결과물로서 관련 서적이 대거 출간되고 있는 실정이다.[1]

중국 정부는 1999년 10월 1일부터 시행되고 있는 중국 계약법(中華人民共和國 合同法)의 기초 작업이 일단락된 1998년부터 이미 물권법 제정에 착수하였다고 한다.[2] 즉 민사 입법의 초점이 물권법으로 이전되어 그 기초 작업이 진행되었던 것이다. 그런데 한동안은 민법전 제정이 과제가 되어 일련의 입법 활동이 추진되었지만, 결국 다시 물권법 제정으로 그 방향을 선회하여 집중적으로 논의된 결과, 물권법 초안이 마련되어 全國人民代表大會에 상정된 것이다.

이처럼 독립된 물권법을 제정하고자 마련된 법안의 초안이 전국인민대표대회 상무위원회에 상정되면서 중국에서도 물권법이 제정되는데, 그동안 논란이 많았으므로 심의 중인 물권법 초안을 중심으로 개괄적으로나마 정리하여 전체적인 체제

---

[1] 물권법이 제정되기 까지 중국에서 출간된 주요 물권법 관련 서적을 소개하면 다음과 같다. 王利明, 物權法論, 中國政法大學出版社(1997); 王利明, 物權法研究, 中國人民大學出版社(2002); 梁慧星/陳華彬, 物權法, 法律出版社(2003); 陳華彬, 物權法, 法律出版社(2004); 孫憲忠, 中國物權法原理, 法律出版社(2004); 孫憲忠, 論物權法, 法律出版社(2001); 孫憲忠, 中國物權法總論, 法律出版社(2003); 王利明, 物權法專題研究 (上) (下), 吉林人民出版社(2002); 陳華彬, 物權法原理, 國家行政學院出版社(1998), 周林彬, 物權法新論, 北京大學出版社(2002); 崔建遠, 准物權研究, 法律出版社(2003); 楊立新, 共有權研究, 高等教育出版社(2003); 何志, 物權法判解研究與活用, 人民法院出版社(2004); 余能斌, 現代物權法專論, 法律出版社(2002); 王茵, 不動産物權變動和交易安全, 商務印書館(2004); 費安玲, 比較擔保法, 中國政法大學出版社(2004); 蕭永欽, 民法物權爭議問題研究, 清華大學出版社(2004); 黃瑩/孟勤國, 物權法的理論探索, 武漢大學出版社(2004); 游勸榮, 物權法比較研究, 人民法院出版社(2004); 孫鵬, 物權公示論, 法律出版社(2004).

[2] 渠濤, 關于中國物權法制度設計的思考, 中日民商法研究 第三卷, 法律出版社(2005), 73면.

와 중요한 내용을 살펴보고자 한다.[3]

Ⅱ. 종래 물권법의 법원

종래 물권에 관한 내용을 규정하고 있는 관련 법규를 살펴보면 다음과 같다.[4]

1. 중국 헌법상의 물권 규정

먼저 중국 憲法상의 물권법에 관련된 규정을 들 수 있다. 중국 정부는 2004년 헌법을 개정하여 제13조 「사유재산보호(保護私有財産)」라는 타이틀 하에 「공민의 합법적인 사유재산은 침범당하지 않는다. 국가는 법률의 규정에 따라 공민의 사유재산권과 상속권을 보호한다」는 등의 내용을 규정하고 있다.

2. 민사법제상의 물권 규정

(1) 1986년 제정되어 1987년 1월 1일부터 시행되고 있는 「민법통칙(中華人民共和國民法通則)」 제5장 民事權利 부분에는 제1절 「재산소유권과 재산소유권관련 재산권(財産所有權和与財産所有權有關的財産權)」이라는 명칭으로 관련 내용을 규정하고 있다.

(2) 1995년 6월 30일 제정되어 그해 10월 1일부터 시행되고 있는 「담보법(中華人民共和國擔保法)」이 있다.

(3) 1990년 5월 19일 國務院이 발포하여 시행되고 있는 「도시·읍의 국유토지 사용권의 양도에 관한 임시조례(中華人民共和國城鎭國有土地使用權出讓和轉讓暫行條例)」가 있으며, 2002년 8월 29일 공포하여 2003년 3월 1일부터 효력이 발생한 전문 65개조로 구성된 「농촌토지도급법(中華人民共和國農村土地承包法)」 등이 있다.

---

3) 아래에서는 중국의 全國人民代表大會常務委員會 事務室(全國人大常委會辦公廳)에서 제공하여 中國民主法制出版社가 2005년 7월 8일 발간한 「中華人民共和國 物權法(草案)」의 내용(이를 「物權法草案」이라고 부르기로 한다)을 중심으로 정리하기로 한다.
4) 孫憲忠, 앞의 책(中國物權法原理), 108-113면.

3. 행정법규상의 물권 규정

(1) 행정법규 중의 물권법 관련 규정으로서는, 1983년 12월 17일 국무원이 발포하여 시행되고 있는 「도시사유가옥관리조례(城市私有房屋管理條例)」가 있고, 1984년 9월 20일 제정되어 1985년 1월 1일부터 실시하고 있는 「삼림법(中華人民共和國森林法)」, 1985년 6월 18일 제정되어 1985년 10월 1일부터 실시하고 있는 「초원법(中華人民共和國草原法)」, 1986년 1월 20일 제정되어 1987년 7월 1일부터 시행되다가 2000년 개정된 「어업법(中華人民共和國漁業法)」, 1986년 6월 25일 제정되어 1988년 12월 29일 개정된 「토지관리법(中華人民共和國土地管理法)」, 1999년 1월 1일부터 시행되고 있는 「토지관리법조례(中華人民共和國土地管理法實施條例)」 등이 있다.

(2) 1988년 1월 21일 제정되어 7월 1일부터 실시되고 있는 「수면에 관한 법(中華人民共和國水法)」은 독특한 물권유형으로서 용수문제에 관한 상린관계를 규정하고 있다.

(3) 1994년 7월 15일 제정되어 1995년 1월 1일부터 시행되고 있는 「도시의 부동산관리법(中華人民共和國城市房地産管理法)」도 물권에 관한 규정을 두고 있다.

III. 물권법 제정 과정

물권법 제정의 기초는 1998년부터 시작된다. 당시 계약법(中華人民共和國 合同法)의 기초 작업이 일단락되자 민사 입법의 초점은 물권법으로 이전하게 되었다. 물권법의 기초 역시 계약법과 동일하게 초기에는 입법기관이 전문가나 학자들에게 위임하여 입법안을 기초하도록 하였다. 그 이후 지금까지 모두 6개의 초안이 완성되었다.

그 첫 번째로 모습을 드러낸 물권법 초안은 中國社會科學院 法學研究所의 梁慧星 교수를 중심으로 한 기초연구팀이 1999년 10월에 완성하여 2000년 3월에 출간한 「中國物權法草案建議稿(社會科學文獻出版社)」이다(편의상 이 내용을 「梁慧星草案」이라고 부르기로 한다).

두 번째의 물권법 초안은 中國人民大學 法學部 王利明 교수가 주관한 물권법 기초연구팀이 2000년에 작성하여 2001년 4월에 출간한 「中國物權法草案建議稿及

說明」이다(편의상 이 내용을 「王利明草案」이라고 부르기로 한다).

세 번째의 물권법 초안은 全國人民代表大會常務委員會 산하의 法制工作委員會가 위에서 소개한 두 학자(梁慧星 교수와 王利明 교수)들이 각각 완성한 두 개의 초안을 바탕으로 「中華人民共和國物權法(意見募集案)」을 작성한 것으로서, 2002년 1월에 지방의 人民代表大會와 정부의 행정 기구 및 각 대학의 법학원과 연구기관은 물론 법원과 법률 실무 부처 등에 그 자료를 보내어 널리 의견을 구하기 시작하였다.

그 결과 2004년 8월에 수정안이 완성되었는데, 이는 제한된 범위 내에서 전문가 세미나에 사용하도록 한 초안이다.

또한 2004년 10월에는 위원장 심의안이 완성되어 심의에 회부되었다.

그 밖에 2002년 10월에 개최된 제10회 전국인민대표대회에서 물권법에 관한 입법초안을 제출하였다. 이 초안은 「민법전」 입법안 속에 포함되어 있다. 이 내용이 곧 그 해 12월 23일 전국인민대표대회 상무위원회가 제1차 시사한 「中華人民共和國 民法(草案)」 중의 제2편 물권편이다. 그 당시의 계획으로서는 2002년 「物權法意見募集案」에 대한 입법심사절차를 거쳐 2003년 인민대회에서 통과시키려고 하였다. 그러나 마침 그때 중국이 WTO에 가입하게 되는 등 여러 가지 예기치 못한 변수가 발생하여 全國人民代表大會 常務委員長인 李鵬은 민법전의 입법을 가속화하고 2002년 연내에 민법전 초안을 완성하여 제9회 제5차 인민대표대회 상무위원회에서 첫 심사를 하여야 한다고 지시하였다. 이 지시에 따라 학자들과 입법기관은 물권법 초안의 수정과 심의 작업을 정지하고 민법전의 기초 작업으로 방향을 선회하여 2002년 12월에 그 초안을 완성하고 인민대표대회 상무위원회에서 심의하였다. 이것이 바로 「中華人民共和國民法(草案)」이다. 그런데 그 내용은 극소수의 내용을 제외하고는 기본적으로 위에 소개한 「意見募集案」과 동일하다.

이 민법전 초안은 공포된 후 법학계의 찬성과 비판의 엇갈린 평가를 받았지만, 중국의 법학계와 사회는 지속적으로 심의하여 신속하게 민법전이 탄생될 것을 원하였다.5) 그러나 민법전의 입법 과정은 뭇 사람들의 기대와 달리 순조롭지 못하였다. 2004년 인민대표대회의 회기가 만료된 후 구체적이고 전반적인 민법전

---

5) 中外法學編輯部 編, 中國民法百年回顧與前瞻, 法律出版社(2002) 참조.

의 일정표를 다시 보지 못하였고, 오히려 민법전 물권편의 심의계획을 듣게 된 것이다. 그 이유는 2004년 1월 실시되었던 위원장회의 심사안에 첨부된 「中華人民共和國物權法(草案) 修正說明」에서, 대부분의 상무위원회 구성원 및 관련 부처가 민법은 영향이 크고 내용이 복잡하며, 전체를 연구하는 데 많은 시일이 걸리게 되기 때문에 편의상 나누어 심사하는 것이 적절하므로 현재는 물권법 제정을 서둘러야 한다고 설명함으로써 물권법 제정이 우선적으로 고려 대상이 되어 다시 부각된 것으로 판단된다. 따라서 당시 중국의 입법기관은 한꺼번에 중국의 민법전을 제정하려는 계획을 변경하여 먼저 독립된 물권법부터 제정하려는 작업을 선행하였던 것이다.

Ⅳ. 물권법상의 쟁점과 각 초안의 차이점

1. 학계에서 논의되고 있는 주된 쟁점

당시 중국 민법학계의 물권법 연구는 중국의 개혁 개방 이래 전대미문의 규모와 수준에 달할 만큼 활발하게 진행되고 있었다.

그 원인을 살펴보면 첫째, 중국 역사상 물권법의 공백을 하루 빨리 메워야 한다는 사명의식과, 둘째 물권법 제도는 다른 재산법 제도(예컨대 채권법이나 계약법 불법행위법 등) 보다 복잡하다는 점이다. 셋째 물권법은 사법 영역 중에서 중요한 지위를 차지하고 있으며 중국이 시장경제를 도입함에 있어서 보완하여야 할 가장 시급한 과제라고 하는 점에서 연구의 중요성이 강조되고 있는 듯하다.

(1) 학계의 입법방침론

민법전의 물권편을 제정하든, 아니면 독립된 물권법으로서의 물권제도를 규정하든 그 입법방침으로서 당시 주장되고 있던 내용을 소개하면 다음과 같다.6)

① 중국의 실정에 부합하는 물권제도를 규정할 것

물권법은 재산의 귀속관계와 이용관계를 규율하는 규범이므로 각 국가와 각

---

6) 陳華彬, 앞의 책(物權法), 59-64면.

민족의 고유법이고 토착법이라는 점에서, 국가의 민족 전통이나 경제제도와 밀접한 관계가 있다는 점을 강조한다. 특히 중국의 실정은 중요한 생산자료에 대한 전인민의 소유제와 집단소유제(集體所有制)를 포괄하는 공유제가 실시되고 있다는 점을 지적한다.

② 각국 물권법의 발전상에 주의하여 현대 각국의 물권법 중 선진규정과 최신의 학설 이론 및 판례를 물권법에 반영할 것

③ 각항의 물권제도는 권리 위주로 규정하되, 동시에 사회공익도 고려할 것
이미 21세기에 들어서서 중국의 권리개념도 많이 향상되었으며 인민의 재산권을 보장하기 위하여 물권법은 당연히 권리 위주의 법이 되어야 한다는 것이다.

④ 동산과 부동산을 구분하여 물권제도를 창설할 것
로마법 이래의 기본 분류인 동산과 부동산을 구분하여 물권법체계를 확립하여야 한다.

⑤ 법률행위에 의한 물권변동에는 의사주의와 등기 및 인도를 결합할 것
물권변동에 관한 프랑스 민법례(의사주의)와 독일 민법례(채권행위와 물권행위의 구분, 등기 및 인도주의) 및 스위스 민법례(의사주의와 등기 및 인도 결합주의)가 있는데, 중국의 현실을 감안한다면 스위스 민법례가 가장 타당하다고 한다.

⑥ 각종 재산권과 소유권은 평등하게 보호될 것
종래 중국에서는 국가소유권이나 집단소유권(集體所有權) 등은 법률의 규정에 의하여 특별한 보호를 받았지만(특히 민법통칙규정에 의하면 국가소유권은 신성불가침임), 이제 물권법에서는 각종의 다양한 재산 소유권은 모두 평등하게 보호되어야 할 것이라고 한다.

⑦ 사회전체의 재산을 사용하고 공유제 재산을 충분히 이용할 수 있는 각종의 용익물권제도를 규정할 것

중국에서는 국유토지와 농촌토지의 이용문제가 최대의 현안이므로 지상권(국유토지이용권)이나 농지사용권과 같은 과학적인 용익물권제도를 완벽하게 보완하여야 한다.

⑧ 각종의 비전형담보를 망라한 담보물권제도를 규정하여 완벽한 담보물권제도를 구축할 것

소유권유보, 양도담보(讓與擔保), 가등기담보 등 다양한 형태의 비전형담보를 정비하여 완벽한 담보법체계를 확립할 것을 주장한다.

⑨ 점유를 규정하여 점유법체계를 확립할 것

로마법 이래 점유는 민법상 중요한 제도인데도 불구하고 아직 중국에는 점유에 관한 입법이 없으며, 그동안 중국최고법원의 각종 「司法解釋」, 「회답(批復)」, 「의견」 등에서도 점유라는 용어를 발견할 수 없다는 점을 지적하고, 물권법에서는 점유와 본권, 점유의 분류, 점유의 취득과 소멸, 점유의 효력, 점유의 보호와 준점유 등을 포괄하는 점유법체계를 확립할 것을 강조하고 있다.7)

(2) 주된 쟁점

한편 당시 중국에서 물권법의 제정과 관련하여 전개되고 있는 학계의 주된 논쟁점은 다음과 같이 정리할 수 있다.8)

① 물권법의 기본적인 체제

물권법의 기본 체제구성으로서, 독일의 입법례를 모방하여 판텍텐 방식을 취함으로써 물권과 채권 개념을 엄격하게 구분할 것인가, 아니면 프랑스 입법례나 영미법계를 채택하여 물권과 채권의 구별할 배제할 것인가가 쟁점이 되고 있다.

---

7) 소유권과 점유권의 물권이원구조론을 강조한다. 孟勤國, 物權二元結構論, 人民法院出版社(2009), 61–70면.

8) 渠濤, 앞의 논문(關于中國物權法制度設計的思考), 75–76면.

② 물권변동의 유형

물권변동에 있어서 독일 모델이나 스위스 모델, 또는 프랑스 모델과 일본 모델 등 어떠한 물권변동제도를 채택할 것인가 문제된다.

③ 소유권제도의 유형

소유권제도 중에서 국가와 집단 및 개인의 소유권을 구별하여 보호할 것인지 아니면 소유권의 주체와는 관계없이 일률적으로 보호할 것인가가 문제된다.

④ 농촌의 토지 집단소유의 위상

농촌의 집단소유 토지를 재산권으로 규정할 경우 물권법에서 그 위상을 어떻게 확정할 것인가가 문제된다.

⑤ 典權

중국에 독특한 제도로서의 典權을 물권법에서 독립된 물권제도로 규정할 것인가가 문제된다.

⑥ 담보물권

담보물권을 물권법에 편입할 것인지 아니면 독립된 담보법을 그대로 유지할 것인가 문제된다.

⑦ 先買權

선매권제도를 물권법에 규정할 필요가 있는지 문제된다.

⑧ 居住權

거주권제도를 물권법에 규정할 필요가 있는지 문제된다.

⑨ 특허물권

용익물권 중에서 특허물권을 규정할 필요가 있는지 문제된다.

2. 각 초안의 차이점

아래에서는 대표적인 학자들의 초안으로서, 「梁慧星草案」과 「王利明草案」을 중심으로 그 내용을 비교해 보기로 한다. 그런데 2000년과 2002년에 각각 발간한 두 교수의 물권법 초안의 내용과 최근에 민법초안 물권편에 소개된 내용은 약간의 차이가 있는데, 최근에 간행된 민법전 물권편의 내용에 따르기로 한다.

(1) 「梁慧星草案」의 구성[9]

제2편 물권

제9장 통칙

　　제1절 일반규정(제221조-제229조)

　　제2절 물권변동

　　　　1. 부동산등기(제230조-제250조)

　　　　2. 동산의 점유와 인도(交付)(제251조-제260조)

　　제3절 물권적청구권(物權請求權)(제261조-제270조)

제10장 소유권

　　제1절 일반규정(제271조-제296조)

　　제2절 토지소유권(제297조-제299조)

　　제3절 건축물구분사용권(제300조-제323조)

　　제4절 부동산 상린관계(제324조-제354조)

　　제5절 동산소유권

　　　　1. 선의취득(제355조-제357조)

　　　　2. 선점(제358조-제361조)

　　　　3. 유실물습득(제362조-제373조)

　　　　4. 매장물발견(제374조-제377조)

---

9) 梁慧星, 中國民法典草案建議稿附理由 物權編, 法律出版社(2004), 참조.

(2) 「王利明草案」의 구성[10]

---

10) 王利明, 中國民法典學者建議稿及立法理由 物權編. 法律出版社(2005). 참조.

1. 일반규정(제1108조-1115조)

2. 일반우선권(제1116조-제1117조)

3. 특별동산우선권(제1118조-제1123조)

4. 건물수급인의 우선권(建築物承包人的優先權)(제1124조-제1126조)

5. 우선권과 기타 담보권의 관계(제1127조-제1128조)

제5장 점유(제1129조-1147조)

V.「物權法草案」의 구성과 중요 내용

1. 물권법의 기본원칙

물권법 초안을 준비하면서 채택된 물권법의 기본원칙은 크게 다음 4가지이다.[11]

첫째, 물권법정주의를 채택하여 물권의 종류와 내용은 법률의 규정에 의하도록 한다.

둘째, 물권공시의 원칙을 채택하여 물권의 성립·변경·양도·소멸은 법률에 특별한 규정이 있는 경우를 제외하고는, 부동산은 등기, 동산은 인도(교부)에 의하도록 한다.

셋째, 법률준수의 원칙을 채택하여 물권의 취득과 행사는 반드시 법률에 의하도록 한다.

끝으로 물권보호의 원칙을 채택하여 권리자가 향유하는 물권은 법률의 보호를 받으며, 어느 누구도 침해할 수 없다.

2. 물권법 체계

제1편 총칙

　제1장 기본원칙(제1조-제8조)

　제2장 물권의 설정, 변경, 양도와 소멸

---

11) 全國人大常委會法制工作委員會民法室 編著, 物權法(草案)參考, 中國民主法制出版社(2005), 59면.

---

12) 초안에 규정되었던 '居住權'은 삭제되었다.

3. 중요 내용

(1) 기본편제

물권법의 편제는 기본적으로 대륙법체계를 채택한 것으로 보인다. 따라서 전체적인 편제 구성은 우리 민법상의 물권법과 크게 다를 바 없으나, 총칙과 소유권, 용익물권, 담보물권, 점유 등 모두 5편으로 구성되어, 우리 민법상의 9장(총칙, 점유권, 소유권, 지상권, 지역권, 전세권, 유치권, 질권, 저당권)으로 편제된 제2편 물권편에 비하면 상당히 간략하게 구성되어 있다는 점이 돋보인다.

이 초안의 기본 편제는 위에서 소개한 「王利明草案」의 체계를 채택하되, 「장」을 「편」으로 대체한 듯하다.

초안 제1조는 「物의 귀속을 명확하게 하고, 권리자의 物을 보호하며, 物의 효용을 충분히 발휘하고 사회주의 시장경제질서를 유지하고 보호하며, 국가의 기본 경제제도를 유지하고 보호하기 위하여 본 법을 제정한다」고 입법 목적을 밝히고 있다.[13] 제2조에서는 물권법의 기능에 대한 내용으로서, 물권법은 평등한 주체 간[14]의 물건의 귀속과 이용 및 생산의 재산관계를 조정한다고 규정하고 있다.

또한 본 법에서 물건이란 동산과 부동산을 포함하는 개념을 지칭하는 것이지만, 법률의 규정에 의하여 물권의 객체로 할 수 있으며, 물권이란 권리자가 특정한 물건의 권리를 직접 지배하는 권리로서, 소유권과 용익물권 및 담보물권을 포

---

13) 물권법 제1조는 내용은 그대로 유지하되 순서를 바꾸어 '국가의 기본 경제제도를 수호하고 사회주의 시장경제를 수호하며, … (이하 생략)'라는 내용을 맨 앞에 규정하고 있다.
14) 물권법 제2조는 '평등한 주체 간'이라는 표현을 삭제하였다.

괄하는 개념이라는 점을 명확하게 밝히고 있다.

이처럼 물건의 개념으로서는 동산과 부동산을 포함한다는 간략한 내용의 규정만 두고, 다른 법률의 규정에 의하여 물권의 객체가 될 수 있다는 유보조항을 두고 있으므로 과연 어떠한 법률이 해당되는지의 여부가 문제된다. 향후 학계나 법원의 해석론도 주목하여야 할 것이다.

(2) 물권법정주의

초안 제3조는 「물권의 종류와 내용은 본 법 기타 법률의 규정에 따른다」라고 규정하여 물권법정주의를 천명하고 있다.15) 이처럼 중국의 물권법은 법률에 의한 물권의 종류와 내용만 인정하고 있다는 점에서, 관습법에 의한 물권을 인정하고 있는 우리 물권법과는 차이가 있다. 다만 제8조는 기타 법률에 물권의 종류와 내용 등에 관한 규정을 두고 있는 경우에는 그 규정에 따른다고 하여 물권법 이외의 다른 법률에서 물권의 종류와 내용을 창설할 수 있는 가능성을 열어두고 있다.

그리고 초안 제4조는 물권은 반드시 공시하여야 한다는 이른바 공시의 원칙을 명문으로 선언하고 있으며, 법률의 규정에 의하여 즉시 물권을 취득하는 경우 이외에는 원칙적으로 부동산등기부에 등재된 자가 그 부동산의 권리자이며, 동산은 점유자가 그 동산의 권리자가 된다는 점을 분명히 하고 있다.

또한 초안 제5조16)에서는 물권의 취득과 행사는 반드시 법률을 준수하여야 하고, 사회도덕을 존중하며, 공공이익에 손해를 가하거나 타인의 합법적인 권리를 침해해서는 안된다는 의무조항을 규정하고 있다. 이 내용은 사회주의의 특성을 반영한 것으로 보이지만, 초안 제6조와 제7조는 어떠한 단위나 개인도 권리자의 권리행사를 방해할 수 없으며, 권리자가 향유하는 물권은 법률의 보호를 받고, 어떠한 단위나 개인도 침해할 수 없다는 점을 명문으로 규정하고 있다.17)

---

15) 이 내용은 물권법 제5조에 규정하고 있다. 물권법 제3조는 「국가는 사회주의 초급단계에서 공유제를 주체로 하고 다양한 종류의 소유 경제가 공동발전하는 기본경제제도를 견지한다. 국가는 공유경제를 공고히 하고 발전시키며, 비공유제 경제의 발전을 장려하고 지지하며 인도한다. 국가는 사회주의 시장경제를 실행하며 모든 시장 주체의 평등한 법적 지위와 발전 권리를 보장한다.」의 내용이 신설되었다.

16) 물권법 제7조에 규정되었다.

17) 물권법 제4조에 규정되었다.

(3) 물권의 종류

물권법정주의를 채택하였으므로 물권법에 규정된 물권의 종류를 살펴보면, 소유권과 점유(권)이 있고, 용익물권으로서 토지도급경영권, 건설용지사용권, 택지사용권, 지역권, 거주권 등이 있으며, 담보물권으로서는 저당권과 질권, 유치권 등이 있다.

용익물권으로서「梁慧星草案」이나「王利明草案」이 모두 인정하고 있는 중국 특유의 제도로서 典權을 명문으로 규정하지 않고 있다는 점이 주목된다. 그 대신에 임차권의 일종인 거주권으로 대체한 듯하다.

그리고 물건의 개념을 규명하는 규정은 두지 않음으로써 해석론에 일임한 듯하다. 다만 부칙에서 과실(孶息)이란 천연과실(天然孶息)과 법정과실(法定孶息)이 있으며, 천연과실은 어미 가축이 낳은 어린 가축 등을 의미하고, 법정과실은 계약에 의하여 취득하는 차임(租金)이나 이자(利息) 등을 의미한다는 점을 밝히고 있다(부칙 제266조 3호).[18]

(4) 부동산 물권변동

초안 제9조(물권법 제9조)는「부동산 물권의 성립과 변경, 양도 및 소멸은 반드시 등기를 하여야 한다. 등기를 하지 아니하면 물권의 효력이 발생하지 않는다. 다만 법률에 규정이 있는 경우는 그러하지 아니하다」라고 규정하고, 초안 제27조(물권법 제23조)는「동산 소유권의 양도와 동산 질권의 성립 등은 법률에 규정이 있는 경우를 제외하고 인도한 때에 그 효력이 발생한다」고 규정함으로써 우리 물권법이나 독일민법처럼 물권변동의 성립요건주의(형식주의)를 채택하고 있다.

다만 법률에 의거하여 국가의 소유에 속하는 자연자원은 등기 없이도 소유권이 가능하다는 예외규정을 두고 있다(초안 제9조 제2항. 물권법 제9조 제2항).

부동산 등기는 부동산소재지의 등기소에서 관할하며(초안 제10조. 물권법 제10조), 당사자가 등기를 신청할 때 제출할 서류(초안 제11조. 물권법 제11조), 등기비용 책정에 관한 규정(초안 제25조. 물권법 제22조) 등 등기에 관한 내용을 상세하게 규정하고 있다.

---

18) 물권법에서는 삭제되었다.

(5) 소유권제도

① 「3分法」의 소유권제도

중국은 사회주의국가를 표방하고 있다는 점에서 소유권제도도 다양하게 구성되어 있다. 사실 과거 개혁개방 이전에는 사회주의국가의 특징으로서 공공재산의 신성한 지위를 강조함과 동시에 개인의 사유재산권은 그 범위가 억제되고 차별적인 법률의 보호를 받았다. 이와 같은 이데올로기의 산물로서, 개혁개방 전의 정책은 심지어 농민이 자신의 집에서 양 한 마리를 기르는 것도 비판의 대상으로 된 적이 있었다. 그러나 이제 개혁개방 후, 특히 시장경제제도가 도입된 후 중국인이 소유하는 개인의 재산 상황은 급변하고 있다.

私權의 가장 중요한 내용이라고 할 수 있는 소유권은 물권법의 입법에 의하여 법률로 인정되어야 하는 것이다. 중국에서 물권법을 제정함에 있어 정치적 기초의 가장 큰 문제는 개인재산을 증대하고자 하는 희망에 대한 입법태도라고 할 수 있다.

그러나 물권법 초안의 소유권에 관한 기본 체제는 여전히 사회주의국가의 소유권제도를 그대로 답습한 듯하다. 1923년 구소련 민법전에서부터 유래하는 「3分法」[19]의 소유권제도를 채택하여 국가소유권 · 집단소유권(集體所有權) · 개인(私人)소유권으로 구분하여 규정하고 있다.

다만 그 내용은 진일보하여 개인의 소유권 보호조항에도 상당한 비중을 두고 있다.

② 일반조항

먼저 일반 규정으로서, 소유권자는 자신의 부동산이나 동산에 대하여 법률의 규정에 따라 점유, 사용, 수익 및 처분할 권리를 향유한다고 규정하여 소유권의 권능으로서 점유 · 사용 · 수익 · 처분권을 인정하고 있다(초안 제45조. 물권법 제39조). 뿐만 아니라 소유권자는 자신의 부동산이나 동산에 대하여 용익물권이나 담보물권을 설정할 권리가 있다는 점도 밝히고 있다(초안 제46조. 물권법 제40조). 나아가 국가와 집단 및 개인의 소유권은 법률의 보호를 받으며, 어떠한 개인이나

---

19) 孫憲忠, 中國大陸物權法制定的若干問題, 月旦民商法硏究 2 變動中的物權法, 淸華大學出版社(2004), 48면.

단위조직도 어떠한 방법으로든 국가나 집단 및 개인의 재산을 파괴하거나 침해하는 것은 금지된다(초안 제47조).[20] 다만 법률의 규정에 의하여 오직 국가의 소유에 속하는 부동산이나 동산에 대하여는 어떠한 단위조직이나 개인도 소유권을 취득할 수 없다는 한계를 설정하고 있다(초안 제48조. 물권법 제41조).

③ 국가소유권

먼저 국가는 공유제의 주체로서, 다양한 유형의 소유제의 경제 공동발전의 기본 경제제도를 유지하고 보호한다(초안 제50조)[21]는 전제 하에, 지하자원(礦藏), 강·하천(水流), 海域과 도시의 토지 등은 국가의 소유에 속한다(초안 제51조. 물권법 제46조). 그 밖에 국가소유에 속하는 것으로서는 삼림, 산봉우리(山嶺), 초원, 황무지(荒地), 간석지(灘塗) 등의 자연자원(초안 제52조. 물권법 제48조)과 농촌과 도시의 교외지역(郊區)의 토지와 야생동물이나 식물자원 등도 법률 규정에 의하여 국가소유에 속한다(초안 제53조. 물권법 제47조. 제49조). 우리나라의 경우, 야생동물은 무주물로써(민법 제252조 3항) 선점의 대상이 되지만(민법 제252조 제1항), 중국에서는 야생동물이 국가의 소유에 귀속한다는 점에서 주의를 요한다. 뿐만 아니라 도로와 전력, 통신, 천연가스 등의 공공시설도 법률의 규정에 의하여 국가의 소유가 된다.

④ 집단소유권(集體所有權)

집단소유의 대상은 법률의 규정에 의하여 집단소유에 속하는 삼림과 초원, 황무지, 간석지 등을 비롯하여 집단이 소유하는 건축물과 생산시설 및 농지수리시설은 물론, 교육·과학·문화·위생·체육 등의 각종 시설과 집단이 소유하는 동산과 부동산이 된다(초안 제59조. 물권법 제58조).[22] 그리고 도시와 읍의 집단이 소유하는 동산과 부동산은 이 집단에서 점유·사용·수익·처분의 권리를 향유한다

---

20) 본 조항은 물권법에서 삭제됨.

21) 본 조항은 물권법에서 삭제되고, 「법률규정에 의하여 국가소유인 재산은 국가소유, 즉 전 인민의 소유이다. 국유재산은 국무원이 국가를 대표하여 소유권을 행사한다. 법률의 별도의 규정이 있는 경우에는 그 규정에 따른다(제45조)」는 내용이 신설되었다.

22) 집단소유권의 법적 성질에 대하여는 강광문, 중국 집체토지소유권(集體土地所有權)의 법적 성질에 대한 고찰 – 개념, 역사, 한국과의 비교 등, 강원법학 제53권(2018. 2), 1-37면 참조.

(물권법 제61조).23) 농민집단이 소유하는 동산과 부동산은 집단 구성원의 집단소유에 속하며, 토지 도급 방법과 도급 토지의 조정, 토지 보상비의 사용과 분배 방법이나 집단소유권의 변동 등에 관한 사항은 반드시 법률에 의거하여 집단의 村民會議에서 토론하여 결정하도록 하고 있다(초안 제61조. 물권법 제59조). 초안에서는 농민집단이 소유하는 토지 등은 반드시 법률에 의하여 가정 도급경영을 실행하여야 한다(초안 제63조)고 규정하였지만, 물권법에서는 삭제되었다.

⑤ 개인소유권

개인(私人)은 법률에 의하여 취득한 가옥, 수입, 생활용품 등 생활자료에 대한 소유권을 향유하며, 법률에 의하여 취득한 생산도구와 원재료 등 생산재료에 대한 소유권도 향유한다(초안 제66조. 물권법 제64조). 또한 국가는 개인의 저축과 투자 및 수익을 보호하며, 개인의 재산상속권(承繼權) 및 기타 합법적인 권익을 보호한다(초안 제67조. 물권법 제65조). 국가는 개인의 소유권을 보호하며, 이주(拆遷)나 수용(徵收) 등의 비합법적인 명분으로 개인의 재산권을 변경할 수 없고, 개인의 부동산을 이주하거나 수용할 때에는 반드시 국가 규정에 따른 보상을 하여야 하며, 국가 규정이 없다면 합리적인 범위 내에서 보상을 하도록 하여 이주한 자나 피수용자에게 적절한 조치를 취할 것을 보증하고 있다(초안 제68조 제1항, 제2항). 뿐만 아니라 위법한 이주나 수용에 의하여 개인 재산에 손실이 발생한 경우에는 반드시 법률에 의한 민사책임과 행정책임을 부담하게 되며, 범죄를 구성할 때에는 법에 따라 형사책임도 추궁하게 된다(초안 제68조 제3항).24)

⑥ 구분소유권

최근 고층건물이 출현하게 되면서 엘리베이터나 통로 등의 주택의 공용(共有)부분과 전유부분에 대한 소유권 분쟁을 해결하기 위하여(부칙 제266조 제2호),25)

---

23) 초안에서는 '노동 대중의 집단소유에 속한다'(초안 제60조)고 규정하였다.
24) 이 규정은 물권법에서 삭제되었고, '개인의 합법적인 재산은 법률의 보호를 받으며, 어떠한 조직이나 개인도 점유를 침해하거나 약취 또는 파괴해서는 아니된다(물권법 제66조)'는 내용으로 대체되었다.
25) 물권법에서는 삭제되었다.

구분소유권(業主的建築物區分所有權)제도를 도입하고 있다.

주택이나 상업용 건물 등의 부동산입주자(業主)는 전유부분의 소유권을 향유하며, 전유부분 이외의 공용부분에 대해서는 공동으로 관리할 권리가 있다(초안 제73조. 물권법 제70조). 건물의 소유자는 전유부분에 대하여 점유하고 사용하며 수익 및 처분할 권리가 있으며, 다만 건물의 안전을 해하거나 다른 소유자의 합법적인 권익을 침해할 우려가 있는 경우에는 그 권리가 제한된다(초안 제74조. 물권법 제71조).

초안에서는 「건물 내의 녹지나 도로 및 건물 관리실 등은 소유자의 공유에 속하고, 회의실과 주차장 등은 특별한 약정이 있으면 약정에 따르지만, 특별한 약정이 없거나 불명확한 때에는 소유권에 대한 증명이 있는 경우를 제외하고는 입주자의 공유에 속한다(초안 제76조)」고 규정하였지만, 물권법에서는 「건축물 구획 내의 도로는 입주자 공유이다」는 부분이 추가되었으며(물권법 제73조), 또한 「건축물 구획 내의 승용차 주정차용으로 계획된 주차장소와 차고의 귀속은 당사자들이 판매, 증여 또는 임대 방식으로 약정으로 정할 수 있다(물권법 제74조)」는 내용이 신설되었다. 그 밖에도 건물 입주자 위원회 구성을 인정하고 있으며(초안 제77조. 물권법 제75조), 공동소유에 따른 여러 가지 문제에 대하여 자세한 규정을 두고 있다.

(6) 용익물권제도의 특징

① 일반규정

용익물권에 관한 일반규정을 설정하여 기본적인 개념과 법리를 자세하게 명문으로 규정하고 있다는 점은 계몽적인 차원에서의 배려라고 이해된다.

용익물권자는 「법률이 규정하는 범위 내에서」[26] 타인이 소유하는 부동산을 점유하고 사용 및 처분할 권리가 있다(초안 제123조. 물권법 제117조). 이처럼 부동산의 용익물권만 인정하고 있다는 점은 우리 민법과 동일하다. 또한 국가소유에 속하거나 집단소유에 속하는 자연자원도 단위별이나 개인이 법에 따라 점유하고 사용 및 수익할 수 있다고 하여 용익물권의 대상을 확대하고 있다(초안 제124조. 물권법 제118조). 다만 용익물권을 취득할 때 행정기관의 허가를 받아야 된다고 규정한

---

26) 이 부분은 물권법에서 삭제되었다.

법률이 있는 경우에는 그 규정에 따라야 한다(초안 제125조)는 내용은 삭제되었다.

국가도 법률에 특별한 규정이 있는 경우를 제외하고는 자연자원의 유상 사용 제도를 실행할 수 있다고 규정하여 용익물권을 설정할 수 있는 주체가 된다(초안 제126조. 물권법 제119조).

용익물권자는 법률의 규정을 준수하여 권리를 행사하고 이용자원을 합리적으로 개발하고 이용할 것이며, 「소유권자의 권익에 손해를 주어서는 안되는 반면」,[27] 소유권자도 용익물권자의 권리행사를 간섭할 수 없다는 기본 법리를 자세하게 규정하고 있다(초안 제127조, 물권법 제120조).

그리고 초안에서는 부동산이 수용(征收)되거나 징발(征用)됨으로써 용익물권이 소멸되거나 권리행사에 영향을 미치게 된 경우에는 「반드시 국가 규정에 의하여 보상을 하여야 하며, 국가 규정이 없는 경우에는 합리적인 보상을 하여야 한다(초안 제128조)」고 규정하였는데, 「용익물권자는 이 법 제42조[28], 제44조[29]의 규정에 따라 상응한 보상을 받을 권리가 있다」라고 변경되었다.

용익물권의 종류로서는 토지도급경영권, 건설용지사용권, 택지사용권, 지역권 등 4개의 종류로 구분하여 규정하고 있으며 典權은 규정되지 않았고, 초안에 규정되었던 거주권에 관한 내용도 삭제되었다.

② 토지도급경영권(土地承包經營權)

토지도급경영권자는 법률에 의하여 도급경영하는 耕地와 林地나 草地 등을 점

---

27) 이 부분 역시 물권법에서 삭제되었다.

28) 제42조는 신설된 내용으로서, 「공공이익을 위하여 법률이 규정한 권리와 절차에 따라 집단소유의 토지와 조직, 개인의 건물 및 기타 부동산을 수용할 수 있다. 집단소유의 토지를 수용하는 경우 토지보상비, 이주보상비, 지상부착물과 묘목보상비 등 비용을 충분히 보상하고 피수용자 농민의 사회보장비용을 해결하고 생활을 보장하여야 하며 합법적인 권리와 이익을 보호하여야 한다. 조직, 개인의 건물 및 기타 부동산을 수용하는 경우 법률에 따라 철거보상을 하고 피수용자의 합법적인 권리와 이익을 보호하여야 하며 개인주택을 수용하는 경우에는 피수용자의 주거 조건도 보장하여야 한다. 어떠한 개인도 수용보상 등 비용을 횡령, 남용, 사적 배분, 연체지급하지 못한다」고 규정한다.

29) 제44조 역시 신설된 내용으로서, 「긴급구조, 재해지원 등 긴급수요가 발생한 경우, 법률이 규정한 권리와 절차에 따라 조직과 개인의 부동산과 동산을 징발할 수 있다. 징발된 부동산과 동산은 사용한 후 피징발자에게 반환하여야 한다. 조직과 개인의 부동산과 동산을 징발 또는 징발 후 파손, 소실되는 경우에는 보상하여야 한다」고 규정한다.

유하고 사용하며 수익할 권리를 향유한다(초안 제129조. 물권법 제125조). 토지도급경영권은 토지도급경영권계약의 효력이 발생한 때부터 취득하며, 縣급 이상의 지방인민정부는 토지도급경영권자에게 일정한 증서(土地承包經營權證, 林權證, 草原使用權證)를 발급하고 등기하여야 한다(초안 제130조. 물권법 제127조).

중국에서의 토지 도급(承包)에 관한 문제는 특히 농지 사용과 관련하여 상당히 중요한 비중을 차지하는 것으로서 우리나라에는 존재하지 않는 사회주의국가인 중국에 독특한 제도라고 볼 수 있다. 중국에서도 농촌토지 사용에 관한 연구가 많이 추진되고 있지만,[30] 물권법의 토지도급경영권에 관한 내용은 2003년 3월 1일부터 시행되고 있는 「농촌토지도급법(中華人民共和國農村土地承包法)」의 범주를 넘어서지 못하고 있는 듯하며 적어도 토지도급경영권을 물권으로 인정한 것은 의미가 있다고 본다.

③ 건설용지사용권

중국에서는 토지가 국가의 소유에 귀속되기 때문에 건물을 신축하기 위하여 토지를 이용할 경우에 야기되는 문제점을 해소하기 위하여 규정한 제도라고 볼 수 있다.

건설용지사용권자는 법률에 의하여 국가가 소유하는 토지를 점유하고 사용하며 수익할 권리가 있으며, 그 토지상에 건물이나 구조물(構築物) 및 기타 부속시설을 건축할 수 있는 권리가 있다(초안 제140조. 물권법 제135조). 건설용지사용권자의 권리 행사 범위는 토지의 지표는 물론 지상 및 지하까지 인정된다(초안 제141조. 물권법 제136조). 또한 건설용지사용권을 타인에게 양도하는 계약을 체결할 경우에 계약서에 기재할 내용으로서, 당사자의 명칭과 주소, 토지의 위치와 면적, 건축물 등의 점용 공간, 토지의 용도, 사용기한, 분쟁해결 방법 등을 기재하도록 규정하고 있다(초안 제144조. 물권법 제138조).

---

30) 토지사용권과 관련된 대표적인 연구로서 陳小君外, 農村土地法律制度研究, 中國政法大學出版社(2004); 富平, 土地使用權和用益物權, 法律出版社(2001); 王衛國, 中國土地權利研究, 中國政法大學出版社(2003); 崔建遠, 土地上的權利群研究, 法律出版社(2004) 등을 들 수 있다.

④ 택지사용권(宅基地使用權)

택지사용권자는 법에 의하여 집단소유의 토지를 점유하고 사용할 권리가 있으며, 그 토지상에 주택이나 기타 부속시설을 건축할 권리가 있다(초안 제158조. 물권법 제152조). 따라서 건물 등을 건축하는 대상 토지가 국가가 소유하는 토지인 경우에는 앞에서 언급한 건설용지사용권에 관한 규정이 적용되고, 집단소유에 속하는 토지 위에 주택 등을 축조할 때에는 본 규정의 택지사용권에 관한 법리가 적용되는 것으로 해석된다. 즉 대상 토지를 소유하는 주체(국가인지 집단인지)와 그 토지 위에 축조되는 건물(일반 건물 및 상업용 건물인지 주택인지)의 유형에 따라 법률이 다르게 적용되는 것으로 이해된다. 초안에서는 택지사용권자가 법률에 의한 허가(批准)를 받지 못하면 그 택지의 용도를 변경하지 못한다(초안 제161조)고 규정하였는데 물권법에서 본 규정은 삭제되었다. 택지가 자연재해 등으로 멸실한 경우에는 택지사용권도 소멸되며, 택지를 상실한 농가에 대하여는 택지를 재분배하여야 한다(초안 제164조. 물권법 제154조)

⑤ 지역권

지역권자는 계약에 의하여 자기 부동산의 효용을 높이기 위하여 타인의 부동산을 이용할 수 있는 권리가 있으며, 이 경우 타인의 부동산을 「供役地」라고 하고 자기의 부동산을 「需役地」라고 한다(초안 제166조. 물권법 제156조). 우리 민법은 지역권을 타인의 토지를 이용하는 권리라고 규정하고 있지만(한국 민법 제291조), 중국 물권법은 그 대상을 부동산으로 확대하고 있다.

⑥ 거주권

초안에는 특별히 용익물권의 일종으로서 거주권에 관한 규정을 두고 있다. 이는 중국의 특유한 제도로서의 典權에 관한 규정[31]을 두지 않고 그 대신에 주택임차권으로서의 거주권에 관한 규정을 두고 있는 것으로 풀이된다. 즉 거주권자는 타인이 소유하는 주택 및 부속시설을 점유하고 사용할 권리가 있다(초안 제180조). 거주권자는 반드시 거주권 등기를 신청하여야 한다고 하여 등기를 거주권의 성립

---

31) 梁慧星, 앞의 책(물권편), 294면.

요건으로 규정하고 있다(초안 제181조). 거주권은 양도(轉讓)나 상속(繼承)할 수 없으며, 거주권자는 거주하는 가옥을 임대하지 못한다(초안 제183조)고 하여 거주권자에게 상당한 제한을 하고 있다. 다만 거주권이 성립된 후 가옥의 소유권자가 변경되더라도 거주권에는 아무런 영향을 미치지 않는다고 하여 거주권자를 보호하고 있다(초안 제185조).

거주권의 소멸 사유로서는 거주권자가 거주권을 포기한 때, 거주권의 기간이 만료한 때, 거주 관계의 조건이 성취되어 거주권이 해제된 때, 거주권이 취소된 때, 가옥이 수용되거나 소실된 때 등을 들고 있다(초안 제188조).

사실 거주권에 대해서는 학계의 상당한 비판이 있었다. 19세기 초 프랑스 민법이 제정될 당시 남녀평등이 실행되지 않고 부부 간의 상속권도 인정되지 않던 상황에서 프랑스 민법이 인정한 제도로서 현재의 중국 상황과는 부합하지 않는다는 비판이 제기되었지만,[32] 물권법 초안에는 명문으로 규정하였는데 결국 물권법에서는 삭제되었다.[33]

(7) 담보물권제도의 특징

담보물권제도는 일반적인 유형의 담보물권으로서 저당권과 질권 및 유치권을 규정하고 있다. 다만 저당권의 한 유형으로서 근저당(最高額抵押權)을 명문으로 규정하고 있는 점이 주목된다(초안 제225조–제229조, 물권법 제203조–제207조). 이는 독일 민법 제1190조를 계수한 것으로 보인다. 질권도 동산질권과 권리질권으로 구분하고 있다.

다만 유치권은 채무자가 점유하고 있는 동산에 설정할 수 있다고 하여 그 객체를 동산으로 한정하고 있다는 점은(초안 제251조, 물권법 제230조) 타인의 물건 또는 유가증권을 그 대상으로 하는 우리 민법상의 유치권(한국 민법 제320조)과 구별된다.

그런데 학설상 논의되고 있는 비전형담보로서 양도담보나 가등기담보, 소유권유보 등에 관한 규정이 없으므로 이 내용은 앞으로 학계의 해석론을 주목하여야 할 것으로 생각된다.

---

32) 梁慧星, 위의 책, 1면.
33) 물권법에서는 삭제되었는데, 2020년 제정된 민법전에 다시 신설되었다(민법전 제2편 물권 제3분편 용익물권 제14장 거주권).

VI. 전망과 평가

1. 중국 물권법 초안의 특징

중국 물권법 초안의 특징을 정리하면 다음과 같다.

① 대륙법계의 체제를 채택하고 있다.

② 물권법정주의를 채택하고 있다.

③ 물권공시의 원칙을 채택하고 있다.

④ 물권변동의 성립요건주의(형식주의)를 채택하고 있다.

⑤ 물권침해에 대한 보호규정을 두고 있다.

⑥ 3분법(국가소유권, 집단소유권, 개인소유권)의 소유권 제도를 채택하고 있다.

⑦ 토지 및 자연자원과 야생동물 등의 국가소유를 선언하고 있다.

⑧ 용익물권으로서 토지도급경영권, 건설용지사용권, 택지사용권, 거주권 등을 규정하고 典權制度는 채택하지 않고 있다.

⑨ 담보물권으로서 저당권, 질권, 유치권만 규정하고 이른바 비전형담보(양도담보, 가등기담보 등)는 채택하지 않고 있다.

2. 전망과 평가

1999년 10월 1일부터 시행되고 있는 현 중국 계약법(中華人民共和國 合同法)의 초안이 발표되었을 때 당시 그 내용을 검토했던 일본인 학자가 中國社會科學院에서 강연을 하면서, 19세기의 가장 우수한 법전은 프랑스 민법전이고, 20세기의 가장 우수한 법전이 독일 민법전이라면, 자신이 예견하기로는 21세기의 가장 우수한 법전은 중국의 신계약법이 될 것이라고 평가했다고 한다.[34]

그런데 이번에 발표된 이 물권법 초안은 무엇보다도 소유권의 유형을 여전히 3분법(국가소유권, 집단소유권, 개인소유권)으로 나누고 있다는 점에서 사회주의 법의 한계를 극복하지 못하고 있다는 비판을 면할 수 없을 것으로 보인다. 또한 도시

---

34) 梁慧星, 合同法的成功与不足(下), 中外法學(2000.1), 92면.

의 토지나 야생동물 등 상당한 부분을 국가소유로 규정하고 있는 점도 앞으로 풀어야 할 과제라고 할 수 있다.

뿐만 아니라 현재 중국의 최대 현안이라고 할 수 있는 토지 이용에 관한 법리로서 지상권과 유사한 여러 가지의 용익물권을 설정하고 있지만, 그 규정의 내용을 일반인들이 어느 정도 이해해서 활용할 수 있을지 의문이며, 또한 그 내용도 미비한 점이 있으므로 앞으로 학계의 해석론과 법원의 유권해석이나 판례가 주목된다고 하겠다.

[5] 민법(中華人民共和國民法典)

Ⅰ. 서

2020년 5월 28일 제13기 전국인민대표대회 제3차 회의에서 「중국민법전(中華人民共和國民法典)」이 심의 통과됨으로써 중국에도 1949년 이래 최초의 민법전이 탄생하였다. 전문 1260조의 이 민법전은 2021년 1월 1일부터 시행되고 있다(동법 제1260조). 민법전 제정으로 그동안 민사 관련 단행법으로만 존재했고 진정한 의미의 민법전이 없었던 중국의 역사상 이제 중국도 성문 민법전 국가가 된 것이다.[1] 이에 따라 그동안 적용되었던 민사 관련 단행법으로서, 혼인법(中華人民共和國婚姻法. 1980년 공포), 상속법(中華人民共和國繼承法. 1985년 제정), 민법통칙(中華人民共和國民法通則. 1986년 제정), 입양법(中華人民共和國收養法. 1991년 제정), 담보법(中華人民共和國擔保法. 1995년 제정), 계약법(中華人民共和國合同法. 1999년 제정), 물권법(中華人民共和國物權法. 2007년 제정), 불법행위법(中華人民共和國侵權責任法. 2009년 제정), 민법총칙(中華人民共和國民法總則. 2017년 제정)은 민법전 시행과 동시에 폐지되었다(민법전 제1260조).

2014년 중국 공산당 제18기 제3차 전체회의에서 '法治中國'의 건설을 목표로 제시한 이래,[2] 제4차 전체회의에서 통과된 「중국 공산당 중앙위원회의 법에 의한 통치를 전면적으로 추진할 것에 관한 약간의 중대한 문제에 대한 결정(中共中央關于全面的推進依法治國若干重大問題的決定)」은 중점 분야의 입법을 강화할 것을 결정

---

[1] 1911년 10월 26일 편찬된 '大淸民律草案' 이후 1930년 제정된 '中華民國民法'과 1937년의 '滿洲國民法' 까지의 민법전 편찬 과정과 내용에 대하여는 楊立新 主編, 中國百年民法典彙編, 中國法制出版社(2011), 참조. 淸末 이래 근대 중국의 법치는 ① 청말 입헌파들이 군주입헌제의 개량 모델로 제시한 戊戌變法, ② 자산계급 민주주의공화국의 법치를 주장한 신행혁명, ③ 중국 공산당이 창건한 중국 특색의 사회주의 법치 모델 등 여러 차례의 변혁을 거치게 된다. 楊建軍, 中國法治發展:一般性與特殊性之兼容, 法理學 法史學, 2017. 11., 43면 : 趙曉耕, 新中國民法典起草歷程回顧, 法律出版社(2011), 21-35면 참조.

[2] 習近平이 국정 운영의 기본 방침으로서 「법치국가, 법치정부, 법치사회의 일체 건설을 견지한다」는 내용을 발표한 이래, '法治中國'의 건설은 중국정부의 중요한 정책과제가 되었으며, '법치중국'은 '법치국가', '법치정부', '법치사회'의 상위개념으로서, 후 3자는 '법치중국'의 기본적 요소라고 한다. 王淸平, 法治社會在中國建設的意義. 難點和路徑, 法理學 法史學 2017. 12., 28면. 중국의 법치건설은 과도기를 확립하여야 한다는 주장과 법치 건설의 목적은 인권보장이라는 주장도 있다. 陣佑武/李步雲, 改革開放以來法治與人權關系的歷史發展, 現代法學 第37卷 第2期(2015. 3.), 3-9면; 자세한 논의는 黃之英, 中國法治之路, 北京大學出版社(2000) 참조.

하고, 특히 시장 법률제도 건설을 강화하기 위하여 민법전을 편찬할 것을 依法治國의 중요한 임무로 확정하였으며,[3] 이후 민법전 편찬 작업이 추진되어 결국 2020년 민법전이 제정된 것이다.[4]

Ⅱ. 개혁개방 이후의 민사법 제정 과정

1978년 개혁개방 정책을 실시한 이래 중국의 민사관련 법률 제정은 크게 4단계를 거치게 된다.[5]

제1단계는 개혁개방 이후 1986년 민법통칙이 제정되기 까지의 기간으로서, 경제 위주의 법령과 중국 특유의 사회주의 건설을 목표로 입법이 추진되는 시기이다. 이 시기에 제정된 법률로서는 中外合資經營企業法(1979), 혼인법, 經濟合同法(1981), 商標法(1982), 특허법(專利法. 1984), 涉外經濟合同法(1985), 토지관리법(1986) 등을 들 수 있다.

제2단계는 민법통칙이 공포된 이후 계약법(合同法)이 제정될 때까지의 시기이다. 이 시기는 개혁개방의 심화와 사회주의 시장경제발전에 따라 시장 활동을 규제하는 일련의 민사 기본법이 제정되었다. 1987년 제정된 技術合同法, 1988년의 中外合作經營企業法, 1990년의 저작권법, 1991년의 입양법(收養法), 1993년의 회사법(公司法), 1995년의 담보법, 보험법, 어음법(票据法), 1996년의 경매법(拍賣法), 1998년의 증권법과 1999년에 제정된 계약법 등을 들 수 있다.

제3단계는 계약법이 제정된 이후 물권법과 불법행위법(侵權責任法)이 제정될 때까지의 시기이다. 이 시기에 제정된 민사법으로서는 2002년에 제정된 農村土地承包法이 있으며, 특히 2007년의 물권법 제정은 중국에서 민사법 제정의 기념비

---

3) 법에 따라 국가를 통치하는 것은 중국 사회 발전의 객관적인 요구에 중요한 이론적 의미를 부여한다는 전제 하에, 법에 따라 국가를 통치하는 것은 당이 인민을 지도하여 국가를 통치하는 기본방침이고, 중국 공산당은 중국 사회주의 법제 건설의 지도 핵심으로서, 인민은 법에 따라 국가를 다스리는 주인이며, 법에 따라 엄격하게 처리하는 것은 국가를 통치하는 기본방식의 하나라고 한다. 朱力宇, 依法治國論, 中國人民大學出版社(2004), 34-42면.
4) 중국 민법전 제정에 대하여는 왕리밍, 중국민법전의 제정, 저스티스 제158권 제2호(2017. 2), 84-110면; 윤태순, 중국민법전의 제정과 민법학의 과제, 법학연구 제26권 제1호(2015. 6), 417-437면 참조.
5) 王利明, 回顧與展望 : 中國民法立法四十年, 民商法學 2018. 9., 139-141면.

적인 대사건으로서, 제정되기까지 13년에 걸친 격렬한 논쟁이 있었으며, 초안에 대한 심의도 8차례를 거치는 등 논란이 많았던 법이다. 그리고 2009년 제정된 불법행위법은 인격권, 물권, 지적재산권 등의 민사 권익 법률을 전면적으로 보호하는 私權保障法으로서, 침해당한 민사 권익에 대한 구제 방법을 제공함으로써 사권을 보장하는 등, 법치의 기초를 확립한 법으로 평가되고 있다.6)

제4단계는 민법전 편찬 작업이 개시된 때부터 민법총칙이 공포될 때까지의 시기이다.

앞에서도 소개한 바 있지만, 그동안 몇 차례 시도된 민법전 편찬 작업은 여러 가지 이유로 중단되었고, 결국 2014년 중국 공산당 제18기 4차 전체회의에서 민법전 편찬을 依法治國의 중요한 사업으로 선정하고, 2017년 3월 15일 제12기 전국인민대표대회 제5차 회의에서 民法總則이 심의 통과됨으로써 민법전 편찬이 실질적으로 추진되었던 것이다.

Ⅲ. 민법전의 특징과 체계

1. 민법전의 특징

중국의 학계에서도 민법전 제정에 대하여 상당한 의미를 부여하고 있다. 민법전은 사회생활의 백과전서이며 시장경제의 기본법이라는 전제 하에,7) 중국 민법전은 신중국 최초의 典이라는 명칭으로 명명된 법률이며, 개혁개방 이후 40여 년 동안 제정되었던 민사입법을 집대성한 것으로서, 기초성과 典範性의 특징을 가지고 있는 가장 중요한 민사 법률규칙이라고 한다.8) 중국의 민법전은 세계에서 제정된 민법전 중 가장 최근의 민법전으로서 외국의 민법전을 참조하였지만, 중국 사회 현실의 수요에 대응하고 시대적 발전의 특색을 구현하는 데 더욱 중점을 두었고, 많은 특색을 갖추고 있지만, 그중에서도 가장 중요한 것은 선명한 시대성을 드러낸 것임을 강조하고 있다.9) 王利明 교수가 지적하고 있는 구체적인 내용을

---

6) 그 자세한 내용은 김성수, 중국의 불법행위법(1), 진원사(2013); 이상욱, 중국 불법행위법 제정의 현황과 전망, 법학논총 제22집(숭실대 법학연구소)(2019. 8.) 165-286면 참조.

7) 王利明, 앞의 논문(중국민법전의 제정), 84면.

8) 王利明, 彰顯時代性 : 中國民法典的鮮明特色, 民商法學 2020. 9. 5면.

소개하면 다음과 같다.[10]

(1) 시대정신의 충분한 반영

① 人本精神의 구현

그 주요 내용으로서, 첫째 전통적인 민법전 체계에 기초하여 인격권편과 불법행위편을 추가함으로써 21세기 민법의 특징을 구현하였다는 것이다.

둘째, 인격 존엄의 보호를 강화하였는데, 중국 민법전 제990조[11]는 일반 인격권에 관하여 규정하고, 제1002조는 자연인은 생명권을 향유하며 자연인의 생명안전과 생명 존엄은 법률의 보호를 받는다고 규정하고 있다.[12]

셋째, 민법전은 현대사회의 정의를 실현하는 데 중점을 두고 있으며, 유전자나 인체 배아 등과 관련된 의학과 과학의 연구 활동에 종사하는 자는 법률이나 행정법규 및 국가의 관련 규정을 준수하여야 하고, 건강에 해를 가하거나 윤리도덕을 위반해서는 안 되며, 공공이익에 손해를 가하지 않도록 하여야 한다(제1009조)는 규정을 예로 들고 있다.

② 사회주의 핵심 가치관 고양

사회주의 핵심 가치관의 고양은 민법전 편찬 취지의 하나로서, 민법제정의 목적을 밝히고 있는 중국 민법전 제1조는 사회주의 핵심 가치관[13]을 고양할 것을 명확하게 규정하고 있다.[14]

---

9) 중국의 전통적인 민법 문화의 주요 특징으로서는 ① 禮와 민사관습의 상통, ② 가족본위, ③ 私權 의식의 박약, ④ 유교사상지배 하의 의식구조를 지적한다. 朱勇, 中國民法近代化研究, 中國政法大學出版社(2006), 36-44면.

10) 王利明, 앞의 논문(彰顯時代性), 8-15면.

11) 이하 조문은 중국 민법전의 조문을 의미한다.

12) 중국민법상의 인격권에 관하여는 이상욱, 중국민법전상의 인격권, 영남법학 제51권(2020), 271-298면 참조.

13) 2012년 11월 중국 공산당 제18기 전국대표대회에서 제창된 사회주의 핵심가치관은 2013년에 12개 개념의 기본내용을 확정하였으며, 2015년 시진핑이 청년교육과 사회주의 핵심가치관의 확대에 대한 강화를 발표함으로써 지도이념으로 확립되었다. 그 내용은 '富强, 民主, 文明, 和諧(조화), 自由, 平等, 公正, 法治, 愛國, 敬業, 誠信, 友善(우호)'이다.

14) 민법전 제1조는 "민사주체의 합법적 권익을 보호하고, 민사관계를 조정하며, 사회와 경제 질서를 유지 보호하여 중국 특색의 사회주의 발전 요구에 부응하며, 사회주의 핵심 가치관을 고양시키기

③ 취약계층에 대한 보호

예컨대 민법전 인격권편에서 미성년자의 개인정보 보호 규정을 두고 있으며 (제1035조 제1호), 계약편에 규정된 약관 조항의 규제(제499조) 등을 들 수 있다.

(2) 현대사회의 특징 고려

① 인터넷과 첨단기술 및 빅데이터 시대에 적응함.

첫째, 유전자나 인체 배아 등과 관련된 의학과 과학의 연구 활동에 종사하는 자의 도덕적 한계를 규정함으로써(제1009조), 인격권의 존중과 생명 존엄의 보호를 강화하고 있다.

둘째, 인격권편에 초상권(제4장)에 관한 규정을 두어 정보기술(IT) 등으로 타인의 초상을 위조하는 것을 금지하고 있다.

셋째, 자연인 음성은 보호된다(제1023조 제2항)는 규정을 신설하여 음성을 새로운 인격 이익으로 인정하고 있다.

넷째, 개인의 프라이버시 보호를 강화하고 있다(제1033조).

다섯째, 생체인식 정보의 보호를 강화하고 있다(제1034조).[15]

② 환경 보호와 생태 유지의 고려

민사주체가 민사상의 법률행위를 할 때에는 자원을 절약하고, 생태환경을 보호하여야 한다(제9조)는 이른바 녹색 원칙을 규정하고 있으며,[16] 부동산권리자는 폐기물을 방치하거나 대기 오염물질, 수질 오염물질, 토양 오염물질 등의 유해물질을 방출하여서는 안 되고(제294조), 建設用地의 사용권은 자원 절약, 생태환경 보호 등에 부응하도록 행사하여야 한다(제346조). 또한 당사자가 계약을 이행할 때에도 자원의 낭비 및 환경오염과 생태파괴를 피하도록 하여야 한다(제509조). 환경을 오염하고 생태를 파괴한 경우에는 불법행위 책임을 부담하게 되며(민법전 제7편 侵

위하여 헌법에 근거하여 본법을 제정한다"라고 규정하고 있는데, 앞의 목적이 실현되면 민법전은 결국 중국 특색의 사회주의의 안정적인 발전을 보장하여 사회주의의 핵심 가치관을 고양시키게 된다는 것이다. 楊立新, 中華人民共和國 民法典 條文要義, 中國法制出版社(2020), 3면.

15) 자세한 내용은 이상욱, 앞의 논문, 참조.

16) 楊立新, 앞의 책(民法典 條文要義), 8면.

權責任 제7장 환경오염과 생태파괴책임), 특히 고의로 법률을 위반하여 환경을 오염시키거나 생태파괴를 초래한 경우에는 징벌적 손해배상책임이 인정된다(제1232조).

③ 경제 세계화의 시대적 추세에 대응함.

첫째, 전자상거래의 발전에 부응하여 민법전 계약편에 인터넷을 통한 계약 체결에 관한 규정을 신설하였으며(제491조 제2항), 전산망을 통한 전자 계약의 성립 시기에 대해서도 규정하고 있다(제512조).

둘째, 담보법의 현대화를 시도하여, 민법전 물권편 중의 담보물권과 담보 기능을 갖춘 계약관계를 통일적으로 고찰하고, 등기제도를 정비하여 담보의 통일을 시도하였다.

셋째, 계약편의 거래안전과 거래질서에 관한 규정을 개정하였다. 즉, 과거의 계약법(合同法)에서는 무권리자의 처분행위는 처분권자의 추인을 받아야 효력이 발생하도록 그 효력을 유보하였지만(동법 제51조), 민법전 계약편 제597조는 매도인이 목적물의 처분권을 취득하지 못하여 소유권을 이전할 수 없을 때에는 매수인은 계약을 해제하고 채무불이행책임을 청구할 수 있다고 규정하고 있다.

넷째, 무권대리행위의 추인에 대하여도 진일보한 규정을 두고 있다. 즉, 무권대리인이 본인의 명의로 계약을 체결한 경우에 본인이 계약상의 의무를 이행하거나 상대방의 이행을 수령한 때에는 그 계약을 추인한 것으로 본다(제503조).

④ 위험사회의 시대적 요구에 대응함.

민법전은 피해자의 구제와 보호뿐만 아니라 손해의 예방적 기능도 강화하였다. 예컨대 인격권이 침해되는 타인의 위법한 행위를 즉시 제지하지 않으면 합법적 권익이 보완되기 어려운 손해가 발생할 우려가 있을 때에는 인민법원에 침해의 정지 등 관련된 조치를 청구할 수 있다(제997조). 또한 불법행위로 인한 손해배상으로서 징벌적 손해배상을 도입하여 고의로 타인의 지식재산권을 침해하거나(제1158조), 고의로 환경을 오염하거나 생태를 파괴한 경우(제1232조)에는 피해자에게 징벌적 손해배상청구권을 인정하고 있다.

(3) 중국의 현실문제 해결을 중시함.

① 사회주의 기본 경제 제도를 보호하고, 공유제와 시장경제의 유기적 결합을 촉진함.

도시의 토지는 국가소유에 속하고, 법률에 의하여 국가소유인 농촌과 도시 외곽의 토지는 국가의 소유라고 규정하고 있으며(제249조), 국가가 소유하거나 법률에 의하여 집단소유에 속하는 자연자원은 개인이나 조직이 점유, 사용, 수익할 수 있다(제324조).

② 개혁과 입법의 관계를 효과적으로 조정함.

농촌토지경영권의 개혁에 따라 민법전 물권편에는 토지경영권제도를 신설하였으며(제339조-제342조), 居住權制度(제14장, 제366조-제371조)를 신설하여 인민 대중의 주거 수요를 충족시키고 주택에 대한 다양한 이용을 실현함으로써 주택의 경제적 기능과 효용을 효과적으로 발휘하게 되었다.[17]

③ 시장경제 발전으로 인한 문제점을 효과적으로 반영함.

앞에서도 언급하였지만, 무권리자의 처분계약에 대한 효력을 규정하여 거래 안전의 보호를 강화하고(제597조), 물권편에서는 담보제도를 정비하여 융자를 안전하고 간편하게 받을 수 있도록 하였다.

④ 국가 통치구조의 현대화를 효과적으로 추진함.

민법전은 각 개인이 구체적인 민사권리를 향유하고 있음을 확인하고, 자신의 권리를 행사하고 주장할 수 있으며, 권리가 침해된 때에는 민사책임에 의한 구제를 받을 수 있도록 하였고, 행정기관은 법률에 근거 없이 개인이 향유하는 각종의 민사상 권리를 침해할 수 없도록 하여 공권력 규제에도 도움이 된다.

---

17) 居住權은 물권법 초안에는 명문으로 규정이 있었지만(초안 제180조-제188조), 중국 상황과 부합하지 않는다는 비판에 직면하여 물권법에는 도입되지 못하였는데, 이번 민법전 물권편에 용익물권으로서 신설되었다.

⑤ 인민 대중의 행복한 생활을 보장함.

민법전 계약편 제14장 임대차계약(租賃合同)에서 임대차계약이 종료된 후 임차인이 계속해서 임차물을 사용할 것을 요구하면 임대인은 타인과의 계약을 이유로 임차인과의 계약을 거부할 수 없다는 임차인의 우선임차권이 신설되었으며(제734조 제1항), 주택임차인도 임대차 기간이 만료된 후에 동일한 조건의 우선임차권을 향유하게 되어(동조 제2항) 임차인의 거주이익이 보장된다. 또한 프라이버시권을 침해하는 행위의 유형을 구체적으로 열거하여(민법전 제1033조) 전화, 문자, 메신저(卽時通訊工具), 전자우편, 전단 등의 방법으로 타인의 사적인 생활안녕을 침범하여 소란을 피우는 행위(동조 제1호), 타인의 주택, 호텔 방 등 밀폐된 사적 공간에 진입하거나 촬영하거나 엿보는 행위(동조 제2호), 타인의 사적인 비밀 활동을 촬영하거나, 엿보거나, 도청하거나, 공개하는 행위(동조 제3호), 타인 신체의 비밀부위를 촬영하거나 엿보는 행위(동조 제4호), 타인의 사적인 정보를 처리하는 행위(동조 제5호) 등을 규제하고 있다. 그 밖에도 행위자가 발표한 문학예술 작품이 실화나 특정인을 대상으로 모욕하거나 비방하는 내용을 묘사함으로써 타인의 명예권을 침해하면 피해자는 행위자에게 민사책임을 청구할 수 있다(제1027조).[18]

⑥ 司法 실무상의 경험을 정리하여 새로운 문제점을 해결함.

명예권 침해 여부를 판단할 때 고려할 사항(제1026조)이라든가 인격권 사용을 허가하는 인격적 이익의 상업적 이용권에 관한 규정(제999조) 등은 사법 실무상 축적된 판례를 근거로 규정된 내용이다.

2. 체제와 구성

민법전은 총 7편 1260조로 구성되어 있다.

제1편 총칙

제1장 기본규정(제1조-제12조)

---

18) 자세한 내용은 이상욱, 앞의 논문 참조.

제4분편 담보물권

제16장 일반규정(제386조−제393조)

제17장 저당권

　제1절 일반저당권(제394조−제419조)

　제2절 근저당권(最高額抵押權. 제420조−제424조)

제18장 질권

　제1절 동산질권(제425조−제439조)

　제2절 권리질권(제440조−제446조)

제19장 유치권(제447조−제457조)

제5분편 점유

제20장 점유(제458조−462조)

제3편 계약(合同)

제1분편 통칙

제1장 일반규정(제463조−제468조)

제2장 계약의 성립(제469조−제501조)

제3장 계약의 효력(제502조−제508조)

제4장 계약의 이행(제509조−534조)

제5장 계약의 보전(제535조−제542조)

제6장 계약의 변경과 양도(제543조−제556조)

제7장 계약의 권리의무 소멸(제557조−제576조)

제8장 채무불이행책임(違約責任. 제577조−제594조)

제2분편 전형계약

제9장 매매계약(제595조−제647조)

제26장 중개계약(제961조-제966조)

제27장 조합계약(合伙合同. 제967조-제978조)

제3분편 준계약(准合同)

제28장 사무관리(無因管理. 제979조-제984조)

제29장 부당이득(제985조-제988조)

제4편 인격권

제1장 일반규정(제989조-제1001조)

제2장 생명권, 신체권, 건강권(제1002조-제1011조)

제3장 성명권과 명칭권(제1012조-1017조)

제4장 초상권(제1018조-제1023조)

제5장 명예권과 영예권(제1024조-제1031조)

제6장 프라이버시권과 개인정보 보호(제1032조-1039조)

제5편 혼인 가정

제1장 일반규정(제1040조-1045조)

제2장 혼인(제1046조-1054조)

제3장 가족관계

　제1절 부부관계(제1055조-1066조)

　제2절 부모 자녀 관계와 기타 근친관계(1067조-1075조)

제4장 이혼(제1076조-1092조)

제5장 입양

　제1절 입양관계의 성립(제1093조-제1110조)

　제2절 입양의 효력(제1111조-제1113조)

　제3절 입양관계의 해제(제1114조-1118조)

제6편 상속(繼承)

제7편 불법행위책임(侵權責任)

제2장
토지사용권

[1] 토지사용권

Ⅰ. 서

일반적으로 토지사용이란 토지소유권의 권능의 한 내용으로서 토지를 사용할 수 권리를 의미하지만, 중국에서의 토지사용권은 이와 달리 특별한 의미를 가진다. 왜냐하면 중국에서 토지사용권이란 개념은 독립된 권리, 즉 일종의 독립된 권리로서 존재하는 토지사용권을 의미하기 때문이다.[1] 이는 토지공유제라고 하는 중국 특유의 토지소유제도로부터 비롯되는 개념이다.

중국에서 토지는 국가소유 또는 집단소유에 속하고, 일반 개인의 토지소유권은 인정되지 않고 있다. 비록 개혁개방을 표방한 중국은 자본주의 민법의 법리를 대거 수용한 계약법(中華人民共和國 合同法 1999년 10월 1일 시행)[2]을 제정하는 등 일련의 입법개혁을 추진하면서 물권법 초안에도 지역권 개념을 설정하는 등 선진제국의 제도를 도입하고 있지만, 토지의 소유권에 관해서는 여전히 종래의 정책을 그대로 견지하고 있다. 즉 중국정부는 토지의 사회주의공유제를 채택하여 토지는 매매나 양도의 대상이 될 수 없는 국가소유에 속하는 것으로 규정함으로써, 일반적으로 개인에게는 토지의 사용권만 인정될 뿐이고, 이 토지사용권은 자유로운 양도가 허용되고 있는 실정이다.

구체적으로 살펴본다면 중국의 토지소유는 크게 두 가지 유형으로 구분될 수 있다. 그 하나는 국가소유에 속하는 것으로서 주로 도시의 토지 등이 이에 해당된다. 또 하나는 집단소유에 속하는 토지로서 주로 농촌의 토지가 이에 해당된다. 이와 같은 서로 다른 소유 형태에 따라 토지의 사용권도 다르게 규율되고 있다. 이를테면 국가소유에 속하는 도시 등의 토지는 토지사용권에 의하여 이용되고 있지만, 집단소유 형태에 속하는 농촌의 토지는 「도급경영권(農村土地承包經營權)」이라는 독특한 「농지사용권」[3] 제도로 운용되고 있다. 이 土地承包經營權의 법적 성질에 대하여는 종래 중국학자들 간에 물권이라고 주장하는 물권설과 채권에 불과

---

1) 屈茂輝, 用益物權制度研究, 中國方正出版社(2005), 285면.
2) 중국 계약법의 자세한 내용은 이상욱 역, 중국계약법전, 영남대학교출판부(2005) 참조.
3) 陳華彬, 物權法原理, 國家行政學院出版社(2002), 509면; 梁慧星/陳華彬, 物權法(제3판), 法律出版社(2005), 294면.

하다는 채권설을 주장하는 등 학설상 대립이 있었지만,[4] 최근 완성된 물권법 초안에는 용익물권의 일종으로 규정하고 있다(물권법 초안 제129조-제139조, 물권법 제124조-제134조).

또한 물권법 초안에 이러한 권리가 명문 규정으로 도입되기 이전부터 장기적으로 농민의 토지사용권을 보장하고 토지 도급계약 당사자들의 합법적인 권익을 보호하며 농업을 촉진시키고 농촌의 경제발전과 농촌사회의 안정을 도모하기 위한다는 목적으로 헌법에 근거를 두고 2002년 8월 29일 제정된 「농촌토지도급법(中華人民共和國農村土地承包法)」이 농촌의 토지에는 별도로 적용되고 있다.[5]

이에 반하여 중국의 국유토지사용권은 토지 관리를 강화하고 토지의 사회주의공유제를 유지하며 토지자원을 보호하고 개발함으로써 사회주의적 근대화에 적응하게 할 목적으로 1986년에 제정된 「土地管理法」에 의하여 규율되고 있다. 그런데 대륙법계의 용익물권으로서 지상권 개념이 도입되면서 종래 중국의 토지이용권을 어떻게 규명할 것인지 그 위상에 관하여 학자들 간에 상당한 논란이 있는 듯하다. 특히 이 문제는 물권법 초안을 준비하는 과정에서도 종래 이용되고 있던 토지국유제 하에서의 토지사용권을 어떻게 입법하여 규율할 것인가에 대한 문제와 직결되어 다양한 의견이 제기되었던 것이다. 즉 용익물권의 일종으로서, 지상권과 동일한 것으로 이해하여 지상권으로 통합하여 규정하면 족하다는 의견에서부터 중국의 토지사용권은 중국의 특유한 제도로서 대륙법계의 지상권과는 구별되는 개념이므로 토지사용권 개념을 물권법에 그대로 규정하여야 한다는 의견 및 중국의 토지사용권은 지상권에 상당한 개념이지만 중국의 관습을 중시하여 이를 「基地使用權」이라는 별개의 개념으로 규정하여야 한다는 의견 등 논란의 대상이 되었던 것이다. 결국 중국 인민대회에 상정된 물권법 초안에는 토지사용권이라는 개념은 채택되지 않고, 용익물권으로서 「土地承包經營權」「建設用地使用權」「宅基地使用權」 등의 내용으로 대체되었다.

---

4) 王利明, 物權法研究, 中國人民大學出版社(2002), 455면.
5) 「中華人民共和國農村土地承包法」은 헌법에 근거를 두고, 가정도급경영(家庭承包經營)의 기반을 확립하고 종래 2중적인 경영체제를 통일하며 장기적으로 농민의 토지사용권을 보장하고 농촌토지 도급 당사자들의 합법적인 권익을 보호함으로써 농업을 촉진시키고 농촌경제의 발전과 농촌사회의 안정을 도모할 목적으로(동법 제1조) 2002년 8월 29일 제정되어 2003년 3월 1일부터 시행되고 있다. 자세한 내용은 제1장 [3] 참조.

아래에서는 비록 물권법 초안에 토지사용권이라는 개념 그대로 입안되지는 못했지만, 독특한 제도로 운용되고 있는 중국의 토지이용제도 중에서, 집단소유에 속하는 농지의 사용권과 관련된 「農村土地承包經營權」에 관한 내용은 배제하고,[6] 오직 국유토지의 사용권을 중심으로 종래 정립된 토지사용권의 기본적인 법리와 내용을 살펴보기로 한다.

Ⅱ. 토지의 사회주의 공유제

1. 토지국유제의 정립 과정

고대 중국에서의 재산소유권은 일반적으로 「有」라는 용어로서 표시되었으며, 진한시대에는 「名」으로 부르기도 하였다는데, 중국 역사상 夏商周 3대의 「井田制」는 경작지의 촌락 및 국가소유제의 시행을 의미하는 것으로 이해되고 있지만, 西周 중기 이후부터 전통적인 정전제는 와해되고 토지의 사유화가 발전되었다고 한다.[7] 또한 중국 역사상 이미 唐代에 이르러 주요한 소유권의 대상은 토지였으며, 唐律에는 동산과 부동산을 구분하여 규율하였고, 공유토지와 사유토지의 소유권은 戶婚律에 의하여 모두 엄중하게 보호되었다.[8] 그리고 1946년 11월 공포된 중화민국헌법는 「인민이 법에 따라 취득한 토지소유권은 법으로 보장과 제한을 받는다」는 규정을 두기도 하였다.

그러나 1921년 7월에 창건된 중국 공산당의 지도로 사회주의 혁명이 추진되면서 당시 중국사회를 반식민지 반봉건사회로 규정한 중국 공산당은 민사입법의 소유권 조항이 지향할 주요 목표를 지주계급의 토지를 폐지하고, 「경작하는 자가 토지를 소유한다(耕者有其田)」는 원칙을 실현하는 것으로 설정하였다.[9] 그 후 제1차 국공내전기(1921년-1927년)와 제2차 국공내전기(1927년-1937년) 및 항일전쟁기(1937년-1945년)와 제3차 국공내전기(1945년-1949년)을 거치면서 토지소유권 개혁

---

6) 농촌토지사용권의 실태조사를 수반한 연구로서는, 陳小君外, 農村土地法律制度研究, 中國政法大學出版社(2003)를, 農村土地承包法에 관한 최고인민법원의 사법해석 및 판례 평석에 관한 내용은 黃松有, 農村土地承包, 人民法院出版社(2005) 참조.

7) 郭建, 中國財産法史論, 中國政法大學出版社(2005), 46-47면.

8) 張晉藩 主編, 中國法制史, 한기종 외 번역, 중국법제사, 소나무(2006), 438면.

9) 한기종 외, 위의 책, 894면.

은 끊임없는 주요 과제로 변화하고 발전하였다. 1946년 5월 4일 당 중앙은 토지문제에 관한 지시(5·4 지시)를 선포하여 지주의 토지를 몰수해서 농민에게 제공하는 정책으로 바꾸었고, 1947년 10월 10일에 공포·시행한 「中國土地法大綱」에서는 「모든 지주의 토지소유권을 폐지한다」「모든 사당·절·사원·학교·기관의 토지소유권을 폐지한다」는 규정을 두었다.[10]

　　그 후 1953년 중앙인민정부가 반포한 「국가건설수용에 관한 토지법(關于國家建設征用土地辦琺)」에 의하면 국가의 경제건설이나 국방건설 등 기타 건설이 필요한 경우에는 농민개인의 소유이거나 집단소유에 속하는 농촌토지를 유상 수용할 수 있으며, 수용된 토지는 국가소유에 귀속된다고 하였다. 그리고 1982년 반포된 신헌법은 「광물, 강, 삼림, 連峰, 초원, 황무지, 간척지 등 자연자원은 국가소유 즉 전인민의 소유에 속한다. 법률의 규정에 의하여 집단소유에 속하는 삼림과 連峰, 초원, 황무지, 간척지 등은 제외한다(제9조 제1항)」고 규정하고, 「도시의 토지는 국가소유에 속한다(제10조 제1항). 농촌과 도시 교외의 토지가 법률의 규정에 의하여 국가소유에 속하는 경우에는 국가소유로 한다(제10조 제2항)」라고 규정함으로써 중국에서 국가토지소유권의 기본적인 법률 근거를 확립하게 되었다.[11]

2. 토지국유제의 법적 근거

(1) 헌법상의 규정

　　토지의 국유화를 지향하고 있는 기본적인 근거 법리는 중국 헌법에서 찾아볼 수 있다.

　　중국 헌법 제10조는 토지는 국가소유에 속한다는 관한 기본 규정을 다음과 같이 천명하고 있다.

　　「① 도시의 토지는 국가소유에 속한다. ② 농촌과 도시 교외 지구의 토지는 법률의 규정에 따라 국가소유에 속하는 것을 제외하고는, 집단소유(集體所有)에 속한다. 택지와 자경지(自留地)[12], 자영림(自留山)도 집단소유에 속한다. ③ 국가는

---

10) 한기종 외, 위의 책, 896면.
11) 중국의 토지공유제의 역사적 유래에 대해서는 王衛國, 中國土地權利硏究, 中國政法大學出版社(2003), 54면 이하 참조.

공공이익을 위하여 필요한 경우에는 법률의 규정에 따라 보상을 하고 토지를 징발(徵用)하거나 수용(徵收)할 수 있다. ④ 어떠한 조직이나 개인이라도 토지를 불법으로 점거하거나(侵占), 매매하거나 또는 기타 형식을 취하여 불법적으로 양도하지 못한다. 토지의 사용권은 법률 규정에 따라 양도할 수 있다. ⑤ 토지를 사용하는 모든 조직과 개인은 토지를 합리적으로 이용하여야 한다」.

이 규정은 토지소유권과 국가의 토지관리 정책에 관한 기본규정으로서 다음과 같은 의미로 해석되고 있다.

먼저 토지소유권에 관한 내용으로서, 토지는 재생이 불가능한 중요한 자연자원이므로 토지공유제는 국가 생산자원 공유제의 중요한 근간을 구성하는 요소로서, 국가소유와 집단소유에 속하며, 본 조항에 근거를 두고 국가소유의 토지는 두 가지 유형의 토지로 나눌 수 있다. 그 하나는 도시의 토지로서, 도시지구의 토지와 縣의 토지 및 비교적 규모가 큰 鎭의 토지까지 포괄한다. 다른 하나는 농촌과 도시 교외의 토지로서 원칙적으로 집단소유에 속하지만 법률의 규정에 의하여 국가소유로 될 수 있다. 집단소유의 대상인 토지가 국가소유로 되기 위해서는 반드시 법률에 근거 규정을 두어야 한다.

그리고 집단소유에 속하는 토지도 두 가지 유형이 있다. 그 하나는 농촌과 도시 교외에 있는 토지이다. 이러한 토지는 농업생산의 중요한 생산 자료가 되며 농촌 근로 대중 집단 소유의 중요한 물적 기반을 구성하므로 농촌의 발전을 촉진하기 위하여 농촌과 도시교외 근로자들의 합법적인 권익은 보장된다. 다른 하나는 농민의 택지(宅基地)와 自留地 및 自留山이다. 이러한 토지는 농민의 일상적인 생활에 필수적인 물적 기반으로서 농민의 생활을 보장한다.

국가의 토지관리 정책으로서는, 첫째 국가는 공공이익을 위하여 필요한 경우에는 법률의 규정에 따라 보상을 하고 토지를 수용할 수 있다. 국가소유에 속하는 도시의 토지는 국가가 직접 점유하고 사용·처분권을 향유하므로 토지수용의 문제가 발생할 여지가 없으므로 근로자들의 집단소유에 속하는 토지가 수용의 대상이 된다. 그리고 토지 수용은 반드시 공공의 이익을 위하여 필요한 경우에 한

---

12) 自留地란 개인이 점유하는 토지로서, 농업 집단화 이후에 농민 개인이 경영할 수 있도록 한 약간의 자유경작지를 의미하며, 自留山이란 나무 재배 및 그에 따른 부산물의 생산과 판매할 권리를 人民公社員에 부여한 산을 의미한다.

하여 인정되며, 반드시 법률의 규정에 의하여 실행되어야 한다. 토지관리법 등의 법률에는 토지 수용의 범위와 결정 과정 및 보상에 관한 규정을 두고 있다. 둘째 어떠한 조직이나 개인이라도 토지를 불법으로 점거하거나 매매 기타 형식의 불법 적인 방법으로 양도할 수 없다. 다만 토지의 사용권은 법률의 규정에 의하여 양 도할 수 있다. 이 규정으로 인하여 토지 사용권의 상품화가 가능하게 되었다.[13] 셋째 토지는 매우 귀중한 자원으로서 토지를 사용하는 모든 조직과 개인은 반드 시 합리적으로 토지를 사용하여야 한다는 것이다.[14]

(2) 토지관리법상의 규정

위에 소개한 헌법 규정에 근거를 두고 토지 관리를 강화하며, 토지의 사회주 의 공유제를 유지 보호하고 토지자원의 개발과 토지의 합리적인 이용을 도모하여 토지를 적정하게 이용하며 耕地를 확실하게 보호함으로써 사회경제의 지속적인 발전을 촉진하고자 제정된 「토지관리법(中華人民共和國土地管理法)」은 토지소유제도 와 토지사용권에 관하여 다음과 같은 규정을 두고 있다.[15]

토지관리법 제2조는 토지 소유권의 형식으로서, 「① 중화인민공화국은 토지 의 사회주의 공유제, 즉 전인민소유제와 노동자 집단소유제를 실시한다. ② 전인 민소유 즉 국가가 소유하는 토지의 소유권은 국무원이 국가를 대표하여 행사한 다.③ 어떠한 단위나 개인도 토지를 불법으로 점거하거나 매매할 수 없으며, 기타 불법적인 형식으로 양도할 수 없다. 토지의 사용권은 법에 의하여 양도할 수 있 다. ④ 국가는 공공의 이익을 위하여 필요한 경우에는 법에 의하여 보상을 하고 토지를 징발하거나 수용할 수 있다. ⑤ 국가는 법에 의하여 국유토지의 유상 사 용제도를 시행한다. 다만 국가가 법률이 규정한 범위 내에서 양도한 국유 토지의 사용권은 제외한다」라고 규정하고 있다. 이 내용은 헌법 제10조의 내용을 일부분 그대로 원용하면서 선언적인 의미의 헌법 규정을 실질적인 법률로써 구체화하고

---

13) 1982년의 중국 헌법 규정에는 토지의 임대를 금지하고 있었지만, 개혁개방정책에 부응하여 토지 관리 제도를 개혁하면서 1988년에 토지의 양도를 허용하는 내용으로 헌법이 개정되었다.

14) 許安標/劉松山, 中華人民共和國憲法 通釋, 中國法制出版社(2003), 45-46면.

15) 이 입법 목적은 토지관리법 제1조의 내용이다. 이하 토지관리법 조문은 2004년 8월 28일 개정된 내용을 의미한다.

있음을 알 수 있다.

이어서 토지관리법 제3조는 토지를 매우 귀하게 여기고 합리적으로 토지를 이용하며 경지를 실체에 부합하게 보호하는 것은 중국의 기본 국책임을 천명하고, 각급 인민정부는 엄격하게 토지를 관리하고 보호하며 토지 자원을 개발하여야 할 것이며, 토지의 불법적인 점유행위를 제지할 것을 강력하게 요구하고 있다.

토지소유권의 귀속에 관하여 토지관리법 제8조는 「① 도시지구의 토지는 국가소유에 속한다. ② 농촌과 도시교외 지구의 토지는 법률의 규정에 의하여 국가소유에 속하는 것을 제외하고는 농민집단소유에 속한다. 택지와 自留地, 自留山은 농민집단소유에 속한다」고 하여 선언적인 내용으로서의 헌법 제10조의 내용을 집행 가능한 실행 법률로서 다시금 구체적으로 확인하고 있다.

또한 토지관리법 제9조는 국유토지의 사용권에 관하여 「국유토지와 농민집단소유의 토지는 법률에 의하여 확정된 조직이나 개인이 사용할 수 있다. 토지를 사용하는 조직과 개인은 토지를 보호하고 관리하며 합리적으로 이용할 의무가 있다」고 하여 선언적인 의미의 헌법 제10조 내용을 다시금 실질적으로 집행 가능한 법률로써 규정하고 있다. 이어서 토지관리법 제10조는 집단소유토지의 경영과 관리는 농촌집단경제조직 또는 촌민위원회가 주관한다는 내용을 소상하게 밝히고 있다.

(3) 민법통칙상의 규정

1987년 1월 1일부터 시행되고 있는 민법통칙 제80조 역시 「① 국가소유의 토지는 법에 의하여 전인민소유제 단위가 사용할 수 있으며, 법에 의하여 확정된 집단소유제 단위가 사용할 수도 있다. 국가는 그 사용권과 수익권을 보호하며, 토지를 사용하는 단위는 관리하고 보호하며 합리적으로 이용할 의무가 있다. ② 공민이나 집단이 법률에 의하여 집단소유의 토지 또는 국가소유 및 집단이 사용하는 토지경영도급권은 법률의 보호를 받는다. 도급 당사자 쌍방의 권리와 의무는 법률에 따라 도급계약으로 정한다. ③ 토지는 매매, 임대, 저당 기타 형식에 의하여 불법으로 양도하지 못한다」고 규정하여 토지는 국가소유임을 전제로 그 사용권에 관한 기본원칙을 규명하고 있다.

또한 민법통칙 제81조는 자연자원에 대한 사용권에 관하여, 「① 국가가 소유하는 산림, 連峰, 초원, 황무지, 간석지, 수면 등의 자연자원은 법에 의하여 전인민소유제 단위가 사용할 수 있지만, 법에 의하여 집단소유제 단위가 사용할 수 있도록 규정할 수 있다. 국가는 그 사용권과 수익권을 보호한다. 사용단위는 관리하고 보호하며 합리적으로 이용할 의무가 있다. ② 국가소유의 광물자원은 법에 의하여 전인민소유제 단위 및 집단소유제 단위가 채굴할 수 있지만, 법에 의하여 개인도 채굴할 수 있다. 국가는 적법한 채광권을 보호한다. ③ 공민 및 집단이 법에 의하여 집단 소유 및 국가소유인데 집단이 사용하는 삼림, 連峰, 초원, 황무지, 간석지, 수면에 대한 도급 경영권은 법률의 보호를 받는다. 도급 당사자 쌍방의 권리와 의무는 법률에 따라 도급계약으로 정한다. ④ 국가가 소유하는 광물, 강, 국가소유이거나 법률규정에 의하여 집단소유에 속하는 삼림, 連峰, 초원, 황무지, 간석지 등은 매매, 임대차, 저당할 수 없으며 또한 불법적인 형태로 양도하지 못한다」고 규정하고 있다.

민법통칙 제80조 및 제81조와 관련된 중국최고인민법원의 유권해석으로서 「最高人民法院關于貫徹執行〈中華人民共和國民法通則〉若干問題的意見(試行)」에 의하면, 公民과 집단이 법에 의하여 집단소유로 되어 있거나 또는 국가소유이지만 집단이 사용하는 삼림, 토지, 連峰, 초원, 황무지, 간석지, 수면 등에 대한 도급 경영과 관련된 권리와 의무는 도급계약의 규정에 따르며, 수급인(承包方)이 도급인의 동의 없이 임의로 하도급(轉包)을 하거나 양도하는 것은 무효가 된다(95). 또한 토지, 連峰, 삼림, 초원, 황무지, 간석지, 수면 등 자연자원의 소유권이나 사용권에 관한 분쟁이 발생한 경우에는 관련된 행정부서에서 처리하여야 하고, 그 행정 처리에 불복할 때에는 당사자가 관련 법률과 행정법규의 규정에 따라 인민법원에 소송을 제기할 수 있다고 하여(96), 자연자원의 소유권과 사용권에 관한 분쟁은 일차적으로 관할 관청의 행정처분에서 담당하는 것으로 하고 있다.

(4) 물권법 초안의 규정

2005년 인민대회에 상정되었지만 2006년까지 이렇다 할 진전을 보지 못하고 답보상태에 있는 물권법 초안에도 여전히 토지는 국가소유임을 천명하고 있다.

즉, 물권법 초안 제51조는 「지하자원, 강·하천, 해역과 도시의 토지는 국가소유에 속한다」고 토지의 국유화를 명문화하고 있으며, 제52조는 「삼림, 連峰,[16)

초원, 황무지, 간석지 등의 자연자원은 국가소유에 속한다. 다만 법률의 규정에 의하여 집단소유에 속하는 것은 제외한다」. 이어서 제53조 역시 「농촌과 도시 교외의 토지, 야생동식물자원 등은 국가소유로 하는 법률 규정에 의하여 국가소유에 속한다」고 한다. 그 밖에 도로와 전기, 통신, 천연가스 등 공공시설도 법률의 규정에 의하여 국가소유로 된 것은 국가소유에 속하는 것으로 하고 있다(물권법 초안 제54조, 물권법 제52조).

3. 토지국유제의 특징

중국의 토지 국가소유권제도는 다음과 같은 3가지의 법률적 특징을 갖추고 있다.[17]

그 첫째는 소유권의 주체에 관한 것으로서, 국가소유의 토지는 오로지 국가에 속한다는 점이다. 토지국유란 실질적으로 전인민의 소유를 의미하므로 국유 토지의 점유, 사용, 수익과 처분은 필수적으로 인민의 의지가 반영되고 인민의 이익을 위하여 집행되어야 한다는 것이다. 즉 전체 인민의 의지와 이익을 대표하여 국가가 토지에 대한 국가소유권의 주체가 되며 그 이외의 어떠한 조직이나 개인은 토지에 대한 국가소유권의 주체로 대체될 수 없다는 의미이다. 따라서 법률에 의하여 권한을 위임받은 국가 행정기관이 국가소유의 토지를 관리하며 그 밖에 어떠한 조직이나 개인도 국유 토지를 관리할 권한은 인정되지 않는다.

둘째, 소유권의 객체에 관한 것으로서, 토지 국가소유권의 객체는 상당히 광범위하게 미친다. 중국 헌법 제9조, 민법통칙 제74조 및 토지관리법시행규정(土地管理法實施條例) 제3조 등에 의하여 국가소유권의 객체가 되는 토지는 도시의 토지뿐만 아니라,[18] 농촌과 도시교외의 토지 중 몰수되거나 수용되어 국유 토지가 된 것과 국가가 집단소유로 확정하지 않은 林地, 초원, 山嶺, 황무지, 간척지 등 기타의 토지도 포함되고 있다.

---

16) 물권법에서는 「山嶺」이라고 수정하였다(제48조).

17) 陳華彬, 앞의 책, 274면.

18) 도시의 토지란 그 경계가 문제되는데 행정구역상의 도시(城市行政區)를 의미하는지 준공된 건물(城市建成區)를 의미하는지 다툼이 있었지만, 현재 다수설은 준공된 건물을 중심으로 하는 「都市建成區」를 도시의 범위를 확정하는 경계로 인정하고 있다. 王衛國, 앞의 책, 79면.

셋째, 소유권의 행사에 관한 것으로서, 국가는 정치조직에 불과하고 경제조직이 아니기 때문에 비록 국가소유권이지만 국가가 직접 토지를 경영하거나 이용할 수는 없으므로 전인민소유제 단위나 집단소유제 단위 또는 기타 조직 및 사회구성원이 토지를 사용할 수밖에 없다. 이렇게 함으로써 토지의 국가소유권의 실현과 합리적인 이용이 가능하게 될 수 있다는 것이다.[19]

이처럼 중국의 토지정책은 기본적으로 전인민의 소유를 표방한 국유토지제를 채택하고 있으므로 결국 토지에 대해서는 사용권만 인정되고 있는 실정이다.

Ⅲ. 토지사용권 제도

1. 토지사용권의 개념

이미 앞에서 지적하였지만, 중국에서 토지사용권이란 개념은 소유권의 권능의 일부로서가 아니라, 일종의 독립된 권리로서 존재하는 토지사용권을 의미한다.[20]

그러나 아직 법률로써 토지사용권을 정의한 내용이 없기 때문에[21] 토지사용권의 구체적인 개념에 대해서는 학자들의 의견이 다양하게 전개되고 있다.

먼저, 토지사용권이란 법률의 규정이나 계약 내용에 의하여 권리주체가 일정한 면적의 토지를 이용할 수 있는 권리라고 이해하는 견해가 있다.[22]

이에 반하여 토지사용권이란 국가소유 또는 집단소유에 속하는 토지를 소유권이 없는 자가 그 토지를 점유, 사용, 부분적인 수익과 처분을 할 수 있는 권리라고 이해하는 견해가 있다. 다만 이 견해를 취하면서도 토지사용권의 개념에 관한 외연상의 인식 차이 때문에 또 다시 의견이 갈라지고 있다. 그 첫째는 다원적인 권리로 이해하는 입장(多元權利說)이다. 광의의 토지사용권이란 법률이나 계약에 의하여 타인의 토지를 사용하는 일체의 권리를 의미하는 것으로 파악한다. 즉, 통상적인 의미의 토지사용권이란 경제적인 의미의 「토지사용」에 법률상의 「권리」

---

19) 梁慧星/陳華彬, 앞의 책, 155-156면.

20) 屈茂輝, 앞의 책, 285면.

21) 王利明, 中國民法典學者建議稿及立法理由 物權編, 法律出版社(2005), 250면.

22) 鄒瑜/顧明總, 法學大辭典, 中國政法大學出版社(1991), 53면; 林增杰/沈守愚, 土地法學, 中國人民大學出版社(1989), 123면.

가 추가된 것으로서 물권적 성질의 토지사용권은 제외되고 오직 토지 도급계약(承包合同)이나 하도급(轉包)계약 또는 임대차계약(租賃合同)에 의하여 토지를 이용할 수 있는 채권적인 성질의 토지사용권을 의미하지만,23) 여기서의 토지사용권이란 물권적 성질의 토지사용권과 채권적 성질의 토지사용권을 모두 포괄하여 지칭하는 것으로 해석한다.24) 두 번째는 용익물권설을 취하는 입장인데, 이 또한 통일설(整體說), 지상권설, 신형용익물권설 등의 세 가지 견해로 나누어지고 있다. 통일설(整體說)을 취하는 입장은 중국 법률상 국유토지사용권의 내용은 비교적 광범위한 것으로서 그 기본 개념 속에는 토지소유권과 토지담보권을 제외한 토지와 관련된 각종 권리, 예컨대 지상권, 永佃權25), 지역권, 사용권, 건축권 등의 권리를 포괄하는 것으로 파악한다.26) 따라서 「이른바 토지사용권이란 곧 용익물권으로서 토지의 사용 및 수익을 목적으로 하는 타물권의 일종이며, 이는 타인이 소유하는 토지에 대하여 점유·사용·수익의 권리를 향유하는 것」이라고 직접적으로 설명하는 견해도 있다.27) 지상권설을 취하는 견해는 토지사용권이란 자연인이나 법인 또는 기타 조직이 법에 의하여 취득하는 것으로서, 국유토지와 농촌의 집단소유 토지 위에 건물을 축조하거나 기타 공작물을 설치하기 위하여 그 토지를 점유·사용하고 수익을 취할 수 있는 권리라고 설명한다. 즉 전통적인 민법상의 지상권이 국유토지사용권이나 택지사용권, 농촌건설용지사용권 등의 토지사용권 내용으로 축소된 것이라고 해석한다.28) 신형용익물권설은 토지사용권이란 公民과 법인이 법에 의하여 국유토지나 집단소유의 토지를 점유하거나 사용 또는 수익함으로써 타인의 간섭을 배척할 수 있는 권리라고 한다. 즉, 토지사용권이란 토지를 개발이용하고, 생산경영하며, 사회공익사업을 위한 목적으로 국가소유 또는 집단

---

23) 鄧海峰, 採鑛權, 土地使用權的冲突與協調, 江平主編, 中美物權法的現狀與發展, 清華大學出版社(2003), 446-457면.

24) 梁慧星 主編, 中國物權法研究 (下冊), 法律出版社(1998), 612면.

25) 영전권(永佃權)이란 중국의 고유한 제도로서, 宋代에 기원을 두고 明清시대에 중국 남부 지역에 널리 시행된 것으로, 永佃權者가 고액의 조세(佃稅)를 교부하고 영구적으로 타인의 토지를 경작하거나 목축할 수 있는 권리를 취득하는 일종의 용익물권이다. 鄭云瑞, 앞의 책, 240면; 한종기 외, 앞의 책, 672면.

26) 孫憲忠, 國有土地使用權財産法論, 中國社會科學出版社(1993), 49면.

27) 陳健, 中國土地使用權制度, 機械工業出版社(2003), 10면.

28) 屈茂輝, 地上權若干理論問題研究, 湖南師範大學社會科學學報(1995) ; 張雙根/張學哲, 論我國土地物權制度, 中國土地科學(1997) ; 錢明星, 物權法原理, 北京大學出版社(1994), 293-295면.

소유의 토지상에 건축물을 축조하거나 기타 부속물을 점유 사용 수익할 수 있는 권리라고 정의하며,[29] 이를 특별히 도시(城市)의 토지사용권이라고 하여 지상권과는 구별되는 중국 특유의 용익물권이라고 주장한다.[30]

이처럼 중국에서의 토지사용권이라는 개념은 법률에 명문규정으로서 정의된 것이 아니므로 학자들 간에 의견이 일치되지 않고 있다. 특히 대륙법계의 용익물권제도에 의한 지상권과의 관계를 둘러싸고 그 위상을 어떻게 둘 것인지 쟁점이 되고 있는 듯하다. 이 문제는 물권법 제정과정에서도 용익물권 개념과 유형을 어떻게 설정할 것인지 논란이 계속된 과제라고 할 수 있다.

그런데 대체적으로 중국에서 현재 진행되고 있는 입법 작업상의 「사용권」이라는 용어는 과학성이 결여되어 있으며, 그 개념도 모호하고 불확정적이라는 점은 대부분 공감하고 있는 듯하다.[31] 그 때문인지 명확하지는 않지만, 물권법 초안에는 토지사용권 개념을 채택하지 않고 용익물권편에 토지이용에 관한 물권으로서 몇 가지 유형(土地承包經營權, 建設用地使用權, 宅基地使用權, 地役權 등)의 권리를 규정하고 있을 뿐이다.[32] 최근 발간되고 있는 물권과 관련된 각종 저서에서도 대부분의 경우 토지사용권에 관한 언급은 하지 않은 채, 곧바로 용익물권제도로서 토지이용관계를 설명하고 있음을 발견할 수 있다.[33]

2. 토지사용권과 지상권의 관계

이미 앞에서 살펴보았지만 토지사용권의 개념에 관한 논쟁은 토지사용권과 지상권의 관계정립에 관한 문제로까지 이어지는 쟁점이 된다. 중국의 학계는 완전

---

29) 王利明, 앞의 책(中國民法典學者建議稿及立法理由 物權編), 249면.

30) 王利明, 物權法論, 中國政法大學出版社(2003), 415-420면.

31) 屈茂輝, 앞의 책, 287면; 鄭雲瑞, 民法物權論, 北京大學出版社(2006), 236면.

32) 이에 대하여 물권법에는 당연히 독립된 토지사용권 개념을 채택하여야 한다는 강력한 주장이 있었다. 王利明, 中國物權法草案建議稿及說明, 中國法制出版社(2001), 344면.

33) 梁慧星/陳華彬, 앞의 책, 271면 이하; 何志, 物權法 判解研究與活用, 人民法院出版社(2004), 289면 이하; 劉保玉, 物權體系論, 人民法院出版社(2004), 171면 이하; 陳華彬, 앞의 책, 497면 이하; 余能斌外, 民法學, 人民法院出版社(2003), 350면 이하. 반면에 현행법상 토지에 관한 권리 유형으로서 국유토지사용권을 독립된 권리로 분류하는 견해로서는 앞에 소개한 王利明 이외에 崔建遠, 土地上的權利群研究, 法律出版社(2004), 179면; 彭萬林, 民法學, 中國政法大學出版社(1999), 346면 이하 참조.

히 상반된 견해, 즉 양자의 관계를 일치하는 개념으로 파악하는 긍정설과 별개의 개념으로 이해하는 부정설이 서로 대립하고 있으며, 이 문제는 물권법 초안을 준비하는 제정과정에서도 논란이 된 쟁점사항임은 이미 지적한 바와 같다. 그 내용을 정리해보면 다음과 같다.

먼저, 중국의 현행 토지사용권과 대륙법계의 전통적인 물권법상의 지상권은 일치되는 개념이라고 이해하여 지상권 개념으로 직접 토지사용권을 설명하고 있는 견해가 있다. 이러한 주장에 의하면 「지상권이란 국가소유나 집단소유의 토지에 대하여 건물을 축조하거나 기타 공작물을 설치하기 위하여 토지를 사용할 수 있는 권리」라고 설명하거나,[34] 「토지사용권과 지상권은 아무런 차별이 없는 개념으로서 지상권이라는 용어를 사용하더라도 정확한 표현이 되며, 현대 토지사용권의 개념으로서 지상권이라고 통일하여 사용할 수 있다」고 한다.[35] 또한 중국의 현행 각종 민사법에는 지상권제도에 관한 규정은 존재하지 않지만, 현재 법률이 규정하고 있는 도시국유토지사용권이나 택지사용권 등은 곧 국가소유나 집단소유 토지에 건물을 축조하거나 기나 공작물을 설치하거나 소유하기 위하여 토지를 사용할 수 있는 권리로서 실질적으로 전통적인 민법상의 지상권과 다를 바가 없으며, 특히 양자는 권리취득방식과 권리·의무의 내용 및 권리의 소멸원인과 법률상 효과에 있어서도 동일하다는 점을 강조한다.[36]

이에 반하여 토지사용권과 지상권의 개념은 서로 일치하지 않는 것으로 이해하는 입장은, 물권법에는 당연히 토지사용권 개념을 계속해서 채택하여야 할 것을 주장하고 있다. 즉 중국의 현행법 규정에 의하면 토지사용권의 범위는 지상권의 내용을 포괄하여 매우 광범위하게 미치므로 지상권으로써 토지사용권의 개념을 대체하는 것은 타당하지 않다는 것이다. 또한 토지사용권의 내용은 지상권을 포괄할 뿐만 아니라 지상권에 비하여 융통성과 합리성이 더욱 많이 존재한다는 점을 강조한다.[37]

---

34) 錢明星, 앞의 책, 293면.
35) 房紹坤/丁海潮/長洪偉, 用盆物權三論, 中國法學 1996年 第2期; 崔建遠, 物權:生長與成型, 中國人民大學出版社(2004), 7면.
36) 鄭雲瑞, 앞의 책, 238–239면.
37) 王利明, 앞의 책(中國物權法草案建議稿及說明 物權編), 345–347면.

이와 같은 사로 상이한 주장과 관점에 의한 논지 하에서 각자가 주장하고 있는 물권법상의 용익물권 내용도 상이하게 전개되고 있다.

먼저 토지사용권의 개념을 지상권의 개념과 동일한 것으로 파악하고 있는 「梁慧星 草案」[38])에 의하면, 토지사용권에 갈음하는 권리로서 용익물권의 일종인 「基地使用權」이라는 권리를 설정하고, 그 개념을 「타인 소유의 토지에 건물을 축조하여 소유하거나 또는 기타 부속물을 사용할 수 있는 권리(梁慧星 草案 제406조)」라고 규정하고 있다.[39])

반면에 토지사용권을 중국에 특유한 제도로 파악하고 있는 「王利明 草案」에 의하면,[40]) 제3장 용익물권 아래 제1절 토지사용권이라는 독립된 절을 설정하고, 「① 토지사용권이란 토지를 개발이용하고 생산경영하며 사회공익사업을 위한 목적으로 국가소유 또는 집단소유의 토지상에 건물을 축조하거나 기타 부착물을 점유하고, 사용, 수익할 수 있는 권리를 의미한다. ② 토지사용권에 대하서는 본 법에 규정한 내용 이외에 기타 관련된 법률의 규정을 적용한다(王利明 草案 제854조)」라고 하여 토지사용권을 독립된 하나의 용익물권으로서 규정하고 있다.[41])

그런데 현재 상정된 물권법 초안은 현행 토지사용권 개념을 그대로 채택하지 않고 있는데 그 자세한 내용은 항을 바꾸어 살펴보기로 한다.

3. 토지사용권의 특징

토지사용권을 중국의 특유한 물권으로서 이해하는 입장과 현행 법률에 의하면 중국의 토지사용권은 다음과 같은 특징이 있다.[42])

첫째, 국유토지사용권은 국유토지를 점유하고 사용, 수익하며 타인의 간섭을 배척할 수 있는 권리이다. 일반적으로 토지사용권이란 토지소유권에 기반을 두고 파생된 권리의 일종으로서 토지소유권에 근거를 두고 있으므로 토지소유권이 존

---

38) 梁慧星 草案에 관한 개략적인 내용과 특징에 대해서는 제1장 [4] 참조.
39) 梁慧星, 中國民法典草案建議稿附理由 物權編, 法律出版社(2004), 209면.
40) 王利明 草案의 개략적인 내용과 특징에 대해서는 제1장 [4] 참조.
41) 王利明, 앞의 책(中國物權法草案建議稿及說明 物權編), 249면.
42) 王利明, 앞의 책(物權法研究), 419-421면.

재하면 토지사용권도 존재하고 토지소유권이 소멸되면 토지사용권도 존재할 수 없지만, 중국에서의 국유토지사용권은 국가의 토지소유권으로부터 분리된 권리 개념으로 이해한다. 즉 토지사용권은 토지를 직접 점유하는 지배권의 일종으로서 토지사용권자는 소비적인 성향의 토지사용(예컨대 토지에 주택을 건설하여 스스로 이용하는 경우)도 할 수 있지만, 경영자적인 측면에서의 토지사용도 할 수 있다(예컨대 토지에 분양주택을 건설하여 매각하는 경우).

이처럼 토지사용권의 설정 목적은 권리자로 하여금 토지의 사용가치를 획득하고, 토지를 이용하여 경제적 이익을 추구하며, 기타 활동할 수 있는 공간적 장소를 제공한다는 점에 특색이 있다. 따라서 비록 중국의 토지소유권은 국가에 귀속되므로 교역성이 없고 시장을 통하여 이전되는 것이 절대적으로 불가능한 것이지만, 토지사용권은 시장에서 유통될 수 있고 거래가 진행될 수 있는 것이다.

둘째, 국유토지사용권의 객체는 국가소유의 토지로 국한된다. 또한 토지사용권은 토지에 대한 지배권이지만, 그 범위는 지표에 한하며, 지표상의 공간 또는 지하에 설정된 基地使用權은 공간기지사용권이라고 한다.[43] 토지사용권자가 향유할 수 있는 권리는 지면에 한하는 것이다. 앞에서 지적하였지만 중국 헌법 및 관련된 법률에 의하면 지하자원이나 매장물 등은 국가소유에 속하기 때문에 토지사용권자의 권리가 미치지 않는다.

셋째 토지사용권의 취득은 반드시 일정한 대가를 지불하는 유상행위에 의하며, 일정한 기한의 제한을 받는다. 「도시부동산관리법(中華人民共和國城市房地産管理法)」 제3조는 국가는 법에 의하여 국유토지를 유상으로 하여 일정한 기한 동안 사용하는 제도를 실행한다고 규정하고 있다.

끝으로 국유토지사용권은 일종의 용익물권이다. 즉 소유권자가 아니면서 타인의 물건을 점유하고 사용, 수익할 수 있는 배타적 권리를 향유하는 용익물권에 해당한다.[44]

---

43) 陳華彬, 앞의 책, 420면.
44) 土地管理法配套規定, 中國法制出版社(2005), 3면 주1).

4. 토지사용권제도의 문제점

일반적으로 지적되고 있는 중국의 현행 토지사용권제도의 문제점으로서는 다음과 같은 내용을 들 수 있다.[45]

첫째는 외연이 불확정하다는 점이다. 「사용권」이라는 용어의 내포는 풍부하지만, 풍부한 내포에 비하여 외연은 매우 불확정한데다 현행 입법도 과학성과 통일성이 결핍되어 있는 실정이므로 일반인들은 토지사용권의 체계와 내용을 이해하기가 어렵고 혼란을 야기할 수 있는 국면이 있다는 것이다.[46]

둘째, 관련 법률의 규정이 모호하다는 점이다. 때문에 사회생활상의 혼란이 쉽게 발생할 수 있는 우려가 있다는 점을 지적한다. 앞에서 언급하였듯이 현재 민법통칙에는 토지사용권에 관한 규정을 두고 있지만, 그 규정이 지나치게 간단하여 법률상의 개념이 명확하지 않을 뿐만 아니라 사용권자의 권리와 의무 및 책임에 관한 규정이 완전하게 정비되지 않음으로써 일반인들의 경제생활에 효율적인 도움을 주지 못한다는 것이다. 또한 토지관리법이나 도시부동산관리법(城市房地産管理法) 등의 단행법이 제정되었고, 국무원 및 관련된 행정부서에서도 토지사용권에 관한 제반 법규 및 細則과 條例 등을 제정하고 있지만, 이와 같은 규정은 대부분 행정법규에 불과하고 민사기본법으로서의 규정이 아니기 때문에 오히려 혼란이 가중될 수 있다는 점을 지적한다. 즉 私權으로서의 민사상의 권리와 공법상의 행정적인 권리가 서로 혼재하게 되며, 동시에 각종 법률 규정상의 개념이나 용어도 동일하지 않고 통일되지 못하여 司法上의 업무를 실행하거나 이론을 정립하는데 당사자들이 이해하는 폭의 상당한 격차를 조성할 수 있기 때문에 전국의 토지사용을 규율할 수 있는 통일된 규범이 요망된다고 한다.

셋째, 司法上의 불리한 면을 지적한다. 현재 토지사용권에 대한 각종 연구와 입법이 추진되어 최근 도시읍국유토지사용권(城鎮國有土地使用權), 농촌건설용지사용권, 택지사용권(宅基地使用權) 등과 같은 새로운 유형의 토지 용익물권 형식이 창설되고 있는데, 이에 대한 완전한 체계를 수립하지도 못하면서 또 다른 한편으로는 토지사용권의 사회주의적 특색을 유지하는 민법을 지나치게 강조하여 전통

---

45) 屈茂輝, 위의 책, 292면.
46) 鄭雲瑞, 앞의 책, 236면.

적인 민법상의 토지용익물권을 배척하려는 상반된 추세도 있다는 것이다. 이와 같은 일련의 내용은 중국의 토지사용권 제도와 현대 민법의 연계성을 지연시키고 방해하는 중요한 요인으로 작용하고 있다.

5. 현행법상의 토지사용권[47)

아직 중국에는 통일된 민법전이 제정되어 있지 않은 상태에서 독립적으로 제정된 각종 단행법(예컨대 민법통칙, 계약법, 담보법 등)이 적용되고 있을 뿐이며, 물권법도 초안이 인민회의에 상정된 채 답보상태에 있으므로 토지사용권에 관한 규정은 민법통칙이나 토지관리법, 도시부동산관리법(中華人民共和國城市房地産管理法, 1994년 7월 5일) 등에 산재해 있을 뿐이다.[48)

먼저 민법통칙 제80조는 국가소유의 토지는 법에 의하여 전인민소유제 단위 또는 집단소유제 단위가 사용할 수 있으며, 국가는 그 사용권과 수익권을 보호하고, 사용주체인 각 단위에게는 토지를 관리하고 보호하며 합리적으로 사용할 의무를 부과하고 있다.

토지관리법 제9조도 토지사용권에 관한 내용으로서, 민법통칙 위 규정의 내용과 동일한 맥락에서 국유토지와 농민집단 소유의 토지는 법에 의하여 확정된 단위나 개인이 사용할 수 있다고 하며, 사용주체인 각 단위나 개인에게도 역시 동일한 의무를 부과하고 있다. 그리고 토지사용권에 관한 분쟁이 발생한 경우에는 일차적으로 당사자간의 협의에 의하여 해결하고, 당사자간에 협의가 성립되지 않는 때에는 인민정부가 처리하도록 규정하고 있다(토지관리법 제16조). 또한 국유토지사용권은 회수될 수 있는데, 그 사유로서는 공공이익을 위하여 국유토지를 사용할 경우, 도시계획상 구 시가지를 재건하기 위하여 토지를 사용할 경우, 토지양

---

47) 현행법이란 물권법이 제정되기 전의 법을 지칭한다.

48) 그 밖에도 토지관리법과 관련된 법규로서 「中華人民共和國土地管理法實施條例(1998년 12월 27일)」, 「國土資源部關于貫徹執行《中華人民共和國土地管理法》和《中華人民共和國土地管理法實施條例》若干問題的意見(1999년 9월 17일)」, 「自然保護區土地管理辦法(1995년 7월 24일)」, 「確定土地所有權和使用權的若干規定(1995년 3월 11일)」, 「土地利用總體規劃編制審判規定(1997년 10월 28일)」, 「土地利用年度計劃管理辦法(2004년 11월 1일)」, 「中華人民共和國城鎭國有土地使用權出讓和轉讓暫行條例(1990년 5월 19일)」, 「協議出讓國有土地使用權規定(2003년 6월 11일)」, 「劃拔土地使用權管理暫行辦法(1992년 2월 24일)」 등을 들 수 있다.

도 등 유상사용의 약정 기간이 만료하였는데 토지사용자가 계속 사용하기 위한 신청을 하지 않은 경우, 사용 단위의 폐쇄나 이전 등으로 국유토지의 사용권원이 정지된 경우, 철로나 도로 비행장 등을 건설하기 위하여 토지를 이용할 경우 등을 들고 있다(토지관리법 제58조). 토지사용권의 양도란 일정한 기간 동안 토지사용자에게 토지를 인도하고 토지사용자는 국가에 일정한 금액을 지급하는 행위로서(中華人民共和國城市房地産管理法 제7조), 토지사용권의 양도는 협의, 입찰, 경매 등의 방식에 의하여 가능하다(中華人民共和國城鎭國有土地使用權出讓和轉讓暫行條例 제13조). 토지사용권의 양도기간은 토지의 용도에 따라 구분되는데, 거주용 토지는 70년, 공업용 토지는 50년, 교육 과학 문화 위생 체육용도의 토지는 50년, 상법 오락 등의 용도는 40년, 종합적인 목적 및 기타 용도는 50년의 기간으로 제한하고 있다(中華人民共和國城鎭國有土地使用權出讓和轉讓暫行條例 제12조).[49]

Ⅳ. 물권법 초안상의 용익물권

이미 앞에서 언급하였지만, 물권법 초안이 마련되기 까지 토지사용권을 물권법에 어떻게 규정할 것인지에 대해서는 학계의 논란이 있었다. 이른바「王利明 草案」은 중국의 토지사용권은 중국에 특유한 물권이라고 파악하여 독립된 내용으로서 용익물권으로 규정될 것을 주장하였지만, 결과적으로 물권법 초안에는 토지사용권 개념이 그대로 채택되지는 않고 있다. 물권법 초안을 준비할 때에도 용익물권 분야에서는 당시 중국의 법률이나 행정법규에 아무런 규정을 두고 있지 않았던「空間地上權」에 관한 논의가 주로 이루어진 것으로 보일 뿐이다.[50]

물권법 초안에 의하면 토지를 이용할 수 있는 용익물권의 내용으로서「토지도급경영권(土地承包經營權)(제129조-제139조)」,「建設用地使用權(제140조-제157조)」,「宅基地使用權(제158조-제165조)」,「地役權(제166조-제179조)」등을 규정하고 있다.[51]

이 구분은 토지의 용도에 따라 설정된 것으로 이해된다. 즉 경작지·초원 등

---

49) 토지사용권의 양도와 관련된 법리의 제반 문제점에 대하여는 張慶華, 國有土地使用權糾紛處理與豫防, 法律出版社(2006) 참조.

50) 全國人大常委會法制工作委員會民法室編, 物權法(草案)參考, 中國民主法制出版社(2005), 290면.

51) 그 밖에 용익물권으로서, 주택 등 부속시설을 점유·사용할 수 있는 권리인「居住權(제180조-제191조)」을 규정하고 있지만 물권법에는 규정되지 않았다.

을 사용, 수익할 수 있는 물권으로서 土地承包經營權을 설정하고(물권법 초안 제129조), 국가소유의 토지에 건물을 축조하거나 기타 시설을 설치하여 토지를 이용할 수 있는 물권으로서는 건설용지사용권을 설정하였으며(물권법 초안 제140조), 주택을 짓기 위하여 토지를 사용하는 물권으로서 택기지사용권을 설정하고 있는 것이다(물권법 초안 제158조).

V. 결

이상으로서 중국에서의 토지사용권에 관한 법리와 물권법 초안에 반영된 내용을 살펴보았다.

중국은 토지공유제라고 하는 사회주의 국가 특유의 제도를 실시함으로 말미암아 국가소유에 귀속되는 도시 지역의 토지에 대해서는 개인의 소유권이 전혀 인정되지 않고 매매 기타 거래의 대상이 될 수 없으며 오직 토지의 사용권만 인정되고 있을 뿐이다. 그리고 그 사용권만을 양도 계약 등의 일정한 방법을 통하여 비교적 자유롭게 양도할 수 있도록 허용하고 있다. 따라서 중국에서의 토지사용권이란 단순한 소유권의 권능의 일부로서 경제적인 이익을 추구하는 권리로서만 파악할 것이 아니라, 일종의 독립된 존재로서의 토지사용권을 의미한다는 데 그 특징이 있다.

이처럼 중국에서는 토지사용권을 중심으로 국유토지를 이용하고 있지만, 사실상 토지사용권의 개념을 명확하게 규명하고 그 법리를 체계적으로 정립한 입법이 아직까지 추진되지 못하고 있고, 그동안 단지 토지관리법 등의 각종 행정법규에 단편적인 규정만 두고 있었기 때문에 그 개념을 정립하는 단계에서부터 학설상 논란의 대상이 되고 있는 것이다.

더구나 물권법 초안이 입안되는 과정에서도 농지사용권으로서 「承包經營權」은 그대로 도입되고 있지만, 토지사용권의 개념은 건설용지와 택지 등으로 구분되어 규정되고 있음을 알 수 있다. 앞으로 물권법이 어떠한 내용으로 확정될 것인지 조금 더 지켜볼 대목이지만, 특히 토지사용권과 관련된 내용은 어떻게 규율될 것인지 그 귀추가 주목된다고 할 것이다.

[2] 토지사용권과 「小産權房」의 법적 지위

Ⅰ. 서

중국 헌법(中華人民共和國 憲法) 제10조는 「① 도시(城市)의 토지는 국가소유에 속한다. ② 농촌과 도시 교외의 토지는 법률의 규정에 따라 국가소유에 속하는 것을 제외하고는 집단소유(集體所有)에 속한다. 택지(宅基地)와 自留地[1], 自留山[2]도 집단소유에 속한다. ③ 생략 ④ 어떠한 조직이나 개인이라도 토지를 불법으로 점거하거나, 매매하거나 또는 기타 형식을 취하여 불법적으로 양도하지 못한다. ⑤ 생략」고 규정하여, 토지 소유권의 귀속주체와 국가의 토지 관리 정책의 근간을 선언하고 있다.[3]

위 헌법 규정에 근거하여 토지의 社會主義公有制를 유지 보호하고,[4] 토지자원의 개발과 토지의 합리적인 이용을 도모하며 耕地를 확실하게 보호함으로써 사회경제의 지속적인 발전을 촉진할 목적으로[5] 1986년에 제정된 「토지관리법(中華人民共和國 土地管理法)」 제2조 역시, 「① 중화인민공화국은 토지의 社會主義公有制, 즉 전인민(全民)소유제와 노동자집단소유제(勞動群衆集體所有制)를 실시한다. ② 전인민소유, 즉 국가가 소유하는 토지의 소유권은 국무원이 국가를 대표하여 행사한다. ③ 어떠한 조직(單位)이나 개인도 토지를 불법으로 점거하거나 매매할 수 없으며, 기타 불법적인 형식으로 양도할 수 없다. 토지의 사용권은 법에 의하여 양도할 수 있다. ④ 생략 ⑤ 생략」라고 규정하고 있다.

이는 이른바 토지의 2원 소유제(二元所有制) 구조를 천명한 것으로서[6], 또한 위 헌법 제10조의 내용을 일부분 그대로 원용하면서 선언적인 의미의 헌법 규정을 실질적인 법률로써 구체화한 것으로 해석될 수 있다.

---

1) 自留地란 개인이 점유하는 토지로서, 농업 집단화 이후에 농민 개인이 경영할 수 있도록 한 약간의 자유경작지를 의미한다.

2) 自留山이란 나무 재배 및 그에 따른 부산물의 생산과 판매할 권리를 人民公社員에 부여한 산을 의미한다.

3) 許安標/劉松山, 中華人民共和國憲法 通釋, 中國法制出版社(2003), 44면.

4) 중국에서 실시되고 있는 土地公有制의 유래에 대하여는 王衛國, 中國土地權利研究, 中國政法大學出版社(2003), 54~60면 참조.

5) 中華人民共和國 土地管理法 제1조에 규정된 내용이다.

6) 劉雲生 主編, 中國不動産法研究, 法律出版社(2007), 266면.

그 밖에 물권법(中華人民共和國物權法)[7] 제41조도 「법률규정에 의하여 국가소유로 전속된 부동산과 동산은 어떠한 단체(單位)나 개인도 소유권을 취득할 수 없다」고 규정하여 소유권의 객체와 범위를 한정하고 있다.

이처럼 토지의 社會主義公有制를 실행하고 있는 중국에서는[8] 토지와 그 지상건물에 대한 소유권의 귀속주체가 분리되어, 개인에게는 오로지 토지사용권에 근거하여 건축된 그 지상의 건물에 대한 소유권(房屋所有權)만 인정될 뿐이다.[9]

그런데 중국의 개혁개방 정책 실시 이후 시장경제제도가 도입되면서 도시화는 그 속도가 가일층 빨라지고 있으며, 이에 따라 도시인구도 급속하게 증가하고 있는 추세에서 주택문제가 중요한 사회문제로 등장하게 되었다. 농촌에서 도시로 유입된 주민은 자신이 소유할 수 있는 주택을 요구하게 되고, 종래의 도시민들은 더 크고 호화로운 주택을 선호하게 되면서 주택 소유는 이제 투자 목적으로 변질되기에 이르렀으며, 그 결과 중국에서의 도시주택산업은 매우 신속하게 발전할 수 있는 전기를 맞게 되었다.[10]

이러한 배경 하에서 국가의 주택건설계획에 부합하지는 않지만, 집단소유의 토지상에 건설되어 거래되고 있는 변칙적인 불법 주택이 등장하게 된 것이다. 즉 農村宅基地를 비롯하여 集團建設用地 또는 農業用地를 개발하여 주거로 사용하는 주택이 등장하게 되었으며, 이러한 주택을 개괄하여 「小産權房」이라고 한다.[11] 「小産權房」이라는 용어는 법률용어나 법률적인 개념은 아니지만,[12] 중국의 도시화가 부단히 추진되면서 도시 주위의 경제개발구나 대학교 등의 구역에는 상당한 규모의 「小産權房」이 출현하고 있다는 것이다.[13] 국가가 인정하는 권리증서(예컨대 토지사용권을 증명하는 土地使用權證書 또는 住宅産證)를 취득할 수 없는[14] 이와 같은

---

7) 이하 물권법이라 함은 中華人民共和國物權法을 의미한다.
8) 中華人民共和國 건국 이전 중국의 고대 夏商周時代로부터 秦·漢을 거쳐 魏晉南北朝時代와 隋唐五代時期, 宋, 遼, 金, 明·淸朝時代 및 中華民國時代에 이르기까지의 토지법률제도에 관한 자세한 내용은 蒲堅, 中國歷代土地資源法制研究, 北京大學出版社(2011), 참조.
9) 崔建遠, 土地上的權利群研究, 法律出版社(2004), 44면.
10) 王彦, 解決小産權房問題對策研究, 河北法學 第28卷 第9期(2010.9.), 167면.
11) 陳耀東/吳彬, "小産權房"及其買賣的法律困境與解決, 法學論壇 第25卷 第1期(2010.1), 49면.
12) 徐万剛/杜興端/李保國, 構建城鄉統一建設用地市場, 社會科學家 第154期(2010. 2.), 59면.
13) 徐万剛/杜興端/李保國, 위의 논문, 같은 면.
14) 취득한 토지사용권에 대한 등기를 신청할 때에는 현급 이상 지방정부가 발행한 토지사용권증서를

불법적인 주택인 「小産權房」은 2012년 현재 중국에서 거래되고 있는 주택상품의 약 20%를 점하고 있는 실정이며,[15] 중국 전역의 120억 평방미터 도시주택의 40% 이상에 달한다고도 한다.[16] 2008년 초 北京市에서 小産權房의 거래는 주택시장의 20%를 차지하였고, 2007년 深圳市의 小産權房은 전체 총 주택의 49%를 차지하고 있으며, 2009년 6월 深圳市의 주택 총면적은 2.6億㎡였는데, 그 중에서 小産權房은 1.6億㎡를 차지하고 있어 이미 60%를 초과하고 있으며, 2010년 초 중국 전역의 小産權房의 면적은 60億㎡에 이르렀다고 한다.[17]

그렇지만 이에 대한 중국 정부의 대처 방안은 단호한 듯하다. 예컨대 2007년에 國務院은, 「농촌집단건설용지 법률과 정책의 엄격한 집행에 관한 통지(關于嚴格執行有關農村集體建設用地法律和政策的通知)」를 통하여 「농촌주택용지는 오직 해당 촌민에게 분배하고 도시 주민은 농촌택지・농민주택・小産權房을 구입할 수 없다」고 선포하였다. 이처럼 중국 정부는 「小産權房」의 거래를 금지하여 왔는데, 법원에서도 「小産權房」의 매매계약은 무효라고 판시하고 있으며,[18] 심지어 北京市의 일부 지역에서는 「小産權房」의 강제철거를 단행한 예도 있다고 한다.[19]

이에 아래에서는 중국에서의 토지사용권의 법리와 관련하여 「小産權房」의 정확한 의의와 출현 배경을 비롯하여 그 법적 지위에 대하여 살펴보고자 한다. 중국과의 교류가 더욱 활발해지고 있는 작금의 현실을 감안할 때, 중국에 거주하는 우리 교민들이나 유학생들이 중국에서 주택을 구입하고자 할 경우에 이와 같은 불법적인 小産權房을 구입함으로써 야기되는 위험성을 배제하고 그로 인한 불이익을 받지 않도록 하기 위한 예방조치로서도 그 법리에 관한 연구는 상당한 의미가 있을 것으로 기대된다.

제출하여야 한다. 도시부동산관리법(中華人民共和國 城市房地産管理法) 제60조 등. 중국의 부동산 등기신청과 절차 등에 관한 자세한 내용은 程嘯, 不動産登記法, 法律出版社(2011), 247-309면.

15) 宋麗, "小産權房"合法化的理論探討, 現代商業 2009年 第6期, 40면.

16) 徐萬剛/杜興端/李保國, 앞의 논문, 59면.

17) 王彦, 앞의 논문, 167면.

18) 陳耀東/吳彬, 앞의 논문, 50면.

19) 宋麗, 앞의 논문, 41면.

Ⅱ. 토지사용권의 규제

중국의 토지사용권에 대한 정의와 법적 성질에 대하여는 중국 학계에서도 논란이 있지만, 기본적으로 토지사용권이란 소유권의 권능의 일종으로서의 사용권의 의미가 아니라, 독립한 일종의 물권(용익물권)으로서 토지를 점유·사용·수익·처분할 수 있는 권리를 향유하게 된다.[20]

또한 중국의 토지사용권은 토지소유권의 귀속주체 내지 용도에 따라 다양한 형태로 인정되고 있으며, 그 권리의 내용도 일정한 제한을 받고 있는 실정이다.

즉, 建設用地使用權은 국유나 집단소유에 속하는 토지(국유토지와 집단소유토지 모두 설정이 가능함)를 점유·사용·수익할 수 있는 권리로서, 사용권자는 법률에 따라 지상에 건물이나 구조물 기타 부속시설을 건축하여 경영할 수 있는 권리가 인정되지만(물권법 제135조), 농지사용권(土地承包經營權: 국유토지와 집단소유토지 모두 설정이 가능함)은 수급경영(承包經營)하는 耕地나 林地·草地 등의 농지를 점유·사용·수익할 수 있는 권리로서 농지사용권자는 그 농지를 이용하여 재배업이나 임업·목축업 등의 농업에 종사할 권리가 인정될 뿐이고(물권법 제125조), 택지사용권(宅基地使用權[21]: 오직 집단소유토지에만 설정이 가능함)은 집단소유에 속하는 토지를 점유·사용하는 권리로서 사용권자는 지상에 주택이나 부속시설을 건축할 수 있는 권리만 인정되고 있다(물권법 제152조).[22]

이하 小産權房의 법적 지위와 관련된 법률 규정으로서, 물권법과 토지관리법상 토지사용권의 규제 내용을 살펴보기로 한다.

---

20) 劉俊, 中國土地法理硏究, 法律出版社(2006), 185-189면 : 屈茂輝, 用益物權制度硏究, 中國方正出版社(2005), 285-295면.
21) 「宅基地」란 서양의 대륙법계에 속하는 국가들의 민법에 규정된 지상권에 관한 것으로서, 중국 민족적인 색채가 농후한 중국 법률의 독특한 개념이라고 한다. 陳小君, 宅基地使用權, 王利明 主編, 物權法名家講壇, 中國人民大學出版社(2008), 325면.
22) 자세히는 符啓林, 房地産法, 法律出版社(2009), 40-42면.

1. 물권법상의 규제

小産權房과 관련된 물권법상의 규정은 물권법 제151조-제153조가 되는데,[23] 그 내용은 다음과 같다.

• 물권법 제151조: 집단소유의 토지를 建設用地로 할 때에는 토지관리법 등의 법률규정에 따라 처리하여야 한다.

• 물권법 제152조: 택지사용권자(宅基地使用權人)는 집단소유(集體所有)의 토지에 대하여 법에 따라 점유하고 사용할 권리를 가지며, 법에 따라 당해 토지를 이용하여 주택 및 그 부속시설을 축조할 수 있는 권리를 가진다.

• 물권법 제153조: 택지사용권(宅基地使用權)의 취득과 행사 및 양도에 대하여는 토지관리법 등의 법률과 국가의 관련 규정을 적용한다.

앞에서 언급하였지만, 중국의 토지사용권 중 국유에 속하는 「建設用地使用權」의 설정은 양도 등의 방법을 통하여 비교적 자유롭게 취득할 수 있지만(물권법 제137조), 집단소유에 속하는 「宅基地使用權」의 취득과 행사 및 양도는 토지관리법 등의 법률에 의한 제한을 받게 되는 것이다.

물권법 제151조의 규정은 애초 발표된 물권법 초안에는 없었던 내용인데 신설된 것으로서, 집단소유의 토지에 관련된 규제를 토지관리법의 규정으로 위임하고 있음을 알 수 있다. 그 입법배경으로서는, 토지관리법에 의하면 농민집단소유의 토지사용권은 매매에 의한 양도가 금지되어 있고, 비농업건설 용도로 임대하거나 양도도 할 수 없는 것으로 규정되어 있다는 점을 들고 있다.[24] 특히 耕地 이외의 농민집단소유에 속하는 토지는 오직 鄕・鎭・村의 기업이 공공시설이나 공익사업 또는 농민주택을 건설할 목적으로만 사용할 수 있을 뿐이다. 즉, 현재 중국의 농민집단(農民集體)은 자신의 토지사용권을 직접 양도할 수 없고, 집단소유의 토지사용권을 賣物로서 토지 시장(土地一級市場)에 내어 놓을 수도 없으며, 농민집단소유의 토지는 반드시 수용(征用)을 통해서만 建設用地로 변경할 수 있게 되어 있는

---

23) 宋志紅, 小産權房治理與《土地管理法》修改, 中國土地科學 第24卷 第5期(2010. 5.), 71면 : 魯曉明, 論小産權房流轉, 法學雜誌 2010年 第5期, 5면.

24) 王勝明, 中華人民共和國 物權法 解讀, 中國法制出版社(2007), 326-327면.

바, 그 자세한 내용은 항을 바꾸어 살펴보도록 한다.

또한 물권법 제152조는 택지사용권(宅基地使用權)에 관한 것으로서, 이 사용권은 사회보장의 일환으로 농민의 기본적인 주거문제를 해결하기 위하여 도입된 것이며, 농민이 그 집단 구성원의 신분으로서 향유하게 되는 복지를 보장하고자 하는 것이라고 한다.[25]

따라서 이 규정에 의하면, 물권법상의 택지사용권(宅基地使用權)은 다음과 같은 성질을 갖게 된다. 첫째 택지(宅基地)는 집단소유에 귀속된다. 둘째, 택지(宅基地)의 용도는 주택과 그 부속시설을 건축하는 것이 된다. 셋째, 택지사용권(宅基地使用權)은 일종의 사회복지적 성질의 권리로서, 농민의 안락한 생활을 보장하기 위한 것이므로 집단의 구성원인 농민은 무상으로 취득하고, 무상으로 사용하게 된다.[26]

물권법 제153조에 의하면, 택지사용권의 취득과 행사 등은 토지관리법의 규정에 의하도록 하고 있으므로 이 역시 항을 바꾸어 그 내용을 살펴보기로 한다.

2. 토지관리법상의 규제

중국 토지관리법의 제정과 시행은 다음과 같은 점에서 중국 물권법의 제정과 시행에 충분하고도 적극적인 의의를 가진다.[27] 즉, 첫째 토지관리법은 토지 물권제도를 확립하고, 司法執行에 직접적인 준거 법률을 제공한다. 둘째, 토지관리법은 토지 물권의 기본원칙을 확립하고, 물권법의 양호한 기반을 구축하는데 제도적인 관건이 된다. 셋째, 耕地를 강제 보호하는 제도적인 규정에 관한 토지관리법은 토지 물권의 시장거래에서 합법적인 한계와 표준을 확정하게 된다는 것이다.[28]

이러한 기능을 가진 토지관리법상 「小産權房」과 관련된 규정은 동법 제43조와 제59조-제63조의 내용이 되는데[29], 소개하면 아래와 같다.

• 토지관리법 제43조(建設用地의 신청): ① 어떠한 조직(單位)이나 개인을 막론

---

25) 王勝明, 위의 책, 328면.

26) 吳高盛, 《中華人民共和國物權法》解析, 人民法院出版社(2007), 308-309면.

27) 2019년 개정되기 전의 토지관리법을 지칭한다.

28) 孫憲忠, 論物權法, 法律出版社(2001), 557면.

29) 陳耀東/吳彬, 앞의 논문, 50면.

하고 토지사용이 필요한 경우에는 반드시 법에 따라 국유토지사용권을 신청하여야 한다. 다만 鄕·鎭의 企業과 村民 주택 건설에 대하여 그 집단 경제조직의 농민집단소유의 토지 사용을 법에 따라 허가를 받은 경우, 또는 鄕·鎭 공공시설과 공익사업건설에 대하여 농민집단소유의 토지 사용을 법에 따라 허가를 받은 경우는 제외한다. ② 전항에서 말하는 법에 따라 사용을 신청한 국유토지란 국가소유의 토지 및 국가가 징발(征用)한 농민집단소유였던 토지를 포함한다.

• 토지관리법 제59조(鄕·村 建設用地의 범위와 심사·허가): 鄕·鎭의 기업, 鄕(鎭)·村의 공공시설, 공익사업, 농촌촌민주택 등 鄕(鎭)·村의 건설은 촌락과 거주구역(集鎭) 계획에 따라 합리적으로 분배하고 종합적으로 개발하여야 하며, 유기적으로 건설하여야 한다. 建設用地는 鄕(鎭) 토지이용의 전체 체계와 토지이용의 연차 계획에 부합하여야 하며, 또한 본 법 제44조, 제60조, 제61조, 제62조의 규정에 따라 심사·허가절차를 이행하여야 한다.

• 토지관리법 제60조(鄕·村 企業建設用地의 심사·허가): ① 농촌집단경제조직이 鄕(鎭)의 토지이용에 관한 총체적인 계획에 따라 확정된 建設用地를 사용하여 기업을 설립하거나 기타 단체나 개인의 토지사용권을 투자, 연합경영 등의 형식으로 기업을 공동 설립할 경우에는 관련된 허가 서류를 구비하여 縣級 이상 지방정부의 행정 주무관서에 신청을 하여야 하며, 省, 자치구, 직할시 규정의 허가 권한에 따라 縣級 이상 지방정부에서는 허가를 하여야 한다. 그중, 농지(農用地)의 점유에 관한 내용은 본 법 제44조의 규정에 따라 심사·허가 절차를 이행하여야 한다. ② 전항의 규정에 따라 기업을 설립하는 建設用地는 반드시 엄격하게 통제하여야 한다. 省, 자치구, 직할시는 鄕·鎭기업의 다양한 업종과 경영규모에 따라 그 토지(用地) 기준을 각각 분리하여 규정하여야 한다.

• 토지관리법 제61조(鄕·村 공공시설, 공익사업 建設用地의 심사·허가): 鄕(鎭)·村의 공공시설이나 공익사업의 건설에 토지사용이 필요한 경우에는 鄕(鎭) 정부의 심사·허가를 받고, 縣級 이상 지방정부의 토지행정 주관부서에 신청을 하여야 하며, 省, 자치구, 직할시 규정의 허가 권한에 따라 縣級 이상 지방정부에서는 허가를 하여야 한다. 그중, 농지(農用地)의 점유에 관한 내용은 본 법 제44조의 규정에 따라 심사·허가 절차를 이행하여야 한다.

• 토지관리법 제62조(농촌촌민 住宅用地의 심사·허가): ① 농촌촌민은 한 가구

당 택지 한 곳만 보유할 수 있으며, 그 택지 면적은 성, 자치구, 직할시가 규정한 기준을 초과하여서는 아니된다. ② 농촌촌민이 주택을 건설할 때에는 鄕(鎭) 토지 이용의 총체적인 계획에 부합하여야 하며, 가능한 한 기존의 택지와 촌내의 空閑地를 사용하여야 한다. ③ 농촌촌민의 주택용 토지는 鄕(鎭) 정부에서 심사하여 결정하여야 하며, 縣級 이상 정부에서 허가를 하여야 한다. 그중 농지(農用地)의 점유에 관한 내용은 본 법 제44조의 규정에 따라 심사 · 허가 절차를 이행하여야 한다. ④ 농촌촌민이 주택을 매각하거나 임대한 후에 택지를 재신청할 경우에는 허가하지 아니한다.

• 토지관리법 제63조(집단토지사용권의 유통): 농민집단소유의 토지사용권은 매각 · 양도할 수 없으며, 비농업용 건설사용을 위하여 임대할 수 없다. 다만, 토지 이용의 총체적인 계획에 부합하고, 법에 따라 建設用地를 취득한 기업의 파산 · 합병 등의 사유로 토지사용권이 법에 따라 이전된 경우는 제외한다.

위 규정에 의하면, 일정한 업체(單位)나 개인이 건설을 목적으로 토지사용을 신청할 때에는 도시건설용지로 확정된 범위 내의 토지를 이용할 수 있으며, 원래 농민집단소유에 속하던 토지를 건설용 토지로 사용하고자 할 때에는 먼저 정부의 허가를 받아야 한다. 그 과정에서 정부는 문제가 된 집단소유의 토지를 법에 따라 징발(征用)하여 국유로 전환하는 절차를 거친 후에 건설용 토지로 사용하도록 제공하게 된다.[30]

또한 농촌에 거주하는 촌민은 1가구당 오직 1택지만 보유할 수 있다는 「一戶一宅」원칙을 규정하고 있음을 알 수 있다. 사실 이 내용은 물권법 초안 제160조에도 규정되어 있던 내용인데 물권법에서는 삭제된 것이다. 2004년 11월 중국의 國土資源部는 「농촌택지관리강화에 관한 의견(關于加强農村宅基地管理的意見)」을 공포하여, 택지신청조건을 엄격하게 관리하고 「一戶一宅」의 법률규정을 단호하게 관철할 것을 지시한 바 있다.[31] 이처럼 한 가구당 한 곳의 택지로 그 점유를 제한하는 것은 개인의 사유재산에 대한 부당한 침해로 간주될 수 있는 사회주의 국가

---

30) 中國法制出版社, 中華人民共和國 土地管理法 注解與配套, 中國法制出版社(2011), 49면.
31) 陳小君, 앞의 논문, 330-331면.

의 특유한 제도라고 평가된다.

Ⅲ. 「小産權房」의 의의와 유형

1. 「小産權房」의 의의

이미 앞에서 언급하였지만 「小産權房」은 오직 민간에서 상용되고 있는 일상적인 용어로서[32] 엄격한 법률개념이나 법률용어도 아니며,[33] 그 개념도 다양하게 전개되고 있는 실정이므로 법률적으로 아직 명확하게 정리되지는 않은 듯하다.

통속적인 의미의 小産權房은 주택의 건설·개발을 지칭하는 것으로서, 무상으로 사용·점유하고 있는 농민집단소유의 토지(農村宅基地, 農村建設用地 또는 農用地를 포괄함)에 주택을 건설하여 村委員會의 재산권증명(産權證明)을 취득하고 농촌집단경제조직 이외의 사람들에게는 그 주택을 양도하지 못하게 하는 것을 의미한다고 한다.[34] 즉, 農村宅地나 集團建設用地 또는 農業用 토지를 개발하여 택지로 전환한 후, 주거로 사용하고자 하는 주택을 건설한 것을 의미한다는 것이다.[35] 부언하면, 집단토지소유권(集體土地所有權)을 보유하고 있는 鄕(鎭) 정부 또는 村委員會가 "새로운 농촌의 건설"이나 "낡은 촌의 개조"라는 명목으로 集團建設用地나 택지(宅基地), 심지어 부분적인 경작지를 이용하여 홀로 또는 주택건설사업체와 공동으로 주택을 개발함으로써 그 지역(集團經濟組織) 농민들의 주거 수요를 충족시켜 주는 이외에 비교적 낮은 가격으로 그 지역 이외에 거주하는 자들에게 그 주택을 판매하는 것을 지칭하는 것이라고 한다.[36] 따라서 小産權房은 국가와 토지관리 행정부서에서 발급하는 주택재산권증서(房産證)와 토지사용증을 취득할 수 없게 되고,[37] 오직 鄕·鎭 정부나 촌위원회에서 발급하는 재산권증명(産權證明)만 받

---

32) 王彦, 앞의 논문, 166면.
33) 蘇勇/黃志勇, 小産權房轉化爲保障性住房的路徑選擇, 現代經濟探討 2011年 第2期, 29면 : 楊海靜, 小産權房拷問《物權法》, 河北法學 第27卷 第7期(2009. 7.), 194면 : 李佳穗, 試論小産權房的法律症結與改革路徑, 河北法學 第27卷 第8期(2009. 8.), 130면.
34) 龍翼飛/徐霖, 對我國農村宅基地使用權對法律調整的立法建議, 法學雜誌 2009年 第9期, 32면.
35) 陳耀東/吳彬, 위의 논문, 49면.
36) 徐萬剛/杜興端/李保國, 앞의 논문, 59면.
37) 楊海靜, 앞의 논문, 194면.

을 수 있게 되는데, 이를 「鄕産權」이라고도 한다.38) 즉, 농촌집단토지 위에 건설되어 있는 주택으로서 집단경제조직 이외의 구성원들에게 판매하고 있는 주택을 가리키는 것으로 이해된다.39)

이러한 小産權房에 반하여 「大産權房」은 법에 따라 유상으로 사용하는 국유토지상에 국가가 개발·건설한 주택으로서, 등기를 하고 세금을 납부하는 등 합법적인 재산권증서(産權證)를 발급받아 시장에서 매매될 수 있는 주택을 지칭하는 것이다.40)

2. 「小産權房」의 유형

小産權房의 유형 역시 획일적으로 설명되지 않고 여러 가지 다양한 기준에 의하여 구분되고 있다. 크게 나누어 주택 건설행위 그 자체가 불법적인 小産權房과 주택건축행위는 합법적이지만 매매 주체가 제한을 받고 있는 小産權房으로 분류하기도 하는데,41) 아래에서는 다음과 같은 4가지의 유형으로 구분하고자 한다.42)

(1) 농촌 택지상의 小産權房

村에 거주하고 있는 주민(村民)이 법률절차에 의하여 농촌택지(農村宅基地) 사용권을 무상으로 취득한 뒤에 스스로 자신이 사용할 주택을 건설하고 村委員會로부터 재산권증명서(産權證明)를 발급받는 것으로서, 小産權房 중 가장 많은 유형에 속한다고 한다.

(2) 농민집단경제조직에 의한 小産權房

村의 농민집단경제조직이 주민(村民)의 주택 수요를 해결하기 위하여 토지이용계획에 부합되는 전제 하에 주민이 출자하여 집중적으로 주택을 건설하고, 村委

---

38) 徐萬剛/杜興端/李保國, 앞의 논문, 59면.
39) 宋志紅, 앞의 논문, 71면.
40) 蘇勇/黃志勇, 앞의 논문, 29면 : 龍翼飛/徐霖, 앞의 논문, 32면.
41) 陳耀東/吳彬, 위의 논문, 49면 : 楊海靜, 앞의 논문, 194면.
42) 龍翼飛/徐霖, 앞의 논문, 32면.

員會로부터 재산권증명서를 발급받는 것이다.

(3) 금지된 양도에 의한 小産權房

村의 주민(村民)이 무상으로 취득한 농촌택지(農村宅基地) 사용권을 이용하여 주택을 건설한 후 그 촌의 집단경제조직의 주민이 아닌 도시에 거주하는 주민(城鎭居民)이나 법인 또는 기타 조직에게 매도하여 양도하는 것이다. 양수인은 등기할 수 없고, 오직 村委員會가 발급한 재산권증명서(産權證明)만 소지하게 된다.

(4) 변칙적 주택개발에 의한 小産權房

농촌집단경제조직과 주택개발업자가 순수한 경제적 이익을 추구할 목적으로 농지(農用地)나 農村建設用地, 또는 농촌택지(農村宅基地)를 점유하여 변칙적 방법으로 주택 개발을 추진하고, 개발·건설된 주택을 농촌 주민이나 도시에 거주하는 주민에게 매도하는 것으로서, 주택소유자(房主)들은 村委員會가 발급한 재산권증명서(産權證明)만 소지하게 된다.

위 유형 중 (1)과 (2)의 유형에 속하는 小産權房은 모두 합법적으로 건축된 주택으로서, 주택소유자는 관련 행정부서에 농촌택지사용권증명과 집단토지(集體土地)임이 기재되어 있는 주택등기부와 주택소유권을 신청하여야 한다.

(3)의 유형에 속하는 小産權房은 농촌집단경제조직의 주민(村民)이 비어 있는 주택을 그 집단경제조직의 주민이 아닌 도시주민(城鎭居民)이나 법인 또는 기타 조직에 매도한 것을 의미한다.

이러한 유형의 小産權房은, 그 집단경제조직 이외의 구성원들에게는 농촌택지 사용권을 양도할 수 없다는 법률(토지관리법 제63조)을 위반한 것으로서, 결국 현행 법률이 금지하고 있는 주택의 양도가 된다. 이를 합법적인 주택으로 전환하기 위해서는 먼저 양도인 측에서 토지관리 행정부서에 농촌택지사용권증명과 집단토지임이 기재되어 있는 주택등기부와 주택소유권을 신청하여야 한다. 그 후에 양수인은 농촌택지(農村宅基地) 사용금을 납부하고, 관련 토지관리 행정부서에 농촌택지사용권 및 주택소유권의 변경등기를 신청하여 그에 상응한 농촌택지사용권증명 및 집단토지임이 기재되어 있는 주택 등기부와 주택소유권을 획득하여야 한다.

(4)의 유형에 속하는 小産權房은 주택개발업자 등이 불법적으로 주택을 개발하고 건설한 것으로서 많은 문제점을 내포하고 있다. 즉, 농촌집단경제조직과 주택업자의 변칙적인 주택개발은 농지나 농촌택지 및 농촌의 건설용지를 위법적으로 점유한 것이 되므로 국가의 농지 보호정책과 정면으로 충돌된다는 의미에서도 그 합리적인 해결 방안을 모색하지 않을 수 없는 과제가 된 것이다.

요컨대 小産權房의 전형적인 형태는 판매를 목적으로 집단토지 위에 건설된 상품주택이라고 할 수 있다.[43]

그 밖에 소산권방의 유형을, ① 법률적인 보호 여부에 따라 택지(宅基地)상에 건축된 小産權房과 集團建設用地상에 건축된 小産權房, ② 건축목적에 따라 법적용이 달라진다는 점에서, 거주형의 小産權房과 판매형의 小産權房, ③ 주택가격과 사용목적에 따라 사치형의 小産權房과 일반 소비형의 小産權房 등으로 구분하는 견해도 있다.[44]

아래에서는 小産權房을 보다 자세하게 이해하기 위하여 그 발생 원인을 살펴보기로 한다.

3. 「小産權房」의 발생 원인

최근 중국사회에서 小産權房 문제가 발생한 원인으로서는 크게 다음과 같은 사항을 지적할 수 있다.

(1) 농민집단과 지방 정부의 이윤 추구의 충돌

앞에서 소개하였지만 현행 중국 헌법(제10조)과 토지관리법(제43조, 제62조 등)에 의하면, 농민집단(農民集體) 토지는 집단소유(集體所有)에 속하며, 집단토지 내에서 그 집단의 주민이 법에 따라 택지(宅基地)를 신청하고 주택을 건설하는 것은 허용되지만, 집단이 토지를 매도하여 양도받은 양수인이 그 토지 위에 주택을 개

---

43) 宋志紅, 앞의 논문, 71면.
44) 陳耀東/吳彬, 위의 논문, 50면.

발하거나 건설하는 것은 허용되지 않고 있다. 뿐만 아니라, 농민 개인이 택지를 매도하거나 주택을 그 구성원이 아닌 다른 도시에 거주하고 있는 주민에게 양도하는 변칙적인 주택 건설개발도 허용되지 않고 있다. 집단소유에 속하는 토지에 주택을 개발하려고 할 때에는, 오로지 국가가 집단소유의 토지를 수용한 다음 다시 그 토지를 주택 개발업자에게 양도함으로써, 이를 양수한 주택업자가 주택 상품을 건축하여 매도하게 되는 것이다. 그런데 현실적인 문제로서, 국가가 집단토지를 수용하는 금액과 국가가 다시 그 토지를 주택업자에게 매도하는 금액 사이에는 엄청난 격차가 존재한다는 점이다. 후자의 금액이 전자의 금액보다 몇 십배의 차이가 나는 경우도 있다고 하는데, 국가가 그 이익을 취득한다는 점에 대하여 부유하지 못한 농민집단은 불만이 발생하지 않을 수 없다는 것이다.[45] 구체적으로 주택건설용으로 토지 용도를 전환함으로써 가격이 약 95% 가량 증가하게 되었다면, 정부가 그 상승분 금액의 60-70%를 취득하고, 해당 촌의 일급집단조직(村一級集體組織)이 25-30%를 취득하게 되며, 농민은 5-10%밖에 취득하지 못한다고 한다.[46]

이론적으로 소유권이란 권리자(소유권자)가 그 재산에 대하여 점유·사용·수익·처분의 권리를 향유하게 된다는 점을 감안할 때, 집단(集體)에게 그 토지에 대한 소유권이 인정된다면 당연히 처분권과 수익권도 함께 부여되어야 하지만, 현행 법률에 의하면, 집단의 토지에 대하여 많은 권리를 제한받고 있는 현실에서 토지에 대한 처분권과 수익권도 거의 상실되어 있다는 점을 발견하게 된다.

결국 이러한 문제점에 대하여 농민집단이 할 수 있는 현실적인 방법은 小産權房을 건설하여 판매하는 행동으로써 자신들의 권익을 수호하려고 시도하였다는 지적이다.[47]

(2) 도시의 주택수요 증대와 高價 주택에 대한 저항

근래 중국의 도시화가 가일층 가속화되면서 도시 인구가 급속히 증가하고 있

---

45) 李佳穗, 앞의 논문, 131면 : 徐萬剛/杜興端/李保國, 앞의 논문, 61면.
46) 宋志紅, 위의 논문, 72면 : 蔡繼明, 小産權房的制度根源及治理方略, 熱點難點硏究 2009年 第22期, 26면.
47) 王彦, 앞의 논문, 166면 : 蔡繼明, 위의 논문, 같은 면.

는 추세에 있는데 반하여 정부의 주택 정책의 현실은 이에 미치지 못하고 있다는 점이다. 이로 인하여 도시의 주택 가격은 큰 폭으로 상승하고 있는데,[48] 주택 가격의 상승은 오히려 주택 구매 욕망을 직접적으로 자극하는 결과를 초래하게 되며, 결국 경제적 능력이 상품 주택을 구입하지 못하게 되는 수준의 위치에 있는 자들에게는 小産權房이 유일한 선택으로 된다는 것이다.[49]

현행 법규에 의하면, 도시 주택은 국유토지 위에 건축된 상품으로서의 주택과 극소량의 보장성 주택을 통하여 해결되고, 농촌의 주택은 농민이 택지(宅基地) 위에 건축한 주택으로 해결되고 있으므로, 농민은 도시에서 주택을 건축할 수 있지만, 도시 주민은 농민 주택을 구매할 수도 없고 집단토지 위에 상품으로서의 주택을 개발·건설할 수도 없게 되어 있다. 즉, 중국에서 농촌의 택지(宅基地) 사용권의 주체는 농가(農戶)에 국한되고 도시 주민은 포함되지 않는다. 이미 앞에서 지적하였지만, 농민 한 戶가 오직 하나의 택지(宅基地)만 보유할 수 있으며(一戶一宅), 농촌의 택지는 그 村에 거주하고 있는 농민에게만 분배가 가능하고 도시 주민은 농촌의 택지와 주택을 구입할 수 없는 것이다.

그런데 중국 도시화의 가속적인 발전과정에서 도시 주택의 수요량은 폭발적으로 증가한 반면에 농촌 택지는 공한지로서 대량 낭비되고 있는 실정이 된 것이다.[50] 이러한 배경 하에 지방정부의 토지 독점과 토지의 수익에 과도하게 의뢰하고 있는 지방재정 상태는 결국 建設用地의 양도 가격을 엄청나게 상승시키는 원인이 되었으며, 이로 인하여 주택 가격의 상승을 초래하게 되었던 것이다. 小産權房은 이처럼 급상승한 도시 주택의 가격으로 도시에서 주택을 마련할 수 없는 자들의 수요를 충족시키기 위하여 탄생하게 된 것이다.[51]

따라서 小産權房을 구입하는 자들은 대부분이 중저소득층에 속하는 자들이라고 할 수 있으며, 小産權房은 대부분 도시와 시골이 교차하는 부근에 있으므로

---

48) 2006년 중국 전역의 주택의 평균 가격 상승률은 5.5%였는데 반하여 北京이나 深川 등 대도시의 주택 가격 상승률은 10%를 상회하고 있다는 것이다. 蔡繼明, 위의 논문 같은 면.

49) 2009년 7월 北京시의 주택 평균가는 14,650元/㎡ 이었는데, 2009년 4월 北京 通州區에 위치한 小産權房의 평균 가격은 5,000元/㎡으로서, 양자의 가격에 엄청난 차이가 있음을 알 수 있다. 王彦, 앞의 논문, 167면.

50) 龍翼飛/徐霖, 앞의 논문, 28면.

51) 宋志紅, 앞의 논문, 72면.

교통도 상대적으로 불편하고 거주환경도 빈약할 뿐만 아니라, 구입을 원하는 자들도 小産權房에 대한 법률적인 위험을 인식하고 있지만, 비교적 저렴한 가격이라는 점에서 구입하지 않을 수 없게 된다고 한다. 결국 많은 시민들이 小産權房을 구입하게 되는 것은 기본적으로 거주할 수 있는 곳을 얻기 위한 수단임을 알수 있다.[52]

(3) 정부의 부실한 관리 · 감독

小産權房은 원초적으로 불법적인 것이었지만, 10여 년 동안 지속적으로 발전할 수 있었던 것은 정부의 관리와 감독이 허술하였기 때문이라는 지적이다.[53] 小産權房이 처음 등장한 2000년을 전후한 당시에는 각 지역의 小産權房이 공개적으로 판매되지 못하고 대부분 村民과의 협의 하에 村民의 명의로 구입한 후 비밀리에 村委員會에서 등기를 신청하였는데, 이제 와서는 小産權房의 매매가 완전히 공개된 상태에서 이루어지고 있으며, 주택개발업자 역시 더 이상 매매 목적물이 小産權房이라는 사실을 감추려 하지 않고 오히려 상대방에게 小産權房이라고 명확하게 알려주고 있는 실정이라는 것이다.[54]

요컨대 중국사회에서 小産權房이 흥행하게 된 것은, 표면상으로는 농민과 주택개발업자 및 도시 주민이 법규를 위반하고 이익을 도모하기 위하여 조성한 것이라고 하겠지만, 결국은 정부 당국의 관리 · 감독이 철저하지 못함으로 인하여 더욱 양산된 결과를 초래하게 되었다고 볼 수 있다.[55]

(4) 불명확한 관련 법규

1986년 중국의 토지관리법이 처음 제정될 당시의 내용에 의하면, 도시의 非農業가구 주민이 주택을 건설할 때 집단소유의 토지를 필요로 한다면, 반드시 縣級 인민정부의 허가를 받은 뒤 국가건설 수용토지의 기준에 따라 일정한 비용을 납부하여야 한다(동법 제41조)고 규정하여, 일정한 비용만 지불한다면 집단토지사

---

52) 魯曉明, 앞의 논문, 6면.
53) 徐萬剛/杜興端/李保國, 앞의 논문, 60면.
54) 王彦, 앞의 논문, 167면.
55) 宋志紅, 앞의 논문, 73면.

용권을 취득하여 주택을 개발·건설할 수 있었다. 그런데 1998년 토지관리법을 개정하면서 위 규정은 삭제되었고, 그 후 2004년 개정된 토지관리법에도 집단의 구성원이 아닌 자가 그 村에서 주택을 건축하는 것 자체를 금지하지는 않고 있다. 더구나 농민이 택지상의 주택을 양도하는 것도 금지하고 있지는 않다.

처음으로 이 규정에 대하여 제한을 가한 것은 1999년도에 國務院이 공포한 「토지의 투기목적의 전매를 엄금하는 토지양도관리의 강화에 관한 통지(關于加强土地轉讓炒賣土地的通知)」 이후 국무원과 관련 부서에서는 그 취지를 관철시키고자 하였지만, 2007년 제정된 물권법 역시 이 문제를 회피하고 명문 규정을 두지 않았다.[56]

이처럼 도시 주민이 집단토지 사용권을 취득하여 주택을 건설하는 것이 법률적으로 허용되다가 정책상 허용되지 않는 것으로 전환되는 과정을 거치게 되었음을 발견할 수 있다.

결국 입법상의 불비로 인하여 법률적으로 모호한 태도를 취하게 되자, 상당한 경제적 이익을 추구할 수 있다는 측면에서 小産權房이 출현하게 된 것이며, 또한 그 이면에는 장차 언젠가는 합법적인 것으로 전환될 수 있을 것이라는 기대심리, 즉 요행을 바라는 심리가 小産權房을 매입하는 자들에게 있다는 점을 지적하지 않을 수 없다.[57]

Ⅳ. 「小産權房」의 법적 쟁점

1. 「小産權房」의 적법성

(1) 학계의 평가

小産權房에 대한 중국 학자들의 평가는 긍정적으로 평가하는 견해와 부정적으로 평가하는 견해로 갈라지고 있는 듯하다.

먼저 小産權房의 출현을 긍정적인 입장에서 바라보는 시각은 다음과 같은 견지에서 小産權房에 대한 긍적적인 의미를 부여하고 있다.[58] 小産權房의 도전은

---

56) 李桂穗, 앞의 논문, 131면.
57) 宋志紅, 위의 논문, 72-73면.
58) 徐萬剛/杜興端/李保國, 앞의 논문, 59-60면.

사회주의 시장경제 요구에 적합하지 않은 토지의 양도제도를 근본적으로 개혁하고자 하는 내용이 포함되어 있고, 정부의 간섭으로 인하여 주택가격이 상승한 국면에 해결방안을 제시하게 되었다는 평가가 있으며,[59] 小産權房은 농민과 도시주민 및 국가 등 3자 모두에게 득이 될 수 있는 중국 발전의 대전략과 관련된다는 견해도 있다. 특히 小産權房은 중국 사회에서 高價 住宅에 대한 진상을 밝혀주는 계기가 되었으며, 정부는 이러한 주택들이 합법화 될 수 있도록 적절한 조치를 취하여야 한다는 경제평론가의 주장도 있다.[60] 경제적 관점에서 보더라도 이미 건축된 주택을 불법 건물로서 철거하는 것보다는 합법화하여 사용하도록 하는 것이 유리하며, 이는 주택가격의 상승을 억제하고 정부의 보장성 주택 공급의 압력을 완화하는 효과도 있다는 점을 지적하는 견해도 있다.[61]

中國政法大學의 王衛國 교수는, 「小産權房은 중국 주택산업시장을 독점하고 있던 권력이익집단과 치열한 경쟁을 하고 있다」는 예리한 지적을 한다.[62] 또한 小産權房은 역사의 개혁이 부담하는 하나의 부채이므로 토지를 위주로 이루어지는 재분배라고 평가하는 견해도 있으며,[63] 일부 학자들은 小産權房의 출현이야 말로 도시화의 한차례 개혁이며 토지와 주택공급의 혁명이라고까지 평가하고 있다.[64]

반면에 小産權房을 부정적인 시각에서 바라보는 학자들에 의하면, 小産權房은 방대한 농민들의 이익을 침해한 것으로서, 비록 농민들이 일시적으로는 이익을 얻을 수 있겠지만 긴 안목에서는 생존의 근거를 상실하게 될 것으로 예측하면서, 이는 오로지 농민의 거주 문제를 해결하는 데 사용될 수 있을 뿐이고, 거래의 대상이 되는 상품주택으로는 전환될 수 없다고 한다.[65] 또한 小産權房의 부정적인 측면이 강하다는 점을 강조하여, 이는 현행 토지정책에 충격을 가져다주었고, 거시적인 주택 조절정책에 위법한 간섭을 하게 되어 주택시장의 질서를 뒤흔들어 놓았다는 점에서 헌법 등 법률질서를 파괴하는 것이며, 정부의 공신력에 심각한

---

59) 周其仁, 小産權 . 大機會, 經濟觀察報 2007. 8. 27, 49면.

60) 徐萬剛/杜興端/李保國, 앞의 논문, 60면.

61) 宋麗, 앞의 논문, 41면.

62) 王衛國, 小産權房動了誰的奶酪, 建設市場報 2008. 12. 1., B2.

63) 武建東, 小産權房僵局或破, 中國土地 2008. 2., 41~44면.

64) 陳商, "小産權房"動了誰的奶酪, 中國報道 2007. 8., 84~87면.

65) 張玉玲, 不能讓"小産權房"死灰復燃 - 訪劉維新, 光明日報 2008. 1. 9. 9면.

위기를 초래할 수 있다는 우려를 표시하고 있다.[66]

학계의 이러한 견해대립은 오히려 문제 해결에 어려움을 초래하고 있다는 지적이 있지만,[67] 학계의 대체적인 흐름은 小産權房을 긍정적인 관점에서 접근하여 합리적인 해결방안을 모색하고자 하는 견해가 지배적인 듯하다.

(2) 합법적인 小産權房과 불법적인 小産權房

이미 앞에 소개한 小産權房의 유형에서 살펴보았지만, 小産權房은 합법적인 것과 불법적인 것으로 크게 구분된다. 문제는 위 유형 중 불법적인 小産權房에 해당하는 (3)과 (4)에 속하는 小産權房의 법적 지위이다.

앞에서 소개한 관련 법규(중국 헌법 제10조 제4항, 물권법 제151조-제153조, 토지관리법 제43조 및 제59조-제63조 등)의 내용을 살펴보더라도, 농민이 택지(宅基地)상의 주택을 양도하는 행위는 금지되지 않고 있으며, 양수인의 대상 범위도 제한하지 않고 있음을 알 수 있다. 오직 1999년에 국무원이 공포한 「토지의 투기목적의 전매를 엄금하는 토지양도관리의 강화에 관한 통지(關于加强土地轉讓炒賣土地的通知)」이후 일련의 정책성 규정에 의하여 택지사용권 및 그 지상의 주택에 대한 양도에 관한 제한을 하게 된 것이며, 그 연장선에서 택지상의 주택을 그 집단 구성원이 아닌 자, 특히 도시 주민에게 판매하는 행위를 금지하게 된 것이다.

이와 같은 정책성 규정의 법적 성질을 어떻게 이해할 것인지가 문제된다.

먼저 택지사용권(宅基地使用權)에 관한 문제로서, 물권법 제153조에 의하면, 택지사용권의 취득과 사용 및 양도는 토지관리법 등 국가의 관련 법규(有關規定)에 의하도록 규정하고 있다. 이 규정을 授權性 規定으로 이해한다면, 「국가의 관련 법규(有關規定)」란 국가 정책적 성격의 규정을 포함하는 기타 문건으로 해석할 수 있으므로 국무원이 공포한 위 정책성 규정은 비록 법률은 아니지만 택지사용권이라는 민사적 권리부분에 대해서는 법률적 효력이 있다는 의미가 된다는 견해가 있다.[68] 그러나 행정부서가 공포한 정책성 규정을 모두 강행법규적 성격이 있

66) 周之南, 小産權房合法化解決不了大問題, 光明日報 2007. 7. 13, 7면.

67) 徐萬剛/杜興端/李保國, 앞의 논문, 60면.

68) 宋志紅, 앞의 논문, 71면.

는 효력규정으로 단정할 수 있는지는 보다 심도 있는 논의가 있어야 할 것으로 본다. 이 점은 항을 바꾸어 자세하게 살펴보기로 한다.

이어서 살펴볼 쟁점은 농민이 향유하고 있는 택지상의 주택소유권에 관한 내용이다. 물권법은 이 점에 대하여 특별한 규정을 두지 않고 있지만, 농민이 향유하는 택지상의 주택 소유권이란 당연히 그 주택을 점유·사용·수익·처분할 수 있는 권리를 포함하는 완전한 소유권으로 이해하게 된다면, 결국 농민은 합법적인 소유권을 향유하여 택지상의 주택을 자유롭게 처분할 있다고 하지 않을 수 없다. 그런데 중국에서 택지의 사용권과 주택은 불가분적인 것으로서 주택의 양도성을 인정하게 된다면 택지의 不讓渡性과 정면으로 충돌하게 되는 결과가 발생하게 되는데, 이 점에 대하여 법률은 명문 규정을 두지 않고 있지만 상술한 정책성 규정은 후자에 비중을 두고 주택의 양도를 금지한 것이다.

농민의 주택 소유권은 公民이 향유하는 가장 중요한 민사법상의 기본권리에 속하는데 상술한 정책성 규정은 농민의 주택소유권에 대하여 현저하게 불합리한 제한을 하고 있다는 비판적 견해가 있다.[69]

그렇지만 집단의 구성원이 아닌 자에게 양도된 농민 택지와 주택에 대하여는 재산권증명서(産權證)가 발급되지 않고 있으며, 법원도 이러한 양도행위에 대하여 부정적인 태도를 취하고 있음은 이미 언급한 바이다.

2. 「小産權房」 거래의 효력

(1) 계약법상의 효력

① 택지(宅基地)에 건축된 합법적인 小産權房에 대한 매매계약의 효력

택지에 건축된 합법적인 小産權房이 집단조직 구성원에게 양도되는 경우에는 그 효력은 당연히 유효하게 됨은 이론의 여지가 없다. 문제는 합법적으로 건축된 小産權房이 그 집단조직 이외의 구성원, 특히 도시 주민에게 매도되는 경우 그 매매계약의 효력이다.

중국 계약법(中華人民共和國合同法)에 의하면, 법률 및 행정법규상의 강행규정

---

69) 宋志紅, 위의 논문, 같은 면.

을 위반한 계약은 무효가 된다(동법 제52조 제5호). 그런데 현행 법률이나 행정법규상 택지상의 小産權房을 도시 주민에게 매도하는 매매계약이 무효라고 명확하게 규정한 내용은 존재하지 않는다. 그리고 강행규정은 효력규정과 단속규정으로 구분할 수 있는데, 단속규정은 위반자에게 제재를 가할 수 있지만 그 행위 자체의 사법상 효력은 부정할 수 없다는 점에서,[70] 도시 주민이 이러한 주택을 구입하는 매매계약 자체를 무효라고 인정하는 것은 이론적으로 상당히 무리한 해석이라고 볼 수 있다.[71]

또한 중국 민법통칙(中華人民共和國民法通則) 제6조에 의하면, 민사법률행위에 대하여 명확하게 규정한 법률이 없을 때에는 국가정책을 준수하여야 한다고 하는데, 小産權房 매매에 관한 국가 정책은 오로지 도시 주민이 小産權房을 구입하는 행위를 금지한다고 규정하고 있을 뿐, 小産權房 매매계약의 효력에 대해서는 아무런 언급이 없다는 점을 주목한다. 따라서 국가정책은 강행규정이 아니며 법률상의 재판규범도 아니라는 점에서 小産權房 매매계약의 효력 여부를 판단하는 근거로 할 수 없다고 한다.[72]

② 집단건설용지에 건축된 주거용 小産權房의 매매계약의 효력

집단건설용지에 건축된 거주 유형의 小産權房의 매매계약은 원칙적으로 유효하게 인정하여야 할 것이다. 주택을 건설한 행위가 합법적이라면 거주 이외에 판매한 주택의 매수인이 그 집단조직 이외의 구성원이라고 하더라도 매매계약 자체를 무효로 인정할 것은 아니라고 할 것이다. 그 매매계약이 유효하다는 전제하에서 매수인이 小産權房에 대한 물권을 취득할 수 있는지의 여부는 물권법 제31조[73]에 의하여 판단하여야 한다.[74]

---

70) 史尙寬, 民法總論, 中國政法大學出版社(2000), 330면.
71) 陳耀東/吳彬, 앞의 논문, 53면.
72) 陳耀東/吳彬, 위의 논문, 같은 면.
73) 물권법 제31조: 본 법 제28조부터 제30조까지의 규정에 따라 부동산물권을 향유하는 경우, 그 물권을 처분할 때에는 법률의 규정에 따라 등기를 하여야 하며, 등기를 하지 않으면 물권의 효력이 발생하지 않는다.
74) 陳耀東/吳彬, 앞의 논문, 54면.

③ 불법적인 小産權房의 매매계약의 효력

불법적인 小産權房의 매매계약은 목적물 자체가 불법적인 것이므로 당연히 그 효력도 무효가 된다. 따라서 해당 주택인 小産權房은 행정기관에 의하여 강제로 철거되고 보상도 받을 수 없게 된다. 다만 토지이용계획의 변경으로 말미암아 토지 사용계획을 위반하였던 토지 사용 행위가 토지 이용계획으로 포함되는 특수한 경우에는 예외적으로 小産權房이 합법적인 것으로 전환될 수 있을 것이다.

이 경우에는 다음과 같은 요건을 구비하여야 한다.[75] 첫째, 주택이 여전히 존재하여야 한다. 둘째, 새로운 토지 건설계획에 따라 요구되는 절차를 이행하고 각종 세금과 관련 비용을 납부하여야 한다. 셋째, 이전에 불법으로 토지를 사용한 행위에 대한 응분의 법적 책임(벌금 등)을 부담하여야 한다. 이러한 요건이 충족되면 불법적인 小産權房은 합법적인 것으로 전환되어, 그 매매계약은 새로운 토지의 이용 상황과 이용 성격 및 계약 내용이나 법률 규정 등에 의하여 효력이 인정될 수 있을 것이다.

④ 집단건설용지에 건축된 판매용 小産權房의 매매계약의 효력

이러한 유형에 속하는 小産權房은 집단조직이 경제적 이익을 추구하기 위하여 영리목적으로 개발하여 건설한 것이고, 그 주요 목적이 대외적으로 판매하는 것이므로 그 매매계약은 당연히 무효가 된다.

집단건설용지사용권은 집단조직 구성원의 주택 수요와 공익사업 및 鄕村의 集團工業의 수요를 우선적으로 충족시켜야 하는데, 이와 같은 영리 목적의 계약을 유효한 것으로 인정하게 된다면 집단조직의 토지 판매를 변칙적으로 장려하게 되는 결과를 초래하기 때문이다. 다만 이러한 小産權房의 유형을 사치형과 일반소비형으로 구분하여 전자의 경우는 엄격하게 적용하여 무효로 할 것이지만, 후자의 경우에는 관대하게 처리할 여지가 있다는 주장도 있다.[76]

---

75) 陳耀東/吳彬, 위의 논문, 같은 면.
76) 陳耀東/吳彬, 위의 논문, 같은 면.

(2) 지방정부의 대처 방안

小産權房에 대한 지방정부의 정책은 두 가지 방향으로 전개되고 있는 듯하다. 그 하나는 고압적인 정책으로서 불법적인 小産權房의 진행을 응징하고 정리하는 태도이다. 예컨대 北京·西安·鄭州·廣州 등 일부 지역에서는 小産權房을 전면적으로 정리하고 청산하는 조치를 공개적으로 실시하였으며, 특히 2007년 廣州市는 일부 지역의 小産權房을 강제적으로 철거하는 강경한 태도를 취한 바 있다.

다른 한편 부분적이지만 지방정부가 小産權房의 합법화에 관한 유화정책을 추진한 예도 있다. 2005년 5월 廣東省 정부는 「광동성 집단건설용지 사용권의 양도 관리 방법(廣東省集體建設用地使用權流轉管理辦法)」을 공포하여 집단건설용지 사용권의 시장 유통을 합법화한 예가 있고, 2008년 6월 北京市 개발위원회는 농민들이 이주한 후 빈 채로 남아 있는 주택에 대한 거래를 승인하는 의견을 제시한 바 있으며, 2009년 6월 深圳市에서도 「농촌의 도시화과정에서 누락된 위법한 건축물의 처리에 관한 결정(關于農村城市化歷史遺留違法建築物的處理決定)을 공포하여 小産權房을 합법적인 것으로 전환함으로써 사회의 분위기를 고조시킨 예가 있다고 한다.[77]

V. 결

이상으로서 토지의 사회주의 공유제를 실시하고 있는 중국에서 최근 야기되고 있는 주택문제로서 小産權房에 관한 실태와 관련 법리를 살펴보았다.

요컨대, 이 문제는 근본적으로 중국의 토지소유권이 국가소유권과 집단소유권으로 2원화 되면서 도시와 농촌의 토지사용권의 주체와 내용이 상이함을 근간으로 하여, 중국의 개혁개방 정책으로 도입된 시장경제원리에 의한 이윤 추구 의식의 지나친 팽배에 따른 도시 주택 가격의 급등과 주택 수요의 급증으로 인하여 급속도록 파급된 사회적인 현상으로 파악된다.

아래에서는 小産權房에 관한 합리적인 해결 방안을 모색하는 내용으로서 결론에 갈음하고자 한다.

법적인 관점에서 볼 때, 먼저 집단토지건설용지 사용권의 양도 제도를 도입하

---

77) 徐萬剛/杜興端/李保國, 앞의 논문, 60면.

는 방안을 고려할 수 있다.[78] 이미 중국 국무원은 「2005년 경제체제 개혁의 심화에 관한 국무원의 의견(國務院關于2005年深化經濟體系改革的意見)」에서 농촌집단건설용지의 사용권이 시장에 진출할 수 있도록 연구를 추진하라는 지시를 한 바 있다.[79]

또한 현행 법률 규정에 의하면, 農村宅地使用權의 주체는 戶를 단위로 하는 농촌 村民에 국한되지만, 그 범위를 확대하여 도시 주민이나 법인 기타 조직으로 확대하는 방안도 모색할 필요가 있다고 본다. 농촌택지사용권의 주체에 대한 근본적인 변화가 발생하여야 하며, 농민은 더 이상 확정된 신분이 아니라 일종의 직업의 선택으로 되어야 한다는 주장은,[80] 상당한 설득력을 갖는 것으로 보인다.

그뿐만 아니라 현행 법률 규정에 의하면, 農村宅地使用權은 상속에 의해서만 양도가 가능하고, 동일한 집단의 村民 사이의 주택 매매에 의한 農村宅地使用權의 양도만 허용되고 있을 뿐이지만, 이를 확대 개방하여 그 집단의 村民이 아닌 다른 도시의 주민이나 법인 및 기타 조직에게까지 매매나 상속·증여 등에 의한 農村宅地使用權의 취득을 인정하도록 하는 방안도 고려하여야 할 과제라고 본다.

그리고 이미 거래된 小産權房에 대해서는 토지사용권의 양도 절차를 인정하고, 세금을 부과하여 합법화할 필요가 있을 것이다.

그러나 이러한 일련의 조치는 중국 정부 당국의 小産權房을 바라보는 정책적 판단에 의존할 수밖에 없다는 점에서, 향후 중국 정부의 후속 조치에 대한 귀추를 주목하지 않을 수 없을 것이다.

최근 '中國消費者報(2020年 6月 5日 第004版)'는 「小産權房의 "합법 전환"? 환상을 버려라(小産權房 "轉正"? 別幻想了!)」라는 제목의 기사에서 중국 정부의 명확한 정책 표방에 따라 小産權房의 「합법화(轉正)」꿈은 산산히 깨어졌다(徹底夢碎)」고 밝히면서 주의할 것을 당부하고 있다. 그 내용을 소개하면 다음과 같다.

최근 중국의 自然資源部는 「택지 및 집단건설용지사용권의 명확한 등기 작업의 가속화에 관한 통지(關于加快宅基地和集體建設用地使用權明確登記工作的通知)」를 발표하여 농경지를 난개발하거나 생태 보전 경계 규제를 위반하여 축조된 주택에 대해서는 도시 주민들이 불법적으로 택지나, 小産權房 등을 매입하여도 등기할 수 없

---

78) 王彦, 앞의 논문, 167면.
79) 胡康生, 中華人民共和國 物權法釋義, 法律出版社(2007), 335면.
80) 龍翼飛/徐霖, 앞의 논문, 32면.

다는 사실을 분명하게 밝히고 있다.

사실 小産權房에 대한 엄격한 억제와 '합법 전환'의 금지는 중국 정부의 기본적인 태도로서 지금까지 바뀐 적이 없으며, 정부의 태도는 한결같이 "철거와 교육, 처리와 겁주기, 문책과 경고(拆除一批, 教育一片；處理一批, 震懾一片；問責一批, 警示一片)"였다. 따라서 小産權房의 매수행위는 다음과 같은 위험과 폐단을 초래하게 된다.

첫째, 어떠한 법적인 보장도 받지 못하며, 주택재산권증서(房産證)도 발급받을 수 없다. 관련 부서가 小産權房을 정리하게 되면 사업이 중지되고, 심지어 강제 철거를 당하게 되어 주택 구매자는 주택을 취득할 수 없으며, 매매대금도 반환받을 수 없게 되는 어려운 상황에 직면하게 된다.

둘째, 철거를 당해도 이주지 보장(安置)과 보상을 받을 수 없다. 小産權房의 구매자는 합법적인 권리자가 아니기 때문에 재산권에 대하여 철거 이주 보상을 받을 수 없으며, 실제 사용자로서 받게 되는 철거 이주 보상은 재산권 보상과 비교하면 아주 미미하다.

셋째, 주택재산권증서(房産證)가 없으므로 부동산 시장에서 거래할 수 없으며, 저당권을 설정할 수도 없다. 특히 그 지역의 주택가격이 폭등할 경우에는 작성된 계약서가 무효라는 이유로 매도인이 계약을 파기하는 사례가 자주 발생한다.

넷째, 주택 건설공정의 감시·관리와 감정 절차가 없으므로 주택의 질적 저하는 물론, 안전성도 보장되지 않는다.

요컨대 택지와 집단건설용지사용권의 권리확립(確權)과 등기의 관련 규정에서 小産權房이 합법화될 수 없음을 명확히 하고, "합법 전환"에 관한 환상을 조기에 타파했으며, 동시에 小産權房 구입을 시도하는 주택 구매자에게 경종을 울린 것이다.

[3] 물권법(초안)의 토지사용권

Ⅰ. 서

중국 헌법 제1조에 의하면, 중국은 노동계급이 영도하는 노동동맹에 기초한 인민민주주의 독재의 사회주의국가임을 천명하고 있고, 사회주의제도는 중국의 기본제도임을 강조하고 있으며, 이 규정을 근거로 하여 그동안 제정된 각종 입법은 사회주의 현대화건설 등을 그 최상의 목적으로 설정하고 있다(예컨대 中華人民共和國 合同法 제1조). 최근 초안이 작성되어 인민대회에 상정되어 심의 중에 있는 물권법[1] 역시 예외는 아니어서 제1조는 사회주의 시장경제질서를 유지·보호하기 위하여 물권법을 제정한다는 점을 명백히 밝히고 있다.[2]

이처럼 사회주의국가를 추구하는 기본정책이 현실적인 입법 내용으로서 구체화될 때, 가장 극명하게 드러나게 되는 쟁점은 결국 소유권제도와 결합된 문제라고 할 수 있다.

최근 알려진 물권법 초안에서도 소유권 문제는 중요한 쟁점으로 대두되고 있는 듯하다.[3] 물권법 초안에 의하면 소유권의 유형을 3가지 유형으로 구분하여 국가소유권과 집단소유권 및 개인소유권이라고 하는 3가지 유형의 독특한 소유권제도를 도입함으로써(물권법 초안 제5장), 지하자원과 도시의 토지는 국가소유에 속하

---

1) 물권법 초안이 공포되기까지의 과정을 간략하게나마 살펴보면 1999년부터 2000년 사이에 物權法草案建議稿가 완성되었고, 2001년 12월 物權法草案(徵求意見稿)이 형성되어 각 지방법원에 의견을 구하였는데, 2002년 1월 11일 민법전기초작업이 개시됨으로써 물권법 제정은 잠시 보류되는 듯하다가 2003년 12월 다시 물권법 제정 논의가 재개되어 2004년 8월 3일 中華人民共和國物權法(草案)이 작성되어 2004년 10월 22일부터 물권법 초안 제2차 심의가 속개되었으며, 2005년 6월 26일부터 제3차 심의가 진행되어 2005년 7월 8일 全國人民代表大會常務委員會辦公廳이 中華人民共和國 物權法(草案)을 발표하였던 것이다. 본 논문에서 검토의 대상이 되는 물권법 초안의 내용은 2005년 7월 8일 공포된 것이다. 자세한 내용은 物權法(草案)學習討論參考, 中國法制出版社(2005), 83-87면.

2) 당시 중국의 당면과제 중의 하나인 민법전 제정의 목적도 중국의 민사법률제도를 진일보 완벽하게 제정하여 사회주의 시장경제의 요구에 적응하도록 하여야 하는 것이라고 한다. 梁慧星, 關于制定中國民法典的思考(上), 人民法院報(2000.2.5.), 2면.

3) 孫憲忠, 中國當前物權立法中的十五大疑難問題, 民商法學(2006. 5), 3-18면; 楊遂全, 中國之路與中國民法典(不能忽視的100個現實問題), 法律出版社(2005), 215-226면; 渠濤, 關于中國物權法制度設計的思考, 中日民商法研究, 제3권(2005), 法律出版社, 71-104면; 苗延波, 關于我國物權法中是否規定空間權的思考, 民商法學 2006.5., 84-91면; 近江幸治/孫憲忠, 中國物權法立法における「所有權」問題, 早稻田法學 제77권 2호(2002), 1-27면.

고(물권법 초안 제51조), 삼림이나 초원 황무지 등의 자연자원도 국가소유에 속하지만 법률의 규정에 의하여 집단소유가 되는 경우도 있으며, 농촌의 토지와 도시교외의 토지 역시 법률의 규정에 의하여 국가소유로 할 수 있음을 규정하고 있다(물권법 초안 제53조).

그런데 토지사용권에 관한 법제는 이 소유권제도를 근거로 하여 정립될 수밖에 없으므로 물권법 제정과정에서 가장 두려운 과제 중의 하나가 곧 용익물권의 체계를 구축하는 것이라고도 한다.[4]

종래 중국에서의 토지이용은 독특한 제도로 운영되고 있다. 그 근본적인 원인은 토지의 사회주의 공유제를 유지하기 위하여 채택된 토지의 국유화에서 비롯된다.[5] 중국 헌법 제10조[6]에 의하면 도시의 토지는 국가소유에 속하고, 농촌 등의 토지는 집단소유(集體所有)에 속하므로 결국 중국에서는 토지에 대한 개인의 소유권이란 허용될 수 없고 오로지 사용권만 인정될 수밖에 없기 때문이다. 이처럼 중국에서의 토지사용권이란 독특한 개념으로서, 소유권의 권능의 일부로서의 사용권이 아니라 토지의 소유권과 분리된 독립된 권리로서 존재하는 토지사용권을 의미한다.[7]

물권법 초안 용익물권편의 토지사용권에 관한 법제는 토지소유권의 유형에 따라 국가소유에 속하는 토지와 집단소유에 속하는 토지 및 농지 등으로 구분하여 그 사용관계를 규율하고 있다.

이에 아래에서는 중국의 토지국유화제도 하에서 물권법 초안 용익물권편에 토지이용에 관한 권리로서 어떠한 유형과 내용을 규정하고 있는지 자세히 살펴보고자 한다.

---

4) 屈茂輝, 用益物權制度研究, 中國方正出版社(2005), 39면.
5) 1986년 제정된 「토지관리법」 제1조는 입법취지로서, 토지의 사회주의공유제를 유지보호하고 토지자원의 개발과 합리적 이용을 위하여 제정된 것임을 천명하고 있다.
6) 중화인민공화국 헌법 제10조: ① 도시의 토지는 국가소유에 속한다. ② 농촌과 도시 교외 지구의 토지는 법률의 규정에 따라 국가소유에 속하는 것을 제외하고는, 집단소유(集體所有)에 속한다. 택지와 自留地, 自留山도 집단소유에 속한다. ③ 국가는 공공이익을 위하여 필요한 경우에는 법률의 규정에 따라 보상을 하고 토지를 수용(征收)하거나 징발(征用)할 수 있다. ④ 어떠한 조직이나 개인이라도 토지를 불법으로 점거하거나(侵占), 매매하거나 또는 기타 형식을 취하여 불법적으로 양도하지 못한다. 토지의 사용권은 법률 규정에 따라 양도할 수 있다. ⑤ 토지를 사용하는 모든 조직과 개인은 토지를 합리적으로 이용하여야 한다
7) 屈茂輝, 用益物權制度研究, 中國方正出版社(2005), 285면.

II. 용익물권으로서의 토지사용권

1. 현행법상의 토지사용권

과거 중국에서는 오랫동안 고도의 집단적 계획경제관리 체제가 유지되면서 용익물권이라는 용어 자체는 금기시된 개념으로서 그 존재 자체가 부정되었다.[8] 즉 1962년 제정된 「農村人民公社工作條例」에 의하여 농촌토지의 소유와 이용은 집단소유제 아래에 통일화됨으로써 용익물권제도는 역사적 무대에서 퇴출되었던 것이다.[9] 그런데 개혁개방이 추진되면서도 여전히 용익물권이라는 개념은 입법상으로 채택되지 못하고 있었다. 이처럼 아직도 중국에서는 용익물권에 대한 명확한 개념이 정립되지 않고 있는 실정이므로 그 내용이 구체화되지 못하고 있으며 입법상의 체계도 미흡한 때문에[10] 학자들 간에도 용익물권의 유형에 관하여 논란이 많은 듯하다. 그런데 이제 물권법을 제정하면서 용익물권제도를 명문으로 도입하여 토지사용관계를 규율하게 된 것이다.

일반적으로 토지사용에 관한 용익물권의 기본법으로서는 민법통칙 제5장 제1절 「재산소유권 및 재산소유권과 관련된 재산권」이라는 표제하의 제80조와 제81조의 내용을 들고 있다.[11] [12]

---

8) 楊立新外, 物權法, 中國人民大學出版社(2004), 135면.

9) 張義華, 物權法論, 中國人民公安大學出版社(2004), 255-256면.

10) 屈茂輝, 앞의 책, 35-37면.

11) 鄭雲瑞, 民法物權論, 北京大學出版社(2006), 227면; 屈茂輝, 위의 책, 34면.

12) 민법통칙 제80조 제1항은 「토지사용권과 도급경영권(承包經營權)」에 관한 내용으로서, 「① 국가소유의 토지는 법에 의하여 전인민소유제 단위가 사용할 수 있으며, 법에 의하여 확정된 집단소유제 단위가 사용할 수도 있다. 국가는 그 사용권과 수익권을 보호하며, 토지를 사용하는 단위는 관리하고 보호하며 합리적으로 이용할 의무가 있다. ② 공민이나 집단이 법률에 의하여 집단 소유의 토지 또는 국가소유 및 집단이 사용하는 토지도급경영권은 법률의 보호를 받는다. 도급 당사자 쌍방의 권리와 의무는 법률에 따라 도급계약으로 정한다. ③ 토지는 매매, 임대, 저당 기타 형식에 의하여 불법으로 양도하지 못한다」고 규정하여 토지의 사용권에 관한 내용을 규정하고 있으며, 또한 민법통칙 제81조는 「자연자원의 사용권과 도급경영권」에 대한 내용으로서, 「① 국가가 소유하는 산림, 連峰, 초원, 황무지, 간석지, 수면 등의 자연자원은 법에 의하여 전인민소유제 단위가 사용할 수 있지만, 법에 의하여 집단소유제 단위가 사용할 수 있도록 규정할 수 있다. 국가는 그 사용권과 수익권을 보호한다. 사용단위는 관리하고 보호하며 합리적으로 이용할 의무가 있다. ② 국가소유의 광산자원은 법에 의하여 전인민소유제 단위 및 집단소유제 단위가 채굴할 수 있지만, 법에 의하여 개인도 채굴할 수 있다. 국가는 적법한 채광권을 보호한다. ③ 공민 및 집단이 법에 의하여 집단소유 및 국가소유인데 집단이 사용하는 산림, 連峰, 초원, 황무지, 간석지, 수면에 대한 도급경영권은 법률의 보호를 받는다. 도급 당사자 쌍방의 권리와 의무는 법률에 따라 도급계약으로

즉, 토지의 소유 유형에 따라 그 이용관계를 「국유토지사용권(제80조 제1항)」과 「농촌토지사용권(農村土地承包經營權; 제80조 제2항)」 및 「국유자연자원사용권(제81조)」으로 구분하여 규정하고 있다.

또한 토지관리법 제9조는 국유토지의 사용권에 관하여 「국유토지와 농민집단소유의 토지는 법률에 의하여 확정된 조직이나 개인이 사용할 수 있다. 토지를 사용하는 조직과 개인은 토지를 보호하고 관리하며 합리적으로 이용할 의무가 있다」고 규정하고 있다.

그 밖에도 현재 시행 중인 법으로서 「토지관리법」, 「초원법」, 「삼림법」「광산자원법」, 「水法」, 「어업법」, 「야생동물보호법」 등에도 자연자원의 이용에 관한 용익물권을 규정하고 있는 것으로 설명하고 있다.[13]

요컨대 물권법 제정 당시 중국의 통설적 입장은 이와 같은 각종 단행법에 의하여 규율되고 있는 용익물권의 유형으로서, 토지사용권, 농지사용권(土地承包經營權), 택지사용권(宅基地使用權), 경영권, 채광권, 삼림사용권, 초원사용권, 水(取)權, 어업권 등의 종류를 들 수 있다고 한다.[14]

2. 강학상의 용익물권

앞에서 지적하였듯이 이제까지 중국에서는 용익물권이라는 입법상의 명확한 개념이 정립되지 않고 있었지만 학자들은 일치하여 용익물권 개념의 중요성과 필요성을 역설하고 있는 실정이다.[15] 그러나 구체적으로 용익물권의 종류에 대해서는 의견의 일치를 보지 못하고 혼란스러울 만큼 그 내용이 다양하게 주장되고 있는 듯하다. 아래에서는 어떠한 내용이 용익물권으로 포괄되어야 하는지 현재 학계에서 주장되고 있는 대표적인 유형을 간략하게 살펴보기로 한다.

정한다. ④ 국가가 소유하는 광물, 강, 국가소유이거나 법률규정에 의하여 집단소유에 속하는 삼림, 連峰, 초원, 황무지, 간석지 등은 매매, 임대차, 저당할 수 없으며 또한 불법적인 형태로 양도하지 못한다」고 규정하여 국가자연자원사용권을 규정하고 있다.

13) 王利明, 物權法硏究, 中國人民大學出版社(2002), 416면; 屈茂輝, 앞의 책, 34면; 梁慧星/陳華彬, 物權法, 法律出版社(2005), 280면.

14) 張義華, 앞의 책, 257면.

15) 陳華彬, 物權法, 法律出版社(2004), 407면 ; 劉保玉, 物權法, 上海人民出版社(2003), 283면.

(1) 지상권, 농지사용권(農地承包權), 전권(典權), 거주권, 지역권[16]

(2) 기지사용권(基地使用權), 도급경영권(承包經營權), 지역권[17]

(3) 지상권, 지역권, 농촌토지도급경영권(農村土地承包經營權), 전권(典權), 거주권, 특허물권[18]

(4) 지상권, 지역권, 전권(典權), 용익권(현행 국유기업경영권과 국유자원사용권 포함)[19]

(5) 건설용지사용권, 토지도급경영권(土地承包經營權), 이웃토지사용권(隣地使用權), 공간사용권, 수역사용권(水域使用權)[20]

(6) 건설용지사용권, 농지도급권(農業用地承包權), 상린토지이용권, 주택전권(房屋典權), 주택거주권[21]

(7) 기지사용권(基地使用權), 농지사용권, 지역권, 거주권[22]

(8) 농지사용권, 기지사용권(基地使用權), 지역권, 전권(典權)[23]

(9) 지상권, 영전권(永佃權), 지역권, 도급경영권(承包經營權), 국유기업경영권, 국유자원사용권[24]

그 밖에 유력한 견해로서 梁慧星 교수와 王利明 교수의 의견이 있지만, 구체적인 입법안을 제시하고 있으므로 항을 바꾸어 그 내용을 살펴보도록 한다.

특히 토지사용권과 지상권의 관계에 대해서는 양자의 내용을 동일한 것으로 파악하는 견해와 전혀 별개의 개념으로 이해하는 견해가 대립하고 있는 실정이다. 전자의 입장은 현행 중국법상의 토지사용권과 지상권은 아무런 차별이 없는 개념으로서 토지사용권으로서 지상권을 통일하여 사용할 수 있다고 한다.[25] 반면에 후자의 입장에 의하면, 중국에서의 토지사용권의 범위는 지상권의 내용을 포

---

16) 錢明星, 我國用益物權體系的研究, 北京大學學報: 哲學社會科學版, 2002.

17) 中國社會科學院法學研究所物權法研究課題組, 制定中國物權法的基本思路, 法學研究(1995) 제3기.

18) 楊立新外, 앞의 책, 138-149면.

19) 房紹坤外, 用益物權三論, 中國法學(1996), 제2기.

20) 屈茂輝, 앞의 책, 46면.

21) 劉保玉, 앞의 책, 285-336면.

22) 陳華彬, 앞의 책, 413-459면.

23) 張義華, 앞의 책, 268-348면.

24) 鄭雲瑞, 앞의 책, 227면.

25) 房紹坤外, 앞의 논문 ; 崔建遠, 物權:生長與成型, 中國人民大學出版社(2004), 7면.

괄하여 매우 광범위하게 미치며, 지상권에 비하여 융통성과 합리성이 더욱 많이 존재하므로 지상권으로 토지사용권의 개념을 대체하는 것은 타당하지 않다고 한다. 따라서 토지사용권이라는 개념을 물권법에서도 채택하여야 할 것을 주장하고 있다.[26] 또한 전권(典權)[27]은 비록 지금까지 명문화된 규정은 없지만 전통적인 중국 특유의 제도로서 강조되고 있다.

토지사용권과 관련된 용익물권에 관한 위와 같은 중국 학계의 뜨거운 논쟁에 대하여 물권법 초안은 어떠한 내용으로 구성되었는지 항을 바꾸어 살펴보도록 한다.

3. 물권법(초안) 제정과정에서의 논의

물권법 초안이 준비되는 과정에서 제기된 대표적인 학자들의 초안으로서, 梁慧聖 교수의 초안(이하 梁慧星案이라고 한다)과 王利明 교수의 초안(이하 王利明案이라고 한다)을 들 수 있다. 그런데 2000년과 2002년에 각각 발간한 두 교수의 물권법 초안의 내용과 최근에 민법초안 물권편에 소개된 내용은 약간의 차이가 있는데, 최근에 간행된 민법전 물권편의 내용에 따르기로 한다.

(1) 王利明案의 용익물권상의 토지사용권

王利明교수는 물권법의 전체 편제를 통칙, 소유권, 용익물권, 담보물권, 점유의 총 5장으로 구성하면서 용익물권의 내용으로서 다음과 같은 체계를 제시하고 있다.

　　제3장 용익물권

　　제1절 토지사용권(제854조-제878조)

　　제2절 농촌토지도급경영권(農村土地承包經營權)(제879조-제891조)

---

26) 鄭雲瑞, 앞의 책, 238-239면; 王利明, 中國物權法草案建議稿及說明, 中國法制出版社(2001), 345-347면

27) 典權은 일정한 비용(典價)을 교부하고 타인의 부동산을 점유하여 사용·수익할 수 있는 권리로서, 중국의 특유한 제도이고 다른 나라에서는 발견할 수 없다고 하지만, 그동안 법제화된 적은 없는 일종의 관습법상의 물권이라고 할 수 있는데, 그 법적 성질에 관해서도 용익물권설과 담보물권설, 양자를 겸비하고 있다는 절충설 등의 견해가 대립하고 있는 실정이다. 자세한 내용은 屈茂揮, 앞의 책, 223-284면.

제3절 택지사용권(宅基地使用權)(제892조-제900조)

제4절 지역권(제901조-제923조)

제5절 거주권(제924조-제933조)

제6절 전권(典權: 제934조-제954조)

제7절 구분지상권(空間利用權)(제955조-제964조)

제8절 특허물권

1. 양식권과 포획권(養殖權与捕撈權)(제965조-제966조)

2. 海域使用權(제967조-제968조)

3. 채광권(제969조-제971조)

4. 취수권(제972조-제973조)

이미 앞에서 지적하였듯이 王利明 교수는 전통적인 물권법상의 지상권은 중국에서의 토지사용권과 구분되는 개념이라는 견해를 취하고 있으므로 지상권의 개념을 채택하지 않고 있으며, 전통적인 중국의 부동산 이용권으로서 전권(典權)을 용익물권으로써 입법할 것을 주장하고 있으며 특허물권을 제시하고 있는 점도 주목된다.

토지이용에 관한 권리로서는 토지사용권과 농촌토지도급경영권(農村土地承包經營權), 택지사용권(宅基地使用權), 지역권 등을 들고 있으며 이는 중국의 전통적인 제도와 관습을 고려한 결과라고 판단된다. 토지사용권은 토지를 개발이용하고 생산경영하며 공익사업을 위한 목적으로 국가소유 또는 집단소유에 속하는 토지 위에 건물 기타 부속물을 축조하여 점유하고 사용·수익할 권리를 의미한다(안 제854조). 농촌토지도급경영권(農村土地承包經營權)은 농촌의 집단 경제조직의 농가 및 기타 단위나 개인이 농촌의 토지를 점유하고 사용·수익할 수 있는 권리를 의미한다(안 제879조). 택지사용권(宅基地使用權)은 농촌 집단 조직의 구성원이 법률에 의하여 농민이 집단소유하는 토지위에 주택을 건설할 수 있는 권리를 의미한다(안 제892조). 지역권은 자기 토지의 편익을 위하여 타인의 토지를 사용할 수 있는 권리라는 점에서 전통적인 물권법상의 지역권 개념과 상이하지 않다.

(2) 梁慧星案의 토지사용권

梁慧星 교수는 용익물권이라는 편제를 별도로 두지 않고, 물권법의 전체 편제를 통칙, 소유권, 基地使用權, 농지사용권, 隣地使用權, 典權, 저당권, 질권, 유치권, 양도담보, 점유의 총 11개 장으로 구성된 안을 제시하고 있다.

이 안은 전통적인 물권법상의 지상권이나 지역권이라는 개념을 완전히 거부하고 중국의 전통적인 법제로서의 기지사용권, 인지사용권을 주장하고 있으며, 그러한 점에서 전권을 인정하고 있는 것은 당연한 논리로 이해된다. 그런데 기지사용권의 개념을 「타인이 소유하는 토지 위에 건물이나 기타 부착물을 건축하고 소유하여 타인의 토지를 이용하는 권리」라고 정의하여(안 제406조) 사실상 지상권과의 차이점을 별견할 수 없다. 농지사용권이란 파종·양식·축산 등의 농업을 목적으로 국가 또는 집단소유에 속하는 농지를 점유하고 사용·수익하는 권리라고 한다(안 제441조). 인지사용권이란 토지소유자나 기지사용권자 또는 농지사용권자가 그 사용하는 토지의 편익을 위하여 타인의 토지를 이용할 수 있는 권리라고 하여(안 제471조) 이 역시 사실상 지역권과의 차이점을 발견할 수 없는 듯하다.

4. 물권법(초안)상의 토지사용권

물권법 초안은 다음과 같은 체계로 구성되어 있다.

제1편 총칙
제1장 일반규정(제1조-제8조)
제2장 물권의 성립, 변경, 양도와 소멸
제1절 부동산 등기(제9조-제26조)
제2절 동산 인도(제27조-제31조)
제3절 기타 규정(제32조-제35조)
제3장 물권의 보호(제36조-제44조)
제2편 소유권
제4장 일반규정(제45조-제49조)

따라서 토지사용권은 용익물권의 편제를 취하여 토지도급경영권(土地承包經營

權), 건설용지사용권(建設用地使用權), 택지사용권(宅基地使用權), 지역권 등으로 규정하고 있다. 이 구분은 토지소유 형태에 따른 것으로 파악된다. 즉 토지도급경영권(土地承包經營權)은 농지의 사용에 관한 것으로서 종래 시행되고 있던 농촌토지도급경영권(農村土地承包經營權)과 유사한 내용을 규정하고 있다. 또한 건설용지사용권(建設用地使用權)은 국가가 소유하는 토지에 건축하거나 부속시설을 설치하여 사용할 수 있는 권리로서 종래의 국유토지사용권과 유사한 내용으로 이해된다. 택지사용권(宅基地使用權)은 집단소유에 속하는 토지를 점유하고 사용할 수 있으며 그 토지 위에 주택 및 부속시설을 건축할 수 있는 권리로서 종래 집단소유토지사용권의 내용을 승계한 듯하다. 이러한 점을 감안하여 아래에서는 위 3유형의 토지사용권을 각각 농지사용권(土地承包經營權), 국유토지사용권(建設用地使用權), 집단소유토지사용권(宅基地使用權)으로 이해하고 번역하여 설명하고자 한다.

그리고 용익물권편의 일반 규정의 내용을 살펴보면, 용익물권자는 법률이 인정하는 범위 내에서 타인이 소유하는 부동산을 점유하고 사용·수익할 수 있는 권리를 향유하며(초안 제123조), 용익물권의 취득은 해당 행정기관의 허가를 받도록 하고 있다(초안 제125조). 또한 소유권자는 용익물권자의 권리행사를 방해할 수 없음을 명백하게 규정하고 있으며(초안 제127조), 부동산의 수용 등으로 용익물권이 소멸되는 경우에는 반드시 적절한 보상을 하도록 하고 있다(초안 제128조). 토지이용에 관한 용익물권의 자세한 내용은 항을 바꾸어 살펴보도록 한다.

Ⅳ. 농지사용권(土地承包經營權)

1. 농지사용권의 의의

농지사용권(土地承包經營權)이란 수급경영(承包經營)하는 耕地나 林地 草地 등의 농지를 점유하고 사용·수익할 수 있는 권리로서, 농지사용권자는 자주적으로 그 농지를 이용하여 재배업이나 임업 목축업 등 농업에 종사할 권리가 인정된다(초안 제129조).

종래 중국에서는 농지도급경영권의 법적 성질에 대하여 채권설과 물권설 또는 채권·물권병존설, 복합소유권설, 田面權說 등의 논란이 많았는데[28] 물권법 초안은 물권으로서 그 성질을 명확하게 규명하고 있다. 또한 국가가 소유하고 있는 농업용 토지에 대한 농지사용권에도 본 장의 규정이 적용된다(초안 제139조).

2. 농지사용권의 취득과 제한

(1) 농지사용권의 취득

농지사용권은 농지사용권계약(土地承包經營權契約)의 효력이 발생한 때부터 취득하게 된다고 규정함으로써(초안 제130조 제1항) 농지사용권은 당사자 간의 계약에 의하여 설정된다. 다만 지방인민정부는 농지사용권자(土地承包經營權者)에게 농지사용증명서(土地承包經營權權證書) 등을 발급하고 등기부에 등재하여 농지사용권(土地承包經營權)을 확인하도록 규정하고 있다(초안 제130조 제2항). 그런데 물권법 초안 제9조는 부동산물권의 성립과 변경 양도 및 소멸은 반드시 등기를 하여야 하고, 등기를 하지 않으면 물권의 효력이 발생하지 않는다고 하며, 다만 법률에 특별한 규정이 있는 때에는 그러하지 아니한다고 규정하고 있는데, 농지사용권은 등기에 관계없이 당사자 간의 계약이 효력을 발생한 때부터 발생하는 것인지 구체적인 효력발생 시기에 대한 의문이 제기된다.

또한 지역권 설정계약은 서면계약을 요한다는 규정(초안 제167조)이 있는 반면에 농지사용권계약의 방식에 대하여는 아무런 언급이 없다는 점에서 농지사용권계약은 불요식계약으로 이해된다. 다만 현재 시행 중에 있는 농지사용권에 관한 「農村土地承包法」에 의하면 토지사용계약(土地承包契約)의 특수성을 감안하여 토지사용계약에는 일정한 내용(계약 당사자의 명칭, 주소, 토지의 명칭, 면적, 질량등급, 사용기간과 시기·종기, 사용토지의 용도, 당사자의 권리·의무, 채무불이행책임 등)을 기재하도록 하고 있다(동법 제21조). 또한 당사자 간에 토지사용계약(土地承包契約)을 체결한 후 반드시 등기를 하여야 하는지 법률의 규정도 명확하지 않다.[29] 동법 제22조는 토지사용계약(土地承包契約)이 성립된 때부터 토지를 사용할 권리가 발생한다고 규정하여 위 물권법 초안의 내용은 이 규정을 그대로 계승한 듯하다.

농지사용권을 양도한 경우에는 변경등기를 신청하여야 하고 등기하지 아니한 때에는 선의의 제3자에게 대항할 수 없다는 규정(초안 제134조)를 감안한다면 농지

---

28) 鄭云瑞, 앞의 책, 246면.
29) 楊立新外, 앞의 책, 172면.

사용권(土地承包經營權)의 취득은 등기 없이도 가능한 것으로 해석된다.

그런데 농지사용권의 기간에 대해서는 아무런 규정이 없으므로 영구적으로 설정할 수 있는지 의문이 제기된다. 농촌토지도급법(農村土地承包法)에 의하면 농지사용권(農村土地承包經營權)의 기간은 계약으로 명확하게 약정하되 경지(耕地)는 30년, 草地는 30년에서 50년, 林地는 30년에서 70년으로 하고 특수한 수림(林木)의 임지에 대한 기간은 국무원 임업행정기관의 허가를 받아 연장할 수 있다고 규정하고 있는데(동법 제21조), 앞으로 어떻게 적용할 것인지 그 귀추가 주목된다.[30]

(2) 농지사용권의 제한

농지사용권자는 경지나 임지·초지 등의 농지를 점유하고 사용·수익할 수 있으며, 자주적으로 농업생산에 종사할 권리가 있다.

그러나 계약에 의하여 사용권이 인정된 농지에는 농업생산을 위한 목적의 토지사용만 인정되므로 그 농지상에 도자기 가마나 묘지를 조성할 수 없고, 또한 임의로 주택을 건축할 수 없으며, 허가를 받지 않고는 비농업용 건물을 건축할 수 없다(초안 제131조).

3. 농지사용권의 양도

(1) 양도의 자유

농지사용권자는 농지사용권(土地承包經營權)을 임의로 전대하거나 대여·교환·양도 등 기타 방법으로 유통할 수 있다(초안 제132조). 즉 농지사용권의 임의 처분이 허용되는 것으로 이해된다.

(2) 양도 방식

농지사용권을 양도할 때에는 농지사용권을 부여한 당사자(發包方)의 동의를 받아야 하는데, 양도계약은 반드시 서면의 형식으로 체결하여야 하며, 양수인의 사

---

30) 중국의 농촌토지의 사용에 관한 법률제도와 실태를 연구한 내용으로서, 陳小君, 農村土地法律制度研究, 中國政法大學出版社(2004) 참조.

용기간은 원래 사용권자(양도인)의 남은 사용기간을 초과하지 못하도록 규정하고 있다(초안 제133조).

또한 농지사용권을 양도하거나 대여 교환 등의 방법으로 유통한 때에는 농지사용권을 부여한 당사자(發包方)에게 보고하여야 한다(초안 제133조).

(3) 대항 요건

농지사용권자가 농지사용권을 교환하거나 양도할 때에 등기를 요할 경우에는 지방인민정부에 농지사용권(土地承包經營權)의 변경등기를 신청하여야 하며, 등기를 하지 않으면 선의의 제3자에게 대항할 수 없다(초안 제134조).

(4) 사용권자의 이주에 따른 반환

농지사용기간 내에 농지사용권자의 가족 전부가 소도시로 이주하여 정착하게 되는 경우에는 농지사용권자의 의사에 따라 농지사용권을 유보하거나 유통할 수 있다(초안 제135조 제2항). 그러나 농지사용권자의 가족 전부가 구(區)가 설치된 도시로 이주하여 그 도시 주민으로서의 사회보장 혜택을 받게 되는 경우에는 사용하고 있는 농지를 반환하여야 한다. 농지사용권자가 임의로 반환하지 아니할 경우에는 농지사용을 허가한 자는 그 농지를 회수할 수 있다. 다만 농지사용기간 내에 반환한 농지나 회수된 농지에 대하여 농지사용권자가 토지의 생산력을 향상시키기 위하여 투자한 부분이 있다면 그에 대한 정당한 보상을 받을 수 있다(초안 제135조 제3항).

이 내용은 강제반환제도를 규정하고 있는 농촌토지도급법(農村土地承包法) 제26조의 내용을 보완하여 수용한 듯하다. 그러나 물권법 초안에는 동법 제29조가 규정하고 있는 농지사용권자의 임의반환에 대한 내용은 채택되지 않고 있는 것으로 보아 과연 농지사용권자의 임의반환은 허용될 수 없는 것인지 해석상 논란의 여지가 있을 수 있다.

물권법 초안에는 농지사용권자의 가족 전부가 소도시로 이주할 경우에 농지사용권의 유보나 유통을 규정하고 있을 뿐이고, 농지사용권자의 농지사용권 임의반환에 대해서는 아무런 규정이 없기 때문이다.[31]

4. 농지수용에 대한 보상

(1) 농지 회수의 제한

농지사용기간 내에는 사용권의 목적물인 농지를 회수할 수 없다(초안 제135조). 따라서 농지사용기간 내에는 농지사용권자는 자유롭게 그 농지를 사용할 수 있는 권리가 보장된다. 또한 농지사용기간 내에는 목적물인 농지에 대한 조정도 인정되지 않는다(초안 제136조).

다만 자연재해로 인하여 농지사용권의 대상인 농지가 심하게 훼손된 경우에는 집단 촌민회의 3분의 2 이상의 촌민 대표의 동의를 얻고, 행정부서에 보고하여 허가를 받는 절차를 거치도록 규정하고 있다. 그렇지만 농지사용권계약을 체결할 때 조정할 수 없도록 합의된 경우에는 조정이 허용되지 않는다(초안 제136조).

(2) 농지 수용에 대한 보상

농지사용기간 내에 목적 농지를 수용할 경우에는 농지사용권자에게 합리적인 보상을 하여야 한다. 보상기준과 배치 방법 등은 농지사용권자에게 고지되어야 하고, 농지보상비 등 비용의 사용과 분배 방법은 법률에 따라 촌민회의에서 논의하여 결정하도록 규정하고 있다(초안 제137조). 또한 동 조항 후단에는 누구라도 농지보상비 등의 비용을 횡령하거나 유용하거나 또는 억류하지 못한다는 점을 명백하게 밝히고 있다.

(3) 미개발지에 대한 사용권

입찰이나 경매 또는 공개협의 등의 방법으로 荒山, 荒溝, 荒丘, 荒灘 등의 미개발지[32] 에 대한 농지사용권을 취득한 경우에는 물권법 규정이 적용되지 않고, 「농촌토지도급법(農村土地承包法)」 등의 법률과 국무원의 관련 규정을 적용한다(초안 제138조).

---

31) 農村土地承包法상의 농지사용권(土地承包經營權)의 회수 및 반환에 대한 자세한 내용은 楊立新外, 앞의 책, 180~181면.

32) 이를 "四荒"이라고 한다. 全國人大常委會法制工作委員會民法室編, 物權法(草案)參考, 中國民主法制出版社(2005), 343면.

Ⅴ. 국유토지사용권(建設用地使用權)

1. 국유토지사용권의 의의

국유토지사용권이란 법률에 의하여 국가가 소유하는 토지를 점유하고 사용ㆍ수익할 수 있는 권리를 의미하며, 국가토지사용권자는 법률에 따라 토지 위에 건물이나 구조물 및 기타 부속시설을 건축하여 경영할 수 있는 권리가 인정된다(초안 제140조). 이 규정은 「공간지상권」 또는 「공간이용권」에 관한 내용을 명문화 한 것이라고 한다.[33]

2. 국유토지사용권의 취득

국유토지사용권은 법률에 의하여 취득하는 것으로 규정되어 있으므로 이는 법정 용익물권으로 이해된다. 국가가 소유하는 토지상에 건물이나 부속시설을 건축할 수 있는 국가토지사용권은 당사자간의 계약이 아니라 법률의 규정에 따라 국가에 신청하여 취득할 수 있는 것으로 해석된다.

현행 土地管理法에 의하면 어떠한 단위나 개인이 토지에 건물을 신축할 목적으로 국유토지를 사용하기 위해서는 반드시 법률에 따라 국유토지신청을 하여 허가를 받도록 규정하고 있다(동법 제43조 제1항). 물권법 초안의 본 규정은 이와 같은 현행법을 고려한 것으로 보인다.[34] 다만 국유토지사용권은 양도 또는 분할의 방식을 통하여도 취득할 수 있다(초안 제142조).

중국의 행정조직으로서 鄕(鎭), 村의 기업이 鄕村의 공공시설이나 공익사업상의 필요로 인하여 집단소유의 토지를 사용하여야 할 경우에는 관련된 법률에 따라 본 토지사용권(建設用地使用權)을 취득하여야 한다. 법률에 규정이 없는 경우에는 본 장의 규정이 준용된다(초안 제157조).

---

33) 全國人大常委會法制工作委員會民法室編, 위의 책, 290면. 張鵬, 民法典視野下建設用地使用權分層設立制度的實施路經, 民商法學 2021年 第4期, 5-15면.
34) 全國人大常委會法制工作委員會民法室編, 위의 책, 295면.

3. 국유토지사용권자의 권리 의무

(1) 국유토지사용권자의 권리

국유토지사용권자는 국가가 소유하는 토지에 건물이나 부속시설을 건축하여 자주적으로 이용하고 경영할 수 있다. 또한 국가토지사용권자는 토지의 지표와 지상 또는 지하를 각각 분리하여 토지를 사용할 수 있다(초안 제141조).

(2) 국유토지사용권자의 의무

새로운 국유토지사용권을 설정할 때에는 기존의 용익물권자의 권리를 침해할 수 없도록 하여(초안 제141조), 물권 상호간의 우선적 효력에 대하여 시간적으로 먼저 성립한 물권을 보호하고 있다.

국유토지사용권자는 합리적으로 국유토지를 사용하여야 하며, 토지용도를 변경할 수 없다. 만일 토지용도를 변경하고자 할 때에는 행정기관의 허가를 받아야 한다(초안 제146조). 특히 국가는 농업용지를 건축용 토지로 전환하는 것을 엄격하게 제한하며, 건축용 토지의 총량을 규제함으로써 경지를 특별히 보호할 의무를 부과하고 있다(초안 제143조).

또한 국유토지사용권자는 법률의 규정 및 계약 내용에 따라 일정한 비용을 지불하여야 한다(초안 제147조). 현행 土地管理法에도 국유토지의 유상 사용을 원칙으로 한다는 규정을 두고 있다(동법 제2조 5항).

4. 국유토지사용권의 양도

(1) 국유토지사용권 양도의 자유와 제한

국유토지사용권은 양도 또는 분할의 방식으로 취득할 수 있다. 특히 상업용지는 경매나 입찰의 방법으로 양도할 수 있다(초안 제142조 제2항). 그러나 토지분할의 방법에 의한 국유토지사용권의 취득은 엄격하게 제한되며, 분할에 의하여 토지사용권을 취득하기 위해서는 토지용도와 관련된 법률이나 행정법규를 준수하여야 한다(초안 제142조 제3항).

국유토지사용권자는 법률이 금지하는 경우 이외에는 원칙적으로 국유토지사용권을 양도하거나 교환·증여할 수 있으며 저당권을 설정할 수도 있다(초안 제149조).

(2) 국유토지사용권의 양도 방법

경매나 입찰 등의 양도 방법을 통하여 국유토지사용권을 취득할 경우에는 반드시 서면으로 된 국유토지사용권 양도계약을 체결하여야 하며, 그 양도계약에는 다음 내용이 포함되어야 한다.

① 당사자의 명칭과 주소

② 토지의 위치와 면적 등

③ 건물이나 구조물 기타 부속시설이 차지하는 공간

④ 토지의 용도

⑤ 사용기간

⑥ 양도금 등의 비용 및 지불방법

⑦ 분쟁해결 방법(초안 제144조)

국유토지사용권자가 국유토지사용권을 당사자 간의 합의에 의하여 양도·교환·출자·증여하거나 또는 저당권을 설정할 때에는 반드시 서면으로 계약을 체결하여야 하며, 원래의 국유토지사용권의 남은 사용 기간을 초과할 수 없다(초안 제150조).

(3) 증서 발급과 변경등기

국유토지사용권의 경매나 입찰의 방법으로 양도계약을 체결한 후에는 등기소에 국유토지사용권의 등기를 신청하여야 하며, 등기소에서는 국유토지사용권(建設用地使用權) 증서를 발급하여야 한다(초안 제145조). 또한 국유토지사용권자가 국유토지사용권을 계약에 의하여 양도·교환·증여할 때에도 등기소에 변경등기를 신청하여야 한다(초안 제151조).

5. 지상건물의 소유권 귀속

(1) 지상건물의 소유권 귀속

국유토지사용권자가 목적 토지 위에 건축한 건물이나 구조물 기타 부속시설의 소유권은 원칙적으로 국유토지사용권자에게 귀속한다(초안 제148조). 즉 토지에의 부합을 배척하고 있다. 토지 국유화제도를 채택하고 있으므로 지상건물의 소유권은 당연히 분리되어야 할 것이다.

(2) 국유토지사용권의 처분과 지상건물 등 부속시설

국유토지사용권자가 국유토지사용권을 양도·교환·출자·증여할 경우에는 그 토지 위에 부속한 건물과 구조물 기타 부속시설을 함께 처분하여야 하며(초안 제152조), 반대로 건물이나 구조물 기타 부속시설의 소유권자가 그 건물이나 구조물 기타 부속시설을 양도·교환·출자·증여할 때에는 국유토지사용권도 함께 처분하여야 한다(초안 제153조)고 하여 국유토지사용권과 지상의 건축물의 법적 운명을 동일하게 처리하고 있다.

6. 국유토지사용권의 소멸

(1) 기간 만료

국유토지사용권은 사용기간이 만료한 때에 소멸한다(초안 제154조). 기간 만료 이외에 국유토지사용권의 특별한 소멸사유는 보이지 않는다. 그런데 기간에 대한 아무런 규정이 없으므로 최단기간으로서 1년 미만의 사용도 가능한지 또는 존속기간을 영구무한으로 될 수 있는지 모호하지만, 국유토지사용권 자체가 법률의 규정에 의하여 행정기관의 허가를 받아 취득할 수 있는 것이기 때문에 결국 허가 단계에서 조정될 것으로 보인다.

참고로 「中華人民共和國城鎮國有土地使用權出讓和轉讓暫行條例(1950년 5월 19일 국무원령 제55호)」 제2조에 의하면, 현재 토지사용권의 기간은 토지의 용도에 따라 구분되는데, 일반 거주용 토지는 70년, 공업용 토지는 50년, 교육 과학 문화 위생 체육용도의 토지는 50년, 상업 오락용 토지는 50년, 종합적인 목적 및 기타

용도는 50년의 기간으로 제한하고 있다.[35]

그런데 국유토지사용권(建設用地使用權)의 사용기간이 만료한 후에 지상건물이 존재할 경우에 그 법적 처리에 관해서는 아무런 규정을 두고 있지 않기 때문에 앞으로 많은 문제가 제기될 것으로 보인다. 이미 중국에서도 이 문제점을 지적하고 있는 견해가 있다. 과거 중국에서는 건설용지의 사용기간이 만료한 경우에 그 지상물은 국가에 귀속되었는데 그 부당함은 자명한 것으로서, 물권법 초안에는 사용권의 기간이 만료된 후 지상물을 어떻게 처리할 것인지 명확하게 밝히지 않고 있다는 것이다.[36] 이 문제는 지상건물이 주택인 경우와 비주택인 경우를 구분하여 그 지상물의 법적 처리를 해결함이 타당하다고 보이는데 앞으로 입법상의 보완이 이루어질지 그 귀추가 주목된다.

(2) 기간 연장

국유토지사용권의 기간이 만료된 경우에 계속해서 토지를 사용하고자 한다면 기간 만료 1년 전에 기간 연장을 신청하여야 하며, 공공이익을 위하여 토지를 회수할 필요가 있을 때에는 국유토지사용권자에게 동의할 의무를 부과하고 있다(초안 제155조). 물론 기간이 연장된 후에는 약정된 비용을 지불하여야 하며, 비용에 관한 약정이 없거나 불분명할 경우에는 국가 규정에 따라 비용이 확정된다.

(3) 말소등기와 증서 회수

국유토지사용권이 소멸되면 국유토지사용권자는 즉시 등기를 말소하여야 하며 등기소는 국유토지사용권 증서를 회수하여야 한다(초안 제157조).

---

35) 토지사용권의 양도와 관련된 법리의 제반 문제점에 대하여는 張慶華, 國有土地使用權糾紛處理與豫防, 法律出版社(2006) 참조.
36) 王利明, 物權法制定過程中的几個重要問題, 民商法學(2006. 5.), 22면.

Ⅵ. 집단소유토지사용권(宅基地使用權)

1. 집단소유토지사용권의 의의

집단소유토지사용권이란 집단소유에 속하는 토지를 점유하고 사용하는 권리로서 집단소유토지사용권자는 그 토지상에 주택이나 부속시설을 건축할 수 있는 권리가 인정된다(초안 제158조). 이는 농촌의 토지는 집단소유에 속하는 중국 특유의 소유권 제도에 기인하여 농촌의 토지 위에 농민이 주택을 건축할 수 있는 지상권의 한 유형으로 이해된다. 따라서 아예 용어마저 택지(宅基地)의 사용권이라고 정한 듯하다.

2. 집단소유토지사용권의 취득

집단소유토지사용권은 당사자 간의 계약에 의하여 성립되는 것이 아니라 법률의 규정에 따라 취득하게 되는 것으로 규정하여(초안 제159조) 이 역시 법정 용익물권으로 이해된다.

농가가 점유하는 택지 면적은 규정된 기준에 부합할 것이 요구되며, 한 가구당 오직 한 곳의 택지를 보유할 수 있도록 제한하고 있다(초안 제160조). 한 가구당 한 곳의 택지로만 그 점유를 제한하는 것은 개인의 사유재산에 대한 부당한 침해로 간주될 수 있는 사회주의국가의 특유한 제도라고 평가된다. 또한 도시 주민은 농촌에서 집단소유에 속하는 토지(宅基地)를 구입할 수 없도록 금지하고 있다(초안 제162조). 이처럼 토지 구입자체를 금지하거나 거주 이전의 자유를 제한하는 것 역시 사회주의국가의 산물이라고 볼 수 있다.

3. 집단소유토지사용권자의 권리 의무

집단소유토지사용권자는 그 토지 위에 주택 및 그 부속기설을 건축하는 등 토지를 이용할 권리가 있다. 다만 앞에서 소개한 국가소유의 토지에 대한 사용권(建設用地使用權)은 토지 위에 건물을 건축할 수 있도록 규정함으로써(초안 제140조) 지상건물이 주택에 한정되지 않지만, 집단소유에 속하는 토지에 대한 사용권(宅基地使用權)은 지상건물을 주택(住房)으로 제한하고 있다. 따라서 집단소유토지사용권자는 목적 토지 위에 비주거용 건물을 건축할 수는 없다.

또한 집단소유토지사용권자는 법률 규정에 의한 허가를 받지 않고는 그 토지(宅地)의 용도를 변경할 수 없다(초안 제161조).

4. 집단소유토지사용권과 지상 주택의 양도

집단소유토지사용권자는 지상에 건축한 주택을 양도할 수 있지만, 상당한 제한이 부과된다. 즉 집단소유토지사용권자가 지상의 주택을 양도하기 위해서는 먼저 소속한 집단의 동의를 받아야 하며, 상대방 양수인이 그 집단 내의 집단소유토지사용권의 분배조건에 부합한 농가인 경우에만 양도가 가능하다. 또한 지상의 주택을 양도할 때에는 집단소유토지사용권도 함께 양도된다(초안 제162조). 등기된 토지사용권(宅基地使用權)이 양도되면 토지사용권자는 즉시 변경등기를 하여야 한다(초안 제165조).

5. 집단소유토지사용권의 소멸

(1) 소멸사유

집단소유토지사용권의 소멸사유는 크게 두 가지로 파악된다. 그 하나는 정부가 토지를 回收하는 경우이다. 즉 鄕村의 공공시설이나 공익사업을 추진하기 위하여 지방정부의 허가를 받아 토지를 회수하게 되는 경우에는 그 농지의 사용권이 소멸하게 되므로 해당 농가에 토지(宅基地)를 재분배하게 된다(초안 제163조). 물론 이로 인하여 발생한 손해는 보상되어야 한다(초안 제163조). 또 하나는 자연재해 등으로 토지(宅基地)가 멸실된 경우이다. 자연재해 등으로 토지가 멸실되면 토지사용권(宅基地使用權)이 소멸되므로 다시 토지를 재분배하게 된다(초안 제164조).

(2) 말소등기

사용하고 있는 목적 토지에 대한 정부의 강제회수가 이루어지거나 자연재해 등으로 목적 토지가 유실되는 등으로 인하여 집단소유토지사용권이 소멸된 때에는 즉시 말소등기를 하여야 한다(초안 제165조).

Ⅶ. 지역권

1. 지역권의 의의

지역권이란 계약 내용에 따라 자신의 부동산의 편익을 향상하기 위하여 타인의 부동산을 이용하는 권리이다(초안 제166조). 이 경우 편익을 제공하는 타인의 부동산을 供役地(승역지)라고 하고, 편익을 받는 부동산을 需役地(요역지)라고 한다.

종래 중국에서는 토지의 상린관계(민법통칙 제83조)에 관한 규정만 두고 있었고 지역권이란 개념은 입법화되지 못하고 있었는데, 이번에 처음으로 명문화된 개념이다. 지역권이란 토지사유화제도에 수반되는 것이므로 중국과 같은 토지공유제 하에서는 존재하지 않기 때문에 타인의 토지사용이라는 문제가 발생할 여지가 없다는 것이다.[37]

흥미로운 점은 지상권의 개념으로서 자신의 토지의 편익을 위한 것이라고 하지 않고 부동산의 편익을 위한 것이라고 규정함으로써 그 적용범위가 어떻게 결정될 것인지 해석상 논란이 예상된다.[38] 토지는 국가소유 또는 집단소유에 속하기 때문에 자신의 토지라고 표현할 수 없는 한계가 있는 것으로도 사료된다.

2. 지역권의 취득과 기간

(1) 지역권의 취득

지역권의 취득은 두 가지 방법으로 인정된다. 먼저 당사자 간의 지역권 설정에 대한 계약을 체결함으로써 취득하게 된다. 지역권설정계약은 서면계약을 요한다. 지역권설정계약서에는 다음 사항이 포함되어야 한다(초안 제167조).

① 당사자의 성명 또는 명칭과 주소

② 요역지와 승역지의 위치

---

37) 高富平, 土地使用權和用益物權, 法律出版社(2001), 16면.

38) 비록 법제화는 되지 않았지만 종래 강학상의 개념으로서 지상권을 설명하는 경우에도 학자들은 자신의 토지의 편익을 위하여 타인의 토지를 이용하는 권리로서 지상권의 개념을 설정하고 있다. 梁慧星/陳華彬, 앞의 책, 300면 ; 楊立新外, 앞의 책, 186면 ; 陳華彬, 앞의 책, 435면 ; 屈茂輝, 앞의 책, 178면 ; 鄭云瑞, 앞의 책, 256면 ; 張義華, 앞의 책, 305면.

③ 이용목적과 방법

④ 이용기간

⑤ 비용 및 지불 방법

⑥ 분쟁해결방법

이 경우 지역권은 지역권계약이 효력을 발생한 때부터 취득하게 되며, 지역권 등기는 제3자에 대한 대항요건으로서의 의미가 있다(초안 제168조).

또한 지역권의 법정 취득도 인정된다. 지역권을 향유하거나 지역권이 설정된 토지의 소유권자가 土地承包經營權이나 宅基地使用權 등의 권리를 설정하게 될 때에는 그 토지의 사용권자(土地承包經營權者 또는 宅基地使用權者)는 토지에 설정된 지역권을 향유하거나 또는 지역권을 부담하게 되는 것이다(초안 제172조). 반면에 토지에 이미 각종 토지사용권(土地承包經營權, 建設用地使用權, 宅基地使用權)이 설정되어 있는 경우에는 그 용익권자의 동의를 받아야지만 토지소유권자는 지역권을 설정할 수 있다(초안 제173조).

그 밖에 요역지 및 요역지상의 각종 토지사용권(土地承包經營權, 建設用地使用權, 宅基地使用權)의 일부가 양도된 경우에 양도된 부분에 대한 지역권 설정의 합의가 있었다면 양수인은 지역권을 취득하게 된다(초안 제176조). 동일한 법리로서 승역지 및 승역지상의 각종 토지사용권의 일부가 양도된 경우에 양도된 부분에 대한 지역권 설정의 합의가 있었다면 양수인에게도 지상권의 구속력이 미치게 된다(초안 제178조).

(2) 지역권의 기간

지역권의 기간은 계약으로 결정되지만, 농지사용권(土地承包經營權)이나 국유토지사용권(建設用地使用權) 등 용익물권의 남은 기간을 초과할 수 없다는 제한이 있다(초안 제171조). 그런데 그 밖에는 아무런 규정이 없으므로 최단기간에 대한 제한의 인정 여부나, 지역권의 설정기간을 영구무한으로 할 수 있을지 역시 해석상 논란이 야기될 여지가 있다.

3. 승역지에 대한 권리 의무

토지의 편익을 제공하는 승역지의 권리자는 계약 내용에 따라 지역권자의 토지 이용을 허용하여야 할 의무를 부담하고, 지역권자의 그 토지에 대한 권리행사를 방해해서는 아니 된다(초안 제169조).

반면에 토지의 편익을 제공받는 지역권자는 계약에서 합의한 이용목적과 방법에 따라 승역지를 이용할 의무가 있으며, 승역지 권리자의 물권에 대한 제한을 가능한 한 최소화하여야 한다(초안 제170조).

4. 지역권의 양도와 담보제공

(1) 지역권의 양도

원칙적으로 지역권만의 단독 양도는 허용되지 아니 한다(초안 제174조). 다만 각종 토지사용권(土地承包經營權, 建設用地使用權, 宅基地使用權)을 법률에 의하여 양도할 경우에는 지역권도 함께 양도되겠지만, 이 역시 계약에서 별도로 규정하여 법적 운명을 달리할 수 있다. 지역권은 물권인데도 불구하고 자유로운 처분을 제한하고 있는 것이다.

(2) 지역권의 담보 제공

지역권은 저당권의 목적으로 할 수 없다고 하여 물권법 초안은 지역권의 담보제공을 원칙적으로 금지하고 있다. 다만 법률에 의하여 앞에서 설명한 각종 토지사용권(土地承包經營權, 建設用地使用權 등)에 설정된 저당권이 실행될 경우에는 지역권도 함께 양도된다(초안 제175조).

5. 지역권의 소멸

약정된 지역권의 존속기간이 만료하면 지역권은 당연히 소멸된다. 그 밖에도 물권법 초안에 의하면 특수한 소멸사유로서, 다음과 같은 상황이 발생할 경우에는 승역지의 권리자에게 지역권을 해제할 수 있도록 규정하고 있다(초안 제178조).

첫째, 법률규정이나 계약 내용을 위반하여 지역권을 남용하면 승역지의 권리자는 지역권을 해제할 수 있다. 둘째 승역지를 유상으로 이용하는 경우에 약정된 지불 기간이 경과한 후 합리적인 기간 내에 2회 최고하여도 비용을 지불하지 않는 경우에는 승역지의 권리자에게 해제권이 인정된다.

등기된 지역권이 변경 · 양도되거나 또는 소멸된 경우에는 즉시 변경등기 또는 말소등기를 하여야 한다(초안 제179조).

Ⅷ. 결

이상으로서 2005년 7월 발표된 중국 물권법 초안에 규정된 용익물권상의 토지사용에 관한 법규의 내용을 살펴보았다. 아래에서는 물권법 초안 용익물권편에 규정된 토지사용권에 관한 내용에 대하여 몇 가지의 특징과 의문점을 제기하며 결론에 갈음하고자 한다.

1. 먼저 기본적인 편제로서 용익물권의 개념을 도입하여 용익물권편을 신설한 것은 긍정적으로 평가될 수 있다. 특히 과거 고도의 집단적 계획경제관리 체제가 유지되면서 용익물권이라는 용어 자체가 금기시되었던 사정을 감안한다면 괄목할 만한 발전이라고 하지 않을 수 없다.

2. 종래 상린관계로서만 머물고 있던 지역권 개념을 명문으로 규정한 점도 바람직한 것으로 보인다.

3. 물권법 초안 용익물권편에 전개되고 있는 전체적인 토지사용권의 유형과 내용은 중국의 기본정책으로서 정립된 토지국유화체제에 부합하는 것으로 구성되어 있다는 점을 하나의 특징으로 지적할 수 있다. 이는 결국 토지에 대한 중국의 기본정책과 종래의 제도를 중시한 입법이라고 볼 수 있다. 중국의 특유한 제도라고 할 수 있는 典權[39]을 명문화하지는 않고 있지만, 전통적인 물권법상의 토지사용권으로서 지상권이라는 개념을 도입하지 않고, 土地承包經營權 · 建設用地使用權 · 宅基地使用權 등으로 구분한 것은 전적으로 중국 특유의 토지소유관계를 고려하여 체계화한 것으로 풀이된다. 즉 농지에 대한 사용권은 土地承包經營權으로

---

39) 물권법 초안 준비 과정에서 제기된 梁慧星案과 王利明案 모두 典權을 용익물권으로 도입할 것을 주장한 점은 일치하고 있다.

서 규율하고, 국유토지의 사용권은 建設用地使用權이라는 명칭으로 규정하며, 집단소유에 속하는 토지의 사용권은 宅基地使用權이라고 하여 각각 규정을 두고 있는 것이다. 이렇다 보니 특수지상권으로서 구분지상권 등의 개념을 간과하고 있다.

4. 典權을 여전히 관습법상의 물권으로서 유보할 것인지 향후 논의과정에서의 귀추가 주목된다.

5. 각 토지사용권에 대하여 규정하고 있는 법조문의 내용이 지나치게 간략하다는 점에서 해석론상 여러 가지 쟁점이 야기될 수 있을 것으로 보인다. 특히 국유토지사용권(建設用地使用權)의 경우에 사용기간 만료 후 잔존하고 있는 지상건물의 법적 지위에 관한 문제는 앞으로 반드시 보완되어야 할 과제라고 할 것이다.

6. 일부 토지사용권의 취득을 다른 법률에 유보하고 있는 규정은 앞으로 해석론상의 논란을 가중시키는 요인으로 작용할 우려가 높을 것으로 예측된다. 즉 국유토지사용권인 建設用地使用權과 집단소유토지사용권인 宅基地使用權 등은 당사자의 약정에 의하여 취득할 수 있는 것이 아니라 법률의 규정에 의한다고 함으로써 결국 행정기관의 허가를 받아야 취득할 수 있도록 규정하고 있다. 이 경우에 법률이란 구체적으로 어떠한 내용의 법률을 의미하는지 보완되어야 할 과제이다.

7. 이처럼 토지를 이용할 수 있는 용익물권을 당사자 간의 약정에 의하여 취득하는 것이 아니라 법률의 규정에 의하도록 하고 있다는 점과, 집단소유토지사용권(宅基地使用權)의 경우에는 한 가구당 한 택지만 보유하도록 규정하고 있으며, 소속된 집단의 동의를 받아야 양도가 가능하다는 내용 등은 사적자치의 원칙에 반하거나 사유재산권 침해의 여지에 대한 논란이 야기될 수 있다.

8. 각종 토지사용권의 기간에 관한 규정이 없으므로 영구무한으로 설정할 수 있는지, 또는 허가기관인 행정기관의 재량에 따라 좌우될 수 있는 것인지 의문이 제기된다.

9. 농촌토지사용권(土地承包經營權)이나 지역권과 같은 용익물권은 물권이지만 등기 없이 계약만으로 효력이 발생하고, 등기를 제3자에 대한 대항요건으로 규정함으로써 부동산물권변동에는 등기를 요한다고 규정한 물권법 초안 제9조와의 관계도 정립되어야 할 과제이다.

요컨대 1999년 10월 1일부터 시행되고 있는 중국의 계약법(中華人民共和國 合

同法)은 21세기를 지향하는 우수한 내용의 법[40]이라는 평가를 받고 있지만, 이번에 공포된 물권법 초안상의 토지사용권에 관한 내용은 토지공유제라는 중국의 독특한 사회주의 기본체제에 집착한 나머지 합리적이고도 진보적인 서구의 법제 내용이나 법리를 수용하지 못하고 종래의 제도를 대부분 그대로 답습하는 폐쇄성을 견지하고 있다는 비판을 면하기 어렵다고 본다.

---

40) 梁慧星, 合同法的成功與不足(下), 中外法學(2000.1.), 92면.

제3장
물권법

[1] 소유권 취득

I. 서론

2007년 10월 1일부터 시행되고 있는 중국 물권법(中華人民共和國物權法)은 제1조의 내용 중에 「사회주의 시장경제질서를 유지하고 보호한다」는 물권법 제정의 기본원칙을 천명함으로써, 우리나라 물권법상의 제도와 다른 몇 가지의 특색을 발견하게 된다(이하 물권법이라 함은 중국 물권법을 지칭한다). 그중 가장 큰 특징은 소유권에 관한 내용이라고 할 수 있는데, 사회주의 경제체제를 표방하고 公有制 경제제도를 지향하는 중국에서는 소유권에 관한 내용이야말로 물권법 제정과정의 핵심과제가 되었던 것이다.[1] 또한 물권법 제7조는 「물권의 취득과 행사는 법률을 준수하여야 하고 사회 공중도덕을 존중하여야 하며, 공공이익과 타인의 합법적인 권익을 침해하지 못한다」고 규정하여 소유권의 취득은 반드시 합법적이어야 하며, 그렇지 않을 경우에는 법률의 승인과 보호를 받지 못하게 된다.[2] 뿐만 아니라 물권법 제41조는 「법률규정에 의하여 국가소유로 귀속된 부동산과 동산은 어떠한 단체(單位)나 개인도 소유권을 취득할 수 없다」고 규정함으로써 소유권의 취득이 금지되는 객체와 범위도 상당히 광범위하다고 할 수 있다. 물론 그 밖에 용익물권 및 담보물권 등 제한물권에 관한 내용도 우리나라의 제도와는 상당히 다르게 규정되고 있다는 점도 지적하지 않을 수 없다.

이처럼 사회주의국가에서 소유권의 취득에 관한 내용과 법리는 우리나라의 제도와 상당히 다르다고 할 수 있기 때문에 아래에서는 물권법상의 규정과 학설상 주장되고 있는 내용을 중심으로 중국에서의 소유권 취득에 관한 법리를 살펴보고자 한다. 중국 물권법상의 소유권 취득에 관한 내용과 법리는 비교법적인 측면에서도 중요한 의미가 있지만, 실제 중국에 거주하고 있는 우리 교민이 증가하고 있는 추세를 감안할 때, 외국인으로서 반드시 숙지하여야 할 중요한 지식의 하나라고도 할 수 있을 것이다.

---

[1] 중국 물권법의 제정 과정과 소유권에 관한 입법 당시의 논의에 관한 자세한 내용은 梁慧星, "中國《物權法》的制定", 中日民商法研究 第7卷, (法律出版社, 2009), 3-23면 참조.
[2] 王利明, 「物權法研究」 修訂版 (上卷), (中國人民大學出版社, 2007), 417면.

II. 소유권 취득의 유형

일반적으로 소유권의 취득원인은 법률행위에 의한 것과 법률규정에 의한 것으로 구분할 수 있지만,[3] 중국에서도 물권법이 제정되기 전부터 소유권의 취득으로서 원시취득과 승계취득(繼受取得)의 두 가지 방식을 인정하고 있었으며,[4] 물권법이 제정된 이후에도 동일한 취지로 설명하고 있다.[5] 아래에서는 물권법에 명문으로 규정되어 있는 소유권 취득의 유형을 소개하고, 이어서 물권법상의 규정은 없지만 학설상 논의되고 있는 내용을 살펴보기로 한다.

1. 물권법상의 소유권 취득

물권법 제2편 소유권 제9장 「소유권 취득에 관한 특별규정」에 명문으로 규정하고 있는 소유권취득의 유형은 선의취득(제106조–제108조), 유실물 습득(제109조–제113조), 표류물의 습득 · 매장물의 발견(제114조), 주물과 종물(제115조), 과실 취득(제116조)에 불과하다. 각 조항의 해석론과 법리에 관한 내용은 항을 바꾸어 자세히 살펴보기로 한다.

2. 학설상 주장되고 있는 내용

중국에는 아직 민법전이 존재하지 않지만,[6] 일찍부터 총괄적으로 서술된 민

---

3) 중국에서는 물권법이 제정되기 전에는 법률행위에 의한 물권변동과 법률규정에 의한 물권변동으로 구분하지 않고, 「법률행위에 의한 물권변동」과 「비법률행위에 의한 물권변동(非基于法律行爲的物權變動) — 상속 · 강제집행 · 수용 · 판결 등」으로 구분하고 있었으며(梁慧星/陳華彬, 「物權法」, (法律出版社, 2005), 73–80면; 溫世揚/廖煥國, 「物權法通論」, (人民法院出版社, 2005), 93면), 물권법이 제정된 이후에는 일반적으로 법률행위에 의한 물권변동과 「기타 원인에 의한 물권변동」 등으로 구분하고 있지만(楊立新, 「物權法」, 第二版, (中國人民大學出版社, 2007), 45면), 여전히 법률행위에 의한 소유권 취득과 비법률행위에 의한 소유권 취득으로 구분하고 있는 견해도 있다. 예컨대 江平 主編, 「中國物權法敎程」, (知識産權出版社, 2008), 265–282면.

4) 王利明, 「物權法論」, (中國政法大學出版社, 2000), 270–271면; 楊立新/程嘯/梅夏英/朱呈義, 「物權法」, (中國人民大學出版社, 2004), 68면; 梁慧星/陳華彬, 위의 책, 59면; 鄭雲瑞, 「民法物權論」, (北京大學出版社, 2006), 81면; 陣華彬, 「物權法原理」, (國家行政學院出版社, 2002), 106–107면; 張義華, 「物權法論」, (中國人民公安大學出版社, 2004), 58–59면; 彭萬林 編, 「民法學(修訂本)」, (中國政法大學出版社, 1999), 264–265면.

5) 王利明, 위의 책(「物權法硏究」), 417면; 楊立新, 위의 책(「物權法」), 77면.

법관련 저서에서도 민법총칙, 물권, 채권, 불법행위(侵權), 상속(繼承) 등 이른바 판덱텐 시스템에 의한 체계에 따라 관련 법리를 설명하거나,[7] 각각 분리 독립된 명칭의 저서가 출간되어 그 법리를 규명해 왔다.[8] 그 내용 중 소유권의 취득에 관한 유형으로서는 위에서 소개한 물권법에 명문으로 규정된 내용 이외에도, 취득시효·무주물 선점·첨부 등에 관한 법리가 소개되고 있었으며, 물권법이 제정된 후에도 이들에 관한 입법상의 불비를 지적하고 있는 실정이다.

(1) 원시취득과 승계취득

원시취득의 예로서는 노동생산, 과실취득, 국가강제, 無主財産·無主動産의 先占, 신체의 변이물 등을 설명하고 있으며,[9] 승계취득에 해당하는 중요한 방식

---

6) 중국 정부는 1978년 개혁개방을 표방한 후, 사회주의 시장경제 체제로의 전환을 시도하면서 1979년 11월 민법전 제정을 위한 기초 작업을 실시하여 1982년 5월 일응 민법초안이 완성되었지만, 당시 사회 전체의 전환기를 맞아 완전한 민법전 제정이 어렵다고 판단되어 全人大常務委員會 彭眞 委員長은 민법 기초작업을 수행해온 준비위원회의 해산을 명령하였다. 그 후 일시 정지되었던 민법전 기초 작업은 1998년 3월 제8기 全人大常務委員會 王漢斌 副委員長이 민법전 기초 작업을 재개할 것을 결정함으로써, 9인의 민법학자들로 구성된 민법기초위원회가 결성되었다. 2002년 1월 제9기 全人大常務委員會 李鵬 委員長이 민법전 기초를 조속히 시행할 것을 지시함으로써 민법전 제정이 급진전되어 그 해 12월에 민법전초안이 완성되어 발표되기에 이른다. 그러나 이 초안의 완성이 졸속하다는 등 학계의 반대가 극심하여 2004년 6월 제10기 全人大常務委員會는 다시 입법계획을 변경하여 민법전 초안의 심의와 수정작업을 중지하고 물권법초안의 수정과 심의로 입법 방향을 급선회하게 된다. 그 결과 2007년 10월 1일부터 물권법이 시행되기에 이른 것이다. 2009년 현재 중국 정부는 불법행위법(侵權責任法)의 제정에 박차를 가하고 있으며, 조만간 불법행위법이 제정되면 민법전의 체계적인 정비가 수행될 것으로 보인다. 중국의 민법전 제정에 관한 경과와 내용에 대해서는 梁慧星/渠濤, "中國民法典의 制定", 民法改正研究會, 「民法改正と世界の民法典」, (信山社, 2009), 395-407면 ; 王利明, 「民法典體系研究」, (中國人民大學出版社, 2008), 161-166면. 참조.

7) 예컨대 彭萬林 編, 위의 책 또는 王利明/郭明瑞/吳漢東, 「民法新論(上), (下)」, (中國政法大學出版社, 1988) 등 참조.

8) 그동안 논의되었던 민법전의 체계도 대체적으로 판덱텐 시스템에 의한 체계를 선호하고 있다. 王利明, "論中國民法典體系", 徐國棟 編, 「中國民法典 起草思路論戰」, (中國政法大學出版社, 2001), 105-133면; 동, 앞의 책(「民法典體系研究」), 301면 이하; 謝哲勝/常鵬翱/吳春岐, 「中國民法典立法研究」, (北京大學出版社, 2005), 1-29면. 또한 실질적으로 유력한 학자들이 주장하고 있는 중국 민법전초안의 구성도 총칙편, 물권편, 계약편(合同編), 불법행위편(侵權行爲編), 상속편(繼承編) 등으로 되어 있다. 王利明, 「中國民法典學者建議稿及立法理由」, 總則編 人格權編.婚姻家庭編.繼承編 物權編 債權總則編.合同編 侵權行爲編, (法律出版社, 2005); 梁慧星, 「中國民法典草案建議稿附理由」, 總則編 物權編 債權總則編 .合同編 侵權行爲編.繼承編, (法律出版社, 2004) 등 참조.

9) 彭萬林 編, 앞의 책, 296-300면; 楊立新, 앞의 책, 78-81면; 楊立新/程嘯/梅夏英/朱呈義, 앞의 책, 69-71면.

으로서는 매매에 의한 소유권 취득과 교환이나 증여에 의한 소유권 취득, 상속과 유증 등에 의한 소유권 취득 등을 예시하고 있다.[10]

　노동생산이란 사람들이 도구를 사용하여 각종 생산용품이나 생활필수품을 만드는 과정으로서 그 결과 생산된 신상품의 소유권은 당연히 생산자에게 귀속된다는 것이다. 이는 사회주의국가의 성격상 비롯된 것으로 이해된다. 따라서 노동생산은 소유권 취득의 가장 기본적인 형태이며 중요한 합법적 방식이 되는 동시에,[11] 원시취득의 한 유형으로 이해하는 것이 중국 민법학계의 통설적 입장이라고 한다.[12]

　또한 사회공공이익을 위하여 필요한 경우에는 법률의 특별 규정에 근거를 두고 몰수·수용·국유화 등 강제 수단을 통하여 국가가 소유권을 취득할 수 있다. 물권법에는 수용(征收) 절차에 대한 자세한 규정을 두고 있다.[13]

　무주재산이란 유실물과 표류물·매장물·은닉물 및 상속인이 없거나 수증자가 없는 재산 등 3유형의 재산을 의미한다.[14]

　중국의 상속법(中華人民共和國繼承法. 1985년 10월 1일 시행)상 상속인의 순위는 제1순위가 배우자와 자녀, 부모이고, 제2순위는 형제자매나 조부모 및 외조부모가 된다(繼承法 제10조).[15] 그런데 피상속인이 사망한 후 제2순위에 속하는 상속인이 없거나 수증자도 없는 경우에는 그 유산은 국가소유가 되는데, 다만 피상속인이 생전에 집단소유제(集體所有制) 조직의 구성원이었다면 그 유산은 집단소유(集體所有)에 귀속하게 된다(繼承法 제32조). 이러한 상속인 없는 재산에 대한 국가의 소유권 취득은 일종의 원시취득에 해당한다.[16]

---

10) 王利明, 앞의 책(「物權法硏究」), 417면; 楊立新, 앞의 책(「物權法」), 82면

11) 楊立新, 앞의 책(「物權法」), 78면.

12) 彭萬林 編, 앞의 책, 297면.

13) 중국 물권법상의 「수용(征收)」과 「징발(征用)」에 대한 자세한 내용은 제3장 [2] 참조.

14) 楊立新/程嘯/梅夏英/朱呈義, 앞의 책(「物權法」), 69-70면; 楊立新, 앞의 책(「物權法」), 79-80면.

15) 피상속인의 4촌 이내의 방계혈족 까지를 경계로 하는 우리나라의 상속인과 달리 중국의 상속인은 제1순위로서 자녀와 배우자 및 부모가 동일순위로서 유산을 균분상속하게 되며, 제2순위로서 형제자매와 조부모 외조부모가 동순위로서 인정될 뿐이다. 중국 상속법상의 상속인 순위 및 상속분에 대하여는 張玉敏, 「繼承法律制度硏究」, (法律出版社, 1999), 202-222면; 이상욱, 중국의 상속법(繼承法) 개정 논의와 전망, 가족법연구 제28권 제2호(2014. 7.) 319-342면 참조.

16) 楊立新, 앞의 책(「物權法」), 79면.

우리나라의 경우 무주물에 속하는 일정한 범주의 야생 동식물이 중국에서는 국가소유가 된다(물권법 제49조). 다만 일상 생활상 법률이 금지하지 않는 범위 내에서는, 예컨대 쓰레기통에 버려진 물건을 습득한 자 등에게는 소유권이 인정될 수 있다. 학자들은 하루 빨리 무주물의 선점제도가 명문으로 규정되어야 한다고 주장하고 있으며, 그 자세한 내용은 항을 바꾸어 살펴보기로 한다.

신체의 변이물이란 신체의 기관이나 조직과 신체 의료 폐기물 및 시체 등을 의미한다. 신체의 기관이나 조직 및 신체 의료 폐기물 등의 소유권은 신체로부터 분리된 때에 그 분리된 身體權者에게 속한다는 점에서 원시취득이 된다고 한다.17) 시체는 사망한 자와 가장 가까운 친족이 그 소유권을 취득한다.18) 이와 같은 신체의 변이물에 대한 소유권을 취득한 후 그 권리를 행사하기 위해서는 엄격한 제한을 받게 되며 반드시 공서양속에 부합하여야 한다.19)

(2) 취득시효

취득시효제도는 민사법의 제정과정에서 쟁점이 되고 있는 제도로서, 제정과 폐지를 반복한 그야말로 운명이 참으로 사나운 제도(命運多舛)라고 할 수 있다.20) 일찍이 1909년 「大淸民律草案」 제1편 총칙에 취득시효에 관한 규정을 둔 이래, 국민당정부(1929년-1931년)가 공포한 「中華民國民法(현행 대만 민법)」 물권편에도 취득시효제도에 관한 명문 규정이 있다. 그러나 1949년 중화인민공화국 정부가 수립된 후 위 민법전이 폐지됨으로써, 그 이후 중국에는 취득시효제도가 존재하지 않았다. 또한 그동안 학자들의 특별한 관심도 없었는데, 중국 정부가 개혁개방 정책을 표방하고 1986년 中華人民共和國 民法通則을 제정하게 되면서부터 취득시효제도에 대한 논의가 본격적으로 전개된 것으로 보인다. 그 후 中國人民大學의 王利明 敎授나 中國社會科學院 法學硏究所의 梁慧星 敎授가 제시한 민법초안 중에는 취득시효제도가 도입되고 있었는데, 2004년 8월 全國人民代表大會 法制工作委員

---

17) 楊立新, 앞의 책(「物權法」), 81면.
18) 梁慧星/陳華彬, 앞의 책, 238면.
19) 楊立新/曹艷春, "離脫人體的器官或組織的法律屬性及其支配規則", 「中國法學」 2006. (1).; 동, "人體醫療廢物的權利歸屬及其支配規則", 「政治與法律」, 2006. (1). 참조.
20) 劉智慧 主編, 「物權法 立法觀念與疑難制度評注」, (江蘇人民出版社, 2007), 217면.

會에서 준비한 「物權法審議稿」에서 이 제도를 폐기한 이래 결국 물권법에 명문화 되지 못하였다.

취득시효에 대한 중국 학자들의 견해는 크게 3가지 유형으로 구분될 수 있다.[21] 첫째는 취득시효제도 자체를 부정하는 입장이고, 둘째는 제한적으로 나마 취득시효제도를 인정하자는 입장이며, 셋째는 완전한 취득시효제도를 도입하여야 한다는 입장이다. 취득시효 자체를 부정하는 입장은 주로 1949년 이후 1990년대 까지 중국의 다수 학자들이 취한 견해로서,[22] 취득시효제도는 근본적으로 「재물을 주워도 자기 것으로 삼지 않는다(拾金不昧)」거나 「物歸原主」와 같은 중국의 전통적인 미덕과 상반된다는 점을 강조한다.[23] 반면에 民法通則을 제정할 때부터 취득시효제도의 명문화를 주장한 학자들은 취득시효제도의 가치 및 장점으로서, 권리관계의 矯正이 진행될 수 있고, 물건의 효용을 다하도록 촉진하게 되며, 법률 질서를 보호한다는 점, 뿐만 아니라 사법비용을 절약할 수 있다는 점 등을 제시하고, 현대 민법의 발전 추세에 비추어 볼 때 완전한 취득시효제도를 도입할 것을 주장하고 있다.[24] 특히 1990년대 이후 현재 중국의 대다수 학자들은 이러한 입장을 취하고 있는 듯하며,[25] 실제 중국의 현실 생활 속에는 취득시효가 존재하고 있다고도 한다.[26]

취득시효제도를 도입하여야 한다는 견해를 피력하는 학자들은, 대체로 3유형의 취득시효제도 즉, 동산소유권의 취득시효와 부동산소유권의 취득시효 및 소유권 이외의 기타 재산권(지상권, 지역권 등)의 취득시효제도를 인정하고 있다.[27]

취득시효의 성립요건으로서는, 먼저 소유의 의사로(자주점유) 평온 공연하게 점

---

21) 陳華彬, 앞의 책(「物權法」), 221면.
22) 王效賢/劉海亮, 「物權法 總則與所有權制度」, (知識産權出版社, 2005), 224-225면.
23) 陳華彬, 앞의 책(「物權法」), 222면; 法學硏究編輯部 編, 「新中國民法學硏究綜述」, (中國社會科學出版社, 1990), 187면.
24) 劉智慧 主編, 앞의 책, 218-219면; 梁慧星, 「民法總論」, (法律出版社, 2001), 265-266면; 王利明, "建立取得時效制度的必要性探討", 甘肅政法學院學報 2002年 2期 ; 候水平/黃果天, 「物權法爭點詳析」, (法律出版社, 2007), 191면; 鄭雲瑞, 앞의 책, 131-133면.
25) 丁海俊, 「所有權」, (中國法制出版社, 2007), 162-164면; 陳華彬, 위의 책(「物權法」), 222면; 반면에 중국의 다수 학자들은 취득시효에 대하여 부정적인 태도를 취하고 있다는 견해도 있다. 巣濤, "中國《物權法》中的所有權制度", 「中日民商法硏究」, 第7卷, (法律出版社, 2009), 80면.
26) 楊立新, 앞의 책(「物權法」), 85면.
27) 王效賢/劉海亮, 앞의 책, 228-229면.

유할 것이 요구되는데, 점유자의 선의가 필요한가에 대하여는 학자들 사이에 다툼이 있다.[28] 일정한 기간이 경과할 것과 타인의 물건일 것을 요구하고 있지만, 구체적인 점유기간은 언급하지 않고 있는 견해가 많다. 王利明 교수의 민법전 초안에 의하면 동산에는 10년의 기간을 요하고, 부동산의 경우에는 만 20년이 요구되며, 부동산에 대해서는 취득시효기간이 경과한 후 점유자의 명의로 등기를 하여야 소유권을 취득할 수 있다.[29] 梁慧星 교수의 초안 역시 동산의 경우에는 10년의 기간을 요하지만, 부동산의 경우는 등기부에 부동산 소유권자로 등기된 경우이든 타인 명의의 부동산이든 동일하게 모두 만 20년 동안 점유할 것을 요구하고 있다. 또한 미등기 부동산의 취득시효에 대한 효과로서는 점유자가 자신의 명의로 이전등기를 청구할 수 있는 것으로 규정하고 있다.[30]

(3) 무주물 선점

비록 현행 물권법에는 선점에 관한 명문 규정을 두지 않고 있지만, 사실 중국에서 선점제도는 유구한 역사를 가진 제도라고 한다. 이미 唐律에 無主 動産의 「先占取得」에 관한 규정이 있었으며, 宋代와 元代에도 전례를 따라 규정을 두었고, 明淸 시대에도 무주 동산의 선점에 의한 소유권 취득을 인정하였다고 한다.[31] 그러나 물권법을 기초할 때에 학자들 사이에 논란이 있었는데, 선점제도를 인정하게 되면 그 남용으로 말미암아 국유재산이 유실될 수 있고 생태환경이 파괴될 우려가 있다는 점에서 배제하게 되었다.[32]

선점의 법적 성질에 대하여는 학자들 사이에 법률행위설, 준법률행위설, 사실행위설 등의 논란이 있지만, 현재 통설적 입장은 사실행위설을 취하고 있다.[33]

선점의 요건으로서는 첫째, 반드시 無主物을 점유할 것이며, 무주물이란 현재어느 누구의 소유에도 속하지 않는 물건으로서 소유권자가 포기한 물건 등이 속

---

28) 鄭雲瑞, 앞의 책, 133–134면; 丁海俊, 앞의 책, 159–160면.

29) 王利明, 앞의 책(「中國民法典學者建議稿及立法理由 物權編」), 100–108면.

30) 梁慧星, 앞의 책(「中國民法典草案建議稿附理由 物權編」), 73–97면.

31) 鄭雲瑞, 앞의 책, 182면.

32) 王利明, 앞의 책(「物權法研究」), 480면.

33) 候水平/黃果天, 앞의 책, 205면; 鄭雲瑞, 앞의 책, 182면; 梁慧星/陳華彬, 앞의 책, 237면.

한다. 둘째, 반드시 동산을 점유하여야 한다. 다만 시체나 「문화재보호법(文物保護法)」 및 「희귀야생동식물보호법(珍稀野生動植物保護法)」 등에 의하여 보호를 받고 있는 동식물은 선점의 목적물이 될 수 없다. 유통이 금지된 물건이나 타인이 독점적으로 권리를 향유하는 물건도 배제된다. 예컨대 어업법에 의하여 특정한 수면 상의 어업권을 취득한 자는 그 수면 내의 수산물을 독점적으로 포획할 수 있는 권리가 인정되므로 선점의 목적물이 될 수 없다. 끝으로 반드시 소유의 의사로 무주물을 점유하여야 한다.[34]

(4) 첨부

중국의 民法通則에도 첨부에 대한 규정을 두지 않았고, 물권법에도 명문 규정이 없다는 점에서 중대한 입법상의 불비라는 비판을 받고 있다.[35] 특히 1992년 이후부터 중국에는 사회주의 시장경제 체제가 실시되면서 사회생활상 부합이나 혼화(混合) 또는 가공과 관련된 분쟁이 빈번하게 발생할 수 있는데, 당사자들이 법원에 소송을 제기하더라도 관련 규정이 없다는 이유로 재판을 거절하게 됨으로써 상당한 혼란과 법률상의 공백이 초래될 우려가 있다는 점을 지적하고 있다.[36]

다만 최고인민법원의 司法解釋으로서, 「중화인민공화국 민법총칙의 적용과 집행에 관한 약간의 문제에 대한 의견(關于貫徹執行〈中華人民共和國民法通則〉若干問題的意見. 1988년 1월 26일 시행)」 제86조는 「재산권이 없는 자가 타인의 재산에 부속물을 첨부하는 데 재산권자가 그 첨부를 동의하였고, 재산을 반환할 때 부속물을 어떻게 처리할 것인지에 대한 약정이 있을 경우에는 그 약정에 의한다. 약정이

---

34) 江平 主編, 앞의 책(「中國物權法教程」), 278면; 王利明, 앞의 책(「物權法研究」), 481-483면; 梁慧星陳華彬, 위의 책, 237-238면; 鄭雲瑞, 위의 책, 183-184면; 候水平/黃果天, 위의 책, 206-207면.

35) 王利明, 위의 책(「物權法研究」), 485면; 鄭雲瑞, 위의 책, 195면.

36) 梁慧星/陳華彬, 앞의 책, 239면. 사실 물권법 초안 제122조는 「가공, 부합, 혼화(混合)로 인하여 생긴 물건의 귀속은 당사자 간의 약정이 있으면 약정에 따르고, 약정이 없거나 그 내용이 명확하지 않은 때에는 법률의 규정에 따른다. 법률에 규정이 없는 경우에는, 물건의 효용을 충분히 발휘할 수 있고 과실이 없는 당사자를 보호하는 원칙에 따라 확정한다. 일방 당사자의 과실로 물건의 귀속을 확정하는 과정에서 다른 당사자에게 손실이 발생한 경우에는 그 손해를 배상하여야 한다」고 규정하고 있었는데, 첨부제도는 불법행위제도로 보완될 수 있고, 선의 · 악의 구별 없이 타인의 재산을 이용하는 경우에 첨부라는 제도로 합법화하게 된다면 타인의 재산소유권을 침해할 우려가 있다는 점 등의 반대설의 주장에 따라 삭제되고 말았다. 王利明, 앞의 책(「物權法研究」), 485면.

없거나 협의가 되지 않는 경우에는 철거할 수 있으며, 분리를 명할 수도 있다. 철거할 수 없는 경우에는 금전으로 환산하여 재산소유자에게 귀속시킬 수 있으며, 재산소유자에게 손실이 발생한 때에는 그 손해를 배상하여야 한다」고 규정하고 있는데, 이를 첨부에 대한 중요한 규정으로 해석한다.[37] 그렇지만 이 내용은 당사자의 합의를 중시할 뿐이고, 합의가 되지 않는 경우에는 첨부물에 대한 소유권의 귀속 문제가 명확하게 해결되지 않으므로 불완전하다는 점 및 물권변동제도를 완비한다는 점과 物의 사용에 대한 효율성을 제고하기 위해서라도 첨부제도에 관한 명확한 입법상의 조치가 있어야 할 것이다.[38]

III. 선의취득

1. 적용범위

물권법 제106조에 의하면 부동산과 동산을 구분하지 않고 선의취득제도가 적용된다. 부동산의 선의취득이란 예컨대 실체관계와 부합하지 않는 등기를 신뢰한 선의의 매수인이 그 부동산을 구입한 경우에는 즉시 소유권을 취득하게 된다는 것이다. 중국은 아직 부동산등기제도가 완전하게 정비되지 못하였기 때문에[39] 주택의 2중매매나 심지어 다중매매(一房多賣)가 빈번하게 발생하고 있다는 점에서 선의의 제3자를 보호하기 위해서는 부동산의 선의취득이 인정되어야 하며, 이 점은 중국 물권법의 특색 중의 하나라고 한다.[40] 또한 물권법 제106조 제3항에 의하면 기타의 물권도 선의취득의 대상이 될 수 있다고 규정하고 있는데, 이는 곧 질권의 선의취득을 의미하는 것으로 해석한다.[41] 유력한 견해에 의하면, 이와 같

---

37) 江平 主編, 앞의 책(「中國物權法教程」), 274면.
38) 王利明, "添附制度若干問題探討", 「民商法研究」第7輯, (2009), 381-382면; 鄭雲瑞, 앞의 책, 195면; 가공, 부합, 혼합에 관한 민법전 제322조가 신설되었다.
39) 물권법 제정과정에서는 아직 중국의 부동산등기제도가 완전하게 정비되지 못하였고 미비하기 때문에 부동산은 선의취득의 대상에서 배제되어야 한다는 주장이 있었다. 全國人民代表大會常務委員會法制工作委員會民法室 編, 「物權法 立法背景與觀點全集」, (法律出版社, 2007), 443면; 부동산의 선의취득을 부정하는 견해에 대한 내용은 丁海俊, 앞의 책, 107면; 馬新彦 主編, 「中華人民共和國物權法 法條精義與案例解析」, (中國法制出版社, 2007), 240-241면 참조.
40) 黃松有, 《中華人民共和國物權法》條文理解與適用」, (人民法院出版社, 2007), 327면.
41) 王利明, 앞의 책(「物權法研究」), 438면.

은 기타 물권에 대한 선의취득을 準善意取得이라고 부른다.[42]

2. 요건과 효과

(1) 요건

선의취득의 요건으로서, 권리 없는 자가 처분을 하여야 한다는 「無權處分」이 요건으로 요구되는지에 대하여 견해가 대립하고 있다. 부정하는 입장은, 물권법에 명확한 규정을 하지 않고 있으며, 등기에 오류가 있더라도 등기부에 기재된 권리자의 그 재산에 대한 처분은 권한 있는 有權處分이지 무권처분은 아니라는 점 등을 들어 무권처분은 선의취득의 요건이 되지 않는다고 한다.[43] 반면에, 물권법 제106조는 「처분권이 없는 자가 …」라고 규정하고 있으며, 선의취득제도의 존재 목적은 현실 속에 존재하는 무권처분의 문제를 해결하기 위한 것이고, 부동산 등기가 잘못된 경우에도 법률상은 유권처분이 되지만, 등기기관이나 사법기관을 통하여 등기가 잘못된 것이라고 확정되므로 사실상 종국적으로는 무권처분을 인정하게 된다는 점에서 무권처분을 선의취득의 구성요건으로 주장하는 견해도 있다.[44]

그 외에 특별한 다툼 없이 인정되고 있는 요건으로서는, 첫째 양수인이 재산을 취득할 때 선의일 것, 둘째 합리적인 가격으로 양도할 것, 셋째 법률에 규정하고 있는 공시방법을 구비할 것 등을 들 수 있다.[45]

---

42) 江平 主編, 앞의 책(「中國物權法敎程」), 273면.

43) 선의취득의 요건으로서 「無權處分」을 언급하지 않고 있는 견해는, 楊立新, 앞의 책(「物權法」), 83면; 朱岩/高聖平/陳鑫, 「中國物權法評注」, (北京大學出版社, 2007), 332면; 胡康生, 「中華人民共和國 物權法釋義」, (法律出版社, 2007), 241면; 王勝明, 「中華人民共和國物權法解讀」, (中國法制出版社, 2007), 230면; 吳高盛, 「《中華人民共和國物權法》解析」, (人民法院出版社, 2007), 214면; 楊大志, 「《中華人民共和國 物權法》釋義」, (農村讀物出版社, 2007), 275면; 劉智慧 主編, 「中國物權法解釋與應用」, (人民法院出版社, 2007), 266면; 丁海俊, 앞의 책, 102면; 馬新彦 主編, 위의 책, 239면; 李顯冬, 「中國物權法要義與案例釋解」, (法律出版社, 2007), 239면; 全國人大常委會法制工作委員會民法室 編, 「中華人民共和國物權法 條文說明, 立法理由及相關規定, (北京大學出版社, 2007), 193면.

44) 선의취득의 요건으로서 「無權處分」을 주장하는 견해로서는, 王利明, 앞의 책(「物權法研究」), 439-440면; 郭明瑞, 「中華人民共和國 物權法釋義」, (中國法制出版社, 2007), 177면; 屈茂輝 主編, 「物權法 原理精要與實務指南」, (人民法院出版社, 2008), 371면; 韓松/姜戰軍/張翔, 「物權法所有權編」, (中國人民大學出版社, 2007), 367면; 王利明/尹飛/程嘯, 「中國物權法敎程」, (人民法院出版社, 2007), 145면; 江平 主編, 「中和人民共和國物權法 精解」, (中國政法大學出版社, 2007), 136면; 傅鼎生, "所有權取得特別規定", 王利明 主編, 「物權法名家講壇」, (中國人民大學出版社, 2008), 234면.

45) 중국 물권법상 부동산 물권의 설정·변경·양도·소멸은 등기하여야 그 효력이 발생하며(물권법

부동산의 선의취득에 있어서, 양수인의 선의 여부를 결정하는 판단시점에 대하여는 해석론상 의문이 제기될 수 있다. 양수인이 부동산을 인도받을 때 선의이면 족한가, 아니면 부동산의 이전등기가 될 때에 선의임을 요하는가의 문제이다. 이 경우 부동산을 인도받을 때에 양수인이 선의였다는 사실만으로는 부족하고, 이전등기를 마친 때에 선의임을 요한다는 유력한 견해가 제기되고 있다. 일반적인 부동산 거래에서 매수인의 선의 여부에 대한 판단은 매수인이 목적 부동산을 인도받을 때 등기를 신뢰하였는가를 기준으로 하며, 등기를 신뢰하여 양도인과 거래를 한 경우에는 선의로 인정하여야 한다는 것이다.[46] 그리고 점유의 추정력과 등기의 추정력에 의하여 양수인은 선의로 추정되므로 선의취득을 부정하는 원권리자가 양수인이 악의임을 입증하여야 한다.[47]

또한 반드시 유상매매로 인한 취득에만 선의취득이 인정된다(물권법 제106조 제1항 제2호). 선의취득은 거래의 안전을 실현하기 위한 제도로서 무상양도에는 적용되지 않는다. 따라서 합리적인 대가를 지불하여야 하는데, 합리적인 가격이란 거래장소와 거래시간, 거래조건 등을 종합적으로 고려하여 판단한다.[48] 다만 합리적인 가격에 의한 선의취득의 요건은 동산의 선의취득에만 적용되고, 부동산의 선의취득에 대해서는 가격이 현저하게 낮다고 하더라도 등기의 공신력에 영향을 줄 수 없으므로 매수인이 등기를 신뢰하고 일정한 대가를 지불하였다면 선의로 인정할 수 있다는 유력한 견해가 있다. 더구나 매수인이 등기를 신뢰하여 일정한 대가를 지불하고 이전등기까지 경료한 뒤 원권리자로 하여금 대가가 현저하게 낮다는 이유로 선의취득의 효과를 부정하게 한다면 등기의 공신력 보호에도 적절하지 않다는 점을 지적한다.[49]

(2) 효과

선의취득자는 즉시 그 동산이나 부동산에 관한 물권을 취득하고, 그 목적물

제9조), 동산물권은 인도를 요한다(물권법 제23조).

46) 朱岩/高聖平/陳鑫, 앞의 책, 333면; 韓松/姜戰軍/張翔, 앞의 책, 373-374면; 王利明, 앞의 책(「物權法硏究」), 442면.

47) 黃松有, 앞의 책, 328면; 王利明, 위의 책(「物權法硏究」), 445면.

48) 朱岩/高聖平/陳鑫, 앞의 책, 333면; 黃松有, 위의 책, 328면.

49) 王利明, 앞의 책(「物權法硏究」), 446면.

위에 존재하고 있던 소유권 기타 물권은 전부 소멸하게 된다. 이 점을 두고 선의취득이 승계취득인지 원시취득인지 해석상 다툼이 있는데, 현재 통설적 입장은 선의취득은 원시취득에 속한다고 본다.[50] 양수인이 선의취득을 한 경우에 원권리자는 처분권 없이 처분한 자에게 손해배상을 청구할 수 있을 뿐이다(물권법 제106조 제3항). 다만 동산에 대해서는 예외규정이 있는데, 선의의 양수인이 목적물을 양도받을 때 그 동산에 대한 다른 권리의 존재를 알았거나 알 수 있었을 경우에는, 그 권리는 소멸하지 않게 되므로 양수인은 그 권리에 대한 부담을 인수할 수밖에 없게 된다(물권법 제108조).

3. 유실물에 대한 특칙

우리나라의 경우와 달리 중국의 선의취득에서는 盜品에 대한 특칙은 명문 규정을 두지 않고, 오직 유실물에 대한 특칙만 규정하고 있다.[51]

유실물이란 동산에만 적용되며 부동산에는 유실문제가 발행하지 않는다.[52] 선의취득의 요건을 갖춘 경우에도 선의취득한 동산이 유실물인 경우에는 원소유권자 등의 반환청구권이 인정되는데, 그 기간은 우리나라와 달리 유실한 날로부터 2년이 아니라, 선의취득한 양수인이 그 목적물이 유실물임을 알았거나 알 수 있었을 때부터 2년이 된다(물권법 제107조). 이 기간은 제척기간으로 해석되므로, 중단이나 정지 등이 허용되지 않는다.[53]

다만 선의취득자가 유실물을 정당한 거래(경매 또는 영업권이 있는 영업자로부터 구입)를 통하여 구입한 때에는 그 비용을 변상하도록 하고 있다. 원권리자가 선의취득자에게 구입 비용을 변상한 경우에는 처분권 없이 처분한 자에게 구상권을 행사할 수 있다는 명문 규정도 있다(물권법 제107조).

---

50) 朱岩/高聖平/陳鑫, 앞의 책, 334면; 王利明, 위의 책(『物權法硏究』), 451면; 王利明/尹飛/程嘯, 앞의 책, 151면.

51) 盜品 등 臟物의 경우에도 준용되어어야 한다는 견해가 있다. 朱岩/高聖平/陳鑫, 위의 책, 337면; 王利明, 위의 책(『物權法硏究』), 453-457면.

52) 江平 主編, 앞의 책(『中和人民共和國物權法 精解』), 141면; 黃松有, 앞의 책, 330면.

53) 王利明, 앞의 책(『物權法硏究』), 449면.

4. 선의취득제도의 특징과 문제점

중국 물권법상 선의취득제도의 특징으로서는 다음 4가지를 지적할 수 있다. 그 첫째는 동산과 부동산 모두 똑같이 선의취득이 적용된다는 점이다. 둘째, 동산과 부동산의 선의취득의 요건을 통일적으로 규정함으로써 성립요건을 간략화하고 있다는 점을 든다. 셋째, 선의취득이 적용되지 않는 경우를 규정하고 있다는 점이다. 끝으로 선의취득의 적용요건이나 성립요건에 대하여 물권법은 비교적 엄격하게 규정하고 있다는 점을 든다.54)

또한 우리나라의 경우와 달리 선의취득의 요건으로서, 정당한 가격을 지불하고 취득하여야 한다는 유상행위에 의한 선의취득을 명문으로 규정함으로써, 증여 등 무상행위에 의한 선의취득은 인정되지 않고 있다는 점도 그 특징의 하나로 들 수 있을 것이다.

그런데 물권법상의 선의취득에 관한 규정에 대해서는 몇 가지의 문제점이 지적되고 있다.55) 먼저 선의취득의 요건에 관한 문제로서, 물권법 제106조에는 상당한 금액에 의한 취득만 언급하고 있을 뿐, 그 거래행위의 유효성을 전제로 한 내용이 없기 때문에, 예컨대 행위능력이 없는 자의 거래행위나 의사와 표시가 불일치하는 등 의사표시에 하자가 있는 경우 등에는 계약 자체의 효력이 발생하지 않게 되는데 이러한 경우에도 선의취득이 인정될 수 있는지 의문을 제기하고 있다. 또한 동산과 부동산은 양수인의 선의 여부를 판단하는 기준과 시점이 동일하지 않고, 그 보호범위가 일치하지 않는데도 불구하고(동산은 처분권의 신뢰를 보호하지만, 부동산의 경우에는 등기된 권리가 존재하는지, 미등기 권리가 존재하지 않는지, 미등기 처분권이 존재하지 않는지 등이 문제된다), 선의취득의 요건을 동일하게 규정하고 있다는 점을 비판하면서, 등기의 공신력의 보호범위를 명확하게 제시할 것을 주장한다. 또한 선의취득의 예외규정으로서 유실물만 언급하고, 盜品 등에 대한 내용이 제외된 점도 보완되어야 할 부분이라고 한다. 이에 대하여 盜品 등 장물에 대한 선의취득의 여부에 대해서는 물권법에 규정이 없지만, 향후 최고인민법원의

---

54) 王利明, 위의 책(『物權法研究』), 433-434면.

55) 黃子瑞, "先天不足的善意取得制度", 楊立新/劉德權, 『物權法實施疑難問題司法對策』, (人民法院出版社, 2008), 389-401면.

司法解釋에 의하여 규정되어야 할 것이라는 견해도 있다.[56] 선의취득의 효력에 대해서도 물권법 제106조는 동산과 부동산에 대한 선의취득을 인정하고 있지만, 선의취득의 효과를 규정한 제108조에는 동산에 대해서만 언급을 하고 있다는 점은 명백한 입법상의 불비라고 지적한다.[57]

Ⅳ. 유실물, 매장물 등의 소유권 귀속

1. 유실물의 습득

(1) 유실물의 개념

앞에서 언급하였듯이 유실물은 동산에만 해당되는 개념이며, 無主物과 달리 소유권자가 소유권을 포기한 것이 아니라 소유자나 점유자의 의사에 의하지 않고, 그 점유를 이탈한 물건으로서,「점유이탈물」에 속한다.[58] 유실물은 다음 조건을 갖추어야 한다. 첫째, 점유자의 부주의로 인하여 점유를 상실한 동산이어야 한다. 둘째, 아무도 점유하지 않는 동산이어야 한다. 셋째, 습득자가 습득한 동산이어야 한다.[59]

(2) 습득자의 의무

유실물을 습득한 자에게는 통지의무, 반환의무, 제출의무, 보관의무 등의 기본적인 의무가 발생한다.

① 통지의무

유실물을 습득한 자에게는 통지의무가 있다. 즉 유실물을 습득한 자가 그 권

---

56) 王利明, 앞의 책(『物權法研究』), 434면; 胡康生, 앞의 책, 242-243면.
57) 그 밖에 선의취득에 관한 물권법 제106조의 규정과 계약법(中華人民共和國合同法) 제51조(처분권 없는 자가 타인의 재산을 처분한 경우에 권리자의 추인을 얻거나 또는 계약 체결 후 처분권 없는 자가 처분권을 취득한 때에는 그 계약은 유효한 것으로 된다) 사이에 충돌되는 법리를 지적하면서 합리적인 해석론을 모색하는 내용으로서, 彭誠信, "善意取得基礎理論的內在邏輯證成", 王利明 主編,「中國民法年刊 2008」, (法律出版社, 2009), 349-378면 참조.
58) 黃松有, 앞의 책, 334면.
59) 王利明, 앞의 책(『物權法研究』), 458면; 韓松/姜戰軍/張翔, 앞의 책, 389-390면.

리자를 알고 있는 경우에는 그 권리자에게 즉시 목적물을 수령할 것을 통지하여야 하고, 권리자를 알 수 없는 경우에는 경찰 등 관련 부서에 유실물을 제출하여야 한다(물권법 제109조). 이러한 통지의무는 즉시 이행하여야 한다(물권법 제110조).

② 보관의무

유실물을 습득한 자는 행위능력의 유무에 관계없이 그 유실물을 선량한 관리자의 주의의무로 보관하여야 하고, 고의 또는 중대한 과실로 습득한 유실물을 훼손하거나 멸실한 경우에는 손해배상책임을 부담하게 된다(물권법 제111조). 이 보관의무에 대한 해석론으로서, 사무관리설(無因管理說)과 非自己財産說이 주장되고 있다.[60] 전자에 의하면, 유실물의 습득자와 실권리자 사이에는 어떠한 관계도 성립된 것이 없기 때문에 사무관리의 관리자 자격으로서 선관주의의무를 부담하는 것이고, 고의나 중대한 과실이 있는 경우에는 그 손해배상책임을 부담하게 된다는 것이다.[61] 반면에 후자에 의하면, 습득자는 자신의 재산을 보관하는 것이 아니라 타인의 재산을 보관하게 되므로 선량한 관리자의 주의의무로 보관하면 된다고 한다.[62] 이 보관의무는 유실물을 습득한 습득자 개인뿐만 아니라, 습득자로부터 유실물을 제출받은 경찰 등 관련 기관에게도 인정되는 의무이다(물권법 제11조).

③ 유실물의 반환의무

우리나라의 경우와 달리 유실물을 습득한 자는 어떠한 경우라도 유실물의 소유권을 취득하지 못한다. 습득자는 그 유실물을 반환하여야 한다. 이 의무는 일종의 법정의무로서 반드시 이행하여야 할 강제성 있는 의무 내지 기본의무에 속한다.[63] 습득자가 그 유실물의 권리자를 알고 있는 경우에는 그 권리자에게 반환하여야 하는데, 반환 시기나 기한에 대한 명문 규정은 없지만, 신의성실의 원칙상 즉시 반환하여야 하는 것으로 해석한다.[64] 반면에 습득자가 그 유실물을 타인의

---

60) 사무관리설이 통설의 입장이라고 한다. 何志, 「物權法判解硏究與適用」, 人民法院出版社(2007), 235면.
61) 梁慧星, 「中國物權法草案建議稿」, (社會科學文獻出版社, 2000), 384면.
62) 王利明, 앞의 책(「物權法硏究」), 461면.
63) 韓松/姜戰軍/張翔, 앞의 책, 393면; 王利明, 위의 책(「物權法硏究」), 461면.
64) 王利明, 위의 책(「物權法硏究」), 461면.

주택이나 학교, 도서관 등 공공장소에서 습득한 경우에는 그 주택의 소유자나 관련 기관의 관리자 또는 경찰에 즉시 인도하여야 한다.

(3) 습득자의 권리

① 보관비용 상환청구권

유실물의 소유자나 점유자가 유실물을 수령한 때에는, 습득자는 이들에게 그 동안 유실물의 보관 등에 지출한 비용을 청구할 권리가 인정된다. 이 비용상환 청구권의 법적 성질에 대해서도 앞에서 언급한 사무관리설의 입장에서는 사무관리에 의하여 그 비용을 청구할 수 있다고 해석하는 데 반하여,[65] 非自己財産說의 입장에 의하면, 유실물 습득자의 점유는 사무관리에 의한 관계가 아니므로 사무관리에 의하여 비용상환청구권이 인정되는 것이 아니라, 법률의 규정에 의하여 발생하는 특별한 채권관계로서의 보관비용 상환청구권으로 해석한다.[66] 유실물을 습득한 자로부터 유실물을 수령한 유실자나 소유자가 보관비용을 지급하지 않는 때에는 습득자는 유실물에 대하여 유치권을 행사할 수 있다. 따라서 습득자는 유실물의 보관비용만 청구할 수 있을 뿐이고, 그 밖에 보수를 청구하거나 보상금을 청구할 수 있는 권리는 인정되지 않는다.[67]

② 현상광고에 의한 이행청구권

유실물 습득자에게 보수청구권이나 보상금청구권은 인정되지 않지만, 유실자가 현상광고에 의하여 유실물을 수령하게 된 경우에는 현상광고에서 약정한 의무를 이행하여야 한다(물권법 제112조 제2항). 따라서 현상광고의 내용으로서, 유실물의 습득자에게 일정한 보수를 지급하겠다고 약정한 경우에는 습득자에게 보수청구권이 인정될 수 있다. 이 경우의 보수청구권은 현상광고계약에 의하여 발생하는 권리관계에 불과하므로 유실물의 습득으로부터 발생하는 것이 아니다.[68]

---

65) 梁慧星, 앞의 책(『中國物權法草案建議稿』), 387면.
66) 王利明, 앞의 책(『物權法研究』), 462면.
67) 이 부분은 물권법 규정의 입법상 불비라는 지적이 있다. 楊會, "論遺失物的所有權歸俗", 楊立新／劉德權, 위의 책, 403-404면; 陳華彬, "遺失物拾得的若干問題", 陳華彬『民法典與民法物權』, (法律出版社, 2009), 477면.

(4) 국고 귀속

우리나라를 비롯한 대부분의 국가에서는 습득물을 교부받은 기관에서 일정한 기간 공고를 한 후 그 기간 내에 그 물건의 소유자가 권리를 주장하지 않을 때에는, 습득자가 소유권을 취득하는 것으로 규정하고 있지만(예컨대 한국 민법 제253조, 독일 민법 제973조, 일본 유실물법 제14조 등), 중국의 경우에는 유실물의 수령을 공고한 날로부터 6개월 내에 권리자가 나타나지 않으면 국가소유가 된다(물권법 제113조).

2. 표류물의 습득과 매장물 등의 발견

표류물이란 水面상에 표류하고 있는 동산을 의미하며, 매장물이란 통상 지하 등에 매장되어 소유권자가 명확하지 않은 동산을 의미하고,[69] 은닉물이란 타인의 물건 속에 숨겨진 물건을 의미한다.[70] 이러한 표류물을 습득하거나 매장물 및 은닉물을 발견한 경우에는 앞에서 설명한 유실물에 관한 규정을 참조하게 되므로, 습득자나 발견자에게는 선관주의로서 목적물을 보관할 의무가 발생하며, 즉시 관련 기관에 통지하고 목적물을 반환할 의무가 발생한다(물권법 제114조).

중국은 문화재대국(文物大國)으로서 아직 출토되지 않은 유물이 많다는 점을 고려하려 규정된 내용이라고 하는데, 문화재에 속하는 매장물이나 은닉물을 발견하게 되면, 보관비용과 관련된 민사책임 문제와 문화재보호법에 의한 행정책임 문제 및 문화재 침해는 범죄행위가 된다는 점에서 형사책임이 발생하게 되는 등 3종류의 법률책임이 적용될 수 있다.[71]

---

68) 王利明, 앞의 책(『物權法研究』), 463면.
69) 陳華彬, 앞의 책(物權法), 362면.
70) 王利明, 앞의 책(『物權法研究』), 471면.
71) 黃松有, 앞의 책, 345면.

V. 과실(孳息) 취득

1. 천연과실

천연과실은 소유권자가 취득하게 되며, 용익물권자가 있는 경우에는 용익물권자가 취득한다(물권법 제116조 제1항). 다만 예외적으로 담보물권자에게도 과실수취권이 인정되는 경우가 있다. 예컨대 채무자가 채무를 이행하지 않아 저당 목적물이 인민법원에 의하여 압류된 경우에는 저당권자에게 과실 수취권이 인정되며(물권법 제197조), 질권자는 질물로부터 생기는 과실을 수취할 수 있고(물권법 제213조), 유치권자도 유치물의 과실을 수취하여 우선변제에 충당할 수 있다(물권법 제35조).[72] 다만 천연과실의 수취권에 관한 위 물권법 규정은 임의규정이므로 공공이익에 반하지 않는 범위 내에서는 당사자간의 약정에 따라 다르게 할 수 있다. 예컨대 지역권 설정을 약정하면서 지역권자에게 천연과실의 수취권을 인정하지 않을 수 있다는 것이다.[73]

2. 법정과실

법정과실은[74] 당사자 간의 약정에 따라 취득하게 되며, 약정이 없거나 약정 내용이 불명확한 경우에는 거래 관습(그 내용이 공서양속에 위반하지 않아야 한다)[75]에 따라 취득하게 된다(물권법 제116조 제2항). 그런데 관습에 의하면, 법정과실은 원물의 소유권자에게 귀속되며 원물 소유권이 이전되면 과실의 소유권도 따라서 이전된다고 한다.[76] 한편 중국 계약법(中華人民共和國合同法. 1999년 10월 1일 시행) 제163조에 의하면, 매매로 인한 과실의 귀속에 관하여 「목적물을 인도하기 전에 발생한 과실은 매도인에게 속하고, 인도한 후에 발생한 과실은 매수인에게 속한

---

72) 江平 主編. 앞의 책(『中國物權法教程』). 277면.
73) 王利明. 앞의 책(『物權法研究』). 476면.
74) 노무 제공에 대한 보수 등은 법정과실이 아니지만[王利明. 위의 책(『物權法研究』). 475면], 주식자본금(股本金)에 의한 소득인 주식배당금(股息) 및 초과이익배당금(紅利) 등은 법정과실에 속한다고 한다. 楊立新. 앞의 책(『物權法』). 78면; 朱岩/高聖平/陳鑫. 앞의 책. 343면.
75) 王利明. 앞의 책(『物權法研究』). 476면.
76) 楊立新. 앞의 책(『物權法』). 78면.

다」고 규정하고 있으므로 과실의 수취권이 원물의 인도 여부에 의하여 결정된다는 점에서 위 물권법의 내용과 일치하지 않는다는 의문이 제기된다. 물권법 제116조 규정과 계약법 제163조 규정은 일반법과 특별법의 관계에 있다고 볼 수 있지만, 중국의 입법법(中華人民共和國 立法法) 제83조는 신법이 구법에 우선한다고 규정하고 있기 때문에 결국 물권법의 규정이 우선 적용되므로 그 범위 내에서는 계약법의 규정은 적용되지 않는 것으로 해석한다.[77]

Ⅵ. 결론

이상으로서 중국에서 논의되고 있는 소유권의 취득에 관한 법리를 살펴보았다. 물권법상 명문으로 규정되어 있는 내용으로서는 선의취득, 유실물 및 표류물의 습득, 매장물의 발견, 과실취득 등에 관한 해석론을 살펴보았고, 물권법에 명문으로 규정되지는 않았지만 학설상 거론되고 있는 내용으로서 취득시효제도와 무주물 선점, 첨부 등에 관한 내용을 중심으로 정리해 보았다.

사실 물권법이 제정될 때부터 가장 논란이 되었던 부분이 바로 소유권에 관한 문제였으며, 입법과정에서도 이데올로기와 연관되어 격렬한 논쟁이 야기되었던 것이다. 그 결과 소유권의 취득에 관한 법리에는 사회주의 특유의 제도가 도입되고 있음을 발견하게 된다.

우리나라 물권법상의 소유권 취득에 관한 규정과 비교할 때, 중국 물권법상의 소유권 취득에 관한 내용은 다음과 같은 점에서 그 특징이 있음을 지적할 수 있다.

첫째, 취득시효, 무주물 선점, 첨부 등의 제도를 인정하지 않고 있다는 점이다.

둘째, 선의취득의 대상을 동산뿐만 아니라 부동산에까지 확대하고 있으며, 선의취득이 인정되는 거래행위를 일정한 금액을 지불하고 취득하여야 하는 유상행위로 한정함으로써, 증여 등 무상행위에 의한 선의취득을 허용하지 않고 있다.

셋째, 선의취득에 대한 특칙으로서 유실물의 습득에 대한 예외 규정만 두고, 盜品 등에 대한 특칙은 인정되지 않는다.

넷째, 유실물을 습득하여 일정한 공고기간을 거친 후 권리자가 나타나지 않을

---

77) 江平 主編, 앞의 책(「中國物權法教程」), 278면.

때에는 종국적으로 습득자에게 소유권을 허용하는 것이 아니라, 국가소유로 된다는 점은 사회주의 국가의 좋은 징표라고 할 수 있다.

이미 중국의 학계에서도 주장되고 있는 내용이지만, 정책적인 이유로 물권법에 규정되지 못하여 중대한 입법상의 불비라고 지적되고 있는 취득시효 등의 제반 제도에 대해서는 빠른 시일 내에 그 보완이 추진되어야 할 것이며, 향후의 개정 작업을 주목할 필요가 있을 것이다.

[2] 소유권 제한

Ⅰ. 서

2007년 3월 16일 중국의 물권법(中華人民共和國物權法. 이하 물권법이라 함은 중국 물권법을 의미한다)이 전국인민대표대회 제5차 회의에서 통과되어 2007년 10월 1일부터 시행되고 있다.

물권법이 성문화 될 당시에 가장 논란이 되었던 부분은 소유권 제도의 창설에 관한 문제였다고 할 수 있으며, 가장 중요한 내용도 소유권의 문제에 관한 것이었다.[1] 무엇보다도 사회주의경제를 표방하고 公有制 經濟制度를 지향하는 중국에서[2] 소유권에 관한 제도는 중요한 위치에 있다고 하지 않을 수 없다.

또한 소유권 제도는 물권법 입법의 핵심과제인 동시에 헌법과도 밀접한 관련이 있는 문제였던 만큼, 중국의 학계에서는 어떻게 소유권을 규정할 것인가에 대하여 격렬한 논쟁이 전개되었다. 2005년 6월 26일에 물권법 초안이 발표되었는데, 그해 8월 12일 北京大學 法學院의 鞏獻田 교수가 인터넷을 통하여 물권법초안의 내용에 위헌의 소지가 있다는 공개서한을 발표함으로써, 이른바 물권법(초안)의 위헌풍파를 야기시키는 계기가 되었던 것이다.[3] 당시 발표된 물권법(초안)의 내용은 중국 헌법에 규정된 사회주의의 기본원칙을 위반한 것으로서, 국유자산의 유실과 사유화를 방임하고 독려하는 법률이라고 비판하면서 일부 계층의 사람들

---

1) 孫憲忠, 中國當前物權立法中的十五大疑難問題, 民商法學(2006.5.), 10면; 孫憲忠, 中國物權法制定に關する若干の問題(1), 民商法雜誌 제130권 제4 · 5호(2004. 8), 745면; 何志, 物權法 判解研究與適用, 人民法院出版社(2007), 153면.

2) 2005년에 발표된 물권법 초안 제50조는 「국가는 公有制를 유지하고 보호」한다는 내용을 명문으로 규정하고 있었지만, 「법률에 국가의 소유로 규정한 재산은 국가의 소유, 즉 인민전체의 소유에 속한다(제45조)」라는 내용으로 변경되었다.

3) 북경대학의 鞏獻田 교수는 「헌법의 일부를 위반하고 사회주의 기본원칙에 등을 돌린《物權法 (초안)》--- 헌법 제12조와 1986년 민법통칙 제73조의 폐기를 위한 공개서한(一部違背憲法和背離社會主義基本原則的《物權法 (草案)》--- 爲《憲法》第12條和86年《民法通則》第73條的廢除寫的公開信」이라는 제목의 글을 발표하여 중국에서 거대한 반향을 일으켰던 것이다.
   원문의 내용은 http://free.banzhu.com/y/yanglijun/prog/ShowDetail.asp?id=34, http://www.fatianxia.com/paper_list.asp?id=6014에 게재된 논문 참조. 또한 당시 이른바 「違憲風波」의 상황을 학술적으로 분석하고 정리한 내용으로서 王竹, 「《物權法(草案)》違憲風波 專題受記--對"違憲風波"的學術觀察與評價」, 2007.3.20(http://www.civillaw.com.cn/article/default.asp?id=31715)의 내용 참조.

이 불법적으로 축재한 재산을 합법화하는 법률에 불과하다고 매도하였던 것이다.

요컨대 鞏獻田 교수가 제기한 비판의 주된 쟁점은 국가와 집단 및 개인 재산의 「평등보호」 원칙으로서, 중국 헌법 제12조가 규정하고 있는 「사회주의의 공공재산에 대한 신성불가침」의 내용과 민법통칙(中華人民共和國民法通則) 제73조에 규정되어 있는 「국가재산은 全人民所有에 속한다」는 소유권 제도와 관련된 내용이었다. 이 논쟁은 중국사회에 큰 파문을 일으켰으며, 결국 중국 정부가 지연정책을 채택하여 全國人民代表會議에서 물권법의 표결을 연기하도록 하는 데 지대한 역할을 하였다.4) 이처럼 소유권에 관한 문제는 물권법 입법 당시부터 논란의 대상이 되었던 것이다.5)

소유권에 관한 내용은 물권법 제2편에 규정되어 있으며, 제4장 일반규정(제39조-제44조), 제5장 국가소유권 집단소유권 개인소유권(제45조-제69조), 제6장 입주자의 구분소유권(제70조-제83조), 제7장 상린관계(제84조-제92조), 제8장 공동소유(제93조-제105조), 제9장 소유권 취득에 관한 특별규정(제106조-제116조)으로 구성되어 있다.

그런데 물권법 제1편 총칙 제1장 기본원칙의 제4조는 「국가나 집단 및 개인의 물권은 법률의 보호를 받으며, 어떠한 경우도 침해할 수 없다」고 규정하고 있지만, 물권의 내용 중 중요한 위치에 있는 소유권은 과연 어떠한 경우에 어느 정도 제한되고 있는지 외국인의 입장에서는 궁금하지 않을 수 없다. 특히 사회주의를 표방하고 있는 중국에서 개인의 소유권은 어느 정도로 제한을 받고 있는지, 또한 소유권을 제한하는 경우에 그 요건은 어떻게 구성되어 있으며, 그 법리는 우리와 어떠한 차이가 있는지 의문이 제기되지 않을 수 없는 것이다. 물론 그 영역은 외국인에 대한 소유권 제한 법리 등 다양하게 전개될 수 있겠지만, 본 논문에서는 오로지 중국의 물권법으로 연구 영역을 한정하여 그 범위 내에서 소유권은 어떠한 형태로 제한되고 있는지 그 법리의 내용을 살펴보고자 한다.

---

4) 王竹, 위의 논문, 3면.

5) 중국 물권법의 입법과정과 사회적 배경에 대한 자세한 내용은 劉智慧 主編,《物權法》立法觀念與疑難制度評注, 江蘇人民出版社, 2007. 15-48면; 全國人民代表大會常務委員會法制工作委員會民法室 編, 物權法 立法背景與觀點全集, 法律出版社(2007); 梁慧星, 中國物權法の制定について, 田中信行/渠濤, 中國物權法を考える, 商事法務(2008), 3-27면 참조.

Ⅱ. 소유권의 내용

1. 소유권의 객체와 권능

물권법 제39조는 「소유권자는 자신의 부동산이나 동산을 법률에 의하여 점유 · 사용 · 수익 및 처분할 수 있다」라고 규정하여 부동산과 동산에 대하여 소유권자가 향유하는 권리에 관한 내용을 명시하고 있다.[6] 즉 소유권자는 자신의 부동산이나 동산을 점유하고 사용하며 수익권과 처분권이 있다는 것이다. 사실 이러한 내용은 이미 민법통칙 제71조에 규정된 내용과 동일한 것인데, 물권법에서 다시 명확하게 선언한 것으로 보인다. 또한 이 내용은 헌법 제12조가 규정하고 있는 사회주의 공공재산의 신성불가침과, 公民의 합법적인 사유 재산은 침해할 수 없다는 원칙을 구체적으로 구현한 것이라고 할 수 있다.[7] 목적물의 사용 · 수익권과 처분권 이외에 점유권까지 명시한 것은 민법통칙 제71조에 규정된 4가지 내용(점유, 사용, 수익, 처분)을 그대로 답습한 것으로서, 그 기원은 「재산의 점유권, 사용권 및 처분권은 그 재산의 소유자에게 속한다」라고 규정한 러시아법에서부터 비롯된 것이라고 한다.[8] 물권법 제5편은 「점유」를 독립된 장으로 구성하여 5개 조문(제241조~제245조)을 두고 있다.

다만 민법통칙에서는 「재산소유권」이라고 하는 용어를 사용하고 있지만,[9] 물권법 제39조에 의하면 자신의 동산과 부동산에 대한 점유 · 사용 · 수익 · 처분권으로서의 소유권을 규정하고 있다는 점에서, 소유권은 「동산과 부동산」만을 그 대상으로 하여 성립하게 된다.[10] 더구나 이 조항의 내용을 근거로 소유권의 객체는 유체물에 한정된다고 주장하는 견해가 있다.[11] 법제사적으로도 소유권의 개념은 유체물상의 권리라는 점을 지적하면서, 앞으로 지적재산권에 대한 문제 등이 대

---

6) 黃松有 主編, 《中華人民共和國物權法》條文理解與適用, 人民法院出版社(2007), 155면 위 조문의 내용을 소유권의 개념과 권능에 관하여 규정한 것으로 해석하는 견해도 있다. 滕曉春/李志强, 《中華人民共和國物權法》釋義, 立信會計出版社(2007), 48면.

7) 郭明瑞, 中華人民共和國 物權法釋義, 中國法制出版社(2007), 78면.

8) 胡康生, 中華人民共和國物權法釋義, 法律出版社(2007), 93~94면.

9) 중국의 民法通則 제5장 「民事權利」 중 제1절 타이틀에 「財産所有權」이라는 표현을 사용하고 있으며, 또한 제71조 이하의 조문 내용에도 財産所有權이라는 용어를 사용하고 있다.

10) 江平 主編, 中國物權法教程(修訂版), 知識産權出版社(2008), 183면.

11) 屈茂輝 主編, 物權法 原理精要與實務指南, 人民法院出版社(2008), 191면.

두하게 되면서 장래에는 소유권의 개념이 혼란스럽게 될 것이라는 전망을 하면서
도 현재 물권법상 소유권의 객체는 유체물로 한정된다는 것이다. 사실 중국 역시
동산의 정의에 대하여 명확하게 규정한 법률이 없는 실정이므로 앞으로의 해석론
이 어떻게 전개될지 귀추가 주목된다.12) 부동산에 대하여는 담보법(中華人民共和國
擔保法) 제92조 제1항에서 「부동산이란 토지와 주택(房屋), 林木 등 토지의 정착물
을 의미한다」고 규정하고 있지만, 담보법 제92조 제2항에서 「부동산 이외의 물건
을 동산이라고 한다」고 규정하고 있을 뿐이므로, 일반적인 해석론으로서도 동산이
란 부동산 이외의 물건이라고만 정의하고 있는 실정에 불과하다.13) 때문에 물권
법상 소유권의 객체를 유체물로 한정하여 해석하고 있는 위 견해에 대한 학계의
평가를 지켜보아야 할 것이다.

　　그리고 우리 민법 제211조의 내용과 동일하게 소유권자는 「법률에 의하여(依
法)」 소유권의 권능을 행사할 수 있다고 규정하여, 소유권의 행사는 법률에 의한
제한을 받게 됨으로써 소유권의 남용을 방지하고 있다.14)

　　일반적으로 학자들은 이 물권법 제39조 규정의 내용을 근거로 소유권의 본질
을 설명하는데 그 내용으로서는 소유권의 完全性(全面性)·整體性(單一性, 渾一
性)·항구성·탄력성 등을 들고 있다.15)

---

12) 江平, 앞의 책, 10면.

13) 王利明, 物權法研究 上卷(修訂版), 中國人民大學出版社(2007), 65면.

14) 劉智慧 主編., 中國物權法解釋與應用, 人民法院出版社(2007), 118면.

15) 胡康生, 앞의 책, 95-96면; 王勝明 主編, 中華人民共和國 物權法解讀, 中國法制出版社(2007),
　　80-81면; 江平 主編, 앞의 책, 184-185면; 丁海俊, 所有權, 中國法制出版社(2007), 6-7면; 吳高
　　盛, 中華人民共和國物權法釋析, 人民法院出版社(2007), 78면; 郭明瑞, 앞의 책, 79-81면; 江平 主
　　編, 民法學, 中國政法大學出版社(2007), 335-336면.
　　일부 견해는 그 밖에 물권법 제7조에 「물권을 취득하고 행사함에는 법률을 준수하고 사회의 공서
　　양속(公德)을 존중하여야 하며, 공공이익과 타인의 합법적 권리를 침해할 수 없다」고 규정한 내용
　　을 근거로 소유권의 사회성(黃松有 主編, 위의 책, 157면) 또는 제한성(郭明瑞, 위의 책, 80면)을
　　설명하고 있다. 또한 소유권이 목적물을 직접 지배하는 형태를 탈피하여 용익청구권 및 담보청구
　　권을 위한 채권의 형태로 변형되어 나타나는 이른바 「物權債權化」가 출현하는 사회현상을 거론하
　　면서 소유권의 관념성(虛有化)을 지적하는 경우도 있으며(黃松有 主編, 위의 책, 같은 면), 소유권
　　은 타인의 간섭을 배제할 수 있다는 의미에서 소유권의 「소멸권능」을 지적하는 견해도 있다[梁慧星
　　/陳華彬, 物權法, 法律出版社(2005), 124-125면].

2. 소유권과 제한물권

소유권과 담보물권 및 용익물권의 관계에 관하여 물권법 제40조는 「소유권자는 자신의 부동산이나 동산에 용익물권과 담보물권을 설정할 수 있다. 용익물권자나 담보물권자의 권리행사는 소유권자의 권리를 침해할 수 없다」고 규정하고 있는데, 물권법상의 용익물권으로서는 土地承包經營權(제124조-제134조)・建設用地使用權(제135조-제151조)・宅基地使用權(제152조-제155조)・지역권(제156조-제169조)이 있으며, 담보물권으로서는 저당권(제179조-제207조)・질권(제208조-제229조)・유치권(제230조-제240조)을 규정하고 있다. 제한물권자가 소유권자의 이익을 침해하게 되면 불법행위책임과 채무불이행책임 및 부당이득반환책임 등 3종류의 책임을 부담하게 된다.[16]

중국에서 소유권과 제한물권의 관계에 관한 분쟁으로서 실무상 다음과 같은 두 가지 문제가 빈번하게 발생한다고 한다.[17]

첫째는 소유권자가 제한물권을 설정한 후 정당한 이유 없이 계약을 파기하고 강제적으로 목적물을 회수함으로써 제한물권자의 이익을 침해하는 경우이다. 예컨대 농촌집단경제조직이 촌민과 四荒(荒山, 荒溝, 荒丘, 荒灘)[18]의 토지를 사용할 수 있는 계약(土地承包經營契約)을 체결한 후 계약종료기간이 도래하기 전에 임의로 계약을 파기하고 집단소유로 토지를 회수하는 예가 있다는 것이다. 이러한 행위는 계약위반 행위일 뿐만 아니라 불법행위가 성립하게 되므로 제한물권자는 소유권자에게 손해배상을 청구할 수 있다.[19] 뿐만 아니라 제한물권자는 물권적청구권에 의한 보호도 받을 수 있으며, 제한물권자가 목적물을 점유하고 있는 경우에는 점유제도에 의한 보호도 받을 수 있을 것이다. 따라서 인민법원은 제한물권자와

---

16) 王利明, 앞의 책, 407면.

17) 黃松有 主編, 앞의 책, 159-161면.

18) 「四荒」이란 荒山(황무지 산), 荒溝(개발되지 않은 개천), 荒丘(개간되지 않은 언덕), 荒灘(개간되지 않은 개펄)을 지칭하며, 근래 중국에서는 농업 임업 목축업 어업 등을 경영할 목적으로 개발되지 않은 이들 황무지의 토지사용권을 취득하는 예가 많아졌으며, 그 기간도 수 십년 내지 백년 가까이 설정되고 있는데, 이 토지사용권은 저당권의 객체도 된다. 王利明, 物權法研究(修訂版) 下冊, 中國人民大學出版社(2007), 413면; 吳春岐/郝志剛, 抵押權, 中國法制出版社(2007), 19면.

19) 중국계약법(中華人民共和國合同法) 제122조는 「당사자 일방이 계약을 위반함으로써 상대방의 신체 또는 재산상의 권익을 침해한 때에는 피해자는 이 법에 의한 채무불이행으로 인한 손해배상책임 또는 관련 법률에 의한 불법행위책임을 선택하여 청구할 수 있다」고 규정하고 있다.

소유권자 사이의 권리가 충돌할 경우에 제한물권의 성격과 특징을 충분히 고려하여 우선적으로 제한물권자를 보호하여야 할 것을 강조하고 있다.[20]

둘째, 제한물권자가 법률의 규정이나 당사자 간에 약정한 사항을 위반하거나 또는 목적물의 용도 및 성질에 따라 목적물을 이용하지 않음으로써 소유권자에게 손해가 발생하는 경우이다. 제한물권자는 일정한 목적의 범위 내에서 제한물권을 행사할 경우에만 법률의 보호를 받게 되므로 제한물권자의 행위로 목적물이 훼손되거나 멸실된다면 소유권자는 재산보전을 위한 일련의 조치를 취할 수 있다. 예컨대 동산질권자가 질물을 훼손하거나 멸실하게 되면 손해배상책임이 발생하고, 질권설정자는 질물의 공탁을 요구하거나 기한 도래 전의 채무 변제를 요구하거나 또는 질물의 반환을 청구할 수 있다(물권법 제214조, 제215조, 제217조).

Ⅲ. 소유권 제한의 유형과 내용

중국의 물권법은 평등보호원칙을 기본원칙으로 채택하고 있으므로,[21] 각종 물권의 존중과 보호를 강조하고 있다. 그렇지만 사회주의 기본경제제도의 유지보호와 공공이익의 실현 및 농지(耕地)보호, 목적물의 효용실현과 인간관계의 화목 등으로 인하여 소유권은 일정한 제한을 받게 된다.[22] 물권법상의 소유권 제한에 관한 내용을 정리하면 다음과 같다.

1. 소유권 취득의 금지

물권법 제41조는 「법률규정에 의하여 국가소유로 전속된 부동산과 동산은 어떠한 단체(單位)나 개인도 소유권을 취득할 수 없다」고 규정하여 소유권의 객체와 범위를 한정하고 있다.

---

20) 黃松有 主編, 앞의 책, 159면. 다만 법률에 특별한 규정이 있는 경우에는 제한물권자의 권리가 제한될 수 있다. 예컨대 중국의 土地管理法 제65조에 의하면 농촌집단경제조직은 지방의 공공시설이나 공익건설사업을 위하여 필요한 경우에는 토지사용권을 허용한 인민정부의 비준을 받아 농민의 토지사용권을 회수할 수 있다고 한다.

21) 물권법 제4조는 국가와 집단 및 私人의 물권을 평등하게 보호한다는 평등보호원칙을 선언한 것으로 해석한다. 胡康生, 앞의 책, 29면; 吳高盛, 앞의 책, 9면; 王勝明, 앞의 책, 10면.

22) 王利明, 앞의 책, 412-413면; 王利明/尹飛/程嘯, 中國物權法教程, 人民法院出版社, 2007년, 161-162면.

중국은 公有制를 기반으로 하여 그 구체적인 실현 방법으로서 소유권의 유형을 「全人民所有」와 「노동민중집단소유(勞動群衆集體所有)」로 구분하여 규정하는 방식을 채택하고 있다.[23] 이에 따라 물권법 제46조 이하에서는 국가소유에 속하는 재산을 구체적으로 열거하고 있으며, 그 재산에 대해서는 집단이나 개인이 소유권을 취득할 수 없다.[24] 물권법에서 규정하고 있는 국가소유에 속하는 재산은 ① 지하자원(礦藏)·강(水流)·海域(제46조), ② 도시의 토지·법률에 의하여 국가소유에 속하는 농촌과 도시 교외의 토지(제47조), ③ 森林·산·초원·황무지·간석지 등의 자연자원(제48조), ④ 일정한 범주의 야생동식물(제49조), ⑤ 무선전파 전신자원(제50조)[25], ⑥ 국가소유의 문화재(제51조), ⑦ 국방자산, 철도·도로·전력·전신시설과 송유관 등의 기간시설(제52조) 등이 있다.

또한 물권법 제58조는 집단소유(集體所有)에 속하는 재산을 명시하고 있는데 이 역시 개인의 소유가 인정될 수 없다. 이 조항에 의하면 집단소유에 속하는 재산으로서는, ① 법률에 집단소유로 규정된 토지와 森林·산·초원·황무지·간석지, ② 집단소유의 건물·생산시설·농경수리시설, ③ 집단소유의 교육·과학·문화·위생·체육 등의 시설, ④ 집단 소유의 기타 부동산과 동산이 된다.

2. 상린관계에 의한 제한

물권법상의 상린관계는 크게 나누어 「隣地用水·排水關係(물권법 제86조)」, 「隣地使用關係(물권법 제87조, 제88조)」, 「통풍·채광 및 일조관계(물권법 제89조)」, 「이웃

---

23) 전통적인 사회주의의 이데올로기에 의한 정치적 색체가 강력하게 반영되어 물권법은 국가·집단·개인의 재산권을 명확하게 구별하여 상이한 법적 지위와 보호를 부여함으로써, 소유권을 국가소유권과 집단소유권 및 개인소유권으로 구별하여 규정하고 있다. 이처럼 권리주체에 따라 소유권의 유형을 3가지 형태로 분류하는 이른바 「3분법」이라고 부르는 물권법상 소유권의 유형은 1923년에 제정된 구소련의 민법전에서 유래하는 것이다. 孫忠憲, 앞의 글〔中國物權法制定に關する若干の問題(1)〕, 746-748면; 近江幸治/孫忠憲, 中國物權法における「所有權問題」, 早稻田法學 77卷 2號 (2002), 2-6면.

24) 黃松有 主編, 앞의 책, 161면.

25) 일반적으로 무선전파를 有限한 自然資源으로 파악하여 국가소유권의 객체가 된다고 해석하고 있으며, 종래에는 「無線電管理條例」에서 규정되던 것을 물권법에 명문으로 규정하게 되었다고 한다. 胡康生, 앞의 책, 121면; 劉智慧 主編, 앞의 책, 145면. 이는 사회주의 국가의 특성상 무선전파를 규제하기 위한 법리로 풀이된다.

부동산에 대한 손해예방관계[유해 물질 배출금지(물권법 제90조), 이웃 부동산에 대한 안전배려(물권법 제91조), 이웃 부동산 이용자의 손해발생 회피의무(물권법 제92조)],등 4가지 유형으로 분류할 수 있다.26)

　　우리 민법과 달리 중국 물권법에는 경계에 관한 상린관계에 대해서는 명문으로 규정을 두고 있지 않다. 예컨대 건물의 경계표라든가 樹枝, 木根의 제거, 또는 경계를 넘어 떨어진 이웃 토지에 속하는 과일의 귀속 관계 등에 관한 규정이 마련되어 있지 않다. 따라서 그 내용은 각 지방의 관습에 의존할 수 밖에 없는데 중요한 입법상의 불비라고 하지 않을 수 없다는 지적이 있다.27) 법률이나 법규에 상린관계의 처리에 관한 규정이 없는 경우에는 현지의 관습에 따르게 되는데(물권법 제85조), 만약에 그 지방의 관습마저 존재하지 않는다면 물권법 제84조가 규정하고 있는 기본원칙에 따라 처리하게 될 것이라는 주장이 있다.28) 그런데 물권법 제5조는 물권의 종류와 내용은 법률의 규정에 따르는 것으로 규정하여 관습법을 물권법의 법원으로 인정하고 있지 않으며,29) 학계 내에서도 사실인 관습과 관습법을 명확하게 구분하여 사용하지 않는 듯하므로,30) 위 관습이 관습법을 의미하는지 아니면 사실인 관습을 의미하는 것인지는 분명하지 않다.

　　물권법 제84조는 「부동산의 상린권자는 생산에 유리하고, 생활에 편리하며, 서로 돕는 우호적인 관계에서 공평합리의 원칙에 따라 상린관계를 정확하게 처리하여야 한다」라고 규정하여 상린관계의 기본원칙으로서, 생산에 유리함·생활의 편리함·상호부조와 화목·공평합리성 등을 제시하고 있다. 나아가 공평합리성의 내용으로서는 첫째, 평등한 민사 주체로서 권리의무의 평등 유지, 둘째 합리적인 범위 내에서의 권리행사, 셋째 역사적으로 형성된 객관적인 상황의 존중, 넷째 불법적인 방해의 배제 및 손실에 대한 합리적인 보상 등을 들 수 있다.31)

---

26)　韓松/姜戰軍/張翔, 物權法所有權編, 中國人民大學出版社(2007), 267면; 이웃 토지의 통행관계, 건물 축조와 수선 및 전선 등의 부설관계, 이웃 토지 용수와 배수관계, 이웃 토지의 손해예방관계 등 4가지 유형으로 구분하는 견해도 있다. 江平, 앞의 책(民法學), 351면.

27)　韓松/姜戰軍/張翔, 위의 책, 268-269면.

28)　黃松有 主編, 앞의 책, 275-276면.

29)　따라서 법률에 규정이 없는 경우에는 무효가 된다고 한다. 梁慧星/陳華彬, 앞의 책, 43면.

30)　江平 主編, 앞의 책(民法學), 10-11면.

31)　黃松有 主編, 위의 책, 271면.

그런데 이러한 규정만으로는 실제 발생한 개별적인 사안에 대한 司法上의 적용이 어렵다는 점에서, 이 기본원칙은 「공허한 구호(空洞的口號)」에 그치게 되었다는 비판적인 견해도 제기되고 있다.[32]

또한 물권법에는 상린관계의 주체를 막연하게 「부동산 권리자」라고만 지칭하고 있으므로 그 개념이 명확하지 않다.[33] 일반적으로 학계에서는 상린관계의 주체를 「이웃 부동산의 소유자 및 사용자」라고 해석하여 상린관계로부터 물적인 효용을 발휘하게 되는 당사자를 포괄적으로 지칭하는 것으로 해석한다.[34]

3. 수용(徵收)에 의한 제한

(1) 물권법상의 규정

물권법 제42조는 토지와 단체나 개인의 주거 및 기타 부동산의 수용에 관한 규정으로서, 「① 공공이익의 필요에 의하여 법률에 규정된 권한과 절차에 따라 집단소유의 토지와 단체 및 개인의 건물(房屋)과 기타 부동산을 수용할 수 있다. ② 집단소유의 토지를 수용할 때는 토지보상비・정착보조비(安置補助費)・지상정착물과 풋곡식(靑苗)의 보상비 등의 보상금을 법에 따라 충분한 금액으로 지급하여야 하고, 피수용지 농민의 사회보장비용을 마련하여 피수용지 농민의 생활을 보장하며, 합법적인 권리를 보호하여야 한다. ③ 단체・개인의 주거 및 기타 부동산은 법에 따라 철거 보상을 하여야 하고 피수용자의 합법적인 권리를 보호하여야 한다. 개인의 주택을 수용하는 경우에는 피수용자의 주거조건도 보장하여야 한다. ④ 어떠한 단체나 개인도 수용보상비 등의 보상금을 횡령(貪汚)・유용(挪用)・착복(私分)・유치(截留)・연체(拖欠)할 수 없다」고 하여 비교적 자세하게 규정하고 있다.[35] 중국 헌법 제10조 제2항에 「국가는 공공이익을 위하여 필요한 경우에는 법

---

32) 費安玲, 不動産相隣關係與地役權若干問題的思考, 江蘇行政學院學報, 2004(1) ; 韓松/姜戰軍/張翔, 앞의 책, 262-263면.

33) 2005년 발표된 물권법 초안에서는 「부동산 권리자란 부동산 소유권자와 용익물권자 및 점유자를 포함한다(제97조)」고 규정하여 상린권자로서 부동산 권리자에 대한 개념을 명확하게 밝히고 있었는데 현행 물권법에는 이 규정이 삭제되었다

34) 韓松/姜戰軍/張翔, 앞의 책, 269면; 陳華彬, 物權法, 法律出版社(2004), 294-295면.

35) 2005년도 발표된 물권법 초안에서는 「공공이익을 위하여 필요한 경우에는 縣級 이상의 인민정부는 법률의 규정에 따라 개인이나 단체의 부동산 또는 동산을 수용할 수 있으며, 이 때 국가가 규정

률의 규정에 따라 토지를 수용할 수 있다」고 규정한 것을 근거로 물권법에서 이처럼 재산의 수용에 관한 명확한 내용을 밝히고 있는 것이다.

그런데 물권법상의 수용이나 징발에 관한 규정은 매우 추상적이고 일종의 정치적 태도를 표명한 것에 불과하다는 지적이 있다. 왜냐하면 수용이나 징발에 관한 문제는 행정법상의 문제로서 토지관리법이나 도시주택철거관리조례(城市房屋拆遷管理條例) 등의 특별법에서 규율되고 있다는 것이다.[36]

(2) 수용의 요건

① 수용의 대상과 주체

중국은 토지의 社會主義 公有制를 실시하고 있으므로 토지는 국가소유 또는 집단소유에만 속한다. 따라서 수용의 대상은 집단소유의 토지 및 개인이나 단체가 소유하는 주택 및 기타 부동산에 한정된다.[37]

그런데 물권법에는 수용의 주체에 관한 언급이 없다. 즉 집단소유에 속하는 재산을 비롯하여 기타 부동산을 수용할 수 있는 자가 누구인지 명문으로 규정한 내용이 없는데, 토지의 소유권은 국가 또는 집단에 속하지만, 집단은 다른 집단소유의 토지를 강제로 취득할 수 없기 때문에 결국 수용의 주체는 국가가 될 수밖에 없을 것이다.[38]

② 공공이익의 필요성

수용은 반드시 「공공이익」의 필요성이 있을 때에 한하여서만 인정된다. 따라서 국가가 수용을 실시할 때에는 그 행위로 말미암아 특정한 주체에게 이익이 발생하지 않게 됨을 입증하여야 한다.[39]

한 보상금을 지급하여야 하고, 국가의 규정이 없다면 합리적인 보상을 하여야 한다」라고만 간략하게 규정되어 있었는데 현행 물권법 제42조는 수용의 절차와 요건에 대한 상세한 규정을 두고 있다.

36) 葛雲松, 中國的新《物權法》要覽, 민사법학 제39권 2호(2007), 144면.

37) 黃松有 主編, 앞의 책, 162면.

38) 江平 主編, 앞의 책(中國物權法教程), 191면.

39) 수용을 실시함으로써 특정한 주체가 토지의 점유나 기타 물권을 취득하게 된다면 공공이익의 목적에 반함으로 그 수용행위는 물권법 제42조의 규정에 부합하지 않게 되기 때문이다. 江平 主編, 위의 책(中國物權法教程), 192면.

이처럼 부동산의 수용은 「공공이익」이란 명목으로 엄격하게 제한되는데, 공공이익으로 인정되기 위해서는 반드시 다음의 요건을 갖추어야 한다. 첫째, 공공이익은 公共性을 구비하여야 한다. 둘째, 공공이익은 그 이익의 중요성이 인정되어야 한다. 셋째, 공공이익은 현실성을 구비하여야 한다. 끝으로 공공이익이란 정당한 절차에 따라서 실현되어야 한다.[40]

③ 법률에 의한 절차

수용은 법률에 규정된 절차에 따라 진행되어야 한다. 이 경우의 법률이란 중국인민대회 또는 전국인민대회상무위원회에서 제정된 법률을 의미한다.[41] 이처럼 물권법 제42조 제1항은 법률규정에 따른 수용 절차 진행을 규정하고 있지만, 도시의 주택을 강제 수용하는 절차를 규정하고 있는 「도시주택철거관리조례(城市房屋拆遷管理條例). 2001년 6월 6일 국무원회의 통과」는 법률이 아니고 행정법규에 불과하므로 물권법 제42조 제1항의 내용은 수정되어야 한다는 지적이 있다.[42]

④ 명확한 보상

단체나 개인의 주택 및 기타 부동산이 수용될 때에는 법률에 따라 명확한 보상을 하여야 한다(물권법 제42조 제3항). 그런데 물권법에는 보상의무자가 누가 되는지에 대해서는 명확한 언급이 없다. 해석상 정부가 보상의무를 부담하게 되겠지만, 약정에 따라 그 토지의 사용권을 양도받은 자(建設用地使用權者) 등 제3자가 보상의무를 부담하는 경우도 가능할 것이다.[43]

물권법 제42조 제2항은 토지보상비·정착보조비(安置補助費)·지상정착물과 풋곡식(靑苗)의 보상비 등의 보상금을 지급할 것을 자세하게 규정하고 있는데,[44] 보상원

---

40) 朱岩/高聖平/陳鑫, 中國物權法評注, 北京大學出版社(2007), 201면.
41) 江平 主編, 앞의 책(中國物權法敎程), 191면.
42) 그런데 2008년에 발간된 수정판에서는 이 내용이 삭제되고, 오로지 법률은 全國人大 또는 全國人大常委會에서 제정되어야 한다는 사실만 강조하고 있다. 江平 위의 책(中國物權法敎程), 같은 면.
43) 中華人民共和國合同法(이하 중국계약법이라고 함) 제65조는 「당사자 간의 약정으로 제3자가 채권자에게 채무를 이행하도록 한 경우에 제3자가 채무를 이행하지 아니하거나 또는 이행한 채무내용이 약정과 일치하지 아니한 때에는 채무자는 채권자에게 채무불이행으로 인한 책임을 부담하지 아니한다」라고 하여 제3자의 채무이행에 관한 규정을 두고 있다.

칙으로서는, 「전액보상원칙」과 「적정한 보상」 및 「공평한 보상」 등 3대 보상원칙을 준수하여야 한다.[45) 전액보상이란 문자 그대로 수용으로 인하여 야기된 손실 전액을 보상한다는 의미이다. 적정한 보상이란 공익적인 수요와 당사자의 재산상황과 수용된 재산의 재산적인 가치 등을 고려한 보상을 의미하는데, 이 경우 구체적인 금액은 일반적인 시장가격을 기준으로 결정되어야 한다. 공평한 보상이란 공공의 이익과 개인의 이익을 비교 형량하여 공평한 시가로 보상하는 것을 의미한다.[46)

그런데 구체적인 보상 방법으로서는 금전지급이 원칙이 되겠지만, 금전지급에만 한정되지 않고, 예컨대 수용의 대상이 주택일 경우에는 수용되기 전 주택의 경제적인 가치와 거주 조건이 일치하거나 동일한 환경의 다른 주택을 교부할 수도 있다.[47) 이 경우에 피수용자에게는 금전보상을 청구하거나 또는 대체물을 청구할 수 있는 선택채권이 발생하게 된다.[48)

4. 징발(徵用)에 의한 제한

(1) 물권법상의 규정

물권법 제44조는 「구조(搶險)나 재난구호 등의 긴급한 필요로 법률이 규정한 권한과 절차에 따라 단체·개인의 부동산이나 동산을 징발할 수 있다. 징발된 부동산이나 동산은 사용 후에 피징발인에게 반환하여야 한다. 단체·개인의 부동산이나 동산이 징발되거나 징발된 후에 훼손·멸실된 경우에는 보상하여야 한다」고 규정하여 일정한 요건 하에 단체나 개인의 부동산 또는 동산을 징발할 수 있음을 밝히고 있다.[49)

---

44) 물권법 제정과정에서 「相應하는 補償」, 「합리적인 보상」, 「충분한 보상」 등의 논의가 있었는데, 현행 물권법은 구체적으로 보상 내용을 자세하게 규정하고 있다. 胡康生, 앞의 책, 103면. 또한 중국의 토지관리법 제47조 제1항도 토지를 수용할 때에는 보상금을 지급하도록 규정하고 있다.

45) 韓松/姜戰軍/張翔, 앞의 책, 50–51면.

46) 王利明, 物權法應當分別規定征收·征用與拆遷, 我國民法典重大疑難問題之研究, 法律出版社(2006), 430–432면.

47) 도시주택철거관리조례 제25조는 주택이 수용된 경우에 동일한 경제 가치에 해당하는 주택의 교환에 관한 명문 규정을 두고 있다. 다만 비공익사업의 주택을 철거하는 경우에는 철거 주민의 이익을 보호하기 위하여 실물교환이 인정되지 않고 금전으로 보상하게 되어 있다(동 조례 제23조).

48) 江平 主編, 앞의 책(中國物權法敎程), 194면.

49) 물권법 제44조의 규정을 「긴급징발제도」에 관한 내용으로 해석하기도 한다. 朱岩/高聖平/陳鑫,

(2) 징발의 요건

① 긴급한 상황의 전제

오로지 구조나 재난구호 등 긴급한 상황(緊急需要)이 전개된 때에만 징발절차를 진행할 수 있고 평상시에는 채택할 수 없는 한계가 있다.[50] 참고로 중국국가안전법(中華人民共和國國家安全法) 제9조 제2항에 의하면, 국가의 안전을 위하여 필요한 경우에는 단체나 개인의 교통수단이나 통신도구, 장소나 건축물 등을 우선 사용할 권한이 있는데, 사용한 후에는 반드시 목적물을 반환하여야 하고 적정한 비용을 지불하여야 하며, 손실이 발생한 때에는 보상하도록 규정하고 있다. 물권법 제44조의 징발에 관한 규정은 국가의 안전을 위하여 필요한 경우에 우선사용권을 인정하고 있는 것이다.

물권법 제44조 역시 징발의 주체에 대하여 명확하게 밝히고 있지 않지만, 징발은 피징발자의 동의를 받지 않고 그 물건을 사용하는 것으로서 사적자치의 원칙에 부합하지 않는다는 점에서, 징발자는 오직 국가만 될 수 있다고 해석한다.[51]

② 법률에 의한 절차

징발행위는 행정행위에 속하는데,[52] 행정기관은 법률의 명확한 근거 하에서 주어진 권한범위 내에서만 동산이나 부동산을 징발하여야 한다. 그 절차를 위반하거나 징발권한을 남용한 때에는 단체나 개인의 동산이나 부동산의 소유권을 침해하게 된다. 그런데 위법한 징발절차를 방지하기 위해서는 행정기관의 위법행위에 대한 책임을 규명한 관련 법률이 보완되어야 할 터인데, 아직 위법한 징발 절차의 책임에 대한 법률이 제정되지 않고 있기 때문에 「법률이 규정한 권한과 절차에 따라」 진행되어야 할 징발의 요건은 사실상 기초가 없는 공허한 것으로 될 우려가 있다.[53]

앞의 책, 206면.

50) 朱岩/高聖平/陳鑫, 위의 책, 207면; 胡康生 主編, 앞의 책, 107면.
51) 江平 主編, 앞의 책(中國物權法教程), 195면.
52) 江平 主編, 위의 책(中國物權法教程), 196면.
53) 朱岩/高聖平/陳鑫, 앞의 책, 207면.

③ 징발의 대상

징발의 대상이 되는 목적물의 범위는 방대하여 부동산과 동산을 포괄하여 인정된다. 다만 물권법 제44조에 의하면, 단체나 개인의 동산과 부동산에 한정되므로 집단소유의 토지는 징발의 대상이 될 수 없으며,[54] 중국의 전통적인 행정징발로서 가능했던 노무 등의 작위행위도 이제는 징발의 대상이 될 수 없게 되었다.[55]

(3) 목적물 반환의무와 멸실·훼손에 대한 보상책임

목적물을 징발하여 사용한 후에는 원소유권자에게 반환하여야 하고, 징발과정이나 반환과정에서 목적물이 훼손되거나 멸실된 때에는 보상하여야 한다. 징발은 목적물 소유권자의 동의 없이 목적물의 점유만 이전되는 것이기 때문에 목적물의 소유권은 여전히 원소유권자에게 남아 있게 된다. 따라서 피징발자는 자신의 소유권에 의하여 징발 사유가 소멸된 후에는 그 목적물의 반환청구권을 행사할 수 있으며, 징발되어 사용된 후에 목적물이 훼손되거나 멸실된 때에는 당연히 보상청구권이 인정된다.

보상시기에 관해서는 특별한 규정이 없지만, 동시이행에 관한 중국 계약법 제66조 전단[56])의 규정을 준용하여, 징발자는 징발과 동시에 피징발자에게 보상금을 교부하여야 하는 것으로 해석한다.[57]

(4) 수용(征收)과 징발(征用)의 차이점[58]

① 목적

수용과 징발 양자 모두 공공이익을 위하여 인정되는 것이지만, 수용은 일반적인 상황 하에서의 공공이익을 위하여 진행되는 것인데 반하여, 징발은 국가가 전쟁의 발발이나 중대한 자연재해 등 긴급한 상황에 처하여 있을 때의 공공이익을

---

54) 江平 主編, 앞의 책(中國物權法敎程), 195면.
55) 朱岩/高聖平/陳鑫, 앞의 책, 207면.
56) 제66조 전단은 「당사자 상호간에 채무를 부담하면서 이행 순서를 정하지 아니한 경우에는 동시에 이행하여야 한다」고 규정하고 있다.
57) 江平 主編, 앞의 책(中國物權法敎程), 196면.
58) 王利明, 앞의 책, 421면; 黃松有 主編, 앞의 책, 167면.

위한 것이라는 점에서 양자는 구분된다.

② 대상

수용의 대상은 집단소유의 토지와 개인이나 단체가 소유하는 주택 및 기타 부동산에 한정되므로 동산은 제외되지만, 징발의 대상은 단체나 개인이 소유하는 부동산과 동산이 포함된다.

③ 효과

수용은 국가가 강제로 토지나 주택 및 기타 부동산의 소유권을 취득하게 됨으로써 권리 자체가 이전되는 효과가 발생하게 되지만, 징발은 긴급한 상황 하에서 국가가 강제로 목적물의 사용권만을 행사하는 데 그치므로 사용 후에는 목적물을 다시 반환하여야 한다는 점에서 양자는 구별된다.

④ 보상의 내용과 기준

수용에 대해서는 목적물의 가치에 적합한 합리적인 보상금을 지급하여야 하지만, 징발의 경우에는 목적물이 멸실되거나 훼손된 경우에 한하여 보상하게 된다.

⑤ 절차

수용은 일상적인 상황 하에서 목적물의 소유권을 강제로 취득하는 절차가 진행되므로 피수용자에게 의견을 진술할 기회가 부여될 수 있지만, 징발은 긴급한 상황 하에서 강제적인 수단으로 실행되는 것이므로 당사자의 의견은 전혀 고려되지 않는다는 점에서 구별된다.59)

---

59) 韓松/姜戰軍/張翔, 앞의 책, 44면.

5. 용도에 의한 제한

물권법 제43조는 농지(耕地)를 보호하기 위한 특별조치로서 다른 용도로의 농지 전용(예컨대 建設用地로의 전용)을 엄격하게 제한하고 있으며, 또한 집단소유의 토지에 대한 수용을 제한하고 있다. 물권법 제43조의 규정은 2005년에 발표된 물권법 초안에는 없던 내용인데 신설된 것으로 보인다.

중국은 토지의 면적에 비하여 인구가 많다는 점에서 농지는 보석처럼 귀한 존재로 인정되고 있다. 따라서 농지보호는 국가의 기본정책으로서, 국가는 농지 보호를 중시하여 농지를 보호하는 제도를 엄격하게 규정하여 실행하고 있는 실정이다.[60] 즉 국가가 정책적으로 농지를 건설용지로 전용하는 등의 행위를 엄격하게 규제하여야 한다는 측면에서 물권법 제43조가 규정된 것이라고 한다.[61]

6. 공공이익에 의한 제한

그 밖에도 공서양속 및 신의성실의 원칙에 따른 소유권의 제한이나 공공이익을 위한 소유권의 제한을 들 수 있다. 특히 소유권의 행사는 공공이익에 피해가 발생하지 않도록 하여야 하고, 반드시 사익과 공익을 동시에 고려하여야 하며, 권리의 남용을 방지하여야 한다는 점에서 일정한 제한이 수반된다.[62]

물권법 제7조는 「물권의 취득과 행사는 법률을 준수하여야 하고, 사회 공공도덕을 존중하여야 하며 공공이익과 타인의 합법적인 권익을 침해하지 못한다」고 규정하여 절대적 지배권의 일종인 물권의 취득과 행사에 관한 포괄적인 제한규정을 두고 있다.[63]

---

60) 黃松有, 앞의 책, 165면.
61) 胡康生, 앞의 책, 103면.
62) 朱岩/高聖平/陳鑫, 앞의 책, 209면.
63) 이 규정으로부터 수용과 징발, 자력구제, 긴급피난 등의 물권 행사 시의 제한과 부동산 권리 행사나 처분 시의 제한을 설명하고 있는 견해도 있다. 胡康生, 앞의 책, 35-36면.

Ⅳ. 결

　　이상으로서 중국 물권법상 규정되어 있는 소유권 제한의 내용과 법리를 살펴보았다. 무엇보다도 중국은 사회주의경제체제 하에서 公有制 경제제도를 기본 강령으로 채택하고 있는 만큼 우리나라와 같은 시장경제 국가의 소유권체제와 현저하게 다른 양상을 취하고 있다는 점을 지적하지 않을 수 없다. 전통적인 사회주의 이데올로기에 의한 정치적 색채가 강하게 반영된 결과, 소유권의 유형을 권리주체에 따라 국가소유권·집단소유권·개인소유권으로 구분함으로써,64) 국가소유나 집단소유에 귀속되는 재산은 개인이 취득할 수 없는 한계가 수반되며, 그 범위가 상당히 폭넓게 인정되고 있음을 알 수 있다. 이는 오로지 「公有制」의 신성한 지위를 강조한 탓이라고 하지 않을 수 없다.

　　또한 우리 물권법상의 내용과 유사하게 상린관계에 관한 규정을 두고 있지만, 이 역시 규정의 미비함으로 말미암아 상당한 내용이 보완되어야 할 것으로 보인다. 본문에서도 지적하였지만 「공허한 구호」에 그치지 않도록, 특히 실제적인 분쟁이 발생할 경우를 대비하여 입법상의 보완조치 등 합리적인 해결방안을 모색하도록 하여야 할 것이다. 중국은 물권법의 법원으로서 관습법을 인정하지 않고 있기 때문에65) 모든 문제를 법률로써 해결하지 않을 수 없기 때문이다.

　　그리고 사실상 행정법규에 속하는 사항이라고 할 수 있는 수용과 징발 등에 관한 내용을 물권법에 규정한 점도 사회주의국가의 특색이라고 지적할 수 있다. 비록 물권법 초안에 비하여 그 내용이 상당 부분 보완되었다고 하지만, 이 역시 집행 과정에서 야기될 수 있는 개인의 재산권 침해에 대한 보호 방안이 더욱 구체적으로 마련되어야 할 것으로 본다.

　　요컨대 1999년부터 시행되고 있는 중국의 계약법(中華人民共和國合同法)은 상당

---

64) 이와 같은 소유권의 3분법에 대해서는 중국 내에서도 비판적인 견해가 제기되고 있는데, 그 논거는 다음과 같다. 첫째, 시장경제의 관점에서 본다면 모든 민사주체가 가지는 권리는 평등한 것으로서 서로 다른 등급으로 구분할 수 없다는 점. 둘째 과학적인 법률학의 관점에서 본다면 민사주체는 민사상의 모든 권리를 가질 수 있으므로 일정한 종류의 주체가 일정한 종류의 민법상 권리를 가질 수 없도록 제한하거나 금지할 수 없다는 것이다. 만약에 입법자가 이를 제한할 경우에는 공법적인 측면에서 규제할 것이지 민법을 사용할 수 없다는 점을 강조한다. 孫忠憲, 앞의 글〔中國物權法制定に關する若干の問題(1)〕, 747면.

65) 물권법 제5조: 물권의 종류와 내용은 법률에서 규정한다.

히 선진적인 내용을 규정함으로써 비교적 높은 평가를 받고 있는 데 반하여, 정치적 색채를 배제하지 못한 물권법은 특히 소유권의 제한 분야에서도 우리와는 상당히 다른 독특한 제도를 규율하고 있음을 지적하면서, 이 문제는 앞으로 중국의 미래와 더불어 그 내용들이 어떻게 변모해 가는지 우리 모두 주의 깊게 살펴보아야 할 것을 과제로 남기고자 한다.

[3] 부동산 선의취득

Ⅰ. 서론

동산만 선의취득의 대상으로 하고 있는 우리 민법상의 선의취득제도(민법 제249조)와 달리, 2007년 10월 1일부터 시행되고 있는 중국 물권법(中華人民共和國物權法)[1]은 부동산과 동산에 대하여 양자를 구분하지 않고 모두 선의취득을 인정하고 있다.

중국의 입법기관에 의하면, 선의취득을 인정하는 이유는 거래의 안전을 보호할 뿐만 아니라 거래를 촉진하여 시장경제의 정상적인 발전을 도모하기 위한 것이고,[2] 특히 부동산에 대하여도 선의취득을 인정함으로써 거래의 안전을 보호하는 이유로서는 「중국에는 아직 부동산등기제도가 완비되지 않아 미등기 부동산이 다수 존재하는데, 주택의 2중매매(一房二賣)나 심지어 다중매매(一房多賣)가 빈번하게 발생하고 있는 상황에서 주택을 구입한 매수인의 법적 지위가 보장되지 않고 있는 실정이므로, 선의의 제3자를 보호하기 위해서는 부동산의 선의취득이 인정되어야 하며, 특히 상품주택에 대하여 완공 전의 先賣가 이루어지는 경우에[3] 등기명의인이 아닌 前主로부터 합리적인 가격으로 목적물을 취득한 선의의 양수인을 보호할 실제상의 필요가 있다」고 설명한다.[4]

선의취득에 관한 물권법의 규정은 다음과 같다.[5]

---

1) 이하 물권법이라 함은 중국의 물권법을 지칭한다.

2) 胡康生 主編, 全國人民代表大會常務委員會 法制工作委員會編, 中華人民共和國物權法釋義, 法律出版社(2007), 239면.

3) 중국에서는 일정한 요건(① 建設用地使用權拂下金을 전액 지불하고 건설용지사용권 귀속 증명서를 취득할 것 ② 건설공정기획 허가서를 취득할 것 ③ 縣 이상의 인민정부의 부동산 담당 부서에 미완성 주택의 先賣 등기를 하고 상품주택의 先賣허가서를 취득할 것 등. 都市不動産管理法 제45조) 하에 상품주택에 대한 미완성 상태에서의 주택 先賣가 인정되고 있으며, 이 경우 매매대금의 결제는 주택의 완공·인도가 있기 전에 먼저 이루어진다. 즉, 구입자가 구분소유권을 취득하기 전에 대금 결제가 완료되어야 하므로 주택개발업자가 도산하거나 완공이 지연됨으로써 야기되는 모든 불이익은 구입자가 부담하게 된다. 때문에 이에 관한 분쟁이 매우 많이 발생하게 된다. 中國人民大學法學院 編, 中國審判案例要覽(2005年 民事審判案例卷), 中國人民大學出版社/人民法院出版社(2006), 51면 참조.

4) 全國人民代表大會常務委員會法制工作委員會民法室 編著, 物權法 立法背景與觀點全集, 法律出版社(2007), 443면; 黃松有 主編, 最高人民法院物權法研究小組 編著, 《中華人民共和國物權法》條文理解與適用, 人民法院出版社(2007), 327면.

제106조(선의취득)

① 처분권 없는 자가 부동산 또는 동산을 양수인에게 양도한 때에는 소유권자는 이를 회수할 권리가 있다.

다만 법률에 특별한 규정이 있는 경우를 제외하고, 아래 각 호의 사유에 해당하는 때에는 양수인은 그 부동산 또는 동산의 소유권을 취득한다.

(1) 양수인이 선의로 그 부동산 또는 동산을 양수한 경우

(2) 합리적인 가격으로 양도된 경우

(3) 법률 규정에 의하여 양도된 부동산 또는 동산에 대한 등기가 필요한 경우에는 등기를 경료하거나, 등기가 필요하지 않은 경우에는 양수인에게 인도한 경우

② 양수인이 전항의 규정에 의하여 부동산 또는 동산의 소유권을 취득하는 경우, 원소유권자는 권한 없이 처분한 자에 대하여 손해배상을 청구할 권리가 있다.

③ 당사자가 기타 물권을 선의로 취득한 경우에는[6] 전 2개 항의 규정을 참조하여 적용한다.

제107조(유실물의 선의취득)

소유권자 또는 기타 권리자는 유실물을 회수할 권리가 있다. 유실물이 양도되어 타인이 점유하고 있는 경우, 권리자는 처분권 없이 처분한 자에 대하여 손해배상을 청구하거나, 또는 양수인을 알거나 알 수 있는 날로부터 2년 이내에 양수인에게 원물의 반환을 청구할 권리가 있다.

다만 양수인이 경매 또는 경영자격이 있는 경영자로부터 그 유실물을 구입한 경우에는 권리자는 현물반환을 청구할 때 양수인이 지불한 비용을 지급하여야 한다. 권리자는 양수인에게 비용을 지급한 후 처분권 없이 처분한 자에게 구상할 수 있다.

제108조(선의취득에 의한 원래 권리의 소멸)

선의의 양수인이 동산을 취득하면 그 동산 위에 원래 존재하던 권리는 소멸한다. 다만 선의의 양수인이 인도받을 때 그 권리가 존재함을 알았거나 또는 알 수 있었을 때에는 그러하지 아니하다.

---

5) 민법전 제311조-313조의 규정과 동일하다.

6) 이 경우 기타 물권의 선의취득이란 질권의 선의취득을 의미한다. 王利明, 物權法研究, 中國人民大學出版社(2007), 437면. 기타 물권에 대한 선의취득을 '準善意取得'이라고 하는 견해도 있다. 江平主編, 中國物權法教程, 知識産權出版社(2008), 273면. 또한 기타 물권에 대한 선의취득을 '준물권의 선의취득'이라고도 한다. 郭明瑞, 中華人民共和國 物權法釋義, 中國法制出版社(2007), 18면.

중국에서는 이처럼 물권법에 선의취득에 관한 내용이 명문으로 규정되기 이전부터 사실상 이미 최고인민법원의 司法解釋에 의하여 선의취득제도는 확립되어 있었다.[7] 예컨대, 1988년 4월 2일 공포된 민법통칙에 관한 사법해석「關于貫徹執行〈中華人民共和國民法通則〉若干問題的意見」제89조에 의하면, 공유자 각자의 지분이 존재하지 않는 共同共有(中華人民共和國民法通則 제78조) 관계(우리나라의 합유와 유사함)의 존속기간 중에 공유자 1인이 그 공유재산을 임의로 처분한 경우에는 일반적으로 무효가 되지만, 선의인 제3자가 유상으로 그 재산을 취득한 때에는 제3자의 권리는 합법적인 것으로서 보호되었으며(선의취득이 인정됨), 임의로 처분한 자는 다른 공유자에게 그로 인한 손해배생책임을 부담할 뿐이었다. 또한 2000년 12월 8일 공포된 담보법에 관한 최고인민법원의 사법해석「最高人民法院關于適用〈中華人民共和國擔保法〉若干問題的解釋」제84조는 동산질권의 선의취득을 규정하고 있었다.[8]

그렇지만 본 연구에서는 물권법에 선의취득이 명문으로 규정되기까지의 입법배경 및 입법과정상의 내용은 생략하기로 하고,[9] 실질적인 측면에서 선의취득의 성립요건 및 효과 등에 관한 법리를 검토하기로 한다.[10]

특히 위 규정 중 부동산의 선의취득과 관련된 조항은 제106조이므로 아래에서는 그 내용을 중심으로 중국에서 인정되고 있는 부동산 선의취득에 관한 법리를 검토하고 문제점을 정리해보고자 한다.

부동산의 선의취득에 관한 중국 물권법상의 법리는 비교법적인 관점에서도 중요한 의미가 있지만, 중국에 거주하고 있는 우리 교민들의 실생활에서도 상당히 유익한 기능을 할 것으로 기대된다.

---

7) 何志, 物權法判解研究與適用, 人民法院出版社(2007), 179면.

8) 全國人民代表大會常務委員會法制工作委員會民法室 編著, 앞의 책, 454면.

9) 중국에서 부동산 선의취득제도가 도입되기까지의 형성 과정으로서, 물권법이 제정될 때까지 선포된 최고인민법원 사법해석의 내용을 비롯하여 선의취득 관련 사안에 관한 당시 중급인민법원의 판결 내용과 당시 전개된 학설의 내용 등에 대하여는 이미 우리나라에 비교적 소상하게 소개된 바 있다. 장석천, 중국 물권법상 부동산 선의취득에 대한 고찰, 재산법연구 제25권 제2호(2008. 10), 78–90면; 이재목, 중국 물권법상 부동산 선의취득제도, 인권과 정의 제389호(2009. 1), 83–91면. 참조.

10) 물권법 제정 당시 부동산 물권변동과 관련하여 공신의 원칙을 주장한 학자들의 견해(이른바 王利明案과 梁慧星案)에 대하여서는, 王利明 主編, 中國物權法草案建議及說明, 中國法制出版社(2001), 19–21면; 中國物權法研究課題組(梁慧星 責任), 中國物權法草案建議稿附理由, 社會科學文獻出版社(2000), 137–141면. 참조.

Ⅱ. 선의취득의 요건

물권법 제106조의 내용에 의하면, 부동산 선위취득의 요건은 다음 4가지로 요약될 수 있다.[11]

1. 처분권 없는 자(無處分權人)의 타인 재산 처분

처분할 권한 없는 자가 타인의 재산을 처분하여야 한다. 이 경우의 처분이란 법률상의 처분을 의미하는 것으로서, 매매나 증여 또는 저당권의 설정 등이 해당된다.[12]

일반적으로 처분권 없는 자의 처분행위로서 실무상 주로 문제가 되는 경우는, 임차인이나 수치인처럼 점유하고 있는 재산에 대한 소유권이 없는 자가 타인에게 그 재산을 처분하는 행위, 공유자 1인이 다른 공유자의 동의 없이 공유재산을 처분하는 행위처럼 제한된 소유권을 가진 자의 재산 처분행위, 조건부 매매와 같이 매매대금을 전부 지불하기 전 까지는 목적물의 소유권은 매도인에게 유보되고(소유권유보부 매매) 매수인은 기대권을 향유하게 되므로, 계약 기간 중 매도인은 동일한 목적물을 타인에게 처분할 수 없다는 점에서 소유권은 있지만 처분권이 제한되는 경우의 재산 처분행위, 대리인이 자의적으로 본인의 재산을 처분하는 행위 등을 들 수 있다.[13]

(1) 동산과의 구별 여부

물권법 제106조는 동산과 부동산에 대하여 통일적으로 처분권 없는 자의 처분행위를 선의취득의 요건으로 규정하고 있지만, 그 의미는 동일하게 해석할 수 없다는 견해가 있다. 즉, 동산의 경우는 처분권 없는 자의 처분행위가 선의취득의

---

11) 王利明, 앞의 책(物權法研究), 438면. 반면에 「無處分權者의 處分」을 언급하지 않고 그 외 3가지 요건만 선의취득의 요건으로 주장하는 견해도 있다. 이를테면 黃松有, 앞의 책, 328면; 胡康生, 앞의 책, 241면. 또한 동산의 선위취득 요건으로서는 「양도인이 처분권 없는 자」일 것을 요구하지만, 부동산 선위취득의 성립 요건으로서는 「양수인이 법률행위에 의하여 부동산 물권을 취득할 것」만 언급하고 있는 견해도 있다. 陳華彬, 民法物權論, 中國法制出版社(2010), 286면, 289면.

12) 王利明, 위의 책(物權法研究), 438면.

13) 何志, 앞의 책, 187면; 王利明, 위의 책(物權法研究), 439면.

요건으로서 무권처분 행위로 인정되는지의 판단 여부가 비교적 쉽게 이루어질 수 있지만, 이와 달리 부동산의 경우는 상황이 다르다는 점을 지적한다. 특히 중국의 현실이 부동산등기제도가 완비되어 있지 않고 등기의 오류나 부실등기가 상당히 많이 존재한다는 점에서 부동산의 선의취득의 요건으로서 무권처분의 의미는 협의의 처분행위로 그 의미를 제한할 것이 아니라 확대해석하여야 한다는 것이다. 따라서 부동산 선의취득의 주요 대상이 될 수 있는 경우로서 등기착오의 경우에 그 등기명의인의 처분행위는 권한 있는 자의 처분이 아니라 권한 없는 자의 처분으로 인정하여 선의취득의 성립을 허용할 것을 주장한다.14)

사실 이 문제는 선의취득의 또 다른 요건으로서 요구되는 「취득자의 선의」에서, 선의의 의미를 「선의」로만 해석할 것인지, 아니면 선의 이외에 취득자의 과실이 없을 것을 요구하는 「선의 · 무중과실」을 의미하는 것으로 해석할 것인지의 의견이 대립하면서 동산과 부동산의 선의취득 요건을 달리할 필요가 있는지의 여부와 관련되는 문제이므로 관련 부분에서 다시 상세하게 설명하기로 한다.

일반적으로 부동산 선의취득과 관련하여서는, 共同共有者 1인(우리 민법상의 합유와 유사함)이 다른 공유자의 동의 없이 공유 부동산을 임의로 처분한 경우 및 착오 등으로 경료된 부동산등기의 등기권리자가 목적 부동산을 처분할 경우 등이 문제될 수 있다.15)

(2) 「無權處分」의 요건 여부

이처럼 선의취득의 요건으로서, 「처분권 없는 자의 처분(無權處分)」을 인정하는 견해에16) 반하여, 「처분권 없는 자의 처분(無權處分)」은 선의취득의 요건이 되지 않는다는 부정적인 견해도 제기되고 있다.

---

14) 王利明, 不動産善意取得的構成要件研究, 政治與法律 2008年 第10期, 4면.
15) 楊立新/劉德權 主編, 物權法實施疑難問題司法對策, 人民法院出版社(2008), 13면.
16) 선의취득의 요건으로서 「無權處分」을 주장하는 견해로서는, 王利明 교수 이외에, 郭明瑞, 앞의 책, 177면; 屈茂輝 主編, 物權法 原理精要與實務指南, 人民法院出版社(2008), 371면; 韓松/姜戰軍/張翔, 物權法所有權編, 中國人民大學出版社(2007), 367면; 王利明/尹飛/程嘯, 中國物權法教程, 人民法院出版社(2007), 145면; 江平 主編, 中和人民共和國物權法 精解, 中國政法大學出版社(2007), 136면; 傅鼎生, 所有權取得特別規定, 王利明 主編, 物權法名家講壇, 中國人民大學出版社(2008), 234면(傅鼎生 집필); 丁海俊, 所有權, 中國法制出版社(2007), 102면; 何志, 앞의 책, 186면 ; 江平, 앞의 책(中國物權法教程), 267면.

즉, 물권법 제106조에는 「無權處分」이라는 요건을 명확하게 규정하지 않고 있으며, 등기에 오류가 있더라도 등기부에 기재된 권리자의 그 재산에 대한 처분은 권한 있는 有權處分이지 무권처분은 아니라는 점 등을 들어 처분권 없는 자의 처분은 선의취득의 요건이 되지 않는다는 것이다.[17]

생각컨대, 물권법 제106조는 「처분권이 없는 자가 …」라고 분명하게 규정하고 있으며, 선의취득제도의 존재 목적은 현실 속에 존재하고 있는 권한 없이 처분한 경우의 문제를 해결하기 위한 것이고, 부동산등기가 잘못된 경우에도 법률상은 권한 있는 처분이 되겠지만, 등기기관이나 사법기관을 통하여 그 등기가 잘못된 것이라고 확정되면 결국 종국적으로는 권한 없는 처분으로 인정하지 않을 수 없다는 점을 간과할 수는 없을 것이다.

또한 선의취득의 요건으로서 「무권처분」을 독립한 요건으로서 거론하지 않는 견해 중에도 「양수인이 양도인의 처분권 없음을 알지 못한 선의일 것」이라고 하여[18] 결국 처분권 없는 자의 처분임을 표현하고 있다는 점 및 우리나라에서도 선의취득에 관한 민법 제249조의 내용에도 불구하고 선의취득의 요건으로서 「무권리자의 처분」을 인정하고 있다는 점을 고려한다면, 「처분권 없는 자의 처분(無權處分)」을 선의취득의 독립된 요건으로서 인정함이 타당할 것이다.

(3) 無權處分行爲의 효력

1999년 10월 1일부터 시행되고 있는 중국계약법(中華人民共和國合同法) 제51조는, 「처분권 없는 자가 타인의 재산을 처분한 경우에 권리자의 추인을 얻거나 또는 계약 체결 후 처분권 없는 자가 처분권을 취득한 때에는 그 계약은 유효한 것으로 된다」라고 규정하고 있다.[19]

---

17) 楊立新, 物權法, 中國人民大學出版社(2007), 83면; 朱岩/高聖平/陳鑫, 中國物權法評注, 北京大學出版社(2007), 332면; 胡康生 主編, 全國人民代表大會常務委員會 法制工作委員會 編, 앞의 책, 241면; 王勝明, 中華人民共和國物權法解讀, 中國法制出版社(2007), 230면; 吳高盛, 《中華人民共和國物權法》解析, 人民法院出版社, 2007, 214면; 楊大志, 《中華人民共和國 物權法》釋義, 農村讀物出版社(2007), 275면; 劉智慧 主編, 中國物權法解釋與應用, 人民法院出版社(2007), 266면; 馬新彦 主編, 中華人民共和國 物權法 法條精義與案例解析, 中國法制出版社(2007), 239면; 李顯冬, 中國物權法要義與案例釋解, 法律出版社(2007), 239면; 全國人民大表大會常委會法制工作委員會民法室 編著, 앞의 책, 193면; 郭明瑞, 物權法實施以來疑難案例研究, 中國法制出版社(2011), 12면.
18) 胡康生, 앞의 책, 241면.

위 내용에 의하면, 진정한 권리자가 추인을 거절할 경우에는 그 행위는 무효가 되어 결국 선의취득제도는 적용될 여지조차 없게 되는 결과가 야기될 수 있다. 예컨대 甲이 화랑을 경영하고 있는 乙에게 자신이 소장하고 있는 유화 1점을 임대해 준 경우, 임차인 乙이 그 유화를 丙에게 매도하여 선의인 丙이 乙에게 정당한 가격을 지불하고 구입하였다면 乙의 매도행위는 엄연한 無權處分이 되는데, 甲이 乙과 丙 사이의 위 매매계약을 추인하지 않는다면 乙과 丙 사이의 위 매매계약은 무효가 되므로 결국 丙은 선의취득에 의하여 그 그림의 소유권을 취득할 수 없게 된다는 것이다.[20]

그렇지만, 중국계약법 제51조는 일반규정에 해당하고 물권법 제106조의 선의취득에 관한 규정은 특별규정에 해당한다고 볼 때, 물권법 제106조의 선의취득에 관한 규정이 적용될 경우에 한하여 중국계약법 제51조는 그 적용이 배제된다고 해석함이 타당할 것이다.[21]

2. 취득자의 선의

(1) 선의의 의의

취득자(양수인)는 부동산을 취득할 때 선의이어야 한다. 그런데 이 경우, 선의의 의미에 대하여는 견해가 대립하고 있다. 그 하나는 선의의 의미를 「거래의 상대방이 목적 부동산에 대하여 양도인이 무권리자임을 알지 못한 것」이라고 해석하는 견해, 즉 善意說이다.

그 논거로서는 첫째, 물권법의 입법경위를 고려한다면 선의라고 해석할 필요가 있다. 물권법 초안에서는 「선의·무과실」이 명문으로 규정되었지만, 그 후 물권법 제106조에서 무과실은 삭제되고 선의만 규정된 점을 지적한다. 둘째, 동산과 부동산을 구별하여 선의를 해석할 필요가 있다고 한다. 이미 앞에서 언급하였지만, 물권법 제106조는 동산의 선의취득제도와 등기부의 공신력을 동시에 규정하고 있음에 불과하므로 선의의 의미를 고려할 때에는 동산과 부동산을 구별하

---

19) 위 번역은 이상욱 역, 중국계약법전, 영남대학교출판부(2005), 45면에 의함.
20) 王利明, 앞의 책(物權法研究), 440면.
21) 王利明, 위의 책(物權法研究), 441면

여 해석하지 않으면 안된다는 것이다. 즉, 동산의 점유는 그 공신력이 비교적 약하므로 양수인의 선의를 인정함에 있어서 엄격한 기준을 제시하지 않을 수 없지만, 등기부의 공신력은 비교적 강하므로 양수인의 선의를 인정함에는 그 기준을 가능한 한 완화할 필요가 있다고 한다. 따라서 부동산등기부를 신뢰한 사실만으로도 양수인의 선의는 추정될 수 있는 것이지, 양수인에게 그 밖의 주의의무를 부과할 수는 없다고 한다. 셋째, 이익형량으로부터 선의라고 해석할 필요가 있다. 진정한 권리자를 보호하기 위해서는 물권법상의 異議登記·更正登記 등을 활용할 수 있으므로 진정한 권리자는 이와 같은 제도를 이용하여 자신의 권리를 수호할 수 있는 반면에, 양수인은 거래의 상대방이 처분권 없는 자인지의 여부를 알 수 있는지 곤란하다는 점에서 양수인에게 주의의무를 부과하는 것은 적절하지 않다는 것이다. 끝으로 실용적인 관점에서도 선의로 해석할 필요가 있다. 양수인에게 주의의무를 부과하여 등기의 공신력을 약화시킨다면 부동산등기제도를 완전하게 정비하는 데 불리하다는 점을 지적한다. 따라서 선의설을 채택한다면 부동산등기부에 대하여 신뢰를 높이게 될 수 있다는 점에서 부동산등기제도의 정비에도 유리하다는 것이다.22)

반면에 이에 반대하는 견해는 선의의 의미를 「선의·무중과실」로 해석하는 善意無重過失說을 주장한다.

즉, 부동산 선의취득의 요건으로서 선의란, 「거래의 상대방이 그 부동산에 대하여 양도인이 무권리자임을 알지 못하고, 알지 못한 데 중대한 과실이 없어야 한다」고 주장하는 입장이다.

그 논거는 다음과 같다. 첫째, 입법경위를 고려하더라도 물권법 초안에서 무과실이 삭제된 점에 대하여 위 견해와 해석을 달리한다. 즉, 입법경위를 살펴보면 무과실이 삭제된 의미를 양수인의 주관적 상태의 요건으로서 선의로 충분하다고 해석하기 보다는 과실을 요하는가의 문제는 해석상의 과제로 남겨두었다고 고려할 여지가 있다는 점을 지적한다. 둘째, 부동산 선의취득의 요건으로서 특별한 의미를 부여할 필요가 없다. 물권법 제106조는 동산과 부동산 모두 선의취득을 인

---

22) 王利明, 앞의 책(物權法研究), 442-443면; 王利明, 앞의 논문, 2-4면; 江平 主編, 앞의 책(中國物權法教程), 269면; 韓松/姜戰軍/張翔, 앞의 책, 371-372면; 丁海俊, 앞의 책, 1-3-104면; 屈茂輝 主編, 앞의 책, 372면; 何志, 앞의 책, 187면.

정하고 있는 이상, 동산의 경우와 부동산의 경우를 구별할 필요 없이 선의의 의미를 통일적으로 「거래의 상대방이 그 부동산에 대하여 무권리자임을 알지 못하고, 알지 못한 데 중대한 과실이 없을 것」으로 해석함이 타당하다는 것이다. 셋째, 중국의 현실을 감안할 때 선의·무중과실로 해석할 필요가 있다. 즉 아직도 부정확한 등기가 많이 존재하고 있으므로 양수인에게 일정한 정도의 주의의무를 부과하지 않는다면 진정한 권리자의 권리가 선의취득제도로부터 피해를 받게 된다는 것이다. 따라서 양수인이 등기부상의 명의 등을 조사하지 않은 데 중대한 과실이 있다면 선의는 부정되어야 한다. 끝으로 재판상 실무에서는 선의·무중과실이 이미 채택되고 있음을 지적한다. 예컨대 2010년 12월 22일 北京市高級人民法院이 공포한 458호 司法解釋「가옥매매계약의 분쟁사건 심리시 법률적용에 관한 약간의 문제에 대한 의견(北京市高級人民法院關于審理房屋賣買合同糾紛案件適用法律若干問題的指導意見. 현재도 유효하게 적용되고 있음)」에 의하면, 물권법 제106조의 선의를 선의무중과실로 해석하고 있다.[23]

생각건대 우리 민법 제249조처럼 「선의이며 과실 없이」라는 내용을 명문으로 규정하고 있지 않는 물권법 제106조의 조문 내용을 감안한다면, 양수인의 선의·무과실을 요하는 우리 민법상의 선의취득 요건과 달리 중국에서의 부동산 선의취득에는 선의만으로 족하다고 할 것이다. 따라서 양수인은 「선의」, 즉 양수인이 부동산을 취득할 때 양도인에게 목적 부동산에 대한 처분권이 없음을 알지 못한 경우만으로 요건은 충족된다. 부동산 선의취득의 요건으로서 선의란 양수인이 부동산등기부를 신뢰한 경우를 의미한다.

(2) 주관적 선의 여부

선위취득의 요건으로서 양수인의 선의란 양수인이 알지 못한 경우라면 충분한지(주관적 선의), 아니면 양도인의 처분권 없는 처분행위임을 아는 것이 불가능하고 양수인에게의 점유 이전이 자주적이며 공개적으로 평화롭게 진행되어야 하는 것인지(객관적 선의)가 문제될 수 있다. 이를 달리 표현한다면 양수인 이외에 모든 자도 양도인에게 처분권이 없다는 사실을 알지 못하여야 한다는 주장(적극적 관념

---

23) 梁慧星/陳華彬, 物權法, 法律出版社(2007), 102면; 陳華彬, 앞의 책, 287면; 程嘯, 論不動産善意取得構成要件, 法商研究 2010年 第5期(總第 139期), 79-80면.

설)과 양수인만 알지 못하면 충분하다는 주장(소극적 관념설)의 대립이라고도 할 수 있다.[24]

이에 대하여 선의취득에서의 선의란 주관적인 의미에서의 선의 및 객관적인 의미에서의 선의를 모두 포괄하는 개념이라야 한다는 주장이 있다.[25] 특히 선의는 추정의 기준이 될 수 있다는 점에서 부동산등기제도에 의한 권리 추정력을 감안하여(물권법 제12조는 등기기관의 실질적 심사주의를 도입하고 있다), 「부동산물권등기 → 부동산물권 권리추정 → 양수인의 선의 추정에 의한 부동산의 선의취득」이라는 공식을 주장하는 견해도 있다.[26]

중국의 통설적 입장은 후자(소극적 관념설)를 취한다.[27] 즉 양수인의 선의는 주관적인 선의를 의미하는 것으로서, 양수인만 알지 못하면 되는 것이다.[28]

물론 양수인이란 양수인의 대리인을 비롯하여 양수인의 재산관리인 등을 포함하는 개념이 되지만, 양수인이 수령보조자를 사용할 경우에는 수령보조자가 별도의 독립된 의사표시를 하지 않는 한, 수령보조자는 악의라고 하더라도 양수인이 선의인 경우에는 선의취득은 인정된다.[29]

(3) 선의의 판단 시점

양수인의 선의 여부는 어느 시점에서 판단하게 되는지 문제된다. 이 점에 대하여도 학자들 사이에는 의견이 일치하지 않고 있다.

즉, 양수인은 계약을 체결할 때에 선의라면 충분하다는 견해와 거래가 완성될 때까지 양수인은 선의이어야 한다는 견해의 대립이다. 전자의 입장은 계약 체결시에 양도인에게 처분권이 없음을 알지 못하였다면 선의취득이 성립한다는 견해이고, 후자의 입장은 목적물이 동산이라면 양수인에게 인도될 때까지 양수인은 선의이어야 하고, 부동산인 경우에는 양수인 명의의 등기가 경료될 때까지 양수

---

24) 郭明瑞, 앞의 책(物權法實施以來疑難案例研究), 12–13면.
25) 何志, 앞의 책, 187면; 游勸榮, 物權法與社會發展比較研究, 人民法院出版社(2009), 275면
26) 游勸榮, 위의 책, 275면.
27) 郭明瑞, 앞의 책(物權法實施以來疑難案例研究), 13면.
28) 王利明, 앞의 책(物權法研究), 441면.
29) 王利明, 위의 책, 442면.

인은 선의이어야 한다는 견해이다.

후자의 입장이 타당하다고 할 것이다. 즉, 양수인은 동산에 대해서는 인도가 될 때까지 선의일 것이 요구되며, 부동산에 대해서는 양수인 명의의 등기가 경료될 때까지 선의가 유지되어야 한다.[30]

왜냐하면 물권법 제106조는 「양수인이 부동산 또는 동산을 양수할 때에 선의」라고 규정하고 있으므로 취득자가 목적물을 취득하는 마지막 순간까지 선의를 유지하여야 할 것이다. 따라서 동산인 경우에는 양수인이 목적물을 수령한 뒤, 부동산인 경우에는 양수인 명의의 등기가 경료된 후에는 선의가 아니더라도 선의취득에는 아무런 영향을 미치지 아니한다.

다만, 부동산의 경우에는 점유가 이전되는 인도 시기와 등기가 경료되는 시기가 다를 수 있으므로 어느 시점을 기준으로 선의 여부를 판단할지 문제될 수 있다. 부동산의 거래에서 양수인이 목적물에 대한 등기부의 기재사항을 신뢰하지 않는다면 당연히 양수인은 등기부상의 명의자와 목적물에 대한 거래를 하지 않을 것이므로 등기부의 기재 사항을 신뢰하고 거래를 하였다면 양수인의 선의는 인정되어야 할 것이다. 따라서 양수인이 부동산을 거래하기 전에 등기의 기재사항이 착오에 의한 것임을 알았다면 선의는 인정될 수 없다.[31]

(4) 증명책임

점유의 추정적 효력과 등기의 추정적 효력에 의하여 법률상 양수인은 양도받은 동산과 부동산에 대하여 선의라고 추정된다. 따라서 원소유권자는 양수인의 악의(또는 중과실)를 입증할 책임이 있고 이를 입증하지 못한다면 취득자의 선의는 추정된다.[32]

---

3. 합리적인 가격에 의한 양도

(1) 유상행위

물권법 제106조에 의하면, 부동산이 합리적인 가격으로 양도된 경우에만 선의취득의 대상이 될 수 있다. 즉 거래행위에 의한 취득으로서, 증여 등 무상행위에 의한 경우에도 선의취득이 인정되는 우리나라의 경우와 달리 중국은 오직 양도인과 양수인 사이의 유상행위에 의한 취득에만 선의취득이 인정되므로 증여 등 무상행위에 의한 취득은 선의취득이 허용되지 않는다.

그 이유는 선의취득은 거래의 안전을 실현하기 위하여 고안된 제도로서, 오로지 거래행위에만 적용되어야 하고, 광의의 거래행위란 유상·무상의 재산양도에 의한 거래행위를 의미하지만, 협의의 거래행위는 대가를 지불하는 유상행위로서 무상행위는 포함되지 않기 때문이다.[33]

물권법 제106조가 규정하고 있는 합리적인 가격에 관한 해석상의 논의로서 다음 2가지 쟁점이 문제되고 있다.

(2) 합리적인 가격의 의미

물권법 제106조에 의하면 취득자가 합리적인 가격을 지불하고 양수한 경우에 목적물에 대한 선의취득이 인정된다. 이 경우 합리적인 가격이란 무엇을 의미하는지, 즉 어떻게 합리적인 가격을 판단할 것인지의 문제가 제기된다.

합리적인 가격이란 처분행위를 할 당시의 동일한 목적물에 대한 시장가격을 기준으로 하여 책정된 가격을 의미한다.[34] 뿐만 아니라 시장가격이 합리적인 가격과 상응하지 않을 경우에는 건물의 위치 및 주변 환경과 건물의 사용 연한 등 객관적인 요소와 양수인과 매도인 사이의 관계 등 당사자의 주관적인 요소도 아울러 고려하여 합리적인 가격을 책정하여야 할 것이다.[35] 이에 반하여 합리적인 가격이란 객관적인 요소만으로 판단하면 충분하다는 주장도 있다.[36]

---

33) 王利明, 위의 책, 445면.
34) 郭明瑞, 앞의 책(物權法實施以來疑難案例研究), 15면.
35) 王利明, 앞의 논문, 8면.
36) 崔建遠, 物權法, 中國人民大學出版社(2009), 28면; 程嘯, 앞의 논문, 82면.

한편 중국계약법 제74조에 의하면, 「채무자가 현저하게 불합리한 가격으로 재산을 양도하여 채권자에게 손해가 발생」한 경우에는 채권자는 人民法院에 채권자취소권을 청구할 수 있는데, 이 경우 최고인민법원의 계약법에 관한 사법해석 「最高人民法院關于適用《中華人民共和國合同法》若干問題的解釋(二)」 제19조는, 「매각대금이 거래 당시 거래지에서의 지도가격 또는 시장가격의 70%에 달하지 않는 경우」를 통상 현저하게 불합리한 가격이 될 수 있다고 규정하고 있다.

또한 동산과 구별하여 부동산의 경우에는 합리적인 가격에 미치지 못하더라도 등기를 신뢰한 양수인이 일정한 가격을 지불하고 거래한 경우에는 선의의 요건이 충족될 수 있다고 하는 견해도 있지만, 물권법 제106조는 동산과 부동산을 구별하지 않고 「합리적인 가격」으로 양도할 것을 요건으로 규정하고 있으므로 타당하지 않다고 본다.[37]

(3) 현실적인 지불 필요성의 여부

처분권 없는 자와 거래한 양수인이 합리적인 가격으로 구입하는 것으로 충분하지 않고, 나아가 그 대금 지불을 완료할 필요가 있는지(支拂完了說), 아니면 합리적인 가격이 책정되면 충분하고 더 이상 지불까지 요건으로 설정할 필요는 없다는 견해(支拂完了不要說)[38] 등 지불완료의 요건 여부가 논의되고 있다.

처분권 없는 자와 거래한 양수인이 대금 지불을 완료하지 않으면 손해가 발생하였다고 볼 수 없다는 점, 공평의 관점에서 우선적으로 진정한 권리자를 보호하여야 한다는 점에서 양수인은 실제 합리적인 가격의 대금을 완전하게 지불하여야 선의취득이 인정된다고 하여야 할 것이다.[39]

---

37) 郭明瑞, 앞의 책(物權法實施以來疑難案例研究), 15-16면.
38) 屈茂輝 主編, 앞의 책, 375면.
39) 王利明, 앞의 책(物權法研究), 445-446면; 王利明, 앞의 논문, 9면; 程嘯, 앞의 논문, 82-83면.

4. 취득자의 등기 완료

(1) 등기의 의미

물권법 제106조에 의하면, 「법률 규정에 의하여 양도된 부동산 또는 동산에 대한 등기가 필요한 경우에는 등기를 경료」하여야 선의취득이 인정된다.

이 경우, 등기를 경료하여야 한다는 요건의 의미를 엄격하게 해석하여야 할 것인지 아니면 등기 완료의 요건을 완화하여 해석함으로써 예컨대 가등기도 등기의 완료로 인정하여 선의취득을 인정할 수 있는지 의견이 대립할 수 있다.

중국에서도 부동산물권의 성립·변경·양도·소멸 등은 등기가 경료되지 않으면 그 효력이 발생하지 않으므로(물권법 제9조), 등기를 하지 않은 양수인은 물권을 취득하지 않은 것으로 보호할 필요가 없을 것이다.

따라서 양수인이 합리적인 가격으로 목적 부동산을 매수한 뒤 거래의 상대방인 처분권 없는 자에게 그 대금의 지불을 완료한 후 양수인 명의의 등기가 경료될 때 비로소 목적 부동산에 대한 소유권을 취득하게 된다.[40] 그렇다면 목적 부동산에 대하여 가등기가 설정된 것 만으로서는 선의취득을 인정할 수 없을 것이다.

(2) 등기와 인도

부동산 선의취득의 요건으로서 등기가 경료되었다면 목적 부동산에 대한 인도는 더 이상 요건으로서 요구될 필요는 없다.[41]

그런데 물권법 제106조 제1항 제3호가 규정하고 있는 「법률 규정에 의하여 양도된 부동산 또는 동산에 대한 등기가 필요한 경우」에 해당하는 부동산 물권변동으로서는 建設用地使用權(물권법 제135조-제151조), 주택소유권, 건설용지사용권저당권, 주택저당권 및 등기된 지역권 등이 해당된다.

이처럼 부동산 물권변동의 효력요건으로서 등기가 요구되는 경우 이외에 등기가 부동산물권변동의 대항요건으로서 인정되는 경우도 있다. 예컨대 토지도급경영권(土地承包經營權)의 선의취득에는 등기가 요건이 아니고 인도가 요건이 될 수 있

---

40) 王利明, 위의 책, 447-448면; 王利明, 앞의 논문, 9면; 程嘯, 앞의 논문, 83면; 王利明/尹飛/程嘯, 앞의 책, 148-149면.
41) 王利明/尹飛/程嘯, 앞의 책, 150면.

는 것이다.

이에 대하여 유력한 견해는 등기가 부동산 물권변동의 효력요건이 아닌 경우에는 인도만으로 선의취득의 요건을 충족한 것으로 인정할 수 있다고 한다.[42] 반면에 부동산물권의 선의취득은 반드시 등기가 요건으로 요구되고 있으므로 등기를 경료하지 않고 목적 부동산의 인도가 되었다는 사실만으로는 선의취득의 효과가 발생하지 않는다는 주장도 있다.[43]

Ⅲ. 선의취득의 효과

1. 물권의 변동

이상의 요건을 구비하여 목적 부동산에 대하여 선의취득이 인정되면 그 취득은 원시취득이 된다.[44] 따라서 선의취득으로 인하여 목적 부동산에 대한 원소유권자의 소유권 및 기타 물권은 모두 소멸하게 되므로 원소유권자는 선의취득자에 대하여 목적물의 반환을 청구할 수 없다.[45]

2. 無權讓渡人의 법적 책임

부동산의 선의취득이 인정되어 양수인이 목적 부동산에 관한 소유권을 취득하게 되면 당연히 원소유권자는 자신의 소유권을 상실하게 되므로 처분권 없이 목적 부동산을 양도한 양도인은 원소유권자에게 대하여 불법행위로 인한 손해배상책임을 부담하게 된다. 또한 양도인은 목적 부동산을 처분권 없이 처분하여 그 반대급부로서 합리적인 가격에 상당하는 대금을 수령하게 되므로 원소유권자는 그 대금을 부당이득으로서 반환을 청구할 수 있을 것이다. 뿐만 아니라 원소유권자와 처분권 없이 처분한 자 사이에 임대차 또는 임치 등의 계약관계가 존재할 경우에는 원소유권자는 제3자의 선의취득으로 인하여 소유권을 상실하게 되므로

---

42) 王利明, 앞의 책(物權法研究), 449–450면; 王利明, 앞의 논문, 9–10면; 程嘯, 앞의 논문, 83면.
43) 崔建遠, 앞의 책, 89면; 陳華彬, 앞의 책, 289면.
44) 王利明, 앞의 책(物權法研究), 451면.
45) 屈茂輝 主編, 앞의 책, 375–376면; 王利明 主編, 앞의 책(物權法名家講壇), 237면(傅鼎生 집필).

채무불이행으로 인한 손해배상도 청구할 수 있다.

따라서 부동산이 처분권 없는 자의 처분행위로 인하여 제3자에게 선의취득이 인정될 경우, 원소유권자는 위 3가지 유형의 권리가 발생하게 된다.[46]

Ⅳ. 결론

이상으로서 중국 물권법상의 부동산 선의취득에 관한 법리를 살펴보았다. 부동산등기의 공신력을 인정하지 않고 동산에 관하여서만 선의취득이 인정되고 있는 우리나라의 민법과 달리 부동산에 대하여도 선의취득을 인정하고 있는 중국 물권법상의 법리는 그 시사하는 바가 적지 않은 듯하다.

이하에서는 중국 물권법상의 법리를 정리하면서 제기되는 의문과 몇 가지의 쟁점 사항을 정리하는 것으로 결론에 갈음하고자 한다.

먼저 의문 사항으로서는, 물권법 제106조의 규정이 비교적 간략하여 야기되는 문제라고 볼 수 있는데,「처분권 없는 자가 부동산 또는 동산을 양수인에게 양도」한 것으로만 규정하고 있으므로 이 경우 처분권 없는 자가 자신의 이름으로 양도한 경우를 의미하는 것인지, 아니면 처분권 없는 자가 타인의 이름으로 양도한 경우를 의미하는 것인지 명확하지 않다는 점이다. 중국계약법 제49조는「행위자에게 대리권이 없거나, 대리인의 권한을 넘는 행위를 하거나 또는 대리권이 소멸된 후 본인의 명의로 계약을 체결한 경우에 상대방이 행위자에게 대리권이 있다고 믿을 만한 정당한 사유가 있는 대에는 그 대리행위는 유효한 것으로 된다」고 규정하여[47] 우리 민법상의 表見代理와 유사한 규정을 두고 있다. 따라서 물권법 제106조의 위 규정은 처분권 없는 자가 자신의 이름으로 처분행위를 한 것이라고 명확하게 규정하지 않고 있다는 점에서 表見代理와의 혼란을 야기할 우려가 있음을 지적하지 않을 수 없다. 이 문제는 향후 중국 학계에서 합리적인 해석론을 제기할 것으로 기대되는 주목하여야 할 과제라고 본다.

그리고 이미 위에서 지적하였지만, 부동산 선의취득의 요건으로서 선의에 관

---

46) 王利明, 앞의 책, 452면; 屈茂輝 主編, 위의 책, 376면; 王利明 主編, 앞의 책(物權法名家講壇), 238면(傳鼎生 집필).

47) 이상욱, 앞의 책(중국계약법전), 45면.

한 의미가 문제되고 있다. 물권법 초안에는 규정하였지만 결국 삭제된 과실의 요건 여부로서 물권법 제106조의 선의를 「선의·무중과실」의 의미로 해석함이 타당할 것인지 역시 앞으로 지켜보아야 할 사항이다. 특히 지금도 그 효력이 유효한 北京市高級人民法院이 공포한 司法解釋에서는 선의의 의미를 선의무중과실로 규정하고 있다는 점은 주목할 필요가 있다.

또한 합리적인 가격의 의미도 문제가 된다. 앞에서 소개하였지만, 중국계약법에 관한 司法解釋(2)는 시장가격의 70%를 그 기준으로 설정하고 있지만, 시장가격 이외의 요소(예컨대 위치, 사용연한, 주변 환경, 계약의 체결과정, 당사자의 관계 등)도 종합적으로 고려하여 판단할 필요가 있는 것인지 향후의 해석론을 주목하여야 할 것으로 본다.

또한 등기와 관련하여서도 문제가 제기될 수 있다. 특히 미등기 부동산의 선의취득과 같이 아직 등기가 되어 있지 않은 부동산의 경우에는 등기를 경료하여야 한다는 요건을 완화하여 현실의 인도만 있다면 선의취득을 인정할 수 있을지 논의가 필요하다고 본다.

끝으로 부동산 등기제도가 완비되면 부동산 선의취득의 문제는 상당히 감소될 것이라는 지적은[48] 우리도 유념할 필요가 있을 것이다.

아울러 위에서 지적한 쟁점 사항에 대하여는 향후 학계의 심도 있는 논의와 법원에서의 실무적인 해석론 및 판결 등을 통하여 합리적인 해결방안을 제시할 것을 기대하며 끝을 맺을까 한다.

---

48) 楊立新/劉德權, 앞의 책, 18면.

[4] 저당권

Ⅰ. 서

2007년 10월 1일부터 시행되고 있는 중국 물권법(中華人民共和國物權法. 이하 물권법이라고 함)에 의하면 제4편 담보물권 중에 제16장으로서 저당권(抵押權)에 관한 내용을 규정하고 있다. 저당권에 관한 규정은 제1절 일반저당권(一般抵押權)에 관한 내용 24개 조항(제179조-제202조)과 제2절 근저당권(最高額抵押權)에 관한 내용 5개 조항(제203조-제207조) 등 모두 29개 조문으로 구성되어 있다.

사실 중국에서는 이전부터 저당권을 「담보의 왕(擔保之王)」이라고 하여 중요한 담보물권으로 인식하고 있었으며,[1] 1995년 6월 30일에 담보법(中華人民共和國擔保法. 이하 담보법이라고 함)이 제정되어 그 해 10월 1일부터 시행되면서, 그 내용 중에는 저당권에 관한 규정이 존재하고 있었다. 즉 담보법 제3장이 저당권에 관한 내용을 규정하고 있는데, 제1절 저당권 및 저당물(제33조-제37조), 제2절 저당권 설정계약 및 저당물 등기(제38조-제45조), 제3절 저당권의 효과(제46조-제52조), 제4절 저당권의 실행(제53조-제58조), 제5절 근저당권(제59조-제62조) 등 비교적 상세한 규정을 두고 있었던 것이다. 또한 1986년 4월 12일 제정되어 1987년 1월 1일부터 시행되고 있는 민법통칙(中華人民共和國民法通則) 제89조 제2호는 채무자 또는 제3자가 일정한 재산을 저당물로 제공할 수 있으며, 채무자가 채무를 이행하지 않을 때에는 채권자는 법률의 규정에 따라 그 저당물로부터 우선변제를 받을 수 있다는 저당권에 관한 기본 규정을 두고 있었다.

그런데 이번에 제정된 물권법에 새롭게 저당권에 관한 규정을 두게 되면서 종래 담보법상의 저당권과 물권법상의 저당권 사이에 어느 규정을 우선적으로 적용할 것인지 충돌 문제가 발생할 수 있게 되었는데, 물권법 제178조에 「담보법과 본 법의 규정이 일치하지 않을 때에는 본 법을 적용한다」고 명문으로 규정함으로써(본 법이란 물권법을 의미한다), 물권법의 내용을 담보법에 우선하여 적용하게 되었다.[2] 따라서 앞으로 중국에서 저당권에 관한 내용은 물권법상의 규정이 더욱

---

1) 陳華彬, 物權法, 法律出版社(2004), 469면.
2) 2021년 1월 1일부터 민법전이 시행되면서 담보법은 폐지되었다(민법전 제1260조).

중요하게 되었으므로 아래에서는 중국 물권법상에 규정된 저당권의 내용을 중심으로 중국의 저당권제도를 살펴보고자 한다.

다만 중국 저당권의 법리에 관한 내용을 일시에 정리하기에는 너무 방대하고 그 분량이 지나치게 많다는 점을 감안하여 아래에서는 저당권설정계약의 성립을 중심으로 살펴보고자 한다.

Ⅱ. 저당권의 유형

1. 저당권의 의의 및 법적성질

(1) 저당권의 의의

물권법에 저당권의 개념이 명문으로 규정되기 전부터 중국의 학자들은 저당권이란 채무자 또는 제3자가 점유를 이전하지 않고 채권자에게 담보로 제공한 재산에 대하여 채무자가 채무를 이행하지 않을 때에는 채권자가 그 재산으로부터 우선변제를 받게 되는 권리라고 설명하여 왔다.[3] 그 후 물권법 제179조는 「채무 이행을 담보하기 위하여 채무자 또는 제3자가 재산의 점유를 이전하지 않고 그 재산을 채권자에게 저당한 경우에, 채무자가 이행기가 도래한 채무를 이행하지 않거나 또는 당사자들이 약정한 저당권 실행 사정이 발생하면 채권자는 그 재산에 대하여 우선변제를 받을 권리가 있다」고 규정하고 있는데, 이에 근거하여 일반적으로 앞에 소개한 내용과 동일하게 저당권의 개념을 설명하고 있다.[4] 물권법 제179조의 내용은 담보법 제33조의 규정과 동일한 내용이다.[5]

우리 민법이 인정하는 저당권의 객체는 부동산과 부동산물권으로 한정하고 있지만(제356조, 제371조 제1항), 중국 물권법 상의 저당권은 그 객체를 「재산」이라

---

3) 陳華彬, 위의 책, 같은 면.
4) 王利明, 物權法研究(修訂版) 下卷, 中國人民大學出版社(2007), 398면; 江平主編, 中國物權法敎程, 知識産權出版社(2007), 428면; 吳春岐/郝志剛, 抵押權, 中國法制出版社(2007), 10면.
5) 담보법 제33조는 「본 법에서 저당이란 채무자 또는 제3자가 본 법 제34조에 열거한 재산의 점유를 이전하지 않고 그 재산을 채권의 담보로 제공하는 것을 의미한다. 채무자가 채무를 이행하지 않을 때에는 채권자는 본 법의 규정에 따라 그 재산을 경매, 환금한 대금으로부터 우선변제 받을 권리가 있다. 전항에서 규정하는 채무자 또는 제3자를 저당자(抵押人)라 하고, 채권자를 저당권자(抵押權人), 담보로 제공되는 재산을 저당물(抵押物)이라고 한다」라고 규정하고 있다.

고 규정하여 동산에도 저당권설정이 가능한 것으로 되어 있다.

또한 물권법 제179조 후단에 의하면, 용어에 관한 정의로서 저당 목적물을 제공하는 채무자 또는 제3자를 저당자(抵押人)라 하고, 채권자를 저당권자(抵押權者)라고 하며, 담보로 제공되는 재산을 저당재산(抵押財産)이라고 한다(저당자는 우리 민법상의 저당권설정자에 해당되지만, 이하 본 논문에서는 중국의 용어를 그대로 사용하기로 한다).

(2) 저당권의 특징과 법적 성질

① 저당권의 특징

일반적으로 설명되고 있는 중국 물권법상 저당권의 특징은 다음과 같다.

첫째, 저당권은 담보물권으로서 저당재산으로부터 우선변제를 받을 수 있는 지배권이다.

둘째, 저당권은 채무자 또는 제3자가 소유하거나 그 처분권을 가지고 있는 특정한 재산에 설정되는 물권이다. 저당권의 객체인 저당재산은 반드시 채무자 또는 제3자가 소유하고 있거나 처분권이 있는 재산이어야 하고, 소유권이나 처분권이 없는 재산에는 저당권을 설정할 수 없다는 점에서 저당권이 설정되는 재산은 특정되어야 한다.

셋째, 저당권은 목적물의 점유를 이전하지 않는 물권이다. 저당권이 설정된 후 저당자는 저당재산을 채권자에게 이전할 필요가 없기 때문에 저당재산을 점유하고 사용·수익할 권리가 있다.

넷째, 저당권자는 저당재산을 매각한 대금에서 우선변제를 받을 권리가 있다.[6]

② 저당권의 법적 성질

우리 민법상 저당권의 법적 성질과 동일한 내용이라고 할 수 있다.

---

6) 胡康生, 中華人民共和國物權法釋義, 法律出版社(2007), 387-389면; 江平主編, 앞의 책, 428-429 면; 吳春岐/郝志剛, 앞의 책, 10-13면; 王利明, 앞의 책, 398-400면; 曾憲義/王利明, 物權法(第二版), 中國人民大學出版社(2007), 268-269면; 劉智慧主編, 中國物權法解釋與應用, 人民法院出版社(2007), 517-518면; 王勝明主編, 中華人民共和國 物權法解讀, 中國法制出版社(2007), 381-382 면; 郭明瑞, 中華人民共和國 物權法釋義, 中國法制出版社(2007), 321-323면; 全國人大常委會法制工作委員會民法室編, 中華人民共和國物權法, 北京大學出版社(2007), 319면.

첫째, 저당권의 종속성이다. 즉 저당권의 성립과 이전 및 소멸은 피담보채권에 따른다는 부종성을 의미한다.[7] 물권법 제172조는 「담보계약은 주된 채권채무계약의 종된 계약이다. 주된 채권채무계약이 무효이면 담보계약도 무효가 된다. 다만 법률에 다른 규정이 있는 경우에는 그러하지 아니하다」라고 규정하여 담보물권의 부종성을 선언하고 있다.

둘째, 물상대위성이다. 물권법 제174조는 「담보기간에 담보재산이 멸실·훼손 또는 수용되는 등의 경우 담보물권자는 취득한 보험금, 배상금 또는 보상금으로 우선변제를 받을 수 있다. 담보채권의 이행기가 도래하기 전인 경우에는 그 보험금, 배상금 또는 보상금을 공탁할 수 있다」고 규정하여 물상대위성을 인정하고 있다.

셋째, 불가분성이다. 물권법에는 담보물권의 불가분성에 관한 명문 규정을 두고 있지 않지만, 「최고인민법원의 담보법 적용에 관한 약간의 문제에 대한 해석 (最高人民法院關于適用〈中華人民共和國擔保法〉若干問題的解釋)」제71조와 제72조는 저당권의 불가분성을 명확하게 규정하고 있다.[8]

그 밖에 특정성이나 추급성 또는 보충성을 추가하여 설명하는 경우도 있다. 물권법 제191조에 의하면 「저당기간에 저당자가 저당권자의 동의를 받아 저당재산을 양도한 경우에는 그 양도로 취득한 금액으로 저당권자에게 사전에 채무를 변제하거나 공탁하여야 한다」라고 규정한 내용을 근거로 저당권은 추급성을 갖는다고 한다.[9]

2. 저당권의 유형

저당권을 보통저당권과 특수저당권으로 구분할 때 보통저당권이란 물권법상의 일반저당권을 의미하며, 특수저당권은 그 발생원인의 특수성과 목적물의 특수성 등에 따라 다음과 같이 구분된다.

---

7) 陳華彬, 앞의 책, 466면.
8) 吳春岐/郝志剛, 앞의 책, 13-18면; 王利明, 앞의 책, 400-402면; 陳華彬, 위의 책, 466-467면; 高聖平, 物權法擔保物權編, 中國人民大學出版社(2007), 91-97면; 黃松有主編, 《中華人民共和國物權法》條文理解與適用, 人民法院出版社(2007), 529-531면.
9) 何志, 物權法 判解研究與適用, 人民法院出版社(2007), 499면.

발생원인의 특수성에 의한 저당권은 법정저당권을 의미한다. 보통저당권은 당사자간의 합의에 의하여 성립하지만, 법정저당권은 법률의 규정에 따라 성립한다는 점에서 구분한다. 물권법 제182조에 의하면 건물에 저당권을 설정하면 그 건물이 점유하고 있는 범위 내의 토지사용권(建設用地使用權)에도 동시에 저당권이 설정되며, 토지사용권을 저당한 경우에는 그 토지상의 건물에도 동시에 저당권이 설정된다. 토지는 주택이 가는 곳을 따라가고, 주택은 토지가 가는 곳을 따라간다 (地隨房走, 房隨地走)는 원칙을 반영한 것으로 해석된다.[10] 따라서 물권법 제182조는 당사자의 약정에 근거하지 않고 법률의 규정에 의하여 발생하는 경우를 밝힌 것으로서 이는 곧 법정저당권에 속하는 유형이라고 한다.[11] 이러한 견해를 취하여 물권법 제182조의 예를 법정저당권으로 해석할 때에는 저당권설정등기 없이 저당권의 성립을 인정하게 된다. 이에 대하여 유력한 견해는 중국의 물권법은 저당권을 동산저당권과 권리저당권 및 부동산저당권으로 분류하고 있으며, 부동산저당권과 권리저당권은 등기요건주의를 채택하고 있고, 동산저당권은 등기대항주의를 취하고 있으므로 모든 유형의 저당권 설정은 저당권 설정계약이 체결되어야 성립한다고 주장한다.[12]

또한 목적물의 특수성에 따라 권리저당권, 재단저당권, 공동저당권, 유동저당권 등으로 구분할 수 있다. 그 밖에 특수한 형태로서 근저당권(最高額抵押權), 소유자저당권, 증권저당권 등이 있다.[13]

아래에서는 물권법에 규정하고 있는 저당권으로서 부동산저당권, 동산저당권, 권리저당권, 유동저당권, 공동저당권, 근저당권 등의 유형으로 구분하여 살펴보고자 한다.

(1) 부동산저당권

부동산을 저당권의 목적물로 설정하는 저당권으로서 저당권 중 가장 중요한 유형에 속하며, 시장거래에서 가장 빈번하게 사용되고 있는 담보형태에 속한다.[14]

---

10) 胡康生, 앞의 책, 400면.
11) 吳春岐/郝志剛, 앞의 책, 253면.
12) 王利明, 앞의 책, 403면.
13) 曾憲義/王利明, 앞의 책, 270면.

물권법 제180조 제1항 1호에 의하면 건물과 기타 토지의 부착물(교량, 수목 등)이 부동산저당권의 목적물로 될 수 있다.[15]

(2) 동산저당권

동산을 저당권의 목적물로 하여 설정되는 저당권을 의미한다. 우리 민법상의 저당권과 달리 중국의 물권법은 동산저당권을 인정하고 있다. 물권법 제180조 제1항 제4호, 제5호, 제6호, 제7호의 규정에 의하면, 생산설비, 원자재, 반완성품, 제품(産品) 등에 저당권을 설정할 수 있으며, 또한 선박이나 비행기구는 물론 기차나 자동차 등의 교통운수 수단과 법률이나 행정법규에서 저당이 금지되지 않은 기타 재산도 모두 저당권의 목적물이 된다. 그 자세한 내용은 저당권의 객체에서 살펴보기로 한다.

(3) 권리저당권

부동산물권도 저당권의 객체가 된다. 물권법 제180조 제1항 제2호와 제3호에 의하면,「建設用地使用權」과「입찰, 경매, 공개협상 등의 방법으로 취득한 황무지 등 土地承包經營權」에도 저당권을 설정할 수 있다.「建設用地使用權」이란 물권법 제3편 용익물권 제12장에 규정하고 있는 국가소유의 토지를 점유하고 사용·수익할 수 있는 권리를 의미한다. 즉 국유토지사용권이라고 할 수 있는데 이 토지사용권은 저당권의 객체가 된다는 것이다. 또한「토지도급경영권(土地承包經營權)」이란 물권법 제3편 용익물권 제11장에 규정된 내용인데 농민집단이 농업용토지를 사용할 수 있는 권리를 의미한다.「四荒」에 속하는 荒山, 荒溝, 荒丘, 荒灘(개간되지 않은 개펄)등의 토지사용권도 저당권의 객체가 될 수 있다.[16] 최근 토지도급권과 토지경영권이 분리됨으로써(三權分置), 민법전에 土地承包經營權은 삭제되었다(민법 제395조).

---

14) 吳春岐/郝志剛, 앞의 책, 19면.
15) 高聖平, 앞의 책, 98면.
16) 吳春岐/郝志剛, 앞의 책, 19면.

(4) 유동저당권

물권법 제181조는 현재 소유하고 있거나 장래에 소유하게 될 생산설비, 원자재, 반완성품, 제품 등도 포괄적으로 저당권의 객체가 될 수 있다고 하여 유동저당권을 규정하고 있다.[17]

물권법을 제정할 당시 유동저당권의 입법을 둘러싸고 찬반 논란이 많았다고 한다. 반대하는 입장은 유동저당권 기간에 저당자는 저당재산을 자유롭게 처분할 수 있기 때문에 채권자에게 불이익을 초래할 우려가 있으며, 유동저당은 양호한 시장환경과 사회신용을 배경으로 확립되는 제도인데 아직 중국에서는 계획경제가 실시되고 있으므로 적합하지 않다는 것이다. 그렇지만, 기업의 융자에 유리하고 경제발전을 촉진할 수 있다는 점, 저당권을 설정하는 절차가 간략하며 저당권 설정의 원가가 저렴하다는 점, 기업의 정상적인 경영에 유리하다는 점, 전통적인 저당권의 부족한 부분을 보충할 수 있다는 점, 상당히 많은 국가들이 유동저당권을 실시하고 있다는 점, 실제로 중국 내에서 이러한 저당제도에 대한 수요가 많다는 점 등을 이유로 물권법에 도입하게 된 것이라고 한다.[18]

유동저당권이 성립하기 위해서는 다음 요건을 구비하여야 한다.[19]

첫째, 유동저당권을 설정할 수 있는 주체는 기업, 개인상공업자, 농업생산경영자에 한한다.

둘째, 유동저당권이 설정될 수 있는 객체는 생산설비, 원재료, 반완성품, 제품에 한한다.

셋째, 유동저당권을 설정하기 위해서는 서면상의 합의를 거쳐야 하며, 그 합의의 내용으로는 피담보채권의 종류와 금액, 채무이행기간, 저당재산의 범위, 저당권실행의 조건 등이 포함되어야 한다[민법전에는 서면합의가 삭제되었다(제396조)].

넷째, 저당권이 실행되기 위해서는 채무자가 이행기가 도래한 채무를 이행을 하지 않거나 당사자가 약정한 사유가 발생하여야 한다.

다섯째, 채권자는 저당권이 실행되었을 때 그 동산으로부터 우선변제권이 인정된다.

---

17) 胡康生, 앞의 책, 394면; 黃松有, 앞의 책, 542면; 王勝明, 앞의 책, 386면; 郭明瑞, 앞의 책, 327면.
18) 胡康生, 위의 책, 397면.
19) 全國人大常委會法制工作委員會民法室編, 앞의 책, 327-328면.

(5) 공동저당권

동일한 채권을 담보하기 위하여 수개의 부동산, 동산 또는 권리 위에 저당권을 설정할 수 있다. 물권법 제180조 제2항은 제1항 제1호부터 제7호까지 열거된 재산을 함께 저당할 수 있다고 규정하고 있다.

(6) 근저당권

물권법 제203조부터 제207조는 근저당권에 관하여 비교적 자세한 규정을 두고 있다. 즉 채무이행을 담보하기 위하여 채무자 또는 제3자가 일정한 기간 내에 연속적으로 발생하는 채권에 대하여 담보재산을 제공한 경우, 채무자가 이행기가 도래한 채무를 이행하지 않거나 당사자들이 약정한 저당권을 실행하게 될 사정이 발생하게 되면, 저당권자는 최고채권액의 범위 내에서 그 담보재산으로부터 우선변제를 받을 권리가 있다. 당사자의 동의가 있다면 근저당권을 설정하기 전에 이미 존재한 채권도 근저당권의 피담보채권에 산입할 수 있다(물권법 제203조 제2항).

또한 피담보채권이 확정되기 전에 일부 채권을 양도한 경우에는 원칙적으로 근저당권은 양도하지 못하지만, 당사자 사이에 특별한 약정이 있는 경우에는 양도가 가능하다(물권법 제204조). 근저당권의 변경에 관한 내용으로서, 최고액이 확정되기 전이라도 저당권자와 저당자의 합의가 있다면 채권의 확정기간이나 채권범위와 최고액을 변경할 수 있는데, 다만 변경한 내용이 저당권자에게 불리한 영향을 주지 못한다는 단서가 있다(물권법 제205조). 피담보채권이 확정되는 사유로서는 ① 약정한 채권의 확정기간이 만료한 경우, ② 채권의 확정기간을 약정하지 않았거나 약정이 불명확한데 저당권자 또는 저당자가 근저당권 설정일로부터 2년 후에 채권의 확정을 청구한 경우, ③ 새로운 채권이 발생할 가능성이 없는 경우, ④ 저당재산이 봉인되거나 압류된 경우, ⑤ 채무자나 저당자가 파산선고를 받은 경우, ⑥ 법률규정에 의한 채권확정 기타 사정이 있는 경우 등을 들 수 있다(물권법 제206조).

채권 최고액이 확정되면 그때부터는 근저당권은 보통저당권으로 전환되고, 피담보채권의 범위가 확정된다.[20] 물권법에는 최고액의 범위에 포함되는 피담보채

---

20) 胡康生, 앞의 책, 451–452면.

권의 내용에 관한 규정은 두고 있지 않는데, 해석상 원본과 이자, 위약금, 손해배상금 등은 최고액의 범위를 초과하지 않는 범위 내에서 포함되지만,[21] 근저당권의 실행비용은 최고액에 포함되지 않는다고 한다.[22] 그 논거로서는 저당권 실행비용은 저당관계로부터 직접 발생하는 채권인데 그 비용을 채권최고액에 포함시키게 된다면 최고액을 초과하는 경우가 야기되어 결국 채권자에게 불이익을 초래할 수 있기 때문이라고 하며, 중국 학자들의 견해는 일치하여 저당권 실행비용을 최고액에 산입하지 않는다.[23]

Ⅲ. 저당권의 성립

1. 저당권설정계약

(1) 법률행위와 법률 규정에 의한 저당권설정

저당권은 당사자 간의 저당권설정 합의(법률행위)와 등기에 의하여 성립하는 것이 원칙이지만, 법률의 규정이나 상속에 의하여서도 취득할 수 있다. 물권법 제182조는 국유토지상의 건물에 저당권이 설정된 경우에는 당연히 그 건물이 점유하고 있는 범위 내에서 국유토지사용권에도 저당권이 설정되는 것으로 규정하고 있으며, 물권법 제183조는 鄉鎮, 村에 위치한 기업의 공장건물 등에 저당권이 설정된 경우에는 그 점용범위 내에서의 토지사용권도 동시에 저당권이 설정되는 것으로 규정하고 있다.

또한 물권법 제29조에 의하면 상속에 의하여 물권을 취득할 수 있고, 저당권은 일신전속권에 속하는 재산권이 아니므로 상속에 의하여 취득할 수 있다.[24]

뿐만 아니라 저당권은 선의취득에 의하여서도 취득될 수 있다. 중국 물권법은 우리 민법과 달리 선의취득의 대상을 동산에 한하지 않고, 부동산소유권과 기타 부동산물권도 선의취득의 대상으로 인정하고 있으므로(물권법 제106조 제1항) 일정

---

21) 吳春岐/郝志剛, 앞의 책, 245면; 江平主編, 앞의 책, 466면.
22) 王利明, 앞의 책, 539면; 黃松有, 앞의 책, 615면; 王利明 교수는 그 논거로서 臺灣 謝在全 大法官의 저서 物權法論 下册을 소개하고 있다.
23) 高聖平, 앞의 책, 305면.
24) 吳春岐/郝志剛, 앞의 책, 54-55면.

한 요건을 갖춘 때에는 부동산저당권의 선의취득도 가능하다고 할 것이다. 부부가 공유하는 가옥을 남편의 명의로 등기해 둔 경우에 남편이 아내의 동의를 받지 않고 그 가옥에 저당권을 설정한 때에는 그 저당권설정계약은 무효가 되는데, 저당권자인 제3자가 선의인 경우에는 선의취득에 의하여 저당권을 취득하게 되므로 아내는 남편에게 그로 인한 손해배상을 청구할 수 있을 뿐이다.[25] 물권법 제106조 규정에 따라 동산저당권의 선의취득도 가능함은 당연하다고 할 것이다. 다만 그 동산이 위법한 물건이거나 유통성이 없는 물건, 또는 파산선고를 받아 파산관재인의 지배 하에 있는 경우 등에는 선의취득이 적용되지 않는다.[26]

또한 물권법 제186조는 「저당권자는 채무이행기가 만료되기 전에, 채무자가 이행기가 도래한 채무를 이행하지 않는 경우에는 저당재산을 채권자의 소유로 귀속시킨다는 약정을 하지 못한다」고 규정하여 流抵當의 무효를 선언하고 있다. 즉 이 규정은 유저당을 금지하는 내용으로서 담보법 제40조 내용과 일치하는 것으로서, 물권법 입법 당시 유저당금지는 당사자의 사적자치원칙에 반한다는 등의 이유로 삭제하자는 등 논란이 있었지만, 채무자를 보호하고 담보물권자 이외의 채권자 보호에 유리하며, 담보물권의 실현방법을 투명하고 공저하게 하기 위하여 유저당을 금지하는 본 조항을 두게 되었다고 한다.[27] 그런데 민법전에는 「…저당재산이 채권자의 소유로 된다고 약정한 경우, 법에 따라 저당재산으로 우선 보상을 받을 수 있다(제401조)」고 개정되었다.

(2) 저당권설정계약의 법적 성질

중국에서는 저당권설정계약에 의한 저당권의 취득이 가장 빈번하게 발생하고 있는 추세이며, 현행 입법상으로도 법률 규정에 의하여 저당권을 취득하게 되는 법정저당권의 예는 매우 적다고 한다.[28]

현재 학계에서는 저당권설정계약의 성질에 관하여 두 가지의 견해가 대립되고 있다.[29] 그 하나는 저당권설정계약은 물권계약에 속한다고 하여 저당권설정계약

---

25) 曹士兵, 中國擔保制度與擔保方法, 中國法制出版社(2008), 223-225면.
26) 曹士兵, 위의 책, 226-227면.
27) 胡康生, 앞의 책, 408-409면; 王利明, 앞의 책, 441-442면.
28) 王利明, 앞의 책, 403면; 吳春岐/郝志剛, 앞의 책, 43면.

을 일종의 물권행위라고 주장하는 입장이다. 채권계약에는 저당권설정계약, 질권설정계약, 국유토지사용권양도계약 등이 포함되지 않으며 이론적으로 이들은 물권계약이라고 주장한다.[30] 반면에 저당권설정계약은 일반적인 채권계약이라고 주장하는 견해도 있다.[31]

그런데 중국의 대다수 학자들은 모두 중국은 물권행위이론을 채택하지 않았다고 주장하며, 물권행위 무인성이론의 도입을 부정하고 있다.[32] 다만 중국은 물권변동과 그 원인행위를 구분하는 원칙을 채택한 것으로 해석하고 있다.[33] 즉 물권법 제15조는 「물권등기를 하지 않아도 계약의 효력에는 영향이 없다」고 규정함으로써 계약의 효력과 등기의 효력의 구분원칙을 명확하게 규정하고 있는 것이다. 따라서 저당권설정계약의 효력과 저당권의 성립은 분리되는 것이므로 저당권설정계약이 체결된 이후에 등기를 경유하지 않았다고 하더라도 물권적 저당권의 효력은 발생하지 않지만, 저당권설정계약의 효력에는 아무런 영향을 받지 않는다고 한다.[34]

(3) 저당권설정계약의 방식과 내용

물권법 제185조에 의하면 「당사자들은 서면계약으로 저당권설정계약을 체결하여야 한다」고 규정하여 엄격한 요식성을 요구하고 있다.[35] 저당권설정계약은 반드시 서면형식을 취하여야 한다는 점에서 일종의 요식계약이라고 한다.[36] 이처럼 저당권설정계약은 반드시 서면형식을 취하여야 하지만, 공증을 받아야 하는 것은 아니다.

또한 물권법 제185조는 저당권설정계약을 체결하는 서면에 기재하여야 할 내용을 규정하고 있다.

---

29) 吳春岐/郝志剛, 위의 책, 43-44면.
30) 王利明, 物權法論, 中國政法大學出版社(2003), 65면.
31) 鄒海林/常敏, 債權擔保的方式和應用, 法律出版社(1998), 122면.
32) 吳春岐/郝志剛, 앞의 책, 48면.
33) 吳春岐/郝志剛, 위의 책, 49면.
34) 王利明, 앞의 책(物權法研究 下册), 406면.
35) 黃松有, 앞의 책, 553면.
36) 王利明, 앞의 책(物權法研究 下册), 406면.

그 첫째는 피담보채권의 종류와 금액이다. 즉 피담보채권의 종류가 특정물인 재물로서의 채권에 속하는지 아니면 채무자가 일정한 노무를 제공할 노무채권에 속하는지 분명히 하여야 하고, 그 금액도 기재되어야 한다.

둘째, 채무자가 채무를 이행할 이행기한을 기재하여야 한다.

셋째, 저당재산의 명칭, 수량, 품질, 상황, 소재지, 소유권의 귀속 또는 사용권의 귀속관계를 기재하여야 한다[민법전에는 「저당재산의 명칭, 수량 등 상황」으로 개정되었다(제400조)]. 명칭이란 목적물이 가옥인지 국유토지사용권인지 또는 기계설비인지 그 목적물이 어떠한 종류에 속하는 물건인지 명확하게 기재할 것을 요구한다.[37] 끝으로 담보의 범위를 기재하여야 한다. 담보의 범위란 피담보채권의 범위를 의미하는 것으로서 구체적으로 원본채권, 이자 위약금, 손해배상금, 저당권 실행비용 등이 포함된다.[38] 그 밖에도 강행법규에 위반되지 않는 범위 내에서는 당사자가 자유롭게 약정한 사항이 있다면 의사자치의 원칙에 따라 그 내용도 기재할 수 있다.[39]

(4) 저당권설정계약의 당사자

① 저당권자

저당권자는 피담보채권의 채권자이다. 피담보채권의 채권자만 저당권자가 될 수 있다.[40] 저당권자는 자연인은 물론 법인이나 기타 단체(組織)도 될 수 있다. 다만 저당권자가 자연인인 경우에는 완전한 행위능력을 필요로 한다는 점에서 행위무능력자 또는 제한적 행위능력자는 저당권자가 될 수 없다는 견해도 있지만[41], 유력한 견해에 의하면, 계약법(中華人民共和國 合同法) 제47조에 의하여 민사상의 행위능력이 제한되는 자가 체결한 계약이라도 이익만 얻는 계약은 법정대리인의 추인을 요하지 않고 효력이 발생한다는 내용 등을 근거로, 미성년자가 저당권자가 되더라도 손해가 발생할 우려가 없다는 점 등을 들어 행위능력이 없는

---

37) 胡康生, 앞의 책, 406면.
38) 黃松有, 앞의 책, 555면; 王勝明, 앞의 책(物權法研究 下册), 399-400면.
39) 王利明, 앞의 책(物權法研究 下册), 405면.
40) 何志, 앞의 책, 507면.
41) 高聖平, 앞의 책, 98-99면; 吳春岐/郝志剛, 앞의 책, 28면.

자도 저당권자가 될 수 있다고 한다.[42]

② 저당자

물권법 제179조에 의하면 재산에 저당권을 설정하는 채무자 또는 제3자가 저당자가 된다. 이 역시 자연인 이외에 법인이나 기타 단체도 가능하다. 제3자가 목적물을 제공한 경우 물상보증인이 된다. 다만 저당권의 성질상 저당자는 반드시 저당재산의 처분권을 가져야 한다. 즉 소유권자를 포함하여 실종자의 재산관리인 또는 파산관재인 등은 저당재산의 처분권이 있는 자들로서 저당권을 설정할 수 있지만, 자신의 소유에 속하지 않거나 그 재산에 대한 처분권이 없는 자들은 저당권을 설정할 수 없다.[43] 저당자도 반드시 민사상의 권리능력과 행위능력을 구비하여야 하다는 견해가 있다.[44]

2. 저당권 설정 등기

(1) 성립요건으로서의 등기

물권법 제187조에 의하면 물권법 제180조 제1항 제1호부터 제3호에 열거된 재산[건축물과 기타 토지의 부착물인 부동산, 국유토지사용권에 해당하는 建設用地使用權, 입찰이나 경매 공개협상 등의 방법으로 취득한 황무지 등과 토지도급경영권(土地承包經營權)] 또는 제5호에 규정하고 있는 건축 중인 건물에 저당권을 설정할 경우에는 저당권 등기를 하여야 하며, 저당권은 등기한 때부터 효력이 발생한다.

이처럼 부동산 또는 부동산물권에 저당권을 설정할 때에는 반드시 등기를 하도록 한 점은 담보기능을 강화하고, 거래안전을 보호하며, 당사자의 이익을 보호하고 분규 발생을 예방하며, 저당권의 실현을 보장한다는 의미에서 중요한 기능을 하는 것으로 평가되고 있다.[45]

그런데 물권법 제15조에 의하면 물권등기를 하지 않아도 계약의 효력에는 영

---

42) 王利明, 앞의 책(物權法研究 下册), 407면.
43) 胡康生, 앞의 책, 387면; 王利明, 위의 책, 408면.
44) 高聖平, 앞의 책, 100면; 何志, 앞의 책, 506면.
45) 黃松有, 앞의 책, 559-560면.

향이 없다고 규정하고 있으므로 부동산이나 부동산물권에 대한 저당권설정계약이 체결된 뒤 저당권 설정등기를 하지 않더라도 당사자 간의 저당권설정계약의 효력은 유지되는 것으로 해석된다. 이는 저당권등기를 한 날로부터 저당권설정계약의 효력이 발생한다고 규정한 담보법 제41조의 내용과 일치하지 않는다.[46]

또한 물권법 제16조 제1항은 「부동산 등기부는 물권의 귀속과 내용의 근거가 된다」고 규정하고 있으며, 물권법 제17조는 「부동산 권리귀속증서는 권리자가 그 부동산물권을 향유하고 있다는 증명이 된다. 부동산 권리귀속증서에 기재된 사항은 부동산등기부와 일치하여야 한다. 기재가 일치하지 않을 때에는 부동산등기부를 기준으로 한다. 다만 부동산등기부에 오류가 있음을 입증하는 증거가 있는 경우는 그러하지 아니하다」라고 규정하고 있다. 이러한 규정을 근거로 중국에서 부동산저당권의 등기는 공신력을 가진 것으로 해석한다.[47]

(2) 대항요건으로서의 등기

반면에 물권법 제188조는 「본 법 제180조 제1항 제4호, 제6호에 규정한 재산 또는 제5호에 규정한 건조 중인 선박, 항공기를 저당한 경우에 저당권은 저당권설정계약이 효력을 발생한 때부터 성립한다. 등기를 하지 않으면 선의의 제3자에게 대항하지 못한다」고 규정하고 있으며,[48] 물권법 제189조 역시 「기업이나 개인상공업자(個體工商戶), 농업생산경영자가 본 법 제181조에 규정된 동산에 저당권을 설정하는 경우에 저당자의 주소지를 관할하는 工商행정관리부서에 등기를 하여야 한다. 저당권은 저당권설정계약이 효력을 발생한 때부터 성립한다. 등기를 하지 않으면 선의의 제3자에게 대항하지 못한다」라고 규정하여[49] 동산저당권의 경우에는 등기를 대항요건으로 하고 있다.

즉 생산설비, 원자재, 반완성품, 제품, 교통수단, 건조 중인 선박이나 비행기구(航空器)를 저당권의 목적물로 설정할 때에는 저당권설정계약이 효력을 발생하

---

46) 胡康生, 앞의 책, 410-411면.

47) 曹士兵, 앞의 책, 228면.

48) 이 내용은 민법전에 「동산에 저당권을 설정할 경우, 저당권은 저당계약이 효력을 발생한 때부터 성립된다. 등기하지 않으면 선의의 제3자에게 대항하지 못한다(제403조)」고 개정되었다.

49) 이 내용은 민법전에 「동산에 저당권을 설정할 경우, 정상적인 영업활동 중 이미 합리적인 금액을 지급하고 저당재산을 취득한 매수인에게 대항하지 못한다(제404조)」고 개정되었다.

는 날부터 저당권이 성립하며, 등기는 선의의 제3자에 대한 대항요건으로서의 의미 밖에 없다는 것이다. 이처럼 동산저당권에는 등기를 대항요건으로 규정하게 된 이유로서는 첫째 현재 시행 중인 교통운수 관련 법규에는 등기를 대항요건으로 규정하고 있는 예가 많다는 점을 지적하고 있다. 예컨대 民用航空法 제16조는 민용항공기에 저당권을 설정할 때에 저당자와 저당권자가 공동으로 국무원 민용항공기담당부서에서 등기를 하여야 하지만, 등기를 하지 않으면 제3자에게 대항하지 못한다고 규정하고 있으며, 海商法 제13조 역시 선박에 저당권을 설정할 때에 등기를 제3자에 대한 대항요건으로 규정하고 있다. 둘째, 동산저당권은 목적물의 점유를 이전하지 않는다는 점에서 쌍방이 신뢰하여 동산저당권을 설정하는 경우가 많은데, 등기를 하게 되면 그 비용이 증가하게 되고 더구나 중국은 지역이 광활하므로 등기업무를 관장하는 부서가 지역별로 멀리 떨어져 분산되어 있기 때문에 불편하다는 점 등을 든다.[50] 특히 중국에서는 저당재산의 종류에 따라 등기 업무를 관장하는 기관이 서로 다르게 되어 있다. 예컨대 건물이 저당권의 객체인 경우에는 현급 이상의 지방인민정부가 규정한 등기기관이 등기업무를 처리하고, 토지의 부착물로서 입목저당의 등기기관은 현급 이상의 입목주관부서가 등기업무를 관장하며, 建設用地使用權의 저당권설정등기는 土地行政管理部門에서 주관하는 등 매우 번잡하게 되어 있다.[51]

그런데 대항요건으로서의 동산저당등기는 형식등기로서 실질등기와 구별되는 개념이므로 공신력이 없다고 한다.[52]

Ⅳ. 저당재산

1. 저당재산의 특징

저당재산, 즉 저당권의 객체가 되는 목적물은 반드시 다음과 같은 조건을 구비하여야 한다.[53]

---

50) 胡康生, 앞의 책, 411-412면.
51) 吳春岐/郝志剛, 앞의 책, 111-113면.
52) 曹士兵, 앞의 책, 229면.
53) 王利明, 앞의 책(物權法研究 下册), 411-412면.

첫째, 저당재산은 반드시 재산성이 있는 것이어야 한다. 저당재산은 유형·무형재산 모두 가능하며, 독립된 교환가치를 가지고 있으며 법률에 따라 양도할 수 있는 재산이어야 한다.

둘째, 저당재산은 반드시 특정되어야 한다.

셋째, 저당재산은 반드시 양도성이 있어야 한다. 따라서 법률이 유통을 금지하거나 강제집행이 금지된 재산은 저당권의 목적물이 될 수 없다.

넷째, 저당재산은 반드시 공시성을 구비하여야 한다. 저당재산은 등기 기타 방법으로 공시되어야 하기 때문이다.

2. 저당재산이 될 수 있는 것

물권법 제180조가 규정하고 있는 저당권설정이 가능한 재산은 다음과 같다.

(1) 건축물 기타 토지의 부착물

건축물이란 토지의 지상 또는 지하에 설치된 것으로서, 예컨대 주택을 비롯해서 체육관, 지하실 등을 의미하며, 기타 토지의 부착물이란 토지상의 주택 이외의 부동산 즉, 교량, 터널, 댐, 도로 등의 구축물과 임목, 농작물, 개인이 소유하는 수목 등을 의미한다.[54] 그런데 교각, 담, 창고, 육교, 입체주차장, 교량, 급수탑(水搭), 사람들이 거주하거나 사용하는 구조물 등을 토지의 부착물이 아니라 건축물에 포함하는 것으로 해석하고, 기타토지의 부착물이란 토지에 부속되어 토지위에 건조된 구조물과 기타 부착물(교량, 댐 등)을 의미한다는 견해도 있다.[55]

(2) 建設用地使用權

建設用地使用權에 저당권을 설정한다는 것은 채무자 또는 제3자가 建設用地使用權을 채권자에게 담보로 제공하고 채무자가 채무를 이행하지 않거나 또는 당사자가 약정한 사정이 발생하면 채권자는 법에 따라 建設用地使用權이 경매 등으로

---

54) 胡康生, 앞의 책, 390면; 王勝明, 앞의 책, 385면.
55) 王利明, 앞의 책(物權法研究 下冊), 412면

환가된 소득 중에서 우선변제를 받게 되는 것이다. 중국의 토지는 모두 국가 또는 집단의 소유에 속하기 때문에 토지소유권은 양도할 수 없지만, 建設用地使用權은 법에 의하여 양도할 수 있으므로 자연인과 법인은 토지상에 建設用地使用權을 행사할 수 있고, 저당권의 목적물로 할 수 있다. 따라서 중국에서 토지에 대한 저당권이란 실제상 建設用地使用權의 저당권을 의미하므로 토지소유권이나 토지 자체에 대한 것이 아니라 토지의 사용권과 수익권인 일종의 독립된 용익물권을 객체로 하게 된다. 이러한 점에서 建設用地使用權의 저당권은 실물저당이 아니라 권리저당에 속한다.[56]

(3) 입찰, 경매, 공개협상 등의 방법으로 취득한 황무지 등의 토시사용권(土地承包經營權)[57]

이는 앞에서 지적한 「四荒(荒山, 荒溝, 荒丘, 荒灘)」에 대한 토지사용권의 저당권 설정에 관한 내용이다.[58] 근래 중국에서는 농업, 임업, 목축업 어업 등을 경영할 목적으로 개발되지 않은 황무지인 荒山, 荒溝, 荒丘, 荒灘(개간되지 않은 개펄) 등의 토지사용권을 취득하는 예가 많아졌으며, 그 기간도 수 십년 내지 백년 가까이 설정되고 있으므로 이 토지사용권을 저당권의 객체로 인정하게 된 것이다.[59] 이러한 사정을 감안하여 물권법 제133조는 「입찰, 경매, 공개협상 등의 방법으로 황무지 등 농촌토지를 사용(承包)하게 된 경우, 農村土地承包法 등 법률과 국무원의 관련 규정에 따라 그 토지사용권(土地承包經營權)을 양도, 지분투자, 저당 또는 기타 방식으로 유통할 수 있다」고 규정하여 법적 근거를 마련하고 있다.

(4) 생산설비, 원자재, 반완성품, 생산품(産品)

생산설비란 공업이나 기업용의 각종 선반, 계산기, 화학실험설비, 통신설비, 항만 부두, 정거장의 장식기계, 각종 측량 설비, 트랙터, 바인더, 탈곡기 등의 농업용 기계 등을 의미한다.

---

56) 王利明, 앞의 책, 413면.
57) 이 내용 역시 농지의 삼권분리(三權分置) 정책에 따라 민법전에는 삭제되었다(제395조).
58) 黃松有, 앞의 책, 535면; 王利明, 위의 책, 같은 면.
59) 黃松有, 위의 책, 같은 면

원자재란 생산품의 원료와 재료를 의미하며, 예컨대 제강에 사용되는 철광석이나 종이를 만드는 펄프, 가구용 목재, 밀가루, 건설공정에 필요한 벽돌, 기와, 모래, 돌 등을 의미한다.

반완성품이란 아직 완성되지 않은 상품을 의미하는데, 예컨대 조립 중에 있는 자동차, 봉제가 마무리 되지 않은 의복, 아직 성숙되지 않은 농작물 등을 들 수 있다.

생산품이란 생산된 제품을 의미하며, 자동차나 증기선 등의 교통수단과 온도 등을 측량하는 각종 계기와 측정기구, TV, 냉장고, 쌀, 국수 등 일상 생활용품을 들 수 있다.

(5) 건조 중인 건축물 · 선박 · 항공기

담보법에는 이처럼 건축 중에 있는 건축물이나 건조 중인 선박 · 항공기에 대한 저당권을 설정할 수 있는지 명확한 규정이 없다. 그런데 현실적으로 건물이나 선박 항공기 등의 건설공정은 대부분 장기간에 걸쳐 이루어지기 때문에 자금 사정이 어려워질 경우 건설자의 융자 방법을 용이하게 해주기 위하여 건조 중에 있는 이러한 물건들은 아직 독립성은 존재하지 않지만 저당권의 객체로 인정하고자 물권법에 명문 규정을 두게 된 것이다.[60]

(6) 교통 운수 수단

비행기를 비롯하여 선박, 기차 등 각종 차량을 의미한다. 이는 특수한 동산 또는 「준부동산」의 저당에 관한 규정이라고 하는 견해도 있고[61], 선박 비행기 등은 성질상 동산에 속하지만 공시방법으로서 등기를 하여야 하므로 「준동산」이라고 하여야 한다는 견해도 있다.[62]

---

60) 胡康生, 앞의 책, 393면; 江平主編, 앞의 책, 522면.
61) 黃松有, 앞의 책, 537면.
62) 王利明, 앞의 책(物權法研究 下冊), 418면.

(7) 법률·행정법규에서 저당권설정이 금지되지 않은 기타 재산

이는 끊임없이 변화하는 경제생활상의 수요를 감안하여 그 내용을 일일이 열거할 수 없는 현실을 직시하고 규정한 일반조항(兜底性規定)이라고 할 수 있다.[63]

그런데 기타 재산의 범위에 대하여는 해석상 논란의 여지가 있을 것으로 예상되는데, 적어도 다음의 요건은 갖추어야 한다.[64]

첫째, 부동산과 동산의 권리를 양도할 수 있어야 한다. 예컨대 소모품인 휴대용전화기나 아이스박스 등과 같은 물건도 저당권의 객체가 될 수 있다.

둘째, 저당자에게 그 재산에 대한 처분권이 있어야 한다. 저당권을 설정하는 채무자 또는 제3자에게 목적물에 대한 처분권이 있어야 한다는 물권법 제180조에 의한 것이다.

셋째, 그 재산에 상응하는 공시방법을 갖추고 있어야 한다. 물권법은 공시의 원칙을 확립하고 있기 때문에 일정한 재산에 저당권을 설정할 때에는 당연히 공시방법을 구비하여야 한다는 것이다. 그런데 법률에 등기업무를 관장하는 등기기관에 대하여 아무런 규정을 두고 있지 않을 경우에도 그 재산에 저당권을 설정할 수 있는지 의문이 제기되는데, 일정한 방법으로 공시방법이 진행될 수 있다면 저당권의 객체가 될 수 있다.[65]

넷째, 저당권설정이 공서양속에 위반되지 않아야 한다. 예컨대 "외국의 쓰레기(洋垃圾)"를 재산으로 하여 저당권을 설정하는 경우, 비록 법률에 이러한 재산에 대한 저당권설정을 금지하는 규정은 없지만, 그러한 재산에 대한 저당권설정은 공서양속에 반하는 것이 된다.

(8) 공유재산에 대한 저당권설정

물권법에는 공유재산에 저당권을 설정하는 경우에 대해서는 명문 규정을 두고 있지 않다. 해석상 공유재산에 대해서는 공유자의 지분의 비율로 저당권을 설정할 수 있을 것이며, 다만 원칙적으로 공유재산에 저당권을 설정할 때에는 반드시

---

63) 胡康生, 앞의 책, 393면.
64) 王利明, 앞의 책, 419면.
65) 王利明, 위의 책, 같은 면.

다른 공유자의 동의를 받아야 한다.[66)]

3. 저당재산이 될 수 없는 것

물권법 제184조에 의하여 저당권을 설정할 수 없는 재산은 다음과 같다.

(1) 토지소유권

중국에서는 토지공유제가 실시되고 있으므로 토지는 오로지 국가나 집단소유에 귀속하므로 헌법과 관련 법률에 의하여 토지 매매는 엄격하게 금지되고 있다. 이에 물권법은 토지소유권의 저당을 명확하게 금지하고 있는 것이다. 토지소유권이란 국유의 토지소유권은 물론 집단이 소유하는 토지소유권도 포함된다.[67)]

(2) 耕地,[68)] 택지(宅基地), 自留地, 自留山 등 집단소유의 토지사용권

물권법 제43조에 의하면 경지는 국가의 특수보호를 받게 되며, 경지가 건설용지로 전환되는 것을 엄격하게 제한한다고 규정함으로써 경지를 특별히 보호한다는 원칙을 명확하게 밝히고 있다. 사실 농촌 경지의 토지 유실을 방지하고 농민의 기본적인 생존조건을 보장하며 국가의 토지에 대한 거시적인 관리정책으로서 중국의 법률은 예로부터 매우 엄격하게 경지보호제도를 실시해 왔으며, 집단토지사용권이 시장에 진입하여 양도되거나 저당권이 설정되는 경우를 엄하게 제한하여 왔던 것이다.[69)]

택지사용권에 대한 저당권설정이 금지된다. 택지사용권은 집단소유에 속하는 토지를 점유하고 사용하며 그 토지를 이용하여 주택이나 부속시설을 건축할 수 있는 권리를 의미한다(물권법 제152조). 입법 당시 택지사용권에 대한 저당권을 제한할 것인가에 대하여 논란이 있었다. 일부 학자들은 택지사용권도 물권이므로 택지사용권에 대한 저당권설정을 허용하여야 한다고 주장하였지만, 택지사용권은

---

66) 王利明, 앞의 책(物權法研究 下冊), 420면.
67) 胡康生, 앞의 책, 402면.
68) 민법전에는 「耕地」가 삭제되었다(제399조).
69) 王利明, 앞의 책(物權法研究 下冊), 421면.

농민이 安身立命할 수 있는 근본이라고 할 수 있기 때문에 택지사용권에 저당권을 설정하여 양도될 수 있게 한다면 장기적으로 농촌사회의 평온을 해칠 우려가 있다는 점에서 금지하게 되었다.[70]

그런데 택지사용권과 주택을 한꺼번에 저당권의 객체로 설정할 수는 없는가라는 의문이 제기될 수 있는데, 학자들 사이에 논란의 여지는 있지만, 물권법 제184조는 택지사용권에 대한 저당권 설정을 금지하고 있을 뿐이고 주택에 수반된 택지사용권의 저당권설정을 금지한 것은 아니라는 점에서 허용되어도 무방할 것이라고 한다.[71]

自留地란 농촌집단 경제조직이 그 구성원에게 장기간 사용권을 부여한 소규모의 개간되지 않은 경사지(荒坡) 등을 의미하고, 自留山 역시 농촌집단 경제조직이 그 구성원들에게 장기간 사용하도록 분배한 토지를 의미한다. 自留山과 自留地는 성질상 土地承包經營權에 속한다. 이 역시 입법당시 논란이 있었지만 농민들의 이익을 위하여 저당권 설정을 금지하였다.

(3) 학교, 유치원, 병원 등 공익을 목적으로 하는 사업단위, 사회단체의 교육시설, 위생시설과 기타 사회공익시설

물권법 입법 당시 공익사업을 목적으로 하는 모든 재산에 대하여 저당권 설정을 금지하는 내용이 타당한지 논란이 있었다. 일각에서는 공립과 사립을 구분하여 예컨대 공립학교의 재산에 대해서는 저당권 설정을 금지할 필요가 있지만, 사립학교는 영리적 성격도 있으므로 장래 중요한 사업을 위한 융자가 필요할 때를 감안해서 사립학교 시설에 대해서는 저당권의 설정을 인정하여야 한다는 주장이 제기되었던 것이다. 그러나 물권법은 학교시설 등 공익을 목적으로 하는 모든 시설에 대한 저당권 설정을 금지하고 있다.

저당권 설정이 금지되는 재산의 내용을 구체적으로 살펴보면 다음 3가지 유형으로 구분할 수 있다.

첫째, 학교와 유치원 등 교육시설과 기타 교육시설을 보조하는 교육적 관련

---

70) 王利明, 위의 책, 422면.
71) 王利明, 위의 책, 422-423면.

시설에는 저당권 설정이 금지된다. 국가 민족의 미래를 고려하고 사회의 안정을 유지하며 교육의 목적을 감안하여 일체의 교유시설에 대한 저당권 설정을 금지하게 된 것이다. 따라서 학교건물, 실험실, 학습용 계산기, 실험설비 등에는 저당권을 설정할 수 없다.72)

둘째, 병원 등 의료시설과 의료시설을 보조하는 위생적 시설에는 저당권 설정이 금지된다. 병원이란 국가가 운영하는 병원이든 개인이 운영하는 병원이든 모두 저당권 설정이 금지된다. 따라서 입원실이며 X선사진기, CT촬영기 등은 저당권의 객체가 될 수 없다.

셋째, 공익을 목적으로 하는 사업 주체의 각종 사회공익 시설에는 저당권 설정이 금지된다. 기타 사회공익 시설이란 공공도서관, 박물관, 미술관, 少年宮, 경로원, 과학기술관, 工人文化宮 등을 의미한다.73)

(4) 소유권 · 사용권이 불명확하거나 분쟁이 있는 재산

소유권과 사용권이 불명확하다는 것은 저당권이 설정된 재산의 권리 귀속관계가 명백하지 않은 상태에 있다는 의미이며, 분쟁이 있다는 것은 저당권이 설정된 재산의 소유권이나 사용권에 대한 다툼이 있다는 것을 의미한다.74) 소유권이나 사용권이 명확한 상태가 아닌 경우 또는 분쟁이 있는 경우에는 장래 소유권자나 사용권자의 합법적 권리를 침해할 수 있고, 그로 말미암아 사회관계가 문란해질 우려가 있다는 점에서 이와 같은 규정을 두게 되었다.75)

(5) 법률에 의하여 봉인 · 압수되거나 감독 관리를 받는 재산

海關法 등 기타 관련 법률에 의하면 정당한 세관절차를 거치지 않고 중국으로부터 반출되는 재산은 봉인하여 압류할 수 있도록 규정하고 있다. 이처럼 민사법원이나 행정기관에 의하여 압류되거나 감독 관리를 받고 있는 재산은 저당권의 객체가 될 수 없다.76)

---

72) 胡康生, 앞의 책, 404면.
73) 王勝明, 앞의 책, 396면; 胡康生, 위의 책, 같은 면.
74) 王利明, 앞의 책(物權法研究 下册), 425면.
75) 胡康生, 앞의 책, 404면; 王勝明, 앞의 책, 396-397면.

(6) 법률·행정법규에 의하여 저당권설정이 금지된 재산

위에 열거된 재산 이외에 기타 법률에 의하여 저당권을 설정할 수 없는 재산을 규정한 것으로서 이 역시 일반조항(兜底性規定)이라고 한다.[76]

이에 해당하는 재산을 구체적으로 살펴보면 다음과 같이 정리할 수 있다.[78]

첫째, 국가기관의 재산이다. 비록 물권법 제184조에 명문 규정을 두고 있지는 않지만, 국가기관은 국가권력을 행사하며 공익을 목적으로 하는 기구이므로 국가기관의 재산에는 저당권을 설정할 수 없다는 것이다.

둘째, 위법하거나 법규를 위반한 건축물이다. 예컨대 홍수방지법(防洪法)을 위반하여 홍수를 방지하기 위한 제방 위에 주택을 건축한 경우라면 그 주택은 저당권의 객체가 될 수 없다는 것이다.

셋째, 종교재산을 들 수 있다. 종교단체의 소유에 속하는 동산과 부동산은 저당권의 객체가 될 수 없다고 한다. 비록 물권법에 명문 규정은 없지만, 2004년 국무원이 공포한 「宗敎事務條例」 제32조에 의하면 종교 활동의 장소로 이용되는 건물 기타 구축물 및 부속시설은 양도하거나 저당권을 설정할 수 없다고 규정하고 있다는 점에서 종교재산에는 저당권을 설정할 수 없다는 것이다.

V. 결

이상으로서 중국 물권법상의 저당권의 내용 중 저당권의 성립에 관련된 제반 법리를 살펴보았다. 그 구체적인 내용을 정리해본 결과 저당권을 설정할 수 있는 저당권의 객체를 비롯하여 상당히 많은 부분이 우리 민법상의 저당권과 다르다는 사실을 지적하지 않을 수 없다. 그 원인은 무엇보다도 중국의 물권법상의 소유권제도가 특이하게도 국가소유권과 집단소유권 및 개인소유권이라고 하는 3가지 유형으로 구분하고 있다는 점과 토지의 소유권을 국가 또는 집단소유에 귀속시키고 있다는 점 및 사회주의경제를 표방하면서 규정하게 된 몇 가지 특성 등으로 말미암아 매우 특색 있는 내용을 규정하고 있음을 발견할 수 있다.

---

76) 黃有松, 앞의 책, 551면.

77) 王勝明, 앞의 책, 397면; 胡康生, 앞의 책, 405면.

78) 王利明, 앞의 책(物權法硏究 下册), 427-429면.

[5] 물권법과 민법전 물권편

민법전 물권편은 居住權을 신설한 것 이외에 기본적인 체제와 구성은 물권법과 동일하며, 내용 역시 부분적으로 개정된 내용이 있지만, 물권법과 크게 다르지 않다.

민법전 물권편의 내용과 물권법의 내용을 비교하면 다음과 같다.

민법전 물권편	물권법
제2편 물권	
제1분편 통칙	
제1장 일반규정	
제205조 본 편은 物의 귀속과 이용 및 생산에 관한 민사관계를 조정한다.	**제2조** 物의 귀속과 사용으로 발생하는 민사관계에는 이 법을 적용한다. 이 법에서 말하는 物이란 부동산과 동산이 포함된다. 법률에서 권리를 물권의 객체로 규정한 경우에는 그 규정에 따른다. 이 법에서 말하는 물권이란, 법률에 따라 향유하는 특정한 物에 대한 직접적인 지배와 배타적인 권리를 가리키는 것으로서, 소유권과 용익물권 및 담보물권이 포함된다.
제206조 국가는 공유제를 주체로 한 다양한 소유제 경제의 공동발전과 노동에 따른 분배를 주체로 한 다양한 분배방식의 병존 및 사회주의시장경제 체제 등 사회주의 기본경제제도를 지원하고 완성하게 한다. 국가는 공유제 경제를 공고히 하고 발전시키며, 비공유제 발전을 장려하고 지지하며 인도한다. 국가는 사회주의 시장경제를 실행하며, 시장 주체의 평등한 법적 지위와 발전권리를 보장한다.	**제3조** 국가는 사회주의 초급 단계에서 공유제를 주체로 하고, 여러가지 소유제 경제가 공동발전하는 기본 경제제도를 견지한다. 국가는 공유제 경제를 공고히 하고 발전시키며, 비공유제 경제의 발전을 장려하고 지지하며 인도한다. 국가는 사회주의 시장경제를 실행하며, 모든 시장주체의 평등한 법적 지위를 보장하고, 발전권리를 보장한다.
제207조 국가, 집단, 개인의 물권과 기타 권리자의 물권은 법률의 평등한	**제4조** 동일함('평등한'이 추가됨)

보호를 받으며, 어떠한 조직이나 개인
도 침해할 수 없다.

제208조 부동산물권의 설정, 변경, 양 　　**제6조** 동일함
도와 소멸은 법률에 따라 등기하여
야 한다. 동산물권의 설정과 양도는
법률에 따라 인도하여야 한다.

제2장 물권의 설정, 변경, 양도와 소멸
제1절 부동산등기

제209조 부동산물권의 설정, 변경, 양 　　**제9조** 동일함
도 및 소멸은 법률의 규정에 따라 등
기하여야 효력이 발생하며 등기하지
않으면 효력이 없다. 다만, 법률에 별
도의 규정이 있는 경우는 제외한다.
법률상 국가소유로 되어 있는 자연자
원은 소유권을 등기하지 않을 수 있다.

제210조 부동산등기는 부동산 소재지 　　**제10조** 동일함
의 등기기관에서 한다. 국가는 부동산
에 대하여 통일된 등기제도를 실행한
다. 통일등기의 범위, 등기기관과 등기
방법은 법률과 행정법규에서 규정한다.

제211조 당사자는 등기 신청 시 서로 　　**제11조** 동일함
다른 등기사항에 근거하여 권리귀속증
명과 부동산의 경계지점, 면적 등 필
요한 자료를 제공하여야 한다.

제212조 등기기관은 아래의 직책을 이 　　**제12조** 동일함
행하여야 한다.
(1) 신청자가 제공한 권리귀속증명과
기타 필요한 자료에 대한 심사
(2) 관련된 등기사항 관련 신청자에 대
한 질의
(3) 사실 부합 및 적시 등기 여부 관
련 사항
(4) 법률 및 행정법규에서 규정한 기
타직책
등기를 신청한 부동산의 관련 상황에

대한 더 상세한 증명이 필요한 경우,
등기기관은 신청자에게 보충 자료를
요구하고 필요하면 현지실사를 할 수
있다.

제213조 등기기관은 아래의 행위를 해
서는 아니 된다.
(1) 부동산에 대한 가액평가 요구
(2) 연차검사 등의 명분으로 행하는 중
복등기
(3) 등기기관의 담당업무 범위를 벗어
난 기타 행위

제13조 동일함

제214조 부동산 물권의 설정, 변경,
양도, 소멸이 법률 규정에 따라 등기
해야 되는 경우, 부동산등기부에 기재
된 때부터 그 효력이 발생한다.

제14조 동일함

제215조 당사자 간에 체결된 부동산
물권의 설정, 변경, 양도와 소멸에 관
한 계약은 법률에 별도의 규정이 있거
나 당사자간 계약에 별도의 약정이 있
는 경우를 제외하고, 계약이 성립된
때부터 효력이 발생한다. 물권 등기를
하지 않아도 계약의 효력에는 영향이
없다.

제15조 동일함

제216조 부동산등기부는 물권의 귀속
및 내용의 근거가 된다. 부동산등기부
는 등기기관에서 관리한다.

제16조 동일함

제217조 부동산권리귀속증서는 권리자
가 그 부동산물권을 소유하고 있음을
증명한다. 부동산권리귀속증서에 기재
한 사항은 부동산등기부와 일치해야
한다. 기재가 일치하지 않는 경우, 부
동산등기부에 오류가 있다는 것을 증
명하는 증거가 있는 경우를 제외하고
부동산등기부를 기준으로 정한다.

제17조 동일함

제218조 권리자, 이해관계인은 자문을
요청하고 부동산 등기자료를 복사할
수 있으며, 등기기관은 해당 자료를

제18조 동일함

제공하여야 한다.

제219조 이해관계인은 권리자의 부동산 등기자료를 공개할 수 없으며, 불법적으로 사용할 수 없다.

신설됨

제220조 권리자, 이해관계인은 부동산 등기부에 기재된 사항에 오류가 있다고 인정하는 경우 경정등기를 신청할 수 있다. 부동산등기부에 기재된 권리자가 서면으로 경정에 동의하거나 등기에 확실히 오류가 있다는 것을 증명할 만한 증거가 있는 경우, 등기기관은 경정하여야 한다. 부동산등기부에 기재된 권리자가 경정에 동의하지 않는 경우, 이해관계인은 이의등기를 신청할 수 있다. 등기기관에서 이의등기를 한 경우 신청인이 이의등기일로부터 15일 내에 제소하지 않으면 이의등기는 효력을 상실한다. 이의등기가 부당하여 권리자에게 손해가 발생한 경우, 권리자는 신청인에게 손해배상을 청구할 수 있다.

제19조 동일함

제221조 당사자간에 건물 매매 또는 기타 부동산 물권에 관한 계약이 체결된 경우, 장래의 물권 실현을 보장하기 위하여 약정에 따라 등기기관에 예고등기를 신청할 수 있다. 예고등기 후 예고등기 권리자의 동의를 거치지 않고 그 부동산을 처분한 경우, 물권의 효력이 발생하지 않는다. 예고등기 후 채권이 소멸되었거나 부동산등기를 할 수 있는 날로부터 90일 내에 등기를 신청하지 않으면 예고등기는 효력이 상실된다.

제20조 다른 내용은 동일한데 '90일'이 '3개월'로 되어 있음.

제222조 당사자가 허위자료를 제공하고 등기를 신청하여 타인에게 손해가 발생한 경우, 배상책임을 부담한다. 등기착오로 타인에게 손해가 발생한 경우 등기기관은 배상책임을 부담한다.

제21조 동일함

등기기관은 배상한 뒤에 등기 착오를 일으킨 자에게 구상할 수 있다.

제223조 부동산등기 비용은 건수에 따라 수취하며, 부동산의 면적, 부피 또는 대금의 비율에 따라 수취하지 못한다.

제22조 '구체적인 비용수취 기준은 국무원 관련 부서에서 가격 주관 부서와 함께 결정한다.'가 추가됨.

제2절 동산 인도

제224조 동산물권의 설정과 양도는 인도한 때부터 효력이 발생한다. 그러나 법률에 별도의 규정이 있는 경우는 제외한다.

제23조 동일함

제225조 선박, 항공기와 자동차 등의 물권의 설정, 변경, 양도, 소멸은 등기하지 않으면 선의의 제3자에게 대항하지 못한다.

제24조 동일함

제226조 동산물권의 설정과 양도 전에 권리자가 이미 그 동산을 점유한 경우, 물권은 민사 법률행위가 효력을 발생한 때부터 효력이 발생한다.

제25조 동일함(다만 물권법에서는 '법률행위'라고 함)

제227조 동산물권의 설정과 양도 전에 제3자가 그 동산을 점유한 경우, 인도의무가 있는 자는 제3자에 대한 원물반환청구권을 양도하는 방식으로 인도를 대체할 수 있다.

제26조 동일함

제228조 동산물권 양도시 당사자가 양도인이 계속하여 그 동산을 점유하도록 약정한 경우, 물권은 그 약정의 효력이 발생한 때부터 효력이 발생한다.

제27조 동일함

제3절 기타규정

제229조 인민법원, 중재기관의 법률문서 또는 인민정부의 수용 결정 등으로 물권의 설정, 변경, 양도, 소멸이 초래된 경우, 법률문서 또는 수용 결정 등의 효력이 발생한 때부터 그 효력이 발생한다.

제28조 동일함

제230조 상속으로 물권을 취득한 경우, 상속이 개시된 때부터 효력이 발생한다.

제231조 합법적으로 건물을 짓고 허무는 등의 사실행위로 인해 물권이 설정되거나 또는 소멸한 경우, 사실행위가 성립된 때부터 효력이 발생한다.

제232조 본 절의 규정에 따라 향유하는 부동산 물권을 처분하는 경우, 그 물권을 처분할 때 법률의 규정에 따라 등기하여야 하며, 등기하지 않으면 물권효력이 발생하지 않는다.

제29조 상속이나 유증으로 물권을 취득한 경우, 상속이나 유증이 개시된 때부터 효력이 발생한다.

제30조 동일함

제31조 동일함(다만 물권법은 '본 절의 규정'이라고 하지 않고 '본 법 제28조부터 제30조'라고 함)

제3장 물권의 보호

제233조 물권이 침해를 받으면 권리자는 화해, 조정, 중재, 소송 등의 수단을 통하여 해결할 수 있다.

제32조 동일함

제234조 물권의 귀속과 내용에 분쟁이 발생한 경우, 이해당사자들은 권리확인을 청구할 수 있다.

제33조 동일함

제235조 부동산 또는 동산이 권리없이 점유된 경우, 권리자는 원물반환을 청구할 수 있다.

제34조 동일함

제236조 물권을 방해하거나 방해할 가능성이 있는 경우, 권리자는 방해배제 또는 위험 제거를 청구할 수 있다.

제35조 동일함

제237조 부동산 또는 동산의 훼손을 초래한 경우, 권리자는 법에 따라 수선, 재건, 교환, 또는 원상회복을 청구할 수 있다.

제36조 동일함

제238조 물권침해로 권리자에게 손해가 발생한 경우, 권리자는 법에 따라 손해배상을 청구할 수 있고, 또한 법에 따른 기타 민사책임을 부담할 것을 청구할 수 있다.

제37조 동일함

제239조 이 장에 규정된 물권 보호 방식은 단독으로 적용할 수 있고, 권리가 침해된 상황에 근거하여 병합하여 적용할 수 있다.

제38조 물권법의 '물권이 침해된 경우, 민사책임을 부담하는 외에, 행정관리규정을 위반한 때에는 법에 따라 행정책임을 부담하고, 범죄를 구성하는 때에는 법에 따라 형사책임을 추궁한다'는 삭제됨

제2분편 소유권

제4장 일반규정

제240조 소유권자는 자신의 부동산 또는 동산에 대하여 법에 따라 점유, 사용, 수익, 처분의 권리를 가진다.

제39조 동일함

제241조 소유권자는 자신의 부동산 또는 동산에 용익물권과 담보물권을 설정할 수 있다. 용익물권자와 담보물권자는 권리를 행사할 때 소유권자의 권익을 침해하지 못한다.

제40조 동일함

제242조 법률의 규정에 따라 전적으로 국가소유인 부동산과 동산은 어떠한 조직이나 개인도 소유권을 취득하지 못한다.

제41조 동일함

제243조 공공이익의 필요에 의하여 법률에 규정된 권한과 절차에 따라 집단소유의 토지와 조직 및 개인의 건물과 기타 부동산을 수용할 수 있다. 집단소유의 토지를 수용할 때는 법에 따라 토지보상비, 이주보조비와 농촌 촌민주택, 기타 지상부착물과 풋곡식 등의 보상비용 등 보상비를 적정한 시기에 충분히 지불하고, 피수용지 농민의 사회보장비용을 마련하여 농민의 생활을 보장하고, 합법적인 권익을 보호하여야 한다. 수용된 조직, 개인의 건물 및 기타 부동산은 법에 따라 수용 보상을 하여 피수용자의 합법적인 권익을 보호하여야 한다. 개인의 주택을 수용하는 경우, 피수용자의 거주 조건을 보

제42조 동일함(다만 물권법의 '單位'가 '조직'으로 개정되고, '농촌촌민주택'이 추가됨)

장하여야 한다. 어떠한 조직이나 개인
도 수용보상비 등 비용을 횡령, 유용,
사적 배분, 지급유보 및 지급을 지연
할 수 없다.

제244조 국가는 경작지에 대하여 특별   **제43조** 동일함
한 보호를 실행하고, 농업용지가 건설용
지로 전환되는 것을 엄격하게 제한하며
건설용지의 총량을 통제한다. 법률에 규
정된 권한과 절차를 위반하여 집단소유
의 토지를 수용하지 못한다.

제245조 재난구호, 전염병 방제 등 긴   **제44조** 동일함(다만 초안에는 없던 '전
급수요가 있는 경우, 법률에 규정된   염병 방제'가 추가됨)
권한과 절차에 따라 조직이나 개인의
부동산 또는 동산을 징발할 수 있다.
징발된 부동산 또는 동산은 사용 후
피징발자에게 반환하여야 한다. 조직이
나 개인의 부동산 또는 동산이 징발되
거나 징발된 후 훼손·멸실된 때에는
보상하여야 한다.

제5장 국가소유권과 집단소유권, 개인
소유권

제246조 법률 규정에 의하여 국가소유   **제45조** 동일함
인 재산은 국가소유, 즉 모든 인민의
소유이다. 국가재산은 국무원이 국가를
대표하여 소유권을 행사한다. 법률에
별도의 규정이 있는 경우에는 그에 따
른다.

제247조 매장광물, 물줄기, 해역은 국   **제46조** 동일함
가소유이다.

제248조 무인도는 국가소유이며, 국무   신설됨
원이 국가를 대표하여 무인도의 소유권
을 행사한다.

제249조 도시의 토지는 국가소유이다.   **제47조** 동일함
법률의 규정에 따라 국가소유에 속하
는 농촌과 도시 인접 지역의 토지는

국가소유에 속한다.

제250조 삼림, 산, 초원, 황무지, 간석지 등 자연자원은 국가소유이다. 그러나 법률의 규정에 의하여 집단소유인 경우는 제외한다.   **제48조** 동일함

제251조 법률 규정상 국가소유로 되어 있는 야생동식물 자원은 국가소유에 속한다.   **제49조** 동일함

제252조 무선 전파자원은 국가소유에 속한다.   **제50조** 동일함

제253조 법률 규정상 국가소유로 되어 있는 문화재는 국가소유에 속한다.   **제51조** 동일함

제254조 국방자산은 국가소유에 속한다. 철도, 도로, 전력시설, 전신 시설과 석유 가스수송관 등 기초시설은 법률규정상 국가소유로 되어 있는 경우에는 국가소유에 속한다.   **제52조** 동일함

제255조 국가기관은 그가 직접 지배하는 부동산과 동산에 대하여 점유, 사용 및 법률과 국무원의 관련 규정에 따라 처분할 권리를 가진다.   **제53조** 동일함

제256조 국가에서 설립한 사업단위는 그가 직접 지배하는 부동산과 동산에 대하여 점유, 사용 및 법률과 국무원의 관련 규정에 따라 수익, 처분의 권리를 갖는다.   **제54조** 동일함

제257조 국가가 출자한 기업에 대하여 국무원과 지방인민정부는 법률, 행정법규의 규정에 따라 각각 국가를 대표하여 출자자의 직책을 이행하고 출자자의 권익을 누린다.   **제55조** 동일함

제258조 국가소유의 재산은 법률의 보호를 받으며, 어떠한 조직이나 개인에 의한 점유침탈, 강탈, 사적 배분, 횡령 및 파괴는 금지된다.   **제56조** 동일함

제259조 국유재산의 관리, 감독직책을 이행하는 기관 및 그 사업인원들은 법에 따라 국유재산에 대한 관리 및 감독을 강화하고, 국유재산의 가치 보존과 증가를 촉진하며, 국유재산의 손실을 방지하여야 한다. 직권남용, 직무유기로 국유재산의 손실을 초래한 경우에는 법에 따라 법적 책임을 부담하여야 한다. 국유재산관리규정을 위반하여 기업체제개혁, 합병분리, 관련 거래 등 과정에서 국유재산을 저가로 양도하거나, 공모하여 사적으로 나누어 갖거나, 무단으로 담보로 제공하거나 또는 기타 방법으로 국유재산에 손해를 초래한 경우에는 법에 따라 법적 책임을 부담하여야 한다.

제57조 동일함

제260조 집단소유의 부동산과 동산은 다음과 같다.
(1) 법률에 집단소유로 규정된 토지와 산림, 산, 초원, 황무지, 간석지
(2) 집단소유의 건축물, 생산시설, 농경지 수리 시설
(3) 집단소유의 교육, 과학, 문화, 위생, 체육 등 시설
(4) 집단소유의 기타 부동산과 동산

제58조 동일함

제261조 농민집단소유의 부동산과 동산은 집단구성원의 집단소유에 속한다. 아래 사항은 법정 절차에 따라 그 집단구성원에 의하여 결정된다.
(1) 토지도급방안 및 토지를 집단 이외의 조직 또는 개인에게 도급하는 것
(2) 개별토지 수급경영권자 사이의 수급지 조정
(3) 토지보상비 등 비용의 사용, 분배 방법
(4) 집단에서 출자한 기업의 소유권 변동 등에 관한 사항
(5) 법률에 규정된 기타 사항

제59조 동일함(다만 '單位'를 '조직'으로 개정함)

제262조 집단소유의 토지와 산림, 산, 초원, 황무지, 간석지 등은, 아래 규정에 따라 소유권을 행사한다.

(1) 촌 농민집단소유인 경우, 촌 집단경제조직 또는 촌민위원회에서 법에 따라 집단을 대표하여 소유권을 행사한다.

(2) 촌 내 2개 이상의 농민집단소유인 경우, 촌 내 각 당해 집단경제조직 또는 촌민 小組가 법에 따라 집단을 대표하여 소유권을 행사한다.

(3) 鄕鎭농민집단소유인 경우, 향진집단경제조직에서 집단을 대표하여 소유권을 행사한다.

제263조 도시 집단소유의 부동산과 동산은 법률, 행정법규의 규정에 따라 그 집단에서 점유, 사용, 수익 및 처분의 권리를 향유한다.

제264조 농촌집단경제조직 또는 촌민위원회, 촌민소조는 법률, 행정법규 및 정관, 村規, 民約에 근거하여 집단 구성원들에게 집단재산의 상황을 공포하여야 한다. 집단구성원은 관련 자료를 열람, 복사할 권리가 있다.

제265조 집단소유의 재산은 법률의 보호를 받는다. 어떠한 조직이나 개인도 점유침탈, 약취, 사적 분배 및 파괴할 수 없다. 농촌집단경제조직, 촌민위원회 또는 그 책임자가 내린 결정이 집단구성원의 합법적인 권익을 침해하는 경우, 침해를 받은 집단구성원은 인민법원에 취소를 청구할 수 있다.

제266조 개인은 합법적인 수입, 건물, 생활용품, 생산도구, 원자재 등 부동산과 동산에 대하여 소유권을 가진다.

제267조 개인의 합법적인 재산은 법률의 보호를 받으며, 어떠한 조직이나

제60조 동일함(다만 물권법에는 규정되지 않은 1호와 2호에 '법에 따라(依法)'가 추가됨)

제61조 동일함

제62조 '집단구성원은 관련 자료를 열람, 복사할 권리가 있다'는 내용이 추가됨

제63조 동일함

제64조 동일함

제66조 동일함

개인에 의한 점유 침탈, 약취 및 파괴는 금지된다.

제268조 국가, 집단과 개인은 법에 따라 출자하여 유한책임회사, 주식유한회사 또는 기타 기업을 설립할 수 있다. 국가, 집단과 개인이 소유한 부동산 또는 동산을 기업에 투자한 경우, 출자자는 약정 또는 출자비율에 따라 자산수익, 중대한 의사결정 및 경영 관리자 선정 등의 권리를 가지며, 의무를 이행하여야 한다.

제67조 동일함

제269조 영리법인은 그 부동산과 동산에 대해 법률, 행정법규 및 정관에 따라 점유, 사용, 수익과 처분의 권리를 가진다. 영리법인 이외의 법인은, 그 부동산과 동산의 권리에 대하여, 관련 법률, 행정법규 및 정관의 규정이 적용된다.

제68조 동일함(다만 물권법에는 '企業法人'으로 되어 있음)

제270조 사회단체법인과 기부법인(捐助法人)이 법에 따라 소유하는 부동산과 동산은 법률의 보호를 받는다.

제69조 동일함(다만 물권법에는 '사회단체'라고 되어 있음)

제6장 입주자(業主)의 건축물구분소유권

제271조 입주자는 건축물 내의 주택, 영업용 건물 등 전유부분에 대하여 소유권을 가진다. 전유부분 이외의 공유부분에 대하여는 공유와 공동관리의 권리를 갖는다.

제70조 동일함

제272조 입주자는 그 건축물의 전유부분에 대하여 점유, 사용, 수익 및 처분할 권리를 갖는다. 입주자의 권리행사는 건축물의 안전을 침해하지 못하고 다른 입주자들의 합법적인 권익을 해치지 못한다.

제71조 동일함

제273조 입주자는 건축물 전유부분 이외의 공유부분에 대하여 권리를 가지

제72조 동일함

고 의무를 부담한다. 권리 포기를 이
유로 의무를 이행하지 않을 수 없다.
입주자가 건축물 내의 주택, 영업용
건물을 양도하는 경우, 그가 공유부분
에 대하여 갖는 공유 및 공동 관리의
권리도 함께 양도된다.

제274조 건축구역 내의 도로는 입주자 | **제73조** 동일함
의 공유에 속한다. 그러나 도시의 공
공도로는 제외한다. 건축구역 내의 녹
지는 입주자의 공유에 속한다. 그러나
도시의 공공녹지 또는 개인에 속한다
고 명시되어 있는 경우는 제외된다.
건축구역 내의 기타 공공장소, 공용시
설과 건물관리용 시설은 입주자의 공
유에 속한다.

제275조 건축구역 내에는 자동차의 주 | **제74조** 동일함
차구역 및 차고의 귀속을 계획하며,
당사자의 동의를 얻어 판매, 증여 또
는 임대 등 방식을 약정한다. 입주자
가 공유하는 도로 또는 기타 자동차의
주정차구역은 입주자 공유에 속한다.

제276조 건축구역 내의 자동차 주정차 | 물권법 제74조 제1항의 내용
용으로 기획된 주차용지, 차고는 먼저
입주자의 수요를 만족시켜야 한다.

제277조 입주자는 입주자총회를 설립 | **제75조** '입주자총회와 입주자위원회의
하고, 입주자위원회를 선출할 수 있다. | 설립의 구체적인 조건과 절차는 법률에
입주자총회와 입주자위원회의 설립의 | 따라 법규의 규정에 의한다'는 내용이
구체적인 조건과 절차는 법률에 따라 | 추가됨
법규의 규정에 의한다. 지방인민정부의
관련 부서와 거주민위원회는 입주자총
회 설립과 입주자위원회 선거에 대하
여 지도와 협조를 하여야 한다.

제278조 아래의 사항은 입주자들이 공동 | **제76조** 전항의 제5호와 제6호 사항을
으로 결정한다. | 결정하는 경우, 반드시 전유부분이 건축
(1) 입주자총회 의사규칙의 제정과 개정 | 물 총면적의 3분의 2이상을 초과하고,
(2) 관리규약의 제정과 개정 | 입주자 3분의 2이상의 동의를 받아야
(3) 입주자위원회 선거 또는 입주자위원 | 한다. 전항의 기타사항은 반드시 전유부

회 구성원의 교체

(4) 건물관리기업 또는 기타 관리자의 선임과 해임

(5) 건축물 및 그 부속시설의 보수자금의 사용

(6) 건축물 및 그 부속시설의 보수자금의 조달

(7) 건축물 및 그 부속시설의 개축과 재건축

(8) 공유부분의 용도 변경 또는 공유부분을 이용한 경영활동

(9) 공유 및 공동 관리권과 관련된 기타 중요사항

입주자의 공동결정사항은 참여하는 입주자의 전유부분이 건축물 총면적의 2/3 이상을 초과하고, 입주자 2/3 이상의 동의를 받아야 한다. 전항의 제6호에서 제8호 사항을 결정하는 경우, 반드시 참여하는 입주자의 전유부분이 건축물 총면적의 3/4 이상을 초과하고, 입주자 3/4 이상의 동의를 받아야 한다. 다른 사항을 결정하는 경우, 반드시 참여하는 입주자의 전유부분이 건축물 총면적의 1/2 이상을 초과하고, 입주자 1/2 이상의 동의를 받아야 한다.

제279조 입주자는 법률, 법규 및 관리규약을 위반하여 주택을 영업용 건물로 변경하지 못한다. 입주자가 주택을 영업용 건물로 변경하는 경우 법률, 법규 및 관리규약을 준수해야 하는 동시에 반드시 이해관계가 있는 입주자의 일치된 동의를 거쳐야 한다.

제280조 입주자대회 또는 입주자위원회의 결정은 입주자들에게 구속력을 갖는다. 입주자대회 또는 입주자위원회의 결정이 입주자의 합법적인 권익을 침해하는 경우, 침해를 받은 입주자는 인민법원에 그 취소를 청구할 수 있다.

분이 건축물 총면적의 과반수를 초과하며, 되전체 입주자 과반수의 동의를 얻어야 한다.

제77조 동일함(다만 '일치된 동의'가 추가됨)

제78조 동일함

제281조 건축물 및 그 부속시설의 유지보수자금은 입주자의 공유에 속한다. 입주자들의 공동 결정을 걸쳐 승강기, 지붕, 외벽, 장애인 편의시설 등 공유부분의 유지보수, 갱신 및 개조비용으로 사용할 수 있다. 건물 및 그 부속시설의 유지보수 자금의 조달, 사용 상황은 정기적으로 공포되어야 한다. 긴급한 상황에서 건축물 및 그 부속시설의 유지보수가 필요한 경우, 입주자대회 또는 입주자위원회는 법에 따라 건축물 및 그 부속시설의 유지보수 자금의 사용을 신청할 수 있다.

제79조 '정기적으로'가 추가되었고, '긴급한 상황에서 ··· 신청할 수 있다.'가 신설됨

제282조 건설단체, 건물관리기업 또는 기타 관리인 등이 입주자의 공유부분을 이용하여 얻은 수입은 합리적인 원가를 공제하고 건물소유자의 공유에 속한다.

신설됨

제283조 건축물 및 그 부속시설의 비용분담, 수익분배 등의 사항은 약정이 있는 경우 약정에 따르고, 약정이 없거나 약정이 불명확한 경우, 입주자들의 전유부분이 건축물 총면적에서 차지하는 비율에 따라 확정한다.

제80조 동일함

제284조 입주자들은 건축물 및 그 부속시설을 자체적으로 관리하거나 건물관리기업 또는 기타 관리인에게 위탁하여 관리할 수 있다. 건설단체에서 선임한 건물관리기업 또는 기타 관리인은 입주자가 법에 따라 교체할 수 있다.

제81조 동일함

제285조 건물관리기업 또는 기타 관리인은 입주자의 위탁에 의하여 본 법 제3편의 건물관리계약규정에 따라 관리건축구역 내의 건축물 및 그 부속시설을 관리하며, 입주자들의 감독을 받고, 동시에 입주자의 건물관리상황에

제82조 건물관리기업 또는 기타 관리인은 입주자의 위탁에 의하여 건축물과 그 부속시설을 관리할 수 있으며 입주자의 감독을 받는다.

대한 문의에 즉시 회답하여야 한다. 건물관리기업 또는 기타 관리인은 정부가 법에 의해 실시하는 긴급처분조치와 다른 관리조치에 적극적으로 협력하여 관련 업무를 실행하여야 한다.

제286조 입주자는 법률, 법규 및 관리규약을 준수하고, 관련 행위는 자원을 절약하고 생태환경을 보호하여야 한다. 건물관리기업 또는 기타 관리인이 정부가 법에 의해 실시하는 긴급처분조치와 다른 관리조치를 집행할 경우, 입주자는 법에 따라 협력하여야 한다. 입주자대회 또는 입주자위원회는 쓰레기를 임의로 버리거나, 오염물이나 소음을 배출하거나, 규정을 위반하여 동물을 사육하거나, 규정을 위반하여 건축물을 짓거나, 통로를 침범하거나, 건축물관리비 납부를 거절하는 등 타인의 합법적인 권익에 손해를 주는 행위에 대하여 법률, 법규 및 관리규약에 따라 행위자에게 침해정지, 방해배제, 위험제거, 원상회복 및 손해배상을 청구할 수 있다. 입주자 또는 기타 행위자가 관련 의무의 이행을 거부하는 경우, 관련 당사자는 관련 행정주관부서에 보고하거나 불만사항을 제기할 수 있고, 관련 행정주관부서는 반드시 법에 따라 처리하여야 한다.

제287조 입주자는 건설단체, 건물관리기업 또는 기타 관리인 및 다른 입주자가 자신의 합법적인 권익을 침해하는 행위에 대하여 민사책임을 부담할 것을 청구할 수 있다.

제83조 입주자는 법률, 법규 및 관리규약을 준수하여야 한다. 입주자대회와 입주자위원회는 쓰레기를 임의로 버리거나, 규정을 위반하여 동물을 사육하거나, 법규를 위반하여 건축물을 짓거나, 통로를 침범하거나, 건축물 관리비 납부를 거절하는 등 타인의 합법적인 권익에 손해를 주는 행위에 대하여 법률, 법규 및 관리규약에 따라 행위자에게 침해정지, 위험제거, 방해배제, 손해배상을 청구할 수 있다. 입주자는 자신의 합법적인 권익을 침해하는 행위에 대하여 법에 따라 인민법원에 소송을 제기할 수 있다.

제83조 후단의 내용이 추가·신설됨

제7장 상린관계

제288조 부동산 상린권리자는 생산에 유리하고, 생활에 편리하며, 단결과 상호협

제84조 동일함

조하며, 공평하고 합리적인 원칙에 따라 상린관계를 정확하게 처리하여야 한다.

제289조 법률, 법규에 상린관계 처리에 관한 규정이 있는 경우, 그 규정에 따르고, 법규에 규정이 없는 경우에는 현지의 관습에 따를 수 있다.   **제85조** 동일함

제290조 부동산 권리자는 인접한 권리자의 용수, 배수에 필요한 편의를 제공하여야 한다. 자연적인 유수 이용은 부동산의 상린권리자간에 합리적으로 분배하여야 한다. 자연적인 유수의 흐름은 자연적으로 흐르는 방향을 존중하여야 한다.   **제86조** 동일함

제291조 부동산 권리자는 인접한 권리자가 통행 등으로 반드시 자신의 토지를 이용해야 하는 경우에는 필요한 편의를 제공하여야 한다.   **제87조** 동일함

제292조 부동산 권리자가 건축물의 건조, 보수 및 전선, 케이블, 수도관, 보일러, 가스관 설치 등으로 반드시 인접한 토지나 건축물을 이용해야 하는 경우에는 그 토지나 건축물의 권리자는 필요한 편의를 제공하여야 한다.   **제88조** 동일함

제293조 건축물 건조는 국가의 공정건설 관련 기준을 위반할 수 없고, 인접한 건축물의 통풍, 채광과 일조를 방해하지 못한다.   **제89조** 동일함

제294조 부동산 권리자는 국가의 규정을 위반하여 고체폐기물을 방치하거나 대기오염물질, 수질오염물질, 토지오염물질, 소음, 광선, 전자파 등 유해물질을 배출하지 못한다.   **제90조** 동일함

제295조 부동산 권리자가 땅을 파거나 건축물을 짓거나, 배관을 설치하거나, 시설을 설치하는 등의 경우, 인접한 부동산의 안전을 해치지 못한다.   **제91조** 동일함

제296조 부동산 권리자가 용수, 배수, 통행, 배관 설치 등으로 인접한 부동산을 이용하는 경우, 인접한 부동산 권리자에게 손해를 주지 않도록 하여야 한다.

제92조 물권법에는 말미에 '손해가 발생하면 배상하여야 한다'가 규정되어 있음

제8장 공유

제297조 부동산 또는 동산은 둘 이상의 조직이나 개인이 공유할 수 있다. 공유에는 지분공유(按份共有)와 공동공유가 있다.

제93조 동일함

제298조 지분공유자는 공유하는 부동산 또는 동산에 대하여 그 지분에 따라 소유권을 갖는다.

제94조 동일함

제299조 공동공유자는 공유하는 부동산 또는 동산에 대하여 공동으로 소유권을 갖는다.

제95조 동일함

제300조 공유자는 약정에 따라 공유하는 부동산 또는 동산을 관리한다. 약정이 없거나 약정이 불명확한 경우, 모든 공유자가 관리할 권리와 의무가 있다.

제96조 동일함

제301조 공유하는 부동산 또는 동산을 처분하거나, 중대한 수선을 하거나, 성질 및 용도를 변경하는 하는 경우, 반드시 지분이 2/3 이상을 차지하는 지분공유자 또는 전체 공동공유자의 동의를 받아야 한다. 다만 공유자 사이에 별도의 약정이 있는 경우는 제외한다.

제97조 동일함

제302조 공유자는 공유물의 관리비용 및 기타 부담에 대하여 약정이 있는 경우에는 그 약정에 따르고, 약정이 없거나 약정이 명확하지 않은 경우에는 지분공유자는 지분에 따라 부담하고, 공동공유자는 공동으로 부담한다.

제98조 동일함

제303조 공유자들이 공유하는 부동산 또는 동산을 분할하지 못한다고 약정하여 공유관계를 유지하는 경우에는 그 약정에 따라야 한다. 그러나 공유자에게 중대한 이유가 있어서 분할이 필요한 경우에는 분할을 청구할 수 있다. 약정이 없거나 약정이 불명확한 경우, 지분공유자는 언제든지 분할을 청구할 수 있다. 공동공유자는 공유의 기초를 상실했거나 중대한 이유로 분할이 필요한 경우에는 분할을 청구할 수 있다. 분할로 다른 공유자에게 손해가 발생한 경우에는 배상하여야 한다.

제99조 동일함

제304조 공유자는 협의하여 분할방식을 정할 수 있다. 협의가 이루어지지 않더라도 공유하는 부동산 또는 동산의 분할이 가능하고 또한 분할로 인한 가치의 감소가 발생하지 않을 경우에는 현물을 분할하여야 한다. 분할하기 어렵거나 분할로 인하여 가치가 감소할 경우에는 가액배상 또는 경매 및 매각 등으로 취득한 가액을 분할하여야 한다. 공유자가 분할로 취득한 부동산 또는 동산에 하자가 있을 경우에는 다른 공유자가 손실을 분담하여야 한다.

제100조 동일함

제305조 지분공유자는 가지고 있는 공유 부동산 또는 동산 지분을 양도할 수 있다. 다른 공유자는 동등한 조건으로 우선매수권을 가진다.

제101조 동일함

제306조 지분공유자가 자신의 부동산이나 동산의 지분을 양도할 경우, 양도조건을 다른 공유자에게 지체 없이 통지하여야 한다. 다른 공유자는 합리적인 기간 내에 우선매수권을 행사하여야 한다. 둘 이상의 다른 공유자들이 우선 구매권을 주장, 행사하는 경우에는 각각의 구매비율을 협의하여

신설됨

정하며, 협의가 성립되지 않을 경우에는 양도시의 각자 공유지분의 비율에 따라 우선구매권을 행사하여야 한다.

제307조 공유하고 있는 부동산 또는 동산에서 발생한 채권채무는 대외관계에서 공유자들이 연대채권을 가지며 연대채무를 부담한다. 다만 법률에 별도의 규정이 있거나 제3자가 공유자들이 연대채권채무관계가 아님을 알고 있는 경우는 제외한다. 공유자 내부관계에서 공유자 사이에 별도의 규정이 있는 경우를 제외하고, 지분공유자는 지분에 따라 채권채무를 부담하며, 공동공유자는 공동으로 채권채무를 부담한다. 보유 지분 이상의 채무를 상환한 지분공유자는 다른 공유자에게 구상권을 갖는다.	**제102조** 동일함
제308조 공유자가 공유하는 부동산 또는 동산에 대하여 지분공유 또는 공동공유의 약정이 없거나, 약정이 불명확한 경우에는 공유자 사이에 가족관계 등이 있는 경우를 제외하고 이를 지분공유로 본다.	**제103조** 동일함
제309조 지분공유자가 공유하고 있는 부동산 또는 동산의 지분에 대한 약정이 없거나 불명확한 경우에는 출자액에 근거하여 지분을 확정한다. 출자액을 확정할 수 없는 경우에는 지분이 동등한 것으로 본다.	**제104조** 동일함
제310조 2개 이상의 조직, 개인이 공동으로 용익물권, 담보물권을 가지는 경우에는 본 장의 관련 규정을 참조하여 적용한다.	**제105조** 동일함

제9장 소유권취득에 관한 특별규정

제311조 처분권 없는 자가 부동산 또	**제106조** 동일함

는 동산을 양수인에게 양도한 때에는, 소유권자는 이를 회수할 권리가 있다. 법률에 특별한 규정이 있는 경우를 제외하고, 아래 각 호의 사유에 해당하는 때에는 양수인은 그 부동산 또는 동산의 소유권을 취득한다.

(1) 양수인이 선의로 그 부동산 또는 동산을 양수한 경우

(2) 합리적인 가격으로 양도한 경우

(3) 양도한 부동산 또는 동산이 법률규정상 등기를 요구할 경우에 이미 등기를 경료하거나 등기가 필요하지 않은 경우, 이미 양수인에게 인도한 경우.

양수인이 전항의 규정에 따라 부동산 또는 동산의 소유권을 취득한 경우, 원소유권자는 처분권이 없는 자에게 손해배상을 청구할 수 있다. 당사자가 기타 물권을 선의로 취득한 경우에는 전 2개 항의 규정을 참조하여 적용한다.

제312조 소유권자 또는 기타 권리자는 유실물을 회수할 권리가 있다. 그 유실물이 양도되어 타인이 점유하고 있는 경우, 권리자는 처분권 없이 처분한 자에게 손해배상을 청구하거나, 양수인을 알았거나 알 수 있었던 날부터 2년 내에 양수인에게 원물반환을 청구할 수 있다. 그러나 양수인이 경매 또는 경영자격이 있는 경영자로부터 그 유실물을 구입한 경우에는 권리자는 원물반환을 청구할 때 양수인이 지불한 비용을 지급하여야 한다. 권리자는 양수인에게 비용을 지급한 후 처분권 없이 처분한 자에게 구상할 수 있다.

제107조 동일함

제313조 선의의 양수인이 동산을 취득하면 그 동산에 원래 존재하던 권리는 소멸한다. 다만 선의의 양수인이 인도받을 때 그 권리가 존재함을 알고 있었거나 알 수 있었을 때에는 제외된다.

제108조 동일함

제314조 습득한 유실물은 권리자에게 반환하여야 한다. 습득자는 즉시 권리자에게 수령을 통지하거나 공안 등 관련 부서에 제출하여야 한다.

제109조 동일함

제315조 관련 기관이 유실물을 접수한 경우, 권리자를 알면 즉시 수령을 통지하고, 권리자를 알지 못하면 즉시 물건을 찾아가도록 공고하여야 한다.

제110조 동일함

제316조 습득자는 유실물을 관련기관에 제출할 때까지, 관련 기관은 원주인이 유실물을 수령하기까지 유실물에 대하여 선관주의의무를 부담한다. 고의 또는 중대한 과실로 유실물이 훼손, 멸실된 경우에는 민사책임을 부담한다.

제111조 동일함

제317조 권리자가 유실물을 수령할 때 습득자 또는 관련 기관이 유실물 보관 등으로 지출한 필요비용을 지급하여야 한다. 권리자가 유실물에 대한 현상광고를 한 경우, 유실물을 수령할 때 약속대로 의무를 이행하여야 한다. 습득자가 유실물의 점유를 침해한 경우, 유실물 보관 등 지출된 비용을 청구할 수 없고, 권리자에게 약속에 따라 의무를 이행할 것을 청구할 수 없다.

제112조 동일함

제318조 유실물은 물건을 찾아가도록 공고한 날부터 1년 이내에 찾아가는 자가 없는 경우에는 국가소유가 된다.

제113조 동일함

제319조 표류물을 습득하거나 매장물 또는 은닉물을 발견한 경우에는 유실물 습득에 관한 규정을 적용한다. 법률에 별도의 규정이 있는 경우에는 그 규정에 따른다.

제114조 물권법에는 '문물보호법 등 법률에 별도의 규정이 있는 경우'로 되어 있음.

제320조 주물이 양도된 경우, 종물은 주물에 따라 양도된다. 그러나 당사자 사이에 별도의 약정이 있는 경우에는 제외된다.

제115조 동일함

제321조 천연과실은 소유권자가 취득한다. 소유권자와 용익물권자가 있는 경우에는 용익물권자가 이를 취득한다. 당사자 사이에 별도의 약정이 있는 경우에는 그 약정에 따른다. 법정과실은 당사자 사이에 약정이 있는 경우에는 약정에 따라 취득한다. 약정이 없거나 약정이 불명확한 경우에는 거래 관습에 따라 취득한다.

제116조 동일함

제322조 가공, 부합, 혼합으로 발생한 물건의 귀속은 약정이 있으면 약정에 따르고, 약정이 없거나 불명확한 경우에는 법률에 따른다. 법률에 규정이 없는 경우에는 물건의 효용을 충분히 발휘하도록 하며, 과실 없는 당사자를 보호할 수 있는 원칙에 따라 확정한다. 일방 당사자의 잘못이 있거나, 물건 귀속의 확정으로 다른 당사자에게 손해가 발생한 경우에는 배상이나 보상을 하여야 한다.

신설됨

제3분편 용익물권

제10장 일반규정

제323조 용익물권자는 타인 소유의 부동산 또는 동산에 대하여 법에 따라 점유, 사용, 수익의 권리를 향유한다.

제117조 동일함

제324조 국가소유 또는 국가소유이지만 집단이 사용하는 자연자원, 법률규정에 의하여 집단소유에 속하는 자연자원에 대하여 조직과 개인은 법에 따라 점유, 사용, 수익할 수 있다.

제118조 동일함

제325조 국가는 자연 자원의 유상 사용제도를 실행한다. 다만 법률에 별도의 규정이 있는 경우는 제외된다.

제119조 동일함

제326조 용익물권자가 권리를 행사할 때에는 법률의 관련 보호 규정과 자원

제120조 동일함

의 합리적인 개발 이용 규정, 생태환경 보호 규정을 준수하여야 한다. 소유권자는 용익물권자의 권리행사에 간섭하지 못한다.

제327조 부동산 또는 동산의 수용이나 징발로 용익물권이 소멸되거나, 용익물권의 행사에 영향을 주는 경우, 용익물권자는 본 법 제243조, 제245조의 규정에 따라 상응한 보상을 받을 수 있다.

제121조 동일함

제328조 법에 따라 취득한 해역 사용권은 법률의 보호를 받는다.

제122조 동일함

제329조 법에 따라 취득한 광물 탐사권, 광산개발권, 취수권과 수역 또는 간석지를 사용하여 양식이나 어로에 종사할 권리는 법률의 보호를 받는다.

제123조 동일함

제11장 토지도급경영권

제330조 농촌집단경제조직은 가정도급경영을 기초로, 통일경영과 분산경영을 결합한 2중 경영체제를 실행한다. 농민집단소유와 농민집단에서 사용하는 국가소유 경작지, 임야, 초지 및 기타 농업에 사용하는 토지는 법에 따라 토지도급경영제도를 실행한다.

제124조 동일함

제331조 토지 수급경영권자는 법에 따라 그가 수급 경영하는 경작지, 임야, 초지 등에 대하여 점유, 사용 및 수익의 권리가 있으며, 임업, 목축업 등 농업생산에 종사할 권리가 있다.

제125조 동일함

제332조 경작지의 도급기간은 30년이다. 초지의 도급기간은 30년으로부터 50년이다. 임야의 도급기간은 30년으로부터 70년이다. 전항에 규정한 도급기간이 만료되면 토지 수급경영권자는 농촌토지도급 관련 법률에 따라 계속

제126조 물권법의 '특수 목재의 임야 도급 기간은 국무원 임업 행정주관 부서의 허가를 받아 연장할 수 있다'는 내용은 삭제됨.

하여 수급할 수 있다.

제333조 토지도급경영권은 토지도급경영권계약이 효력을 발생한 때부터 설정된다. 등기기관은 토지 수급경영권자에게 토지수급경영권증서, 임야권리증서 등의 증서를 발급하고 등기하여 토지수급경영권을 확인한다.

제127조 물권법은 '등기기관'이 아니라 '현급 이상 지방인민정부'로 되어 있음.

제334조 토지수급경영권자는 법률에 따라 토지수급경영권을 교환, 양도 할 수 있는 권리가 있다. 법에 의한 허가 없이 수급지를 비농업건설에 사용하지 못한다.

제128조 물권법의 '하도급, 교환, 양도 등 방식으로 유통시킬수 있다. 유통기간은 도급 기간의 잔여기간을 초과하지 못한다'는 내용은 삭제됨.

제335조 토지도급경영권의 교환 및 양도에 대하여 당사자는 등기기관에 등기를 신청할 수 있으며, 등기하지 않으면 선의의 제3자에게 대항할 수 없다.

제129조 물권법에는 '등기기관'이 아니라 '현급 이상 지방인민정부'로 되어 있음.

제336조 도급기간 중에는 도급자가 수급지를 조정하지 못한다. 자연재해로 수급지가 엄중하게 훼손되는 등 특수한 상황이 발생하여 수급한 경작지와 초지에 대하여 적절한 조정이 필요한 경우에는 농촌토지도급에 관한 법률에 따라 처리한다.

제130조 동일함

제337조 도급기간 내에 도급자는 수급지를 회수하지 못한다. 법률에 별도의 규정이 있는 경우에는 그 규정에 따른다.

제131조 물권법에는 '농촌토지도급법 등의 법률'로 되어 있음

제338조 수급지가 수용된 경우에는 토지수급경영권자는 본 법 제243조 규정에 따라 상응한 보상을 받는다.

제132조 동일함

제339조 토지수급경영권자는 법에 따라 임대, 지분 투자 또는 기타의 방법으로 타인에게 토지경영권을 운영하도록 자율적으로 결정할 수 있다.

신설됨

제340조 토지경영권자는 계약에 따라 약정기간 내에 농촌토지를 점유하고, 자주적으로 농업생산경영을 주도하여

신설됨

수익을 취득할 수 있는 권리를 갖는다.

제341조 유통기한이 5년 이상인 토지 경영권은 유통계약의 효력이 발생한 때 성립한다. 당사자는 등기기관에 토지경영권 등기를 신청할 수 있으며, 등기하지 않으면 선의의 제3자에게 대항할 수 없다.

신설됨

제342조 입찰, 경매, 공개 협상 등의 방식으로 농촌토지를 도급하고, 취득한 권리증서를 법에 따라 등기하면, 법에 따라 토지경영권을 임대, 지분 투자, 저당 또는 기타 방식으로 유통할 수 있다.

제133조 입찰, 경매, 공개 협상 등의 방식으로 황무지 등 농촌토지를 도급하는 경우 농촌토지도급법 등 법률과 국무원의 관련 규정에 따라 토지도급경영권을 양도, 지분 투자, 저당 또는 기타 방식으로 유통할 수 있다.

제343조 국가소유의 농업용지에 도급 경영을 하는 경우에는 본 편의 관련 규정을 참조하여 적용한다.

제134조 동일함

제12장 건설용지사용권

제344조 건설용지사용권자는 법에 따라 국가가 소유하는 토지에 대하여 점유, 사용, 수익의 권리가 있으며, 그 토지를 이용하여 건축물, 구조물 및 그 부속시설을 건축할 수 있다.

제135조 동일함

제345조 건설용지사용권은 토지의 지표, 지상 또는 지하에 각각 설정할 수 있다.

제136조 물권법의 '새로 설정된 건설용지사용권은 이미 설정된 용익물권을 침해하지 못한다'는 삭제됨

제346조 건설용지사용권의 설정은 자원을 절약하고, 생태환경의 요구를 보호하며, 토지 용도와 관련된 법률 및 행정 법규와 관련 규정을 준수하고, 이미 설립된 용익물권에 손해가 없도록 하여야 한다.

신설됨

제347조 건설용지사용권 설정은 양도 또는 행정 분양(劃撥) 등의 방식을 취할 수 있다. 공업, 상업, 관광, 오락과 상품주택 등 영업용 토지 및 동일한

제137조 물권법의 '劃撥方式으로 건설용지사용권을 설정하는 경우에는 법률, 행정법규의 토지용도에 관한 규정을 준수하여야 한다'는 삭제됨.

토지에 대하여 2인 이상의 이용 희망
자가 있는 경우에는 입찰, 경매 등 공
개적인 가격경쟁을 통하여 양도한다.
행정 분양 방식으로 건설용지사용권을
설정하는 것은 엄격하게 제한된다.
(劃拔: 건설용지사용권을 원시취득하
는 방법의 하나로서, 현급 이상의 인
민정부의 적법한 허가를 받고 유상 또
는 무상으로 국유토지를 인도받거나
국유 토지사용권을 교부받아 토지를
사용하는 행위)

제348조 입찰, 경매, 협의 등의 양도 방식으로 건설용지사용권을 설정하는 경우, 당사자는 서면으로 건설용지사용권 양도계약을 체결하여야 한다. 건설용지사용권의 양도계약에는 일반적으로 아래 조항이 포함된다. (1) 당사자의 명칭과 주소 (2) 토지의 경계 지점, 면적 등 (3) 건축물, 구조물 및 그 부속시설이 점용한 공간 (4) 토지용도, 행정 분양 조건 (5) 건설용지사용권 기간 (6) 양도금 등 비용 및 지급 방식 (7) 분쟁 해결 방법	**제138조** 동일함
제349조 건설용지사용권을 설정하는 경우에는 등기기관에 건설용지사용권 등기를 신청하여야 한다. 건설용지사용권은 등기한 때부터 설정된다. 등기기관은 건설용지사용권자에게 권리귀속증서를 발급하여야 한다.	**제139조** 동일함
제350조 건설용지사용권자는 합리적으로 토지를 이용하고, 토지의 용도를 변경할 수 없다. 토지용도의 변경이 필요한 경우에는 법에 따라 관련 행정주관부서의 허가를 받아야 한다.	**제140조** 동일함
제351조 건설용지사용권자는 법률의 규	**제141조** 동일함

정 및 계약의 약정에 따라 분양금 등 비용을 지급하여야 한다.

제352조 건설용지사용권자가 축조한 건축물, 구조물 그리고 그 부속시설의 소유권은 건설용지사용권자에게 있다. 다만 상반되는 증거가 증명된 경우는 제외된다.

제142조 동일함

제353조 건설용지사용권자는 건설용지사용권을 양도, 교환, 출자, 증여 또는 저당권을 설정할 수 있지만, 법률에 별도의 규정이 있는 경우는 제외된다.

제143조 동일함

제354조 건설용지사용권을 양도, 교환, 출자, 증여 또는 저당권을 설정할 경우, 당사자는 서면으로 계약을 체결하여야 한다. 사용기간은 당사자 사이의 약정에 따르지만, 건설용지사용권의 잔여 기간을 초과할 수 없다.

제144조 동일함

제355조 건설용지사용권을 양도, 교환, 출자 또는 증여하는 경우에는 등기기관에 변경등기를 신청하여야 한다.

제145조 동일함

제356조 건설용지사용권을 양도, 교환, 출자 또는 증여하는 경우에는 그 토지에 부착된 건축물, 구조물 및 그 부속시설도 함께 처분된다.

제146조 동일함

제357조 건축물, 구조물 및 그 부속시설을 양도, 교환, 출자 또는 증여하는 경우에는 그 건축물, 구조물 및 그 부속시설이 점용한 범위 내의 건설용지사용권도 함께 처분한다.

제147조 동일함

제358조 건설용지사용권의 기간 만료 전에, 공공이익을 위하여 그 토지의 조기 회수가 필요한 경우에는 본 법 제243조 규정에 따라 그 토지 위의 건물 및 기타 부동산에 대하여 보상하고, 상응한 양도금을 반환하여야 한다.

제148조 동일함

제359조 주택건설용지사용권은 기간

제149조 '연장된 비용의 납부 또는 감면

이 만료되면 자동으로 연기된다. 연장된 비용의 납부 또는 감면은 법률 및 행정 법규의 규정에 따른다. 비주택 건설용지사용권의 기간 만료 후의 연기는 법률 규정에 따라 처리한다. 그 토지 위의 건물 및 기타 부동산의 귀속은 약정이 있는 경우에는 약정에 따르고, 약정이 없거나 약정이 불명확한 경우에는 법률 및 행정법규의 규정에 따른다.

은 법률 및 행정 법규의 규정에 따른다'는 내용이 추가됨.

제360조 건설용지사용권이 소멸하면 양도자는 즉시 말소등기를 하여야 한다. 등기기관은 권리귀속증서를 회수하여야 한다.

제150조 동일함

제361조 집단소유의 토지가 건설용지인 경우에는 토지관리에 관한 법률의 규정에 따라 처리한다.

제151조 동일함

제13장 택지사용권

제362조 택지사용권자는 법에 따라 집단소유의 토지를 점유 및 사용할 권리가 있으며, 법에 따라 그 토지를 이용하여 주택 및 그 부속시설을 축조할 권리가 있다.

제152조 동일함

제363조 택지사용권을 취득하거나, 행사 및 양도할 때에는 토지관리에 관한 법률 및 국가의 관련 규정을 적용한다.

제153조 동일함

제364조 택지가 자연재해 등의 원인으로 멸실된 경우, 택지사용권은 소멸된다. 택지를 상실한 주민에게는 법률에 따라 택지를 재분배하여야 한다.

제154조 동일함

제365조 등기한 택지사용권이 양도 또는 소멸된 경우, 즉시 변경등기 또는 말소등기를 하여야 한다.

제155조 동일함

제14장 거주권

신설됨

제366조 거주권자는 계약의 약정에 따라 타인의 주택을 점유하고 사용할 수 있는 용익물권과 생활 주거의 필요를 만족시킬 권리가 있다.

제367조 거주권의 성립은 당사자가 서면으로 거주권 계약을 체결하여야 한다. 거주권 계약에는 일반적으로 아래 내용이 포함된다.
(1) 당사자의 성명 또는 명칭과 주소
(2) 주택의 위치
(3) 거주의 조건 및 요구
(4) 거주권의 기간
(5) 분쟁 해결의 방법

제368조 거주권은 무상으로 설정되지만, 당사자 사이에 별도의 약정이 있는 경우는 제외한다. 주거권의 성립은 등기기관에 거주권 등기를 신청하여야 한다. 거주권은 등기한 때부터 성립한다.

제369조 거주권은 양도 또는 상속할 수 없다. 거주권이 설정된 주택은 임대할 수 없지만, 당사자 사이에 별도의 약정이 있는 경우는 제외한다.

제370조 거주권 기간이 만료하거나 거주권자가 사망한 때에는 거주권은 소멸한다. 거주권이 소멸한 때에는 즉시 말소등기를 하여야 한다.

제371조 유언방식에 의하여 설정된 거주권은 본 장의 관련 규정을 참조하여 적용한다.

제15장 지역권

제372조 지역권자는 계약의 약정에 따라 타인의 부동산을 이용하여 자기 부동산의 효용 가치를 높일 수 있다. 전항에서 말하는 타인의 부동산을 승역

제156조 동일함

지라 하고, 자신의 부동산은 요역지라
고 한다.

제373조 지역권을 설정하는 경우, 당 　　**제157조** 동일함
사자는 서면 형식으로 지역권 계약을
체결하여야 한다. 지역권 계약에는 일
반적으로 아래의 내용이 포함된다.
(1) 당사자의 성명 또는 명칭과 주소
(2) 승역지와 요역지의 위치
(3) 이용 목적과 방법
(4) 이용 기간
(5) 비용 및 그 지급 방법
(6) 분쟁 해결 방법

제374조 지역권은 지역권 계약이 효력 　　**제158조** 동일함
을 발생한 때로부터 성립한다. 당사자
가 등기를 요구하는 경우에는 등기기
관에 지역권 등기를 신청할 수 있고,
등기하지 않으면 선의의 제3자에게 대
항하지 못한다.

제375조 승역지 권리자는 계약의 약정 　　**제159조** 동일함
에 따라 지역권자가 그 부동산를 이용
하는 것을 허용하여야 하며, 지역권자
의 권리행사를 방해하지 못한다.

제376조 지역권자는 계약에서 약정한 　　**제160조** 동일함
이용 목적과 방법에 따라 승역지를 사
용하여야 하며, 승역지 권리자의 물권에
대한 제한을 최대한 감소하여야 한다.

제377조 지역권의 기간은 당사자 사이 　　**제161조** 동일함
의 약정에 따른다. 다만 토지도급경영
권, 건설용지사용권 등 용익물권의 잔
여기간을 초과하지 못한다.

제378조 토지소유권자가 지역권을 가 　　**제162조** 동일함
지거나 부담하는 경우에 토지도급경영
권, 택지사용권 등의 용익물권을 설정
할 때에는 그 용익물권자는 계속하여
기존에 설정된 지역권을 가지거나 부
담한다.

제379조 토지 위에 토지도급경영권, 건설용지사용권, 택지사용권 등의 용익물권이 이미 설정되어 있는 경우에는 토지소유권자는 용익물권자의 동의 없이 지역권을 설정하지 못한다.

제163조 동일함

제380조 지역권은 단독으로 양도하지 못한다. 토지도급경영권, 건설용지사용권 등이 양도된 경우에는 지역권도 함께 양도된다. 다만 계약에 별도의 약정이 있는 경우는 제외된다.

제164조 동일함

제381조 지역권에는 단독으로 저당권을 설정하지 못한다. 토지경영권, 건설용지사용권 등에 저당권이 설정된 경우, 저당권이 실행되면 지역권도 함께 양도된다.

제165조 물권법에는 '토지도급경영권'으로 되어 있음.

제382조 요역지 및 요역지 위의 토지도급경영권, 건설용지사용권 등이 부분적으로 양도된 경우, 양도된 부분에 지역권이 설정되어 있으면 양수인이 동시에 지역권도 취득한다.

제166조 동일함

제383조 승역지 및 승역지 위의 토지도급경영권, 건설용지사용권 등이 부분적으로 양도된 경우, 양도된 부분에 지역권이 미칠 경우에는 지역권은 양수인에게 법적 구속력이 있다.

제167조 물권법에는 '구속력'이라고 함

제384조 지역권자에게 아래 상황 중의 하나가 존재할 경우, 승역지 권리자는 지역권 계약을 해제하고 지역권을 소멸시킬 수 있다.
(1) 법률 규정 또는 계약상 약정을 위반하여 지역권을 남용한 경우
(2) 승역지 유상사용시, 약정한 지급기간 만료 후 합리적인 기간 내에 2차례의 최고를 하여도 비용을 지급하지 않는 경우

제168조 동일함

제385조 이미 등기한 지역권이 변경, 양도 또는 소멸된 경우에는 즉시 변경

제169조 동일함

등기 또는 말소등기를 하여야 한다.

제4분편 담보물권

제16장 일반규정

제386조 담보물권자는 채무자가 이행기가 도래한 채무를 이행하지 않거나 당사자들이 약정한 담보물권 실행의 상황이 발생하는 경우, 법에 따라 담보재산에 대하여 우선변제를 받을 권리를 가진다. 다만 법률에 별도의 규정이 있는 경우는 제외된다.

제170조 동일함

제387조 채권자가 대차, 매매 등 민사활동 중 그 채권의 실행을 보장하기 위하여 담보가 필요한 경우, 이 법과 기타 법률 규정에 따라 담보물권을 설정할 수 있다. 제3자가 채무자를 위하여 채권자에게 담보를 제공한 경우, 채무자에게 역담보(反擔保)의 제공을 요구할 수 있다. 역담보는 이 법과 기타 법률의 규정을 적용한다.
(反擔保: 물상보증인이 담보책임을 부담하는 경우에 채무자에 대한 구상권을 확보하기 위하여 설정하는 담보)

제171조 동일함

제388조 담보물권의 설정은 이 법과 기타 법률의 규정에 따라 담보계약을 체결하여야 한다. 담보계약은 저당계약, 압류계약과 다른 담보 기능이 있는 계약을 포함한다. 담보계약은 주채권채무계약에 종된 계약이다. 주채권채무계약이 무효이면 담보계약도 무효가 된다. 다만 법률에서 별도의 규정이 있는 경우는 제외된다. 담보계약이 무효로 확인된 후, 채무자, 담보자, 채권자에게 과실이 있다면 그 과실에 근거하여 각자 상응한 민사책임을 부담한다.

제172조 동일함

제389조 담보물권의 담보 범위에는 주채권 및 그 과실, 위약금, 손해배상금 그리고 담보재산 보관비용 및 담보물권 실행비용이 포함된다. 당사자 사이에 별도의 약정이 있는 경우에는 그 약정에 따른다.

제173조 동일함

제390조 담보 기간에 담보재산이 훼손, 멸실 또는 수용 등이 된 경우에는 담보물권자는 취득하게 된 보험금, 배상금 또는 보상금에서 우선변제를 받을 수 있다. 담보채권의 이행기가 도래하기 전에는 그 보험금, 배상금 또는 보상금 등을 공탁할 수 있다.

제174조 동일함

제391조 제3자가 담보를 제공한 경우, 그의 서면 동의를 받지 않고 채권자가 채무자의 채무 전부 또는 일부의 이전을 허용하면, 담보자는 더 이상 상응한 담보책임을 부담하지 않는다.

제175조 동일함

제392조 피담보채권에 물적 담보와 인적 담보가 병존하는 경우, 채무자가 이행기가 도래한 채무를 이행하지 않거나 당사자 사이에 약정한 담보물권의 실행 상황이 발생하면 채권자는 약정에 따라 채권을 실행하여야 한다. 약정이 없거나 약정이 불명확하고, 채무자 자신이 물적 담보를 제공한 경우에는 채권자는 우선 그 물적 담보로 채권을 실현하여야 한다. 제3자가 물적 담보를 제공한 경우, 채권자는 물적 담보로 채권을 실행할 수 있고, 보증인에게 보증책임의 부담을 요구할 수 있다. 담보를 제공한 제3자는 담보책임을 부담한 후 채무자에게 상환을 청구할 수 있다.

제176조 동일함

제393조 아래의 상황 중 하나가 있으면 담보물권은 소멸된다.
(1) 주채권의 소멸
(2) 담보물권의 실현

제177조 동일함

(3) 채권자의 담보물권 포기

(4) 법률에서 규정하고 있는 담보물권이 소멸되는 기타 상황

제17장 저당권

제1절 일반저당권

제394조 채무이행을 담보하기 위하여 채무자 또는 제3자가 재산의 점유를 이전하지 않고 그 재산을 채권자에게 저당한 경우, 채무자가 이행기까지 채무를 이행하지 않거나 당사자들이 약정한 저당권 실행의 상황이 발생하면 채권자는 그 재산에 대하여 우선변제를 받을 권리가 있다. 전항에서 규정한 채무자 또는 제3자는 저당권설정자이고, 채권자는 저당권자이며 담보에 제공된 재산은 저당재산이다.

제179조 동일함

제395조 채무자 또는 제3자에게 처분권이 있는 아래의 재산은 저당권을 설정할 수 있다.

(1) 건축물과 기타 토지부착물

(2) 건설용지사용권

(3) 해역사용권

(4) 생산설비, 원자재, 반완성품, 제품

(5) 건축 중인 건축물, 선박, 항공기

(6) 교통 운송수단

(7) 법률, 행정법규에서 저당을 금지하지 않는 기타 재산

저당권설정자는 전항에 열거된 재산을 함께 저당할 수 있다.

제180조 물권법에는 '(3) 입찰, 경매, 공개협의 등의 방식으로 취득한 황무지 등 토지도급경영권'으로 되어 있음

제396조 기업, 자영업자, 농업생산경영자는 현재 보유하고 있거나 장차 보유할 생산설비, 원자재, 반완성품, 제품을 저당할 수 있다. 채무자가 이행기가 도래한 채무를 이행하지 않거나 당사자들이 약정한 저당권 실행의 상황이 발생하면 채권자는 저당재산 확정시의 동산

제181조 당사자들의 서면 합의를 거쳐 기업, 자영업자, 농업생산경영자는 현재 보유하고 있거나 장차 보유할 생산설비, 원자재, 반완성품, 제품을 저당할 수 있다. 채무자가 이행기가 도래한 채무를 이행하지 않거나 당사자들이 약정한 저당권 실행의 상황이 발생하면 채권자는

에 대해서만 우선변제를 받을 권리가 있다.

제397조 건축물에 저당권을 설정한 경우, 그 건축물이 점용하고 있는 범위 내의 건설용지사용권도 함께 저당된다. 건설용지사용권에 저당권을 설정한 경우, 그 토지 위의 건축물도 함께 저당된다. 저당권설정자가 전항의 규정에 따라 함께 저당하지 않은 경우, 저당하지 않은 재산도 함께 저당한 것으로 본다.

제398조 鄕鎭企業, 마을기업(村企業)의 건설용지사용권은 단독으로 저당하지 못한다. 향진기업, 마을기업의 공장건물 등 건축물을 저당한 경우에는 그 점용 범위 내의 건설용지사용권도 함께 저당된다.

제399조 아래의 재산은 저당하지 못한다.
(1) 토지소유권
(2) 택지, 自留地, 自留山 등 집단소유 토지의 사용권. 다만, 법률 규정에 저당을 허용하는 경우는 제외된다.
(3) 학교, 유치원, 의료기관 등 공익을 목적으로 설립한 비영리법인의 교육시설, 의료위생시설과 다른 공익시설
(4) 소유권, 사용권이 불명확하거나 분쟁이 있는 재산
(5) 법률에 의하여 봉인, 압류, 감독 관리되고 있는 재산
(6) 법률, 행정법규에 의하여 저당권을 설정할 수 없는 기타 재산

제400조 저당권을 설정하는 경우 당사자는 서면 형식으로 저당계약을 체결하여야 한다. 저당계약에는 일반적으로 아래의 조항을 포함한다.
(1) 피담보채권의 종류와 금액
(2) 채무자가 채무를 이행하는 기한

저당권을 실행할 시점의 동산에 대해서만 우선변제를 받을 권리가 있다.

제182조 동일함

제183조 동일함

제184조 물권법에는 '(2) 농경지'가 추가되어 있음

제185조 물권법에는 '(3) 품질, 상황, 소재지, 소유권 또는 사용권의 귀속'이 추가되어 있음

(3) 저당 재산의 명칭, 수량 등 상황
(4) 담보의 범위

제401조 저당권자가 채무의 이행기가 도래하기 전에, 저당권설정자와 채무자가 이행기가 도래한 채무를 이행하지 않을 경우에는 저당 재산이 채권자의 소유로 된다고 약정한 경우, 법에 따라 저당재산으로 우선 보상을 받을 수 있다.

제186조 저당권자는 채무의 이행기가 도래하기 전에, 채무자가 채무를 이행하지 않을 경우에는 저당 재산을 채권자의 소유로 이전할 것을 저당권설정자와 약정하지 못한다.

제402조 이 법 제395조 제1항 제1호부터 제3호에서 규정한 재산 또는 제5호에서 규정한 건축 중인 건축물에 저당권을 설정할 경우에는 저당권등기를 하여야 한다. 저당권은 등기한 때부터 성립한다.

제187조 동일함

제403조 동산에 저당권을 설정할 경우, 저당권은 저당계약이 효력을 발생한 때부터 성립된다. 등기하지 않으면 선의의 제3자에게 대항하지 못한다.

제188조 본법 제180조 제1항 4부터 6에서 규정한 재산 혹은 제5항에서 규정한 현재 건조 중인 선박 항공기에 저당권을 설정할 경우, 저당권은 저당계약이 효력을 발생할 때로부터 성립하며, 등기하지 않으면 선의의 제3자에게 대항하지 못한다.

제404조 동산에 저당권을 설정할 경우, 정상적인 영업활동 중 이미 합리적인 금액을 지급하고 저당 재산을 취득한 매수인에게 대항하지 못한다.

제189조 기업, 자영업자, 농업생산경영자가 본 법 제181조의 규정에 따라 동산에 저당권을 설정할 경우, 저당권설정자 주소지의 공상행정관리 부서에 등기하여야 한다. 저당권은 저당계약이 효력을 발생한 때부터 성립하며, 등기하지 않으면 선의의 제3자에 대항하지 못한다. 본 법 제181조의 규정에 따라 저당권을 설정한 경우, 정상적인 영업활동 중 이미 합리적인 금액을 지급하고 저당 재산을 취득한 매수인에게 대항하지 못한다.

제405조 저당권이 설정되기 전에 저당 재산이 이미 임대되고 점유가 이전된 경우에는 원래의 임대차 관계는 그 저

제190조 저당계약을 체결하기 전에 저당 재산을 이미 임대하였을 경우, 원래의 임대차관계는 저당권의 영향을 받지

당권의 영향을 받지 않는다.

제406조 저당 기간에 저당권설정자는 저당권이 설정된 재산을 양도할 수 있다. 당사자 사이에 별도의 약정이 있는 경우에는 그에 따른다. 저당재산의 양도는 저당권에 영향을 미치지 않는다. 저당권설정자가 저당재산을 양도할 경우에는 저당권자에게 통지하여야 한다. 저당권자가 저당재산의 양도로 저당권에 손해가 발생할 수 있음을 증명한 때에는, 저당권설정자가 양도로 취득한 대금으로 사전에 저당권자의 채무를 청산하거나 공탁하도록 청구할 수 있다. 양도한 금액 중 채권 금액을 초과한 부분은 저당권설정자의 소유이며, 부족한 부분은 채무자가 정산하여야 한다.

제407조 저당권은 채권과 분리하여 단독으로 양도하거나 기타 채권의 담보로 제공할 수 없다. 채권이 양도되면 그 채권을 담보하는 저당권도 함께 양도된다. 다만 법률에 별도의 규정이 있거나 당사자 사이에 별도의 약정이 있는 경우는 제외된다.

제408조 저당권 설정자의 행위가 저당재산의 가치를 감소시키기에 충분한 경우, 저당권자는 저당권설정자에게 그 행위를 중지할 것을 청구할 수 있다. 저당재산의 가치가 감소된 경우, 저당권자는 저당재산의 가치 회복 또는 감소된 가치에 상응하는 담보의 제공을 요구할 수 있다. 저당권설정자가 저당재산의 가치를 회복하지 않고, 담보도 제공하지 않으면 저당권자는 채무자에게 즉시 채무변제를 청구할 수 있다.

제409조 저당권자는 저당권 또는 저당

않는다. 저당권이 설정된 후 임대한 경우, 임대차관계는 등기된 저당권에 대항하지 못한다.

제191조 저당기간에 저당권설정자가 저당권자의 동의를 받아 저당물을 양도한 때에는, 양도로 얻은 가액으로 저당권자에게 미리 채권을 변제하거나 공탁하여야 한다. 양도된 가액이 채권의 가액을 초과하는 경우 초과하는 부분은 저당권설정자의 소유이고, 부족한 부분은 채무자가 변제한다. 저당기간 중 저당권설정자는 저당권자의 동의를 받지 않고 저당재산을 양도할 수 없다. 다만 양수인이 대신 채무를 변제하여 저당권을 소멸시키는 경우는 제외된다.

제192조 동일함

제193조 동일함

제194조 동일함

권의 순위를 포기할 수 있다. 저당권자와 저당권설정자는 합의하여 저당권의 순위 및 피담보 채권액 등의 내용을 변경할 수 있다. 그러나 저당권의 변경이 기타 저당권자의 서면 동의를 받지 못한 때에는 기타 저당권자에게 불리한 영향을 주지 못한다. 채무자가 자신의 재산으로 저당권을 설정하고 저당권자가 그 저당권과 저당권의 순위를 포기하거나 저당권을 변경할 경우, 다른 담보제공자는 저당권자가 우선변제권을 상실한 범위 내에서 담보책임이 면제된다. 그러나 다른 담보제공자가 여전히 담보를 제공할 것을 승낙한 경우는 제외된다.

제410조 채무자가 이행기까지 채무를 이행하지 않거나 당사자들이 약정한 저당권 실행 상황이 발생한 경우, 저당권자는 저당권설정자와 합의하여 저당재산을 환가하거나 경매, 매각하여 취득한 금액으로 우선변제 받을 수 있다. 합의가 다른 채권자의 이익을 침해한 경우에는 다른 채권자는 그 사실을 알았거나 알 수 있었던 날로부터 1년 이내에 인민법원에 그 합의의 취소를 청구할 수 있다. 저당권자와 저당권설정자가 저당권 실행방식에 대하여 합의를 하지 못한 경우, 저당권자는 인민법원에 저당재산의 경매 및 매각을 청구할 수 있다. 저당재산을 환가하거나 매각하는 경우에는 시장가격을 참조한다.

제411조 본 법 제396조의 규정에 따라 저당권을 설정할 경우, 저당재산은 아래의 상황 중 하나가 발생하면 확정된다.
(1) 채무 이행기가 만료되고, 채권이 실현되지 못한 경우

제195조 동일함

제196조 물권법에는 (2) '해산' 대신에 '취소'가 규정되어 있음

(2) 저당권설정자가 파산선고를 받거나 또는 해산한 경우

(3) 당사자가 약정한 저당권이 실행된 상황

(4) 채권 실행에 엄중한 영향을 주는 기타 상황

제412조 채무자가 이행기가 도래한 채권을 이행하지 않거나 당사자가 약정한 저당권 실행 상황이 발생하여 저당재산이 법에 따라 인민법원에 압류된 경우, 압류일로부터 저당권자는 그 저당재산의 천연과실 또는 법정과실을 수취할 수 있다. 그러나 저당권자가 법정과실을 변제하여야 하는 의무자에게 통지하지 않은 경우는 제외된다. 전항에서 규정한 과실은 과실수취비용에 우선 충당하여야 한다.

제413조 저당재산을 환가 또는 경매하거나 매각한 후의 금액이 채권액을 초과한 부분은 저당권설정자 소유로 귀속되며, 부족한 부분은 채무자가 변제한다.

제414조 동일한 재산을 2인 이상의 채권자에게 저당한 경우, 저당재산을 경매, 매각하여 취득한 금액은 아래의 규정에 따라 변제한다.

(1) 저당권이 이미 등기된 경우, 등기된 시간의 선후에 따라 변제 순서를 확정한다.

(2) 등기한 저당권은 미등기 저당권보다 우선적으로 변제한다.

(3) 미등기 저당권은 채권비율에 따라 변제한다.

기타 등기가 가능한 담보물권은 전항의 규정을 참조하여 변제 순서를 정한다.

제415조 동일한 재산에 저당권과 질권이 설정된 경우, 당해 재산이 경매 또

제197조 동일함

제198조 동일함

제199조 물권법에는 '(1) 순위가 동등하면 채권비율에 따라 변제한다'가 규정되어 있음

신설됨

는 매각되어 취득한 대금에 대하여는
등기를 교부한 시간의 선후에 따라 변
제 순서를 정한다.

제416조 동산 저당 담보의 주채권은 | 신설됨
저당물의 가격이 되고, 목적물은 인도
후 10일 이내에 저당권 등기를 하며,
저당권자는 저당물 매수자의 다른 담
보물권자보다 우선 변제를 받지만, 다
만 유치권자는 제외된다.

제417조 건설용지사용권에 저당권을 | **제200조** 동일함
설정한 후 그 토지 위에 새로 증축한
건축물은 저당 재산에 포함되지 않는
다. 그 건설용지사용권에 저당권이 실
행되면, 그 토지 위에 새로 증축된 건
축물과 건설용지사용권을 함께 처분해
야 한다. 그러나 새로 증축한 건축물을
처분하여 취득한 금액에 대해서는 저당
권자는 우선변제 받을 권리가 없다.

제418조 집단소유토지의 사용권이 법 | **제201조** 본법 제180조 제1항 3에서 규정
에 의해 저당권이 설정된 경우, 저당권 | 한 토지도급경영권에 저당권을 설정한 경
이 실행된 후 법정 절차를 거치지 않 | 우, 또는 본 법 제183조에 규정한 향진
으면 토지소유권의 성질이나 토지의 용 | 마을기업의 공장건물 등 건축물의 점용
도를 변경할 수 없다. | 범위내의 건설용지사용권을 함께 저당한
경우, 저당권이 설정된 후 법정 절차를
거치지 않으면 토지사용권의 성질이나 토
지의 용도를 변경할 수 없다.

제419조 저당권자는 주채권의 소송시 | **제202조** 동일함
효기간 내에 저당권을 행사하여야 한
다. 이를 행사하지 않을 경우에는 인
민법원의 보호를 받지 못한다.

제2절 근저당권

제420조 채무 이행을 담보하기 위하여 | **제203조** 동일함
채무자 또는 제3자가 일정한 기간 내
에 연속적으로 발생하는 채권에 대하
여 담보재산을 제공한 경우, 채무자가

이행기가 도래한 채무를 이행하지 않거나 당사자들이 약정한 저당권 실행의 상황이 발생하면, 저당권자는 채권최고액 한도 내에서 당해 담보재산에 한해 우선변제를 받을 권리가 있다. 근저당권 설정 전에 이미 존재하는 채권도 당사자의 동의를 얻어 근저당 담보의 채권 범위에 포함시킬 수 있다.

제421조 근저당 담보의 채권이 확정되기 전에 일부 채권이 양도된 경우, 근저당권은 양도하지 못한다. 다만 당사자 사이에 별도의 약정이 있는 경우는 제외된다.

제204조 동일함

제422조 근저당 담보의 채권이 확정되기 전에 저당권자와 저당권설정자는 합의를 통해 채권 확정의 기간, 채권 범위와 최고채권액을 변경할 수 있다. 그러나 변경한 내용이 다른 저당권자에게 불리한 영향을 주지 못한다.

제205조 동일함

제423조 아래 상황 중 하나가 있으면 저당권자의 채권이 확정된다.
(1) 약정한 채권의 확정 기간이 만료된 경우
(2) 채권 확정 기간을 약정하지 않았거나 불명확하고, 저당권자 또는 저당권설정자가 근저당권 설정일로부터 만 2년이 경과한 후에 채권 확정을 청구한 경우
(3) 새로운 채권이 발생할 가능성이 없는 경우
(4) 저당재산의 봉인, 압류를 저당권자가 알았거나 알 수 있었던 경우
(5) 채무자, 저당권설정자가 파산 또는 해산을 선고받은 경우
(6) 법률에서 규정한 채권확정의 기타 상황이 발생한 경우

제206조 물권법에는, '(3) 저당재산이 봉인 압류된 경우'로 되어 있음

제424조 근저당권은 본 절의 규정을

제207조 동일함

적용하는 것 외에 본 장 제1절의 관련 규정을 적용한다.

제18장 질권

제1절 동산질권

제425조 채무이행을 담보하기 위하여 채무자 또는 제3자가 자기의 동산을 채권자에게 인도하여 점유하게 하고, 채무자가 이행기가 도래한 채무를 이행하지 않거나 당사자가 약정한 질권 실행의 상황이 발생한 경우, 채권자는 그 동산에 대하여 우선변제를 받을 권리가 있다. 전항에서 규정한 채무자 또는 제3자는 질권설정자이고 채권자는 질권자이며, 인도한 동산은 입질재산이다.

제208조 동일함

제426조 법률, 행정법규에서 양도를 금지한 동산에는 질권을 설정하지 못한다.

제209조 동일함

제427조 질권을 설정하는 경우 당사자들은 서면으로 질권계약을 체결하여야 한다. 질권계약은 일반적으로 아래의 조항을 포함한다.
(1) 피담보채권의 종류와 금액
(2) 채무자가 채무를 이행할 기한
(3) 입질재산의 명칭, 수량 등 상태
(4) 담보의 범위
(5) 입질재산을 인도할 시간과 방식

제210조 물권법에는 '(3) 품질'이 추가되어 있으며, '(5) 방식'은 없었음

제428조 질권자가 채무의 이행기가 도래하기 전에 질권설정자와, 이행기가 도래한 채무를 채무자가 이행하지 않으면 입질재산이 채권자의 소유가 된다는 약정을 한 경우, 법에 따라 입질재산으로 우선변제받을 수 있다.

제211조 질권자는 채무의 이행기가 도래하기 전에 질권설정자와, 이행기가 도래한 채무를 채무자가 이행하지 않으면 입질재산이 채권자의 소유가 된다는 약정을 하지 못한다.

제429조 질권은 질권설정자가 입질재산을 인도한 때부터 설정된다.

제212조 동일함

제430조 질권자는 입질재산의 과실을 수취할 수 있다. 그러나 계약에 별도의 약정이 있는 경우는 제외된다. 전항에서 규정한 과실은 먼저 과실수취의 비용에 충당되어야 한다.

제213조 동일함

제431조 질권자가 질권 존속기간에 질권설정자의 동의 없이 임의로 입질재산을 사용하거나 처분하여 질권설정자에게 손해가 발생한 때에는 배상책임을 진다

제214조 동일함

제432조 질권자는 입질재산을 적절하게 보관할 의무가 있다. 보관이 부당하여 입질 재산을 훼손, 멸실한 경우에는 배상책임을 부담한다. 질권자의 행위가 입질재산을 훼손, 멸실할 수 있는 경우, 질권설정자는 질권자에게 입질재산의 공탁을 요구하거나 사전에 채무를 변제하고 입질재산의 반환을 청구할 수 있다.

제215조 동일함

제433조 질권자에게 책임 없는 사유로 입질재산이 훼손되거나 가치가 현저하게 감소될 가능성이 있어서 질권자의 권리가 충분히 위협받고 있는 경우, 질권자는 질권설정자에게 그에 상응한 담보 제공을 요구할 수 있다. 질권설정자가 담보를 제공하지 않는 경우, 질권자는 입질재산을 경매, 매각하는 동시에 질권설정자와 협의하여 경매, 매각으로 취득한 금액으로 사전에 채무를 변제받거나 공탁할 수 있다.

제216조 동일함

제434조 질권자가 질권 존속기간에 질권설정자의 동의 없이 전질하여 입질재산을 훼손, 멸실한 경우에는 질권설정자에게 배상책임을 부담한다.

제217조 동일함

제435조 질권자는 질권을 포기할 수 있다. 채무자가 자기의 재산으로 질권을 설정했고 질권자가 그 질권을 포기

제218조 동일함

한 경우, 다른 담보자는 질권자가 우선변제권을 상실한 범위 내에서 담보책임을 면제받는다. 그러나 다른 담보자가 여전히 담보를 제공한다고 약속한 경우는 제외된다.

제436조 채무자가 채무를 이행하거나 질권설정자가 사전에 담보한 채권을 변제한 경우, 질권자는 입질재산을 반환하여야 한다. 채무자가 이행기가 도래한 채무를 이행하지 않거나 당사자 사이에 약정한 질권 실행의 상황이 발생한 경우, 질권자는 질권설정자와 협의하여 입질재산으로써 가격을 배상하거나 또는 입질재산을 경매, 매각하여 취득한 금액으로 우선변제받을 수 있다. 입질재산을 매각하거나 또는 가액배상하는 경우에는 시장가격을 참조하여야 한다.

제219조 동일함

제437조 채무의 이행기가 도래한 후 질권설정자는 질권자에게 질권을 즉시 행사할 것을 청구할 수 있다. 질권자가 질권을 행사하지 않는 경우, 질권설정자는 인민법원에 입질재산의 경매, 매각을 청구할 수 있다. 질권설정자가 질권자에게 질권을 즉시 행사할 것을 요청하였으나 질권자가 권리행사를 해태하여 질권설정자에게 손해가 발생한 경우, 질권자는 배상책임을 부담한다.

제220조 동일함

제438조 입질재산의 가액배상, 경매, 매각 후 취득한 금액 중 채권액을 초과하는 금액은 질권설정자가 소유하고, 부족한 부분은 채무자가 변제한다.

제221조 동일함

제439조 질권설정자와 질권자는 협의하여 근질권을 설정할 수 있다. 근질권은 본 절의 관련 규정을 적용하는 외에 본편 제17장 제2절의 관련 규정을 참조한다.

제222조 동일함

제2절 권리질권

제440조 채무자 또는 제3자에게 처분권이 있는 아래의 권리는 질권 설정이 가능하다.
(1) 환어음, 수표, 약속어음
(2) 채권, 예금증서
(3) 창고증권, 운송증권
(4) 양도할 수 있는 펀드 지분, 주식
(5) 양도할 수 있는 등록상표 전용권, 특허권, 저작권 등 지식재산권 중의 재산권
(6) 현재와 장래의 미수금채권
(7) 법률, 행정법규의 규정에 따라 질권 설정이 가능한 기타 재산 권리

제223조 물권법에는 '(6) 미수금채권'으로 되어 있음.

제441조 환어음, 수표, 약속어음, 채권, 예금증서, 창고증권, 선하증권으로 질권을 설정하는 경우, 질권은 권리증서를 질권자에게 교부하는 때부터 설정된다. 권리증서가 없는 경우, 질권은 질권등기를 하는 때부터 설정된다. 법률에 별도의 규정이 있으면 그 규정에 따른다.

제224조 환어음, 수표, 약속어음, 채권, 예금증서, 창고증권, 선하증권으로 질권을 설정하는 경우, 당사자는 서면계약을 체결하여야 한다. 질권은 권리증서가 질권자에게 교부된 때부터 설정된다. 권리증서가 없는 경우, 질권은 관련부서에 질권등기를 한 때부터 설정된다.

제442조 환어음, 수표, 약속어음, 채권, 예금통장, 창고증권, 운송증권의 태환일자 또는 수하일자가 주채권의 이행기가 도래하기 전인 경우, 질권자는 태환 또는 수하하는 동시에 질권설정자와 합의하여 태환한 금액 또는 수하한 화물로 사전에 채무를 변제하거나 공탁할 수 있다.

제225조 동일함

제443조 펀드 지분, 주식으로 질권을 설정하는 경우, 질권은 등기한 때부터 설정된다. 펀드 지분, 주식은 질권설정 후에는 양도하지 못한다. 그러나 질권설정자와 질권자가 합의한 경우는 제외된다. 질권설정자가 펀드 지분과 주식을 양도하여 취득한 대금은 질권자의 채무

제226조 물권법에는 '펀드 지분, 증권등기결제기관에서 등기한 주식으로 질권을 설정하는 경우, 질권은 증권등기결제기관에서 질권설정 등기를 한 때 설정된다. 기타 주식으로 질권을 설정하는 경우, 질권은 공상행정관리부서에서 질권설정 등기를 한 때 설정된다'는 내용이

를 사전 변제하거나 공탁하여야 한다.

제444조 등록상표전용권, 특허권, 저작권 등 지식재산권 중의 재산권에 질권을 설정하는 경우, 질권은 설정 등기를 한 때 설정된다. 지식재산권 중 재산권에 대하여 질권을 설정한 후에는 질권설정자는 양도하거나 타인에게 사용을 허용하지 못한다. 그러나 질권설정자와 질권자가 합의한 경우는 제외된다. 질권설정자가 질권을 설정한 지식재산권 중의 재산을 양도하거나 타인에게 사용을 허가하여 취득한 대금은 질권자의 채무를 사전 변제하거나 공탁하여야 한다.

제445조 미수금채권에 질권을 설정하는 경우, 질권은 설정등기시부터 설정된다. 미수금채권은 질권설정 후 양도하지 못하지만, 질권설정자와 질권자가 합의한 경우는 제외된다. 질권설정자가 미수금채권을 양도하여 취득한 금액은 질권자의 채무를 사전 변제하거나 공탁하여야 한다.

제446조 권리질권은 본 절의 규정을 적용하는 외에 본 장 제1절의 관련 규정을 적용한다.

제19장 유치권

제447조 채무자가 이행기가 도래한 채무를 이행하지 않는 경우, 채권자는 이미 합법적으로 점유하고 있는 채무자의 동산을 유치할 수 있고, 그 동산에 대하여 우선변제를 받을 권리가 있다. 전항에서 규정한 채권자는 유치권자이고 점유한 동산은 유치재산이다.

제448조 채권자가 유치한 동산은 채권과 동일한 법률관계에 속하여야 한다.

추가되어 있었음

제227조 물권법에는 '등록상표전용권, 특허권, 저작권 등 지식재산권 중의 재산권에 질권을 설정하는 경우, 당사자는 서면계약을 체결하여야 한다'라고 되어 있었음

제228조 동일함

제229조 동일함

제230조 동일함

제231조 동일함

그러나 기업 간의 유치는 제외된다.

제449조 법률의 규정 또는 당사자들의 약정에 의하여 유치가 불가능한 동산은 유치할 수 없다.

제232조 동일함

제450조 유치재산이 가분물인 경우, 유치재산의 가치는 채무금액에 상당하여야 한다.

제233조 동일함

제451조 유치권자는 유치재산을 적절하게 보관할 의무가 있다. 보관이 적절하지 않아 유치재산이 훼손, 멸실된 경우에는 배상책임을 부담한다.

제234조 동일함

제451조 유치권자는 유치재산의 과실을 수취할 수 있는 권리가 있다. 전항에서 규정한 과실은 과실수취비용에 우선 충당해야 한다.

제235조 동일함

제453조 유치권자와 채무자는 재산 유치 이후의 채무이행 기간을 약정하여야 한다. 약정이 없거나 약정이 불명확한 경우, 유치권자는 채무자에게 60일 이상의 채무이행 기간을 주어야 한다. 그러나 부패하기 쉬운 물건 등 보관하기 어려운 동산은 제외된다. 채무자가 이행 기한을 어기고 이행하지 않는 경우, 유치권자는 채무자와 합의하여 유치재산에 대한 가액배상을 하거나 유치재산을 경매, 매각한 대금에서 우선변제를 받을 수 있다. 유치재산에 대한 가액배상을 하거나 매각하는 경우에는 시장가격을 참조하여야 한다.

제236조 물권법에는 '2개월 이상'으로 되어 있음.

제454조 채무자는 이행기가 도래한 후 유치권자에게 유치권 행사를 청구할 수 있다. 유치권자가 행사하지 않으면 채무자는 인민법원에 유치재산의 경매, 매각을 청구할 수 있다.

제237조 동일함

제455조 유치재산의 가액배상 또는 경매, 매각 후 그 취득한 금액 중 채권액

제238조 동일함

을 초과하는 부분은 채무자가 소유하고 부족한 부분은 채무자가 변제한다.

제456조 동일한 동산 위에 저당권 또는 질권을 설정하고, 그 동산이 또 유치된 경우, 유치권자가 우선변제를 받는다.

제239조 동일함

제457조 유치권자가 유치재산에 대한 점유를 상실하거나, 채무자가 유치권자에게 별도의 담보를 제공하면 유치권은 소멸된다.

제240조 동일함

제5분편 점유

제20장 점유

제458조 계약관계에 기초하여 발생한 점유의 경우, 부동산 또는 동산의 사용, 수익, 채무불이행책임 등은 계약의 약정에 따른다. 계약에 약정이 없거나 불명확한 경우에는 관련 법률의 규정에 따른다.

제241조 동일함

제459조 점유자가 점유한 부동산 또는 동산을 사용하여 그 부동산 또는 동산에 손해가 발생한 경우, 악의의 점유자는 배상책임을 부담한다.

제242조 동일함

제460조 부동산 또는 동산이 점유자에 의하여 점유된 경우, 권리자는 원물 및 그 과실의 반환을 청구할 수 있다. 그러나 선의의 점유자가 그 부동산 또는 동산의 유지 보수를 위하여 지출한 필요비용은 상환하여야 한다.

제243조 동일함

제461조 점유한 부동산 또는 동산이 훼손, 멸실되고 그 부동산 또는 동산의 권리자가 배상을 청구하는 경우, 점유자는 훼손, 멸실로 취득한 보험금, 배상금 또는 보상금 등을 권리자에게 반환하여야 한다. 권리자의 손해가 충분히 보상되지 못한 경우에는 악의의 점

제244조 동일함

유자는 또한 손실을 배상하여야 한다.

제462조 점유한 부동산 또는 동산의 점유가 침해된 경우, 점유자는 원물의 반환을 청구할 수 있다. 점유를 방해하는 행위에 대하여 점유자는 방해배제 또는 위험제거를 청구할 수 있다. 점유의 침해 또는 방해로 손해가 발생한 경우, 점유자는 법에 따라 손해배상을 청구할 수 있다. 점유자의 원물반환청구권은 점유의 침해가 발생한 날로부터 1년 이내에 행사하지 않으면 소멸된다.

제245조 물권법에는 '법에 따라'는 내용이 없음.

제4장
중국토지법제의
현황과 과제

Ⅰ. 서

2018년은 중국이 개혁개방 정책을 실시한지 40년이 되는 해다. 1978년 중국 정부가 개혁개방 정책을 표방한 이래 중국의 사회 체제는 급격한 변화를 겪게 되었다. 특히 시장경제체제를 추진하는 과정에서 사회주의국가 법치주의 정립을 기본원칙과 기본방향으로 설정하게 됨으로써, 이후 「依法治國, 建設社會主義法治國家」는 중국 정부의 중요한 정책과제가 되었다.[1] 1978년 당시 12월 18일부터 22일 까지 개최된 제11기 중앙위원회 3中全會의 첫 번째 결정은 「사회주의민주 강화, 사회주의법제 완비(加强社會主義民主, 健全社會主義法制)」라고 하는 역사적인 임무를 부여하는 것이었다.[2] 이처럼 중국 정부는 개혁개방 정책을 시행하는 과정에서 시종일관 법치주의의 정립을 도모하게 됨으로써, 그에 따라 많은 법률이 제정되거나 개정되는 변화가 수반되었다.

이처럼 개혁개방 정책이 추진된 이후 중국의 정치적 · 사회적 · 경제적 제도는 급격하게 변모하게 되는데, 여러 가지 변화 가운데 특히 간과할 수 없는 내용의 하나로서 토지제도의 변천을 지적하지 않을 수 없다. 중국의 사회 경제 체제가 크게 변화하면서 견고하고도 중요한 자산의 하나인 토지제도도 끊임없이 변혁을 맞게 되었던 것이다. 1978년 개혁개방 정책이 추진된 이래 40여 년간 중국에서 단행된 토지법제의 정비와 개혁은 시장경제와 민주적 법치건설의 거시적 전략과 관련된 과제이며, 또한 실질적으로 재산권 보장이라는 구체적인 문제와 직결되는 중요한 문제라고 할 수 있다.[3] 중국 사회 경제 생활상의 기본적인 문제는 「3農」 문제라고 할 수 있는데, 이는 농업 · 농촌 · 농민에 관한 문제를 지칭한다. 특히 그 중에서 토지야말로 3농 문제 중 가장 중요한 과제가 되며, 사실 중국의 역사상 모든 왕조는 농민의 토지 문제를 치국 정책의 가장 중요한 과제로 삼았다고 해도 과언이 아니다.[4]

1978년 개혁개방 정책을 실행한 이래 2018년까지 중국에서 제정된 토지와 관련된 법률은 모두 14건이 되고, 행정법규는 104건이 되며, 사법해석은 45건이 된

---

1) 沈國明, 改革開放40年中國法治建設回顧與展望, 東方法學 2018年 第6期, 60면.
2) 肖揚, 見證中國法治四十年, 中國法律評論 2018年 第5期(總第23期), 1면.
3) 沈開擧/鄭磊, 社會變遷與中國土地法制改革 : 回顧與前瞻, 公民與法 2009年 第10期, 7면.
4) 肖國榮, 中國土地違法變遷及其影響因素研究, 中國農業出版社(2016), 1면.

다. 그 밖에도 군사법규규칙(規章) 6건, 黨內 法規 10건, 회신(行業) 규정 272건, 지방법규 규칙 11443건, 지방업무(工作)문건 7130건, 행정허가 회답(批复) 31923건이 된다.[5]

이에 아래에서는 1978년 중국이 개혁개방 정책을 시행한 이후 오늘에 이르기까지 토지법제가 정비되는 과정에서 설정된 입법 목적과 기본원칙을 살펴보고(Ⅱ), 현행 토지법체계를 검토하며(Ⅲ), 토지법제의 과제와 전망을 정리(Ⅳ)해보고자 한다.

이처럼 중국이 개혁개방 정책을 표방한 후에 야기된 사회적·경제적인 급진적인 변화와 더불어 추진된 토지법제의 일련의 변천 양상을 살펴보는 작업은 향후 북한이 개혁개방 정책을 실시할 경우에 발생할 토지법제의 변화를 유추할 수 있는 작은 실마리가 될 수 있다는 점에서도 그 의미를 발견할 수 있을 것이다.

Ⅱ. 중국 토지법제의 정비

1. 토지법과 토지

토지법(land law)이라고 하면 논자에 따라 그 의미는 다양하게 전개될 수 있지만, 일반적으로 토지법이란 토지재산권을 규율하고 있는 모든 법의 총칭이라고 할 수 있으며,[6] 나아가 토지에 관한 재산권 및 이와 관련한 기본권과 경제조항에 대한 헌법이념을 실천하는 법이라고 할 수 있다.[7] 중국도 우리나라와 같이 아직 「土地法」이라고 하는 통일된 단일 법률이 존재하는 것은 아니지만,[8] 중국에서도 토지법이란 토지의 이용행위와 관리행위 관계를 규율하고 조정하는 규범체계로서, 토지의 합리적인 이용의 실현을 목적으로 하며, 토지에 관한 권리 귀속과 이용 및 감독·관리 등을 조정하는 법률규범의 총칭이라고 한다.[9]

---

5) http://vip.chinalawinfo.com/SearchList.asp.

6) 정권섭, 토지소유권법, 법원사(1995), 360면; 이상태, 한국에서의 토지법의 동향과 과제, 토지법학 제23-2호(2007), 83면.

7) 이선영, 한국토지법대강, 리북스(2016), 34면.

8) 대만에는 독립된 단일법으로서 「土地法」이 1931년에 제정되어 1937년부터 시행되고 있는데, 제1편 총칙(제1조-제35조), 제2편 地籍(제36조-제79조의 2), 제3편 토지 사용(제80조-제142조), 제4편 토지세(제143조-제207조), 제5편 토지 수용(제208조-제247조) 등으로 구성되어 있다.

9) 高富平 主編, 土地法學, 高等教育出版社(2016), 6면.

다만 중국에서도 토지법상의 토지 개념에 대하여는 논란이 있는 듯하다.[10] 일부 학자들은 토지법상의 토지 개념을 광의로 해석하여, 그 의미를 육지에 그치지 않고 水面과 지상 등 일체의 자연물과 자연력을 모두 포괄하여 토지의 범위로 설정하고 있다.[11] 반면에 이와 같은 광의의 토지 개념에 반대하는 견해도 있다.

토지법상의 토지와 물권법상의 토지는 다음과 같은 점에서 구별된다.[12]

첫째, 범위에 있어서, 토지법상의 토지는 자연자원의 요소 사이에 연계되어 형성된 하나의 개체로 파악하고 있으며 지상의 자연력을 포함한다. 이에 반하여 물권법상의 토지는 공기·빛·열·바람 등 토지 생태계통에 존재하는 자연력을 포함하지 않는다.[13] 또한 物化할 수 없거나 특정화된 에너지도 포함하지 않으며, 심지어 광산과 수자원도 토지 범위 밖으로 배제된다는 점이다.

둘째, 토지법상의 토지는 인간이 이용할 수 있는 토지를 의미할 뿐만 아니라 또한 아직 이용하지 않거나 이용할 수 없는 토지(자연환경)도 포함하는 개념이다. 즉, 인간을 위해 이용할 수 있는지의 여부와 관계없이, 또한 私權을 설정할 수 있는지의 여부와 관계없이 자연에 존재하는 모든 토지는 토지법의 조정 범위 내에 들어가게 된다. 그렇지만 물권법은 주로 인간을 위해 이용할 수 있는지의 여부와 私權을 설정할 수 있는지의 여부에 따라 조정된다.

셋째, 토지법은 토지의 경제가치(경제적인 속성)를 중요시할 뿐만 아니라 토지의 생태가치 또는 자연가치(자연적인 속성)을 더욱 강조하는 측면이 있다. 이는 토지법이 토지의 생태가치(효과와 이익)와 경제가치(효과와 이익)의 형평성을 유지하고 실현하는 것을 목표로 삼기 때문이다. 결국 토지법과 물권법의 토지 가치에 대한 인식 차이가 규범의 범위와 내용의 불일치를 결정하게 된다는 것이다.[14]

요컨대, 토지법이 광의적으로 토지 개념을 사용하는 논거로서는 토지법이 토지의 합리적 이용을 규범화하는 것을 내용으로 삼고 있으며, 토지의 경제속성(경제가

---

10) 孫憲忠, 中國物權法總論, 法律出版社(2009), 212면.

11) 朱沙苗, 各國房地産業慣例, 貴州人民出版社(1994), 8면.

12) 高富平 主編, 앞의 책, 5면.

13) 중국 물권법 제39조에 의하면, 자신의 동산과 부동산에 대한 점유 . 사용 . 수익 . 처분권으로서의 소유권을 규정하고 있다는 점에서, 소유권의 객체는 유체물에 한정된다고 주장하는 견해도 있다. 屈茂輝 主編, 物權法 原理精要與實務指南, 人民法院出版社(2008), 191면.

14) 高富平 主編, 앞의 책, 5면.

치)와 자연속성(생태가치)의 협력 실현을 목표로 삼고 있기 때문이라고 할 수 있다.[15]

2. 토지법의 입법 목적과 기본원칙

(1) 토지법의 입법 목적

우리나라는 토지법이 독립된 단일법으로서 존재하지 않지만, 일반적으로 토지법의 궁극적인 목적은 토지정의(土地正義), 즉 토지에 관한 법적·경제적 정의의 실현을 목적으로 하는 것으로 설정하며, 이러한 목적을 달성하기 위하여 민사법과 각종 행정법규에서는 개별적으로 토지를 규율하게 되는 것으로 설명하고 있다.[16]

그런데 중국에서 토지법의 목적은 「토지관리법(中華人民共和國土地管理法)」 제1조에 명확하게 규정하고 있다. 즉, 「토지 관리를 강화하고 토지의 사회주의 공유제를 수호하며, 토지자원을 보호·개발하고 토지를 합리적으로 이용하며 경작지를 확실하게 보호하고 사회경제의 지속 가능한 발전을 촉진하기 위하여 헌법에 근거를 두고 본 법을 제정한다」라고 규정하고 있는데, 그 내용은 다음과 같이 정리될 수 있다.[17]

그 첫째는 토지공유제를 기초로 하는 토지 소유권제도를 보호할 수 있다는 점이다.[18] 토지 소유권제도의 보호는 사회주의 공유제 기본 정치제도의 요구일 뿐만 아니라, 또한 토지의 합리적이고 효율적인 이용을 위한 근간이 된다. 중국은 인구가 많은 반면에 생활할 수 있는 토지는 그 규모가 적정하지 않다는 점에서 국유토지소유권과 농민집단소유권(農民集體所有權)을 굳게 준수하고 있으며, 보호받는 토지소유권을 통한 토지의 분산 이용은 사회 구성원이 공평하게 토지를 이

---

15) 대만의 토지법 제1조에 의하면, 「본 법에서 토지란 水陸 및 천연자원을 의미한다」라고 하여 토지의 개념을 명문으로 규정하고 있다. 이에 대하여 「水」란 水陸을 의미하고, 「陸」이란 육지를 의미하며, 「천연자원」이란 天然力을 의미한다고 해석한다. 楊松齡, 實用土地法精義, 五南圖書出版社(2012), 25면.

16) 이선영, 앞의 책, 34면.

17) 高富平, 앞의 책, 8면.

18) 1920년 「中國共產黨宣言」 제1조에서 「경제 분야의 견해로서 공산주의자들은 모든 생산도구와 기계, 기구, 원료, 토지, 교통기관 등을 사회공유(社會共有), 사회공용(社會共用)으로 할 것을 주장한다」라고 선언한 이후, 중국에서 농촌과 도시의 2원적 토지소유권제도가 확립되기까지의 자세한 법적 절차와 입법 과정에 대하여는, 沈開擧 主編, 中國土地制度改革研究, 法律出版社(2014), 4-15면 참조.

용하는 데 매우 유리하다는 것이다. 그러므로 토지법은 토지를 보호하는 사회주의 공유제를 기본 목표로 설정하고 있다.

둘째, 보호를 전제로 하면서 토지자원을 개발하고 토지를 합리적으로 이용하게 된다는 점이다. 토지를 보호하는 목적은 더욱 효과적이면서도 합리적으로 토지를 이용하기 위한 것이다. 이처럼 토지의 개발과 이용은 토지의 자연적인 갱신 능력을 보호한다는 전제 하에 진행하도록 하는 것이야말로 토지법의 중요한 목적이 된다.

셋째, 耕地를 보호한다는 점이다. 농업은 사회 생존과 발전의 기초라고 할 수 있으며, 경지보호는 국가의 농업 생산성의 안정을 유지하고, 사회(특히 농업인구) 생존과 발전의 수요를 해결할 수 있을 뿐만 아니라, 토지 자원의 합리적인 배치와 생태 안전을 보호하는 중요한 요소가 되는 것이다. 그러므로 경지 보호, 특히 농지의 불변을 유지하는 것은 중국의 기본 국책이자 토지법의 중요한 목적이 된다.

넷째, 사회경제의 실현을 지속적으로 발전 가능하게 한다는 점이다. 토지는 사회경제 발전의 지렛대 역할을 하며, 국가의 생존 환경과 직접적인 관련이 있을 뿐만 아니라, 또한 모든 물질자원의 최종 근원이라고 할 수 있다. 이 때문에 토지법은 토지의 합리적인 이용을 보호함으로써, 토지의 지속적이고도 영속적인 이용을 실현 가능하게 하며, 최종적으로 사회경제의 지속적인 발전을 도모하게 된다는 것이다.

요컨대 전면적이고 과학적인 토지관리제도와 조치를 통하여 토지의 합리적인 이용을 실현하도록 하는 것이 토지관리법의 핵심적인 목적이라고 할 수 있다.[19)]

(2) 토지법의 기본원칙

비록 중국에서 토지법이라는 독립된 단행법이 존재하지는 않지만, 일반적인 토지법의 기본원칙은 중국 헌법을 비롯하여 「토지관리법」 및 중국 정부의 토지 정책 등으로부터 발견할 수 있다.

먼저, 중국 헌법은 토지에 관한 대원칙을 규정하고 있는바, 헌법 제10조 제4항은 「어떠한 조직이나 개인도 토지를 불법점유(侵占)하거나, 매매, 또는 그 밖의

---

19) 吳春岐, 中國土地法體系構建與制度創新研究, 經濟管理出版社(2012), 2-3면.

불법적인 방법으로 양도할 수 없다. 토지의 사용권은 법률의 규정에 따라 양도할 수 있다」라고 규정하고 있으며, 제5항은 「토지를 사용하는 모든 조직이나 개인은 토지를 합리적으로 이용하여야 한다」라고 규정하고 있다. 이와 같은 내용은 토지법 제정의 헌법적 근거를 밝히고 있으며, 구체적인 규범으로서의 토지법을 제정할 때 고려하여야 할 중요한 기본원칙으로서의 근거를 제시한 것으로 볼 수 있다.[20]

둘째, 중국의 기본적인 경제제도도 중요한 근거가 된다. 중국은 토지의 사유화를 폐지하고 토지개혁을 추진하여 토지공유제를 확립하였다. 토지공유제는 중국에서 사회생활상의 모든 부분에 지대한 영향을 미치는 중요한 제도로서 토지법의 기본원칙을 수립하는 데 중요한 근거가 되는 것이다.[21]

셋째, 중국의 현단계에서 시행하고 있는 기본국책도 토지법의 기본원칙을 확립하는데 중요한 근거 요인이 된다. 1981년에 제출된 중국 정부의 정부보고서(政府工作報告書)에 의하면, 「중국의 인구는 많지만 경작지는 좁아서, 인구가 증가함에 따라 이 모순은 갈수록 더욱 첨예해질 것이다. 한 치의 땅도 소중히 여기고, 한 치의 땅도 합리적으로 이용하는 것이 중국의 국책이다」라고 공표한 바 있다. 그 후 1998년 8월 29일 제9기 全國人民代表大會 常務委員會는 토지관리법의 개정안을 통과시켰으며, 이처럼 한 치의 땅도 소중히 여기고, 한 치의 땅도 합리적으로 이용함으로써 경작지를 절실하게 보호하는 것이야말로 중국의 기본 국책이라는 선언은 토지법의 기본원칙을 수립하는데 중요한 근거가 된다.[22]

넷째, 당과 국가의 토지정책도 토지법의 기본원칙을 정립하는데 중요한 의미를 가지게 된다. 특히 당과 국가는 토지 문제를 매우 중시하여 수차례의 결의나 결정·통지 등을 단행하였으며, 예컨대 제11기 4中全會의 「농업 발전 가속화에 관한 몇 가지 문제에 대한 결정(關于加快農業發展若干問題的決定)」은 「토지법을 신속히 제정하여 공포」할 것으로 요구하였던 것이다. 따라서 토지법을 입법할 때에는 반드시 위에 언급한 원칙과 기본정신을 구체화하여 반영하여야 할 것이므로 이 역시 토지법의 기본원칙을 제공하는 정책이라고 할 수 있다.[23]

---

20) 劉俊, 中國土地法理論研究, 法律出版社(2006), 32면.
21) 劉俊, 위의 책, 같은 면.
22) 劉俊, 위의 책, 32-33면.
23) 劉俊, 위의 책, 33면.

끝으로 토지법의 가치 추세와 목표도 토지법의 기본원칙을 정립하는 데 중요한 요인이 될 수 있다. 토지법의 가치 목표는 토지법의 기본원칙에 중요한 영향을 미치게 된다. 토지자원을 합리적으로 배치하고 토지자원의 사용이익을 최대한 효율적으로 발휘하도록 하기 위해서는 토지법의 가치와 목표가 확정될 필요가 있을 것이다.[24)]

이와 같은 배경 하에 정립된 중국 토지법의 기본원칙으로서는 다음과 같은 내용을 들 수 있다.[25)]

첫째, 토지의 경제성과 사회성의 상호협조원칙을 들 수 있다. 토지는 인간의 생존과 밀접한 관련이 있는 천연자원으로서, 천생적으로 공공성을 지니고 있으며 또한 경제가치도 지니고 있으므로 인간의 생활과 생산의 물질적 수요를 만족시키게 된다. 또한 토지는 생태가치를 지니고 있으므로, 개인 각자의 토지 이용 행위는 인간 공동 생존의 「터전(家園)」에 중대한 영향을 미치게 된다. 때문에 토지에 관한 권리 행사는 반드시 인간 사회의 전체 이익과 장기적인 이익에 부합해야 하고, 양호한 토지의 재생 능력과 생태환경을 보호해야 한다는 것이다. 어떠한 형태의 토지소유제가 되든 그와는 무관하게 토지 이용은 반드시 사회 이익에 부합해야 한다는 점이 강조된다. 따라서 토지의 경제성과 사회성의 상호 협조는 토지법의 기본원칙이 되는 것이다.

둘째, 토지의 합리적 이용과 보호의 원칙이다. 토지의 합리적 이용은 중국 헌법이 확립한 원칙으로서, 이미 앞에서도 언급하였지만, 헌법 제10조 제5항은 「토지를 사용하는 모든 조직과 개인은 반드시 토지를 합리적으로 이용해야 한다」라고 규정하고 있으며, 토지관리법 제3조는 「토지를 아끼고 합리적으로 이용하며 경지를 확실하게 보호한다」는 점을 중국의 기본 국책으로 선언하면서 토지의 합리적인 이용과 보호라는 기본원리를 구현한 것이다. 합리적인 이용이란 전체적으로 합리적인 토지 이용 계획과 용도의 통제를 채택하여 합리적 토지용도 분포를 형성하는 것이며, 특히 경지 보호를 포함하는 의미이다. 또한 토지 이용자 개개인이 토지의 질과 생태 환경을 보호한다는 전제 하에 확정된 용도에 의거하여 고효

---

24) 劉俊, 위의 책, 33-34면.
25) 高富平, 앞의 책, 8-10면.

율적으로 토지를 이용한다는 의미를 내포하고 있다.

셋째, 사회와 정부의 공동책임 원칙을 들 수 있다. 합리적인 토지 이용과 보호는 정부의 업무인 동시에 또한 사회주체(자연인과 법인 및 조직)의 직무에 속한다. 토지관리법 제3조에 의하면, 「각급 인민정부는 조치를 취하여 전면적으로 계획하고 엄격하게 관리함으로써 토지자원을 보호 · 개발하고 토지의 불법 점용행위를 제지하여야 한다」라고 명확하게 규정하고 있다. 이처럼 토지 이용의 계획과 토지 조사를 비롯하여 지적 관리와 토지 이용의 감독검사 등은 모두 정부의 직무에 속한다. 동시에 합리적인 토지 이용은 사회 주체의 의무인 것이다. 토지관리법 제6조는, 「어떠한 단위(기관, 부서)와 개인이라도 모두 토지 관리에 관한 법률 및 법규를 준수할 의무가 있으며, 또한 토지 관리에 관한 법률 및 법규를 위반하는 행위를 고발 · 고소할 권리가 있다」는 점을 명확하게 밝히고 있다. 이는 사회 주체가 법의 의거해 합리적으로 토지를 이용해야 할 뿐만 아니라, 토지와 토지 권리를 남용하지 않아야 하며, 나아가 타인의 위법행위를 감시하고 사회 감독 역량에 의거하여 토지 이용 질서를 보호하여야 한다는 의미이다.

넷째, 동일한 토지에 대한 동등한 권리 원칙(同地同權原則)을 들 수 있다. 同地同權은 물권법상의 물권평등원칙으로부터 도출된 것이며, 토지법으로부터 기원하는 원칙이다. 토지법상 토지 이용 계획을 시행하는 것은 동일한 용도의 토지 이용에 대한 계획이나 제한 또는 통제는 당연히 서로 동일한 내용이 되는 것이지, 그 주체에 따라 차별할 수 없다는 것을 의미이다. 물권법과 토지법상의 이념으로부터 파생된 同地同權原則은 권리의 평등을 내포하는 동시에 또한 의무의 평등도 포함하고 있는 전면적인 법적 지위와 대우의 평등을 의미한다. 현재 중국 토지의 차별적인 대우는, 주로 도시와 농촌 사이에 토지 권원이 상이함으로 인하여 향유하게 되는 법적인 지위가 결코 같지 않다는 사실에서 드러나고 있다. 예컨대, 동일한 用地를 건설하는데, 도시건설용지는 자유롭게 양도할 수 있는 법적 지위를 지니게 되지만, 농촌 건설용지는 오직 농촌 신분의 주체에 한해서만 사용할 수 있도록 하여 토지의 상업화나 시장화의 토지 이용 권능을 상실하게 함으로써, 농민집단토지소유권과 국유토지소유권의 실질적인 지위의 불평등을 초래하게 되었던 것이다. 더구나 토지 이용 계획에 관하여도 도시와 농촌 사이에 통일되지 않고 일치하지 않은 부분이 존재하고 있다.[26]

다섯째, 토지재산권과 토지 관리권의 상호 구분과 제약원칙을 들 수 있다. 토지를 유효하게 이용하기 위해서는 사권 체계로의 진입(納入私權體系)이 요구된다. 즉, 토지를 더욱 효율적으로 이용하기 위해서는 국가의 총괄적인 계획과 관리가 필요하지만, 동시에 관리권의 적절한 고려도 요구되는 것이다. 이 두 가지 권리의 성질은 서로 다른 것으로서 당연히 구분해야 하지만, 동시에 상호 제약도 필요하다. 이 두 가지의 상호 제약은 토지재산권 행사에 대한 국가의 제한과 토지 이용에 대한 국가의 관리가 토지재산권을 존중하고 보호하는 기초 위에 건립되었는지에 따라 구현되는 것이므로, 토지재산권은 공권력에 대하여 제어력을 지니게 된다. 동일하게 토지관리권은 공공이익이라는 목적위에 성립하는 것이므로 토지재산권에 대하여 제어력과 제한력을 지니고 있다. 다만, 현실적으로 중국은 토지사용권을 통하여서만 물권화 혹은 재산화를 실현하고 있으며, 토지사용권은 중국의 부동산 물권 체계를 유지하고 있으므로, 토지사용권이야말로 중국의 토지재산권이라고 할 수 있다. 따라서 토지관리권의 제약이라는 측면에서 볼 때, 중국의 토지사용권은 자연히 약세를 띨 수밖에 없으며, 효력의 측면에서도 토지사용권은 토지소유권보다 열악한 위치에 있는 것이다. 더구나 정부가 토지의 소유권과 관리권을 행사하고 있다는 사실은 당연히 토지소유권이 더 우세한 지위를 점하도록 하였으며, 이는 토지사용권의 토지관리권에 대한 제약을 무기력하게 하고 있다는 점을 지적하지 않을 수 없다.

이러한 내용과 달리 토지법의 기본원칙으로서, 헌법(제6조 제1항)과 토지관리법(제2조 제1항)[27])에 명확하게 규정하고 있는 「토지공유의 원칙」, 토지관리법 제5조 제1항[28])에 규정하고 있는 「통일관리의 원칙」, 「유상사용의 원칙」,[29]) 토지관리법

---

26) 高富平, 土地使用權和用益物權, 法律出版社(2001), 379-385면.

27) 토지관리법 제2조 제1항: 중화인민공화국은 토지의 사회주의 공유제, 즉 전인민적 소유제와 근로대중의 집단소유제를 실시한다.

28) 토지관리법 제5조 제1항: 국무원 토지행정주관부서는 전국의 토지 관리 및 감독 업무를 통일적으로 책임진다.

29) 토지의 유상사용에 대하여는 1979년 공포된 「中外合資經營企業法」과 1980년의 「中外合資經營企業建設用地暫行規定」, 「廣東省經濟特殊條例(1983)」, 「中外合資經營企業法實施條例(1983)」 등에서 구체화되었으며, 특히 1988년 12월 29일 제7기 全國人大常委 제5차 회의에서 토지관리법의 수정안을 통과시킬 때, 「국가는 법률에 의거하여 토지의 유상사용 제도를 시행한다」라고 수차례에 걸쳐 명확하게 규정한 바 있다. 劉俊, 앞의 책, 39-40면.

제13조[30])가 규정하고 있는「토지재산권보호의 원칙」, 토지관리법 제35조[31]), 제46조 제1항[32]) 및 제73조[33]) 등의 규정을 근거로 한「합리적인 사용의 원칙」을 토지법의 기본원칙으로 설명하고 있는 견해도 있다.[34])

3. 토지 입법의 변천

이미 앞에서 소개하였지만 중국 정부가 1978년 개혁개방정책을 표방한 이래 오늘에 이르기까지 제정된 토지 관련 법률은 14건의 법률을 비롯하여 104건의 행정법규 등 실로 방대한 토지법제가 제정되고 정비되었음을 알 수 있다. 이와 같은 방대한 토지 법률과 법규의 정비 과정을 정리하면 대체적으로 다음과 같은 세 단계로 구분할 수 있다.[35]) 참고로 개혁개방 이후 민법의 발전 여정은 크게 4단계로 구분할 수 있는데, 1단계는 개혁개방 이후 민법통칙 제정 시까지, 2단계는 민법통칙 제정이후 계약법(合同法) 제정 시까지, 3단계는 계약법 제정 이후 물권법과 불법행위법(侵權責任法) 제정 시까지, 4단계는 민법전 편찬 시도와 민법총칙의 제정으로 구분할 수 있다.[36])

(1) 정책 주도 단계(1978-1986)

개혁개방정책이 시행되면서 곧 바로 토지에 관한 법률이 다수 제정된 것은 아

---

30) 토지관리법 제13조: 법에 의거하여 등기된 토지의 소유권과 사용권은 법적 보호를 받으며, 어떠한 단위나 개인도 이를 침범하지 못한다.

31) 토지관리법 제35조: 각급 인민정부는 배수관 시설을 보호하고 토양을 개량하여 토질을 제고시키며, 토지의 사막화·알칼리화·토사유실 및 토지오염을 방지하기 위하여 필요한 조치를 취하여야 한다.

32) 토지관리법 제46조 제1항: 국가에서 토지를 수용할 경우에는 법정 절차에 따라 허가한 후 현급 이상 지방인민정부가 이를 공시하고 조직하여 시행한다.

33) 토지관리법 제73조: 매매 또는 기타 방식으로 토지를 불법 양도한 경우에는 현급 이상 인민정부 토지행정주관부서가 그 불법 소득을 몰수한다. 토지이용의 총체적인 계획을 위반하여 자의로 농업용지를 건설용지로 변경한 경우에는 불법 양도한 토지에 신축한 건축물과 기타 시설을 기한부로 철거하고 원상회복을 하여야 하며, 토지이용의 총체적인 계획에 부합되는 경우에는 불법 양도한 토지에 신축한 건축물과 기타 시설을 몰수하고 벌금을 병과할 수 있다. 직접적인 책임이 있는 주관자와 기타 직접적인 책임자에게는 법에 의거하여 행정처분을 부과하고, 법에 따라 형사책임을 추궁한다.

34) 劉俊, 앞의 책, 34-48면.

35) 沈開擧/鄭磊, 앞의 논문, 8면.

36) 王利明, 回顧與展望:中國民法立法四十年, 民商法學 2018. 9., 139-141면.

니었다. 초기에는 주로 정책이 주도적 역할을 담당하여 토지 정책을 입안하였을 뿐이고, 토지 관련 법률로서는 「국가토지수용에 관한 조례(國家建設征用土地條例)」, 「국무원의 토지 매매 및 임대 금지에 관한 통지(國務院關于制止賣買,租賃土地的通知)」, 「중국 인민건설은행의 도시 토지 개발과 분양주택 대출문제에 관한 통지(中國人民建設銀行關于城市土地開發和商品房貸款問題的通知)」와 「森林法」 등 소수의 입법이 단행되었을 뿐이다.

당시 鄧小平이 「가정 단위 도급제(包産到戶)」를 인정하는 연설을 발표하고 난 뒤부터 가정 단위 도급제는 긍정적인 의미로 공개되어 사용되었지만, 제11기 중앙위원회 3中全會에서 통과된 「농촌 인민공사 업무규칙(시행초안)[農村人民公社工作條例(試行草案)]」과 「농업의 가속화 발전에 관한 여러 문제점에 대한 결정(초안)[關于加快農業發展若干問題的決定(草案)]에는 여전히 좌경의 흔적이 남아 있어서 「토지를 나누어 개인의 책임으로 생산하는 것(不許分田單干)」이나 「가정 단위 도급제」를 금지하고 있었다. 그렇지만 인민공사체계를 옹호하는 위 두 문건은 오히려 인민공사체계를 타파하고 공동 토지를 가정 단위로 계약 관리하는 제도가 도입되는 계기가 되었으며, 농업생산 책임제도의 회복과 발전은 사실상 농촌토지제도의 개혁 과정이라고 할 수 있다. 「계절 단위의 도급(小段包工)」에서 「세대별 생산량연동 도급책임제(聯産承包)」 내지 「전면 도급제(大包干)」까지의 발전과정을 거쳐 최종적으로 「집단토지 가정도급경영(集體土地家庭承包經營)」 형식으로 결정되었던 것이다.

그 후 1982년부터 1986년 사이의 토지와 관련된 중국 농촌의 개혁도 주로 중앙정부가 공포한 문건에 의하여 이루어지고 있다.[37]

그 첫 번째로 「다섯 개의 1호 문건(五個一號文件)」이 제정되고 시행됨에 따라 「토지집단소유, 가정도급경영, 장기적이고도 안정적인 도급권, 합법적 거래에 대

---

37) 중국 농촌토지 법제의 변천은 크게 3단계의 과정을 거치게 되는데, 첫 번째, 「토지개혁시기」로서 1949년 9월 29일 중국 인민정치협상회의 제1차 전회는 「공동강령」을 통과시켜 토지개혁 임무 및 중국의 다원적 소유제를 채택하였으며, 1950년 6월 28일 「토지개혁법」을 제정하였는데, 이는 사회주의 과도기의 농촌토지제도를 규제하는 법률로서 그 제1조는 지주 계급을 타파하고 봉건토지소유제를 폐지하며, 농민 소유제를 실행한다는 취지의 내용을 규정하고 있다. 두 번째는 「합작화와 人民公社시기」로서 농민토지소유권 제도를 확립하고 1958년 「政社合一」의 인민공사제도를 도입하여 전국 농촌의 토지제도의 보편적인 제도로서 정립하였다. 세 번째가 위에 언급한 「가정 전면 도급제(家庭聯産承包時期)」가 된다. 姚小林, 土地法與中國農村的社會變遷, 廣東商學院學報, 2005年 第4期(總81期), 92–93면.

한 독려(土地集體所有, 家庭承包經營, 長期穩定承包權, 鼓勵合法流轉)」 등에 관한 토지제도의 틀이 구축되었던 것이다. 특히 첫 번째 중앙1호 문건에서는 「雙包到[농가생산도급제(包産到戶)와 농가경영도급제(包干到戶)]」를 긍정적으로 평가하고, 이들은 「합작화 이전의 개인소유의 개별경제(小私有的個體經濟)가 아니라 사회주의 농업경제 발전의 일환」이라는 점을 강조하였다.

둘째, 중앙1호 문건에서는 가정경제의 실행 가능성에 대하여 논증하면서, 가정 경제가 과도한 집중 관리와 업무 효율성 저하 및 절대적 평등주의와 같은 폐단을 극복할 수 있을 뿐만 아니라, 농업 협동화가 취득한 적극적인 성과도 계승하였다는 점을 밝혔다.

셋째, 중앙1호 문건에서는 토지 도급기간이 15년 이상이 되어야 하고, 생산주기가 길고 개발 가능성이 있는 계획의 도급기간은 더욱 장기화 되어야 한다고 규정하였다.

넷째, 중앙1호 문건에서는 국가가 농산물을 총괄적으로 매입하거나 구입하는 제도를 폐기하고, 전면 도급제와 농가 가족경영 형식은 장기적으로 변하지 않는다는 점을 강조하였다.

다섯째, 중앙1호 문건은 농경지를 농사 일에 능숙한 자들에게 몰아주고 적절한 규모의 재배전업 농가를 양성한다고 밝혔던 것이다.[38]

이처럼 이 단계는 주로 중국 정부의 정책이 주도적인 역할을 하였으며, 토지관련 입법은 활발하게 이루어지지는 않았다.

(2) 입법 활성화 단계(1986-2004)

토지에 관한 법률체계의 정립은 1986년에 「토지관리법(中華人民共和國土地管理法)」이 공포되면서 시작되었다고 할 수 있다. 이 시기에 제정된 토지 관련 법률은 크게 두 가지의 특징이 있다.

첫째, 중국이 개혁개방 정책을 표방한 이래 가속화된 도시화와 산업화에 적극적으로 대응하면서 농업용지 또는 농경지를 엄격하게 보호하려는 것이다. 이에 따라 그동안 국가에서 시행한 제반 토지관리제도가 이제는 법률로서 성문화되었

---

38) 王景新, 中國農村土地制度變遷30年 : 懷眸與瞻望, 改革開放30年, 2008年 第6期. 참조.

다. 예컨대, 1986년에 제정된 「민법통칙(中華人民共和國民法通則)」과 1988년에 단행된 헌법 개정 및 개정된 토지관리법에서는 토지사용권의 양도를 명문으로 허용하였던 것이다.

둘째, 사회주의 시장 경제에 부합하기 위하여 이 시기부터는 토지 입법에 중점을 두게 되는데 특히 토지소유권과 사용권의 분리 문제가 주된 내용을 형성하게 된다. 이를테면, 1990년 國務院은 「도시의 국유토지 사용권 양도에 관한 임시조례(中華人民共和國城鎭國有土地使用權出讓和轉讓暫行條例)」를 공포하였고, 1994년에는 「도시부동산관리법(城市房地産管理法)」이 제정되었으며, 1998년에는 토지관리법의 2차 개정이 단행되었다(그 자세한 내용은 항을 바꾸어 설명하기로 한다). 특히 2000년에는 중국공산당 중앙위원회에서, 「국민 경제와 사회 발전에 관한 제10차 5개년 계획의 제정에 대한 건의(關于制定國民經濟和社會發展第十開五年計劃的建議)」를 공포하여 농촌토지제도의 법제화 건설을 가속화하고, 가족 단위의 도급경영을 바탕으로 통일과 분산식 관리 시스템을 장기적으로 유지해야 한다고 강조하였다. 2001년에 공포된 「농가도급토지사용권 양도 업무에 관한 통지(關于做好農戶承包地使用權流轉工作的通知)」는 토지 양도에 관한 대표적인 문건이라고 할 수 있다. 또한 2002년에는 전국 인민대표대회 및 상무위원회에서 이례적으로 높은 득표수로 「농촌토지도급법(農村土地承包法)」을 통과시켰으며, 이는 중국에서 토지법이 개혁된 이래 농민들의 경제적인 지위를 개선하는 또 하나의 훌륭한 법률이라고 평가된다.[39] 대체적으로 이 시기에 중국의 특색이 있는 사회주의 토지 법률 체계가 구축된 것으로 볼 수 있다.

(3) 헌법 개정 후 단계(2004-현재)

2004년 3월 14일 통과된 헌법 개정안(中華人民共和國憲法修正案) 제20조는 토지수용에 관한 규정으로서, 헌법 제10조 제3항(국가는 공공 이익을 위하여 필요한 경우에는 법률의 규정에 따라 토지를 수용할 수 있다)을 「국가는 공공이익을 위하여 필요한 경우에는 법률에 의하여 토지를 수용(征收)하거나 징발(征用)하고 동시에 보상한다」라는 내용으로 개정함으로써, 토지에 대한 「공익 수용(징발)+사익 유통(流轉)」

---

39) 孫國瑞, 土地立法的演變趨勢-甘藏春司長談當代中國土地法律發展的總體趨勢, 中國國土資源報 2005年 10月 20日.

제도가 확립되었다.40) 또한 같은 해에 「土地管理法」과 「城市不動産管理法」도 잇따라 개정되었으며, 뿐만 아니라 2007년에 공포된 「물권법(中華人民共和國物權法)」은 토지도급경영권의 물권적 속성을 확립하였다(물권법 제124조). 그리고 2004년부터 2008년까지 중국 농촌 개혁사상 제2차 「5개 1호 문건(五个一號文件)」이 공포되고 시행됨으로써 토지수용제도와 집단건설용지(集體建設用地)에 대한 개혁이 단행되었다.

이 시기에 단행된 중국의 토지제도 개혁은 주로 두 방향으로 진행되었다. 즉, 토지도급제도를 보완하고 규범화시키는 작업과 토지수용제도의 개선책을 모색하고 집단건설용지제도의 개혁을 추진하는 것이었다. 개략적이나마 그 구체적인 내용을 살펴보면 다음과 같다.

2004년의 1호 문건에 의하면, 각 정부 부서는 가장 엄격한 농경지 보호 제도를 확실하게 실시하고 집단 비농업 건설용지가 시장에서 유통될 수 있는 방안을 모색해야 한다고 강조하였으며, 2005년의 1호 문건에서는, 농촌토지 수용 제도 개혁을 가속화할 것을 강조하였다. 그리고 2006년의 1호 문건은, 토지 수용 제도 개혁의 경험을 더 깊이 있게 탐색하여야 한다고 강조하면서, 법에 의거하여 사적 자치의(自願) 원칙 및 보상 원칙과 토지도급경영권의 양도 체제를 보완하고, 여건이 충족된 지역에서는 다양한 형식으로 적절한 규모의 경영을 독려할 것을 규정하였다. 2007년의 1호 문건에서는 어민의 갯벌 양식 수역의 사용권을 보장하고, 농촌 공동체 산림 소유권의 개혁을 촉진할 것을 제시하였다. 2008년의 1호 문건에서는 토지도급경영권 등기제도를 신속하게 구축하고, 임대 형식으로 토지 수용을 대체(以租代征)하는 등의 방식으로 건설용지를 제공하는 것을 엄격하게 금지할 것과, 도시 주민들이 농촌에서 대지(宅基地)나 농가 주택 및 「小産權房」41)을 매입해서는 안된다고 규정하였으며, 도시 건설용지의 증가와 농촌 건설용지의 감소를 연계시키면서 법에 의거하여 농민의 宅基地 정리 업무를 규범화할 것을 제시하였다.42)

---

40) 沈開擧/鄭磊, 앞의 논문, 8면.

41) 중국에서 도시주택산업이 급속하게 발전함에 따라 국가의 주택건설계획에는 부합하지 않지만, 집단소유의 토지 상에 건설되어 거래되고 있는 변칙적인 불법 주택이 등장하게 되었으며, 農村宅基地를 비롯하여 集體建設用地 또는 농업 용지를 개발하여 주거로 사용하는 주택이 등장하게 되었는데, 이러한 주택을 개괄하여 「小産權房」이라고 한다. 자세한 내용은 제2장 [2] 참조.

42) 2008년 10월 12일 중국공산당 제17기 중앙위원회 제3차 전체회의에서 통과된 「中共中央關于推進農村改革發展若干重大問題的決定」 참조.

4. 현행 토지법체계

중국의 토지법체계에서 토지의 기본법으로서 가장 핵심적인 법률은 단연 「土地管理法」이라고 할 수 있다.[43]

1986년 6월 25일 제6기 전국인민대표대회 상무위원회 제16차 회의에서 통과된 토지관리법은 중국 토지관리의 기본제도를 수립한 법률로서, 제정 당시에는 총 6장(제1장 총칙, 제2장 토지소유권과 사용권, 제3장 토지의 이용과 보호, 제4장 국가건설용지, 제5장 鄕(鎭)村建設用地, 제6장 법률책임)의 57개 조문으로 구성되어 있었다. 그 후 3차례에 걸쳐 개정되어 현재 제1장 총칙(제1조-제7조), 제2장 토지의 소유권과 사용권(제8조-제16조), 제3장 토지이용의 총체적 계획(제17조-제30조), 제4장 경지 보호(제31조-제42조), 제5장 건설용지(제43조-제65조), 제6장 감독 검사(제66조-제72조), 제7장 법적 책임(제73조-제84조), 제8장 부칙(제85조-제86조)으로 편제되어 있으며, 그 후 개정된 내용은 1999년 1월 1일부터 시행되어 오늘에 이르고 있다.[44] 제1차 개정은 1988년 12월 29일 제7기 전국인민대표대회 상무위원회 5차 회의에서 이루어졌는데, 그 개정 배경은 80년대 말 개혁개방정책이 활기를 띠게 되면서 토지사용권의 유통 문제가 절박한 문제로 대두되자, 이를 해결하기 위한 방안으로서 토지관리법의 개정이 요구되었던 것이다. 즉 당시 중국 헌법 제10조 제4항은 토지의 양도를 금지하였다(禁止土地出讓). 이를 개선하기 위하여 1988년 4월 인민대표대회 제1차 회의에서 헌법수정안이 통과됨으로써, 헌법 제10조 제4항은, 「토지의 사용권은 법률의 규정에 의하여 양도할 수 있다」는 내용으로 개정되었으며, 이에 의거하여 그해 12월 29일 먼저 헌법이 개정되고 이어서 토지관리법 개정안이 통과되어 제1차 개정이 이루어졌던 것이다. 개정된 주요 내용은 토지의 양도 금지 조항을 삭제하고, 「국유토지와 집단소유 토지의 토지사용권은 법에 의하여 양도할 수 있다(제2조 제3항)」, 「국가는 법에 의하여 국유토지의 유상 사용제도를 실시한다(제2조 제5항)」라고 규정하여 이미 앞에서 언급하였듯이 국유토지와 집단토지 사용권의 양도와 보상제도를 도입하게 되었다. 그 후 개혁개방

---

43) 高富平, 앞의 책(土地法學), 12면.

44) 중국의 토지관리법에 대하여는 이미 선행연구가 있다. 윤상윤, 중국 토지관리법 상의 집체건설용지사용권에 관한 연구, 중국연구 제58권(2013), 271-291면; 장석천, 중국 토지관리법상 토지 소유권과 사용권에 대한 이해, 법학연구 제29권 제1호(2018. 6), 303-323면 참조.

정책이 고무적으로 운용되면서 지나치게 경제적인 이익을 추구하려는 사회적인 분위기로 말미암아 중국 사회는 여러 가지 병폐가 드러나게 되는데, 특히 토지 문제로서 경지의 무분별한 점유(亂占耕地)와 난개발 등으로 인하여 경지가 대량 유실되는 사태가 발생하게 되었던 것이다. 이러한 현실을 타개하기 위하여 1998년 토지관리법 제2차 개정이 단행된 것이다. 그 주된 내용으로서는 ① 토지 용도에 따른 관제 제도를 확립하고, 농지의 건설용지로의 전환을 엄격하게 제한하여 경지를 보호한다. ② 토지를 農用地와 건설용지 및 未利用地의 3유형으로 구분한다. ③ 3분된 토지의 용도를 기초로 하여 토지이용에 관한 총체적인 계획을 수립하고 토지이용관리를 실시한다. ④ 연도별로 토지이용계획을 수립하여 실시한다. ⑤ 경지의 비경지로의 전향을 엄격하게 규제하며, 농지를 보호하는 제도를 실행한다. ⑥ 농촌건설용지와 도시건설용지를 건설용지로 통합한다. ⑦ 농업용지의 건설용지로의 전환을 엄격하게 규제하고, 법에 의한 허가를 받지 않고는 농지를 占用할 수 없으며, 이를 위반한 때에는 토지의 불법 점용이 된다. ⑧ 농업용지를 수용할 때에는 반드시 먼저 농업용지의 전용 허가를 받은 다음 수용 허가를 받아야 하며, 국무원이나 성급 인민정부가 수용을 허가할 때에는 수용 절차를 준수함과 동시에 피수용자의 이익을 보호하여야 한다. ⑨ 농민집단소유의 토지사용권은 양도할 수 없으며, 농업용 건설을 위하여 임대할 수 없다. 어떠한 단위나 개인이 건설하기 위하여 토지를 사용하고자 할 때에는 반드시 법에 의하여 국유 토지 사용을 신청하여야 한다.

그 후 제3차 개정은 2004년 3월 14일 제10차 전국인민대표대회 제2차 회의에서 통과된 헌법개정안에 따라, 헌법 제10조 제3항(국가가 공공이익을 위하여 필요한 때에는 법률 규정에 의하여 토지를 징발할 수 있다)의 내용을 「국가가 공공이익을 위하여 필요한 때에는 법률 규정에 의하여 토지를 수용하거나 징발할 수 있다」라고 개정함으로써, 토지관리법에도 「국가가 공공 이익을 위하여 필요한 때에는 토지를 수용하거나 징발할 수 있으며, 동시에 보상하여야 한다(제2조 제1항)」는 내용으로 개정된 것이며, 그 외 다른 조항에서도 「징발(征用)」을 「수용(征收)」으로 개정하였다.[45]

또한 2007년 물권법이 제정되면서 시장경제체제 하의 국가와 집단 및 개인의

---

45) 高富平 主編, 앞의 책, 12면.

재산 보호원칙이 확립됨으로써, 토지관리법도 다시 정비하여야 할 필요성이 제기되어 2009년 중국 정부는 토지관리법의 개정작업에 착수하였다. 2012년 11월 국무원 상무회의를 통과한 「토지관리법 개정안(초안)」은 전국인민대표대회의 심의를 위하여 제출되었다. 개정안의 주된 내용은 토지수용에 대한 보상제도의 완전한 정비를 목표로 하고 있으며, 현재 토지수용에 대한 보상비가 토지 수용전 3년간의 연평균 생산액의 30배를 초과하지 못하는 것으로 규정되어 있는 내용(토지관리법 제47조)을 30배 보상 상한제를 폐지하는 것 등, 토지수용에 대한 보상 내용을 사회보장 차원에서 증액하는 취지의 내용 등을 담고 있다.[46]

그 후 2017년 5월 23일 중국 국토자원부는 토지관리법 개정안을 준비하여 사회 각계의 의견을 구하는 공고를 하였으며[國土資源部《中華人民共和國土地管理法(修正案)》(征求意見稿) 公開征求意見情況的 公告],[47] 최근 2018년 3월 21일 개정 전후의 내용을 정리하여 다시 공고하였다.[48] 그 자세한 내용은 항을 바꾸어 살펴보도록 한다.

또한 1998년 12월 국무원이 공포한 「토지관리법실시조례(中華人民共和國土地管理法實施條例)」도 토지관리법의 중요한 구성부분으로서 토지 이용과 관련된 핵심적인 규범이 된다. 토지관리법실시조례는 2011년 1월 8일 「국무원의 행정법규의 폐지와 개정에 관한 결정(國務院關于廢止和修改部分行政法規的決定)」에 의하여 1차로 개정 되었으며, 그 후 2014년 7월 29일 위와 동일한 결정에 의하여 2차적으로 개정되었다. 그 편제 역시 토지관리법과 동일하게 8개 장 46개의 조문으로 구성되어 있다.

그 밖에도 토지 자원을 이용하고 보호하기 위한 특수한 토지관리법으로서 「초원법」과 「삼림법」 등이 제정되었으며, 이러한 법률들은 단행법으로서 특정 영역의 토지에 관한 이용과 보호 및 관리에 관한 규범으로서 토지관리법의 특별법이라고 할 수 있다.

또한 토지의 계획적인 이용에 관한 법률(법규)로서는, 國土資源部가 제정한 「土地利用年度計劃管理辦法(1999년 제정, 2004년과 2006년 개정)」, 「建設項目用地預

---

46) 토지관리법의 개정 과정과 더욱 자세한 내용은 高聖平, 中國土地法制的現代化—以土地管理法的修改爲中心, 法律出版社(2014), 11-26면.

47) http://test.mlr.gov.cn/gk/tzgg/201707/t20170712_1992581.html

48) http://illss.gdufs.edu.cn/info/1121/5900.htm

審管理辦法(2001년 제정, 2004년과 2008년 개정)」, 「建設項目用地審查報批管理辦法 (2004년 제정)」등을 들 수 있다.

　　토지 보호에 관한 내용으로서는 중국에 많은 법률(법규)가 제정되어 있다. 예컨대 국무원이 공포한 「基本農田保護條例(1998년 제정)」은 농지보호제도의 기초를 확립한 것으로서 농업생산과 사회경제의 지속적인 발전을 촉진한다. 그 외에도 전국인민대표대회 상무위원회에서 공포한 「水土保持法(1991년 제정, 2010년 개정)」과 국무원에서 제정한 「水土保持法實施條例(1993년 제정, 2011년 개정)」는 자연적이거나 인위적인 水土의 유실을 예방하고, 생태 환경을 개선하며 나아가 水土 자원의 합리적인 이용을 보호함으로써 경제사회가 지속적으로 발전할 수 있도록 보장하는 역할을 한다.

Ⅲ. 중국 토지법제의 과제와 전망

1. 토지관리법의 개정

　　2007년 3월 물권법(中華人民共和國物權法)이 제정되어 시행되면서 토지법의 기본법으로서 토지관리법은 개정되어야 할 필요성이 절박하게 되었다. 중국의 물권법은 부동산을 중심으로 구축된 법률체계로서[49] 부동산은 토지가 그 핵심이라고 하지 않을 수 없으므로,[50] 물권법과 토지관리법의 관계는 실로 밀접하며 대단히 복잡하게 얽혀 있다(千絲萬縷)는 점에서 토지법제의 최대 과제는 물권법과 토지관리법의 관계를 정리하는 것이라고 할 수 있다.[51]

　　종래 토지관리법의 폐단과 문제점에 대하여는 여러 차례 지적된 바 있다. 특히 토지관리법 제1조는 국가의 토지행정 측면에서 토지관리 관계를 규정한 것으로서 불평등한 공법관계를 전제하고 있다는 점에서 비판을 면할 수 없으며,[52] 토지의 관리만 중시하고 권리행사는 경시하고 있다는 지적도 있다.[53] 또한 인민공

---

49) 王利明, 物權法研究, 中國人民大學出版社(2013), 119-120면.
50) 王利明, 위의 책, 67면.
51) 高聖平, 中國土地法制的現代化, 法律出版社(2014), 1면.
52) 許乙川, 現行《土地管理法》的不足及修改完善思路, 法治研究 2013年 第6期, 109-110면.
53) 陳利根/張金明, 城鄉統籌一體化與土地法的協同滄新, 河北法學 第31卷 第9期(2013年 9月), 18면.

사체제가 해체된 후 집단토지소유권의 법정 소유자와 사실상의 행사자를 분리하여 토지관리법이 확립되었지만, 이제 중국 특유의 사회주위 시장경제제도의 발전에 따라 농촌도 근본적으로 개혁이 필요하므로 집단토지소유권 행사제도도 개혁이 필요하다는 지적도 제기되고 있다.[54]

이러한 제반 상황을 고려하여 토지관리법을 개정할 때에는 다음과 같은 기본원칙을 고려하여야 한다는 주장이 있다.[55]

첫째, 공법과 사법의 상호 결합의 원칙이다. 현행 토지관리법은 토지관리관계를 조정하는 측면에서 공법적 요소가 강하지만, 앞으로는 토지상의 권리에 관한 법률관계도 규율하여야 한다는 점에서 사법과 공법의 결합이 고려되어야 한다는 것이다.

둘째, 물권평등 보호의 원칙이다. 중국 물권법은 「국가와 집단 및 개인의 물권과 기타 권리자의 물권은 법적 보호를 받는다. 어떠한 조직이나 개인도 이를 침해하지 못한다(제4조)」라고 규정하여 물권평등주의를 채택하고 있으며, 토지의 소유권이란 직접 점유·사용·수익·처분할 수 있는 권능을 의미하는 것인데 반하여 아직 토지관리법은 일정한 제한을 가하고 있다는 것이다. 이를테면 토지관리법 제43조에 의하면, 「어떠한 조직이나 개인이 건설을 위하여 토지사용이 필요한 경우에는 반드시 법에 따라 국유토지사용을 신청하여야 한다. 다만 鄕鎭企業을 설립하거나 촌민의 주택을 건설하기 위하여 법에 따라 당해 집단경제조직 농민집단 소유의 토지를 허가 받아 사용하거나 향(진), 촌 공공시설과 공익사업 건설을 위하여 법에 따라 농민집단소유의 토지를 허가 받아 사용하는 경우는 제외한다」고 규정하고 있다.

셋째, 타인 물권 존중의 원칙이다. 물권법 제2조는 「본법에서 물권이란 권리자가 법에 따라 특정한 物에 대하여 갖는 직접적으로 지배하는 배타적 권리를 지칭하며, 소유권, 용익물권, 담보물권을 포함한다」라고 규정하여(동조 제3항) 물권의 배타성과 직접 지배성을 밝히고 있으며, 물권이 침해된 경우에는 민사책임이나 행정책임 또는 경우에 따라서는 형사책임을 부담하는 것으로 규정하고 있다는 점에서

---

54) 楊靑貴, 《土地管理法》修改與集體土地所有權行使制度變革, 理論與改革, 2015年 6月, 176−19면.
55) 高聖平, 앞의 책(中國土地法制的現代化), 6−10면.

(물권법 제38조 제2항), 행정책임만 부과하고 있는 토지관리법의 개정은 필수적이라고 할 수 있다.

이러한 분위기를 반영한 듯 2018년 3월 21일 토지관리법의 개정안이 공고되었다. 이에 의하면, 토지관리법은 중국의 정황에 부합하여 농민의 토지 권익과 경지를 보호하고 농촌의 안정을 도모하기 위하여 제정된 후 1988년과 2004년 개정을 거쳤지만, 그동안 중국의 공업화에 수반하여 농촌이 개혁·발전하였으므로 현행 토지관리제도는 사회주의 시장경제 상황에 적응하지 못하고 있다는 점에서 토지관리제도 개정의 필요성을 강조하고 있다.

주요 개정 내용으로서는 토지수용제도를 정비하고, 농촌집단경영성 건설용지의 시장제도 도입을 추진하며, 농촌 宅基地制度의 개혁, 농촌토지제도 개혁과 관련된 다른 제도 정비 등이라고 한다. 그런데 정작 개정안의 내용을 보면 토지관리법의 전면적인 개편이 아니라 부분적인 보완에 불과한 듯하다. 부분적인 보완을 제외하고 개정안에 완전히 새롭게 신설된 내용을 소개하면 다음과 같다.

첫째, 국가의 토지 감찰제도를 도입하여 국무원이 토지 총감찰을 실시하도록 하였다(개정안 제6조).

둘째, 등기제도를 규정하여 농촌집단소유의 토지소유권·국유토지의 사용권·林地나 초원의 소유권이나 사용권 등 모든 토지의 소유권이나 사용권은 등기부를 통하여 확인하도록 규정하고 있다(개정안 제12조).

셋째, 토지이용의 총체적인 계획은 창조적·녹색·개방·발전이념의 공유·환경자원의 보호 등 제반 사정을 종합적으로 고려하여 실시하며, 특히 집중적인 토지이용으로 절약하여 토지이용율을 제고할 수 있도록 하며, 민중의 합법적인 권익을 보호하고, 發展成果의 공유를 보장하여야 한다(개정안 제19조).

넷째, 전국 토지이용의 총체적 계획은 省, 자치구, 직할시의 토지이용 관계 부서에서 관장한다(개정안 제20조).

다섯째, 국가는 농지를 보호하며, 농지의 비농지로의 전환을 엄격하게 통제한다(개정안 제31조).

여섯째, 토지관리법 제5장 건설용지 편을 대폭 수정하였는데, 토지수용사유를 보완하여 국방이나 외교적 필요성, 교통, 교육, 문화 등 자세한 사유를 제시하고 있으며(개정안 제44조), 국가는 통일된 건설용지시장을 구축하여 집단토지이용의 총체적 계획에 부합한다면 집단토지소유권의 양도나 임대 등은 허가를 받아 서면계약으로 가능하도록 하였다(개정안 제63조).

끝으로 제7장의 법률책임제도를 강화하고 있다(개정안 제78조, 제79조).56)

2. 토지수용제도의 개선

중국 헌법 제10조 제3항은 「국가는 공공이익의 필요에 의하여 법률 규정에 따라 토지를 수용하거나 또는 징발하고 보상할 수 있다」고 규정함으로써 토지수용의 근거를 밝히고 있으며, 물권법 제42조는 토지를 비롯하여 단체나 개인의 주거 및 기타 부동산에 대한 수용에 관하여 규정하고 있지만,57) 그 내용은 매우 추상적이고 일종의 정치적 태도를 표명한 것에 불과하다.58) 특히 수용이나 징발에 관한 내용은 토지관리법에서 규율하고 있는데, 토지관리법 제43조는 국유토지의 사용이 필요한 경우에는 반드시 법에 따라 토지사용 신청을 하여야 한다고 규정하고 있는 등, 정부가 실제로 운동 선수와 심판의 역할을 모두 하고 있다는 비판이 제기되고 있다.59) 실례로서 정부가 수령한 토지 양도금은 사실상 정부 예산외 수입의 중요한 원천이 되고 있으며,60) 도시의 기반시설 건축에 필요한 자금의 약 80% 정도가 정부에 의한 토지의 양도나 임대 수익으로 충당된다고 한다.61) 이에 반하여 1979년 이래 중국 정부가 저가로 농민의 토지를 수용함으로써 결국 농민

---

56) 2019년 개정된 「토지관리법」의 자세한 내용은 제1장 [2] 참조.

57) 중국 물권법 제42조: ① 공익의 필요에 의하여 법률이 정하는 권한과 절차에 따라 집단이 소유하는 토지와 단체·개인의 주거(房屋) 및 기타 부동산을 수용할 수 있다. ② 집단이 소유하는 토지의 수용은 법에 따라 토지보상비·정착보상비(安置補助費)·지상정착물과 풋곡식(靑苗)의 보상비 등의 보상금을 법에 따라 충분한 금액으로 지급하여야 하고, 피수용지 농민의 사회보장비용을 마련하여 피수용지 농민의 생활을 보장하며, 피수용지 농민의 합법적인 권리를 보호하여야 한다. ③ 단체·개인의 주거 및 기타 부동산은 법에 따라 철거 보상을 하여야 하고 피수용자의 합법적인 권리를 보호하여야 한다. 개인의 주택을 수용하는 경우에는 피수용자의 주거조건도 보장하여야 한다. ④ 어느 단체와 개인도 수용보상비 등의 보상금을 횡령(貪汚)·유용(挪用)·착복(私分)·유치(截留)·연체(拖欠)할 수 없다.

58) 보완된 민법 제243조의 내용은 제3장 [5] 참조.

59) 沈開擧/鄭磊, 앞의 논문, 8면.

60) 王紅茹, 土地紛糾急催征地制度改革, 中國經濟週刊, 2006年 第6期.

61) 鄒曉云, 中國土地使用制度改革三十年, 中國報道, 2008年 第10期.

들은 최소 중국 화폐로 약 2,000억 元의 손실을 입었다는 보고도 있다.[62]

이러한 제반 사정을 감안할 때, 향후 토지수용제도를 보완하여 정부의 토지수용 권한을 대거 제한하고, 토지수용의 범위를 축소시키며, 실질적인 보상기준을 향상시 킬 수 있는 방향으로 토지관리법 등 관련 토지법제가 개혁되어야 할 것이다.[63]

3. 토지법의 통일화

종래 중국의 법치주의의 확립은 사실상 중앙 정부가 묵인하고 있는 와중에 지 방에서 시범적으로 실시한 후 점진적으로 확대해나가는 방식으로 이루어졌다고 할 수 있다.[64] 또한 중국 정부가 개혁개방 정책을 시행한 이후 토지관리법이 제 정되고 그 후 3차례의 개정을 하였지만, 토지에 관한 법률은 토지관리법을 비롯 하여 「도시부동산관리법(城市不動産管理法)」, 「농촌토지도급법」, 「담보법」, 「농업법」 등의 법률에 산재되어 있으므로 이를 체계적으로 정비하여 통일된 토지법의 정립 이 요구된다고 할 것이다. 특히 집단소유토지에 대한 불합리한 규제를 철폐하고, 국유토지와 집단토지를 구분하지 않고 소유권과 양도 및 가격에 있어서 「同權· 同市·同價」원칙을 정립하는 것이야말로 향후 토지법의 제정이나 개정의 중대한 과제라고 할 수 있다. 또한 토지에 관한 기본법으로서 통일된 「토지법」을 제정하 는 작업도 향후 과제의 하나라고 할 것이다.[65]

Ⅳ. 결

이상으로서 1978년 중국 정부가 개혁개방 정책을 표방한 이래 오늘에 이르기 까지 중국의 토지법제가 어떠한 과정을 거쳐 정립되고 개정되거나 변천되어 왔는 지 개괄적으로나마 정리해 보았다. 아래에서는 그 내용을 요약 정리함으로써 결 론에 갈음하고자 한다.

---

62) 党國英, 中國制度對農民的剝奪, 中國改革 2005年 第7期.
63) 沈開擧/鄭磊, 앞의 논문, 9면.
64) 이를테면 가정 도급제도 역시 중국 안휘성 소강마을(小崗村)의 농민 18명이 합심하여 도급제를 실시한 연후에 전면적인 도급제도가 확립되었다고 할 수 있다.
65) 沈開擧/鄭磊, 앞의 논문, 9면.

무엇보다도 중국의 토지제도는 공유제라고 하는 중국 특유의 사회주의체제에 기반을 두고 있다는 점을 간과할 수 없다. 그렇지만, 개혁개방 정책이 수용되면서 점차적인 일련의 변화의 흐름이 있음을 발견하게 된다. 그 가장 큰 특징이라고 할 수 있는 내용은 초기에는 주로 공법적인 측면이 강조되어 토지의 공법적 규제에 관한 내용의 법률이 주류를 이루었지만, 시간이 흐를수록 사법적 측면도 부상하여 국가소유의 토지나 집단소유의 토지에 대한 개인의 재산권이 점차적으로 보장되어 가고 있다는 것이다. 그 예로서 토지 수용에 대한 실질적인 보상 문제가 사회 전반적으로 대두되고 있다는 점을 들 수 있다. 또한 개혁개방 초기의 토지에 대한 각종 규제는 중국 정부의 행정 처분에 의한 것이 다수를 이루었지만, 해가 갈수록 관련 법률(예컨대 토지관리법 등)을 제정하고 정비함으로써 법치주의 정책과 결합하여 법률에 의한 규제가 강화되고 있다는 점을 지적할 수 있다.

　　이와 같은 중국의 개혁개방 정책이 시행된 후 추진된 토지법제의 변천 양상은 향후 북한이 전면적이거나 부분적인 개방정책을 표방하고 시행할 때, 북한에서의 토지법제의 변화 추세를 가늠할 수 있는 하나의 참고자료가 될 수 있을 것으로 본다.

색 인

민법통칙 50

참고문헌

국내 문헌

김성수, 중국의 불법행위법(1), 진원사, 2013.

이상욱 역, 중국계약법전, 영남대학교출판부, 2005.

이선영, 한국토지법대강, 리북스, 2016.

정권섭, 토지소유권법, 법원사, 1995.

張晉蕃 主編, 中國法制史, 한기종 외 번역, 중국법제사, 소나무, 2006.

강광문, 중국 집체토지소유권(집체토지소유권)의 법적 성질에 대한 고찰 - 개념, 역사, 한국과의 비교 등-, 강원법학 제53권(2018. 2)

김종우, 중국의 토지도급법제도에 관한 고찰, 중국법연구 제17집, 2012.

김지용, 중국 농촌토지제도의 역사적 변천과 신 전개, 농업사연구 제3권 제2호, 2004.

박성률/배성호, 중국 토지수용제도의 현황과 개선 방안, 민사법의 이론과 실무 제21권 제4호, 2018.

왕리명, 중국민법전의 제정, 저스티스 제158권 제2호, 2017. 2.

윤상윤, 중국 토지관리법 상의 집체건설용지사용권에 관한 연구, 중국연구 제58권, 2013.

윤태순, 중국민법전의 제정과 민법학의 과제, 법학연구 제26권 제1호, 2015. 6.

이상욱, 중국민법전상의 인격권, 영남법학 제51권, 2020.

이상태, 한국에서의 토지법의 동향과 과제, 토지법학 제23권 제2호, 2007.

이재목, 중국 물권법상 부동산 선의취득제도, 인권과 정의 제389호, 2009.

장공자, 중국의 사회구조변화와 여성 : 소강사회건설과 여성의 정치 사회참여, 국제지역연구 제9권 제2호, 2005.

장석천, 중국 물권법상 부동산 선의취득에 대한 고찰, 재산법연구 제25권 제2호, 2008.

_____, 중국 토지관리법상 토지 소유권과 사용권에 대한 이해, 법학연구 제29권 제1호, 충북대학교 법학연구소, 2018.

조동제, 중국농촌건설용지사용권의 유통제도의 새로운 사고, 중국법연구 제11집, 2009.

_____, 중국농촌토지수익분배의 분쟁 해결에 대한 법적 사고, 토지법학 제31권 제2호, 2015.

_____, 중국토지소유권의 법률제도에 관한 고찰, 동아법학 제44집, 2009.

葛雲松, 中國的新《物權法》要覽, 민사법학 제39권 제2호, 2007.

曾興華/조동제, 중국에서의 土地收用 및 가옥철거에 관한 법적 문제 – 공공의 이익과 사유
　　　　재산권 보장의 형평성 시각에서 –, 토지법학 제25권 제2호, 2009.

陈志/李子贡/陈大鹏, 중국의 농촌토지도급권과 토지경영권 속성에 관한 연구, 국제거래와
　　　　법 제26호, 동아대학교 법학연구소, 2019.

洪海林, 중국토지수용제도개혁에 따른 약간의 중대한 문제, 토지법학 제25권 제2호, 2009.

중국 문헌

江平 主编, 民法学, 中国政法大学出版社, 2007.

＿＿＿＿＿, 中国物权法教程, 知识产权出版社, 2007.

＿＿＿＿＿, 中国物权法教程(修订版), 知识产权出版社, 2008.

＿＿＿＿＿, 中和人民共和国物权法精解, 中国政法大学出版社, 2007.

高富平 主编, 土地法学, 高等教育出版社, 2016.

＿＿＿＿, 土地使用权和用益物权, 法律出版社, 2001.

高飞, 集体土地所有权主体制度联句, 法律出版社, 2012.

高圣平, 物权法担保物权编, 中国人民大学出版社, 2007.

＿＿＿＿, 中国土地法制的现代化 – 以土地管理法的修改为中心, 法律出版社, 2014.

郭建, 中国财产法史稿, 中国政法大学出版社, 2005.

郭明瑞, 物权法实施以来疑难案例研究, 中国法制出版社, 2011.

＿＿＿＿, 中华人民共和国 物权法释义, 中国法制出版社, 2007.

屈茂辉 主编, 物权法 原理精要与实务指南, 人民法院出版社, 2008.

＿＿＿＿, 用益物权制度研究, 中国方正出版社, 2005.

杜涛 主编, 中华人民共和国 农村土地承包法 解读, 中国法制出版社, 2017.

滕晓春/李志强, 《中华人民共和国物权法》释义, 立信会计出版社, 2007.

刘保玉, 物权法, 上海人民出版社, 2003.

＿＿＿＿, 物权体系论, 人民法院出版社, 2004.

刘云生 主编, 中国不动产法研究, 法律出版社, 2007.

刘俊, 中国土地法理論研究, 法律出版社, 2006.

刘智慧 主编, 物权法 立法观念与疑难制度评注, 江苏人民出版社, 2007.

＿＿＿＿＿＿, 中国物权法解释与应用, 人民法院出版社, 2007.

马新彦 主编, 中华人民共和国 物权法 法条精义与案例解析, 中国法制出版社, 2007.

孟勤国, 物权二元结构论, 人民法院出版社, 2009.

武树臣 著, 中国传统法律文化鸟瞰, 大象出版社, 1997.

物权法(草案)学习讨论参考, 中国法制出版社, 2005.

法学研究编辑部 编, 新中国民法学研究综述, 中国社会科学出版社, 1990.

符启林, 房地产法, 法律出版社, 2009.

费安玲, 比较担保法, 中国政法大学出版社, 2004.

史尚宽, 民法总论, 中国政法大学出版社, 2000.

谢哲胜/常鹏翱/吴春岐, 中国民法典立法研究, 北京大学出版社, 2005.

孙鹏, 物权公示论, 法律出版社, 2004.

孙宪忠, 国有土地使用权财产法论, 中国社会科学出版社, 1993.

＿＿＿, 論物权法, 法律出版社, 2001.

＿＿＿, 中国物权法原理, 法律出版社, 2004.

＿＿＿, 中国物权法总论, 法律出版社, 2003.

＿＿＿, 中国物权法总论, 法律出版社, 2009.

胜晓春/李志强, 中华人民共和国 物权法释义, 立信会计出版社, 2007.

沈宗灵, 比较法总论, 北京大学出版社, 1987.

杨大志, 《中华人民共和国 物权法》释义, 农村读物出版社, 2007.

杨立新, 共有权研究, 高等教育出版社, 2003.

＿＿＿, 物权法, 第二版, 中国人民大学出版社, 2007.

＿＿＿, 中华人民共和国 民法典 条文要义, 中国法制出版社, 2020.

＿＿＿, 中国百年民法典汇编, 中国法制出版社(2011).

杨立新/刘德权 主编, 物权法实施疑难问题司法对策, 人民法院出版社, 2008.

杨立新/程啸/梅夏英/朱呈义, 物权法, 中国人民大学出版社, 2004.

杨立新外, 物权法, 中国人民大学出版社, 2004.

杨凤春, 图解当代中国政治, 重华书局, 2011.

杨松龄, 实用土地法精义, 五南图书出版社, 2012.

杨遂全, 中国之路与中国民法典(不能忽视的100个现实问题), 法律出版社, 2005.

梁慧星 主编, 中国物权法研究 (下册), 法律出版社, 1998.

＿＿＿, 民法总论, 法律出版社, 2001.

＿＿＿, 中国物权法草案建议稿, 社会科学文献出版社, 2000.

＿＿＿, 中国民法典草案建议稿附理由 物权编, 法律出版社, 2004.

_____, 中国民法典草案建议稿附理由, 总则编 物权编 债权总则编 .合同编 侵权行为编.继承
　　　编, 法律出版社, 2004.

梁慧星/陈华彬, 物权法(第3版), 法律出版社, 2005.

_____, 物权法, 法律出版社, 2003.

余能斌外, 民法学, 人民法院出版社, 2003.

余能斌, 现代物权法专论, 法律出版社, 2002.

吴高盛, 《中华人民共和国物权法》解析, 人民法院出版社, 2007.

_____, 中华人民共和国物权法释析, 人民法院出版社, 2007.

吴春岐, 中国土地法体系构建与制度创新研究, 经济管理出版社, 2012.

吴春岐/郝志刚, 抵押权, 中国法制出版社, 2007.

温世扬/廖焕国, 物权法通论, 人民法院出版社, 2005.

王利明 主编, 中国物权法草案建议及说明, 中国法制出版社, 2001.

_____, 物权法论, 中国政法大学出版社, 1997.

_____, 物权法论, 中国政法大学出版社, 2000.

_____, 物权法论, 中国政法大学出版社, 2003.

_____, 物权法研究 上卷(修订版), 中国人民大学出版社, 2007.

_____, 物权法研究 下卷(修订版), 中国人民大学出版社, 2007.

_____, 物权法研究, 中国人民大学出版社, 2002.

_____, 物权法研究, 中国人民大学出版社, 2007.

_____, 物权法研究, 中国人民大学出版社, 2013.

_____, 物权法专题研究 (上) (河), 吉林人民出版社, 2002.

_____, 民法典体系研究, 中国人民大学出版社, 2008.

_____, 我国民法典重大疑难问题之研究, 法律出版社, 2006.

_____, 中国物权法草案建议稿及说明, 中国法制出版社, 2001.

_____, 中国民法典学者建议稿及立法理由 物权编, 法律出版社, 2005.

_____, 中国民法典学者建议稿及立法理由, 总则编 人格权编.婚姻家庭编.继承编 物权编 债
　　　权总则编.合同编 侵权行为编, 法律出版社, 2005.

王利明/郭明瑞/吴汉东, 民法新论(上), (下), 中国政法大学出版社, 1988.

王利明/尹飞/程啸, 中国物权法教程, 人民法院出版社, 2007.

王宝发, 物权法实用问答, 法律出版社, 2007.

王胜明 主编, 中华人民共和国 物权法解读, 中国法制出版社, 2007.

王卫国, 中国土地权利研究, 中国政法大学出版社, 2003.

王茵，不动产物权变动和交易安全，商务印书馆，2004.

王效贤/刘海亮，物权法 总则与所有权制度，知识产权出版社，2005.

蔿永钦，民法物权争议问题研究，清华大学出版社，2004.

游劝荣，物权法比较研究，人民法院出版社，2004.

_____，物权法与社会发展比较研究，人民法院出版社，2009.

劉智慧 主编，《物权法》立法观念与疑难制度评注，江苏人民出版社，2007.

_____，中国物权法解释与应用，人民法院出版社，2007.

李显冬，中国物权法要义与案例释解，法律出版社，2007.

林增杰/沈守愚，土地法学，中国人民大学出版社，1989.

张庆华，国有土地使用权纠纷处理与豫防，法律出版社，2006.

张玉敏，继承法律制度研究，法律出版社，1999.

张义华，物权法论，中国人民公安大学出版社，2004.

全国人大常委会法制工作委员会民法室 编，中华人民共和国物权法 条文说明，立法理由及相关
　　　　规定，北京大学出版社，2007.

全国人大常委会法制工作委员会民法室 编著，物权法(草案)参考，中国民主法制出版社，2005.

全国人大常委会法制工作委员会民法室编，中华人民共和国物权法，北京大学出版社，2007.

全国人民代表大会常务委员会法制工作室民法室编，物权法及其相关规定对照手册，法律出版
　　　　社，2007.

全国人民代表大会常务委员会法制工作委员会民法室 编著，物权法 立法背景与观点全集，法律
　　　　出版社，2007.

钱明星，物权法原理，北京大学出版社，1994.

程啸，不动产登记法，法律出版社，2011.

郑云瑞，民法物权论，北京大学出版社，2006.

丁海俊，所有权，中国法制出版社，2007.

曹士兵，中国担保制度与担保方法，中国法制出版社，2008.

赵晓耕，新中国民法典起草历程回顾，法律出版社，2011.

周林彬，物权法新论，北京大学出版社，2002.

朱力宇，依法治国论，中国人民大学出版社，2004.

朱沙苗，各国房地产业惯例，贵州人民出版社，1994.

朱岩/高圣平/陈鑫，中国物权法评注，北京大学出版社，2007.

朱勇，中国民法近代化研究，中国政法大学出版社，2006.

中国物权法研究课题组(梁慧星责任)，中国物权法草案建议稿附理由，社会科学文献出版社，

2000.

中国法制出版社, 农村土地承包法 新解读, 2017.

中国法制出版社, 中华人民共和国 土地管理法 注解与配套, 中国法制出版社, 2011.

中国人民大学法学院编, 中国审判案例要览(2005年 民事审判案例卷), 中国人民大学出版社/人
        民法院出版社, 2006.

中外法学编辑部编, 中国民法百年回顾与前瞻, 法律出版社, 2002.

曾宪义/王利明, 物权法(第二版), 中国人民大学出版社, 2007.

陈健, 中国土地使用权制度, 机械工业出版社, 2003.

陈小君外, 农村土地法律制度研究, 中国政法大学出版社, 2004.

陈华彬, 物权法, 法律出版社, 2004.

_____, 物权法原理, 国家行政学院出版社, 1998.

_____, 物权法原理, 国家行政学院出版社, 2002.

_____, 民法物权论, 中国法制出版社, 2010.

肖国荣, 中国土地违法变迁及其影响因素研究, 中国农业出版社, 2016.

崔建远, 物权:生长与成型, 中国人民大学出版社, 2004.

_____, 物权法, 中国人民大学出版社, 2009.

_____, 准物权研究, 法律出版社, 2003.

_____, 土地上的权利群研究, 法律出版社, 2004.

邹瑜/顾明总, 法学大辞典, 中国政法大学出版社, 1991.

邹海林/常敏, 债权担保的方式和应用, 法律出版社, 1998.

沈开举 主编, 中国土地制度改革研究, 法律出版社, 2014.

土地管理法配套规定, 中国法制出版社, 2005.

彭万林 编, 民法学(修订本), 中国政法大学出版社, 1999.

蒲坚, 中国歷代土地资源法制研究, 北京大学出版社, 2011.

何志, 物权法 判解研究与适用, 人民法院出版社, 2007.

___, 物权法 判解研究与活用, 人民法院出版社, 2004.

韩松/姜战军/张翔, 物权法所有权编, 中国人民大学出版社, 2007.

韩清怀, 农村宅基地使用权制度研究, 中国政法大学出版社, 2015.

许安标/刘松山, 中华人民共和国宪法 通释, 中国法制出版社, 2003.

胡康生 主编, 全国人民代表大会常务委员会 法制工作委员会编, 中华人民共和国物权法释义,
        法律出版社, 2007.

_____, 中华人民共和国物权法释义, 法律出版社, 2007.

胡康生, 中华人民共和国 物权法释义, 法律出版社, 2007.

黄松有 主编,《中华人民共和国物权法》条文理解与适用, 人民法院出版社, 2007.

_____, 最高人民法院物权法研究小组 编著,《中华人民共和国物权法》条文理解与适用, 人
        民法院出版社, 2007.

黄松有,《中华人民共和国物权法》条文理解与适用, 民法院出版社, 2007.

_____, 农村土地承包, 人民法院出版社, 2005.

黄英, 农村土地流转法律问题研究, 中国政法大壑出版社, 2015.

黄鋆/孟勤国, 物权法的理论探索, 武汉大学出版社, 2004.

黄之英, 中国法治之路, 北京大学出版社, 2000.

侯水平/黄果天, 物权法争点详析, 法律出版社, 2007.

侯银萍, 新型城镇化背景下的用益物权研究, 法律出版社, 2015.

郭志京, 民法典视野下土地经营权的形性机制与体系结构, 法学家 2020年 第6期

_____, 民法典视野下土地经营权的形性机制与体系结构, 民商法学 2021年 第4期

管洪彦, "三权分置"下集体土地征收的法权结构和改革思路, 中国不动产法研究 2020年 第1辑
        (总第21辑)

渠涛, 关于中国物权法制度设计的思考, 中日民商法研究 第3卷, 法律出版社, 2005.

渠涛, 中国《物权法》中的所有权制度, 中日民商法研究, 第7卷, 法律出版社, 2009.

高圣平, 农村土地承包法修改后的承包地法权配置, 法学研究 2019年 第5期

耿卓, 农地三权分置改革中土地经营权的法理反思与制度回应, 法学家 2017年 第5期

___,《土地管理法》修正的宏观审视与微观设计, 社会科学 2018年 第8期.

屈茂辉, 地上权若干理论问题研究, 湖南师范大学社会科学报, 1995.

鲁晓明, 論小产权房流转, 法学杂志 2010年 第5期.

党国英, 中国制度对农民的剥夺, 中国改革 2005年 第7期.

邓海峰, 采鑛权, 土地使用权的冲突与协调, 江平主编, 中美物权法的现状与发展, 清华大学出
        版社, 2003.

苗延波, 关于我国物权法中是否规定空间权的思考, 民商法学, 2006.

武建东, 小产权房僵局或破, 中国土地, 2008.

房绍坤外, 用益物权三论, 中国法学 1996年 第2期.

法系式样论, 法学译丛 1985年 第4期.

费安玲, 不动产相邻关系与地役权若干问题的思考, 江苏行政学院学报, 2004.

徐万刚/杜兴端/李保国, 构建城鄕统一建设用地市场. 社会科学家 第154期, 2010.

成立/魏凌，《土地管理法》修订的背景，问题与方向，中国房地产，天津出版总社，2019.

苏勇/黄志勇，小产权房转化为保障性住房的路径选择，现代经济探讨 2011年 第2期.

孙国瑞，土地立法的演变趋势-甘藏春司长谈当代中国土地法律发展的总体趋势，中国国土资源报 2005.10.

孙宪忠，中国当前物权立法中的十五大疑难问题，民商法学，2006.

_____，中国大陆物权法制定的若干问题，月旦民商法研究 2 变动中的物权法，清华大学出版社，2004.

_____，中国物权法制定に关する若干の问题(1)，民商法杂志 第130卷 第4．5号，2004.8.

_____，推进农地三权分置经营模式的立法研究，中国社会科学 2016年 第7期

宋丽，"小产权房"合法化的理论探讨，现代商业 2009年 第6期.

宋志红，小产权房治理与《土地管理法》修改，中国土地科学 第24卷 第5期，2010.5.

_____，三权分置下农地流转权利体系重构研究，中国法学 2018年 第4期

沈开举/郑磊，社会变迁与中国土地法制改革：回顾与前瞻，农民与法 2009年 第10期

杨建军，中国法治发展:一般性与特殊性之兼容，法理学 法史学，2017.11.

杨立新/曹艳春，离脱人体的器官或组织的法律属性及其支配规则，中国法学，2006.

_____，人体医疗废物的权利归属及其支配规则，政治与法律，2006.

杨青贵，《土地管理法》修改与集体土地所有权行使制度变革，理论与改革，2015年 6月.

杨海静，小产权房拷问《物权法》，河北法学 第27卷 第7期，2009.7.

梁慧星，关于制定中国民法典的思考(上)，人民法院报，2000.

_____，中国《物权法》的制定，中日民商法研究 第7卷，法律出版社，2009.

_____，合同法的成功与不足(下)，中外法学，2000.

杨鸿烈，中国法律在东亚诸国之影响，商务印书馆，民国 26年.

英国的判例法和制定法，法学释丛，1985年 第1期.

王景新，中国农村土地制度变迁30年：怀眸与瞻望，改革开放30年，2008年 第6期.

王利明，建立取得时效制度的必要性探讨，甘肃政法学院学报 2002年 2号.

_____，论中国民法典体系，徐国栋 编，中国民法典 起草思路论战，中国政法大学出版社，2001.

_____，物权法制定过程中的几个重要问题，民商法学，2006.

_____，不动产善意取得的构成要件研究，政治与法律 2008年 第10期.

_____，添附制度若干问题探讨，民商法研究 第7辑，2009.

_____，回顾与展望:中国民法立法四十年，民商法学 2018.9.

_____，彰显时代性：中国民法典的鲜明特色，民商法学 2020.9.

王彦，解决小产权房问题对策研究，河北法学 第28卷 第9期，2010.

王卫国，小产权房动了谁的奶酪，建设市场报，2008.

王竹，《物权法(草案)》违宪风波"专题受记 ——对"违宪风波"的学术观察与评价，2007.

王清平，法治社会在中国建设的意义、难点和路径，法理学 法史学 2017. 12

王红茹，土地纠纷急催征地制度改革，中国经济周刊 2006年 第6期.

姚小林，土地法与中国农村的社会变迁，广东商学院学报 2005年 第4期(总81期).

龍翼飞/徐霖，对我国农村宅基地使用权对法律调整的立法建议，法学杂志 2009年 第9期.

李佳穗，试论小产权房的法律症结与改革路径，河北法学 第27卷 第8期，2009.8.

李钟声，中华法系，对北华欣文化事业中心，1985.

张鹏，民法典视野下建设用地使用权分屋设立利度的实施路经，民商法学 2021年 第4期.

张双根/张学哲，論我国土地物权制度，中国土地科学，1997.

张玉玲，不能让"小产权房"死灰復燃 - 访刘维新，光明日报，2008.

钱明星，我国用盆物权体系的研究，北京大学学报；哲学社会科学版，2002.

传鼎生，所有权取得特别规定，王利明 主编，物权法名家讲坛，中国人民大学出版社，2008.

丁文，论土地承包权与土地承包经营权的分离，中国法学 2015年 第3期

程啸，論不动产善意取得构成要件，法商研究 2010年 第5期(总第 139期).

周其仁，小产权 . 大机会，经济观察报，2007.

周之南，小产权房合法化解决不了大问题，光明日报，2007.

中国社会科学院法学研究所物权法研究课题组，制定中国物权法的基本思路，法学研究 1995年 第3期.

陈利根/张金明，城乡统筹一体化与土地法的协同滄新，河北法学 第31卷 第9期(2013年 9月).

阵思/叶剑平/薛白/姚睿，农地"三权分置"产权解构及政策优化建议，中国土地法学 第34卷 第10期. 2020. 10.

陈商，"小产权房"动了谁的奶酪，中国报道，2007.

陈小君，宅基地使用权，王利明 主编，物权法名家讲坛，中国人民大学出版社，2008.

阵佑武/李步云，改革开放以来法治与人权关系的歴史发展，现代法学 第37卷 第2期(2015. 3.)

陈耀东/高一丹，土地经营权的民法表达，天津法学 2020年 第3期(总第143期)

陈耀东/吴彬，"小产权房"及其买卖的法律困境与解决，法学論坛 第25卷 第1期，2010.1.

陈华彬，遗失物拾得的若干问题，陈华彬 民法典与民法物权，法律出版社，2009.

蔡继明，小产权房的制度根源及治理方略，热点难点研究 2009年 第22期.

蔡立东/姜楠，承包权与经营权分置的法构造，法学研究 2015年 第3期

肖扬，见证中国法治四十年，中国法律评论 2018年 第5期(总第23期).

邹晓云, 中国土地使用制度改革三十年, 中国报道, 2008年 第10期.

沈开舉/郑磊, 社会变迁与中国土地法制改革：回顾与前瞻, 公民与法 2009年 第10期.

沈国明, 改革开放40年中国法治建设回顾与展望, 东方法学 2018年 第6期.

彭诚信, 善意取得基础理论的内在逻辑证成, 王利明 主编, 中国民法年刊 2008, 法律出版社, 2009.

夏纪森, 法治与自发秩序−以家庭联产承包责任制为例, 法理学 法史学, 2017. 12.

韩松, 宅基地立法政策与宅基地使用权制度改革, 民商法学 2020年 第3期

许乙川, 现行《土地管理法》的不足及修改完善思路, 法治研究 2013年 第6期.

黄子瑞, 先天不足的善意取得制度, 杨立新/刘德权, 物权法实施疑难问题司法对策, 人民法院出版社, 2008.

일본 문헌

田中信行/渠濤, 中國物權法を考える, 商事法務, 2008.

近江幸治/孫憲忠, 中國物權法立法における「所有權」問題, 早稻田法學 第77卷 2期, 2002.

小田美佐子, 中國土地使用權と所有權, 法律文化史, 2002.

尹田(但見亮譯), 中國物權法における不動産物權公示の效力, 日中民法論壇, 早稻田大學出版部 (2010).

梁慧星/渠濤 , 中國民法典の制定, 民法改正研究會, 民法改正と世界の民法典, 信山社, 2009.

鄭芙蓉, 中國物權變動法制の構造と理論, 日本評論社, 2014.

陳小君, 文元春 譯, 中國農地法制變革と持續可能な發展, 比較法學 51卷 2號, 2017.

_____, 文元春 譯, 中國における農地「三權」分置政策の發展および農業社會への影響, 早稻田法學 95卷 1號, 2019.

온라인자료

http://free.banzhu.com/y/yanglijun/prog/ShowDetail.asp?id=34.

http://www.fatianxia.com/paper_list.asp?id=6014.

http://www.civillaw.com.cn/article/default.asp?id=31715.

http://www.gov.cn/xinwen/2021−02/25/content_5588879.htm

http://vip.chinalawinfo.com/SearchList.asp.

http://illss.gdufs.edu.cn/info/1121/5900.htm

http://test.mlr.gov.cn/gk/tzgg/201707/t20170712_1992581.html

https://www.thepaper.cn/newsDetail_forward_4282008.

https://zhidao.baidu.com/question/1694664999844589388.html.

https://www.thepaper.cn/newsDetail_forward_4282008.

http://test.mlr.gov.cn/gk/tzgg/201707/t20170712_1992581.html

http://illss.gdufs.edu.cn/info/1121/5900.htm

http://www.gov.cn/xinwen/2021-02/25/content_5588879.htm

저자 약력

이상욱

영남대학교 법학과 졸업(1978)
경북대학교 법학박사(1987)
전) 효성여자대학교(현 대구가톨릭대학교) 법학과 부교수
현) 영남대학교 법학전문대학원 교수

주요 저서

주석민법 채권총칙(1) (공저)
주석민법 채권총칙(7) (공저)
Quick Review 채권총론
Quick Review 채권각론
민법강의 Ⅰ
법학! 어떻게 공부할 것인가?
민법개정안의견서(공저)
중국계약법전
로스쿨 민법총칙(공저)
로스쿨 물권법(공저)
로스쿨 채권총론(공저)
로스쿨 계약법(공저)
로스쿨 불법행위법(공저)

개혁개방 이후의 중국토지법제의 변천

초판발행   2021년 4월 25일

지은이   이상욱
펴낸이   안종만 · 안상준

편 집   정수정
기획/마케팅   장규식
표지디자인   BEN STORY
제 작   고철민 · 조영환

펴낸곳   (주) **박영사**
               서울특별시 금천구 가산디지털2로 53, 210호(가산동, 한라시그마밸리)
               등록 1959. 3. 11. 제300-1959-1호(倫)

전 화   02)733-6771
f a x   02)736-4818
e-mail   pys@pybook.co.kr
homepage   www.pybook.co.kr
ISBN   979-11-303-3945-0 93360

정 가   23,000원